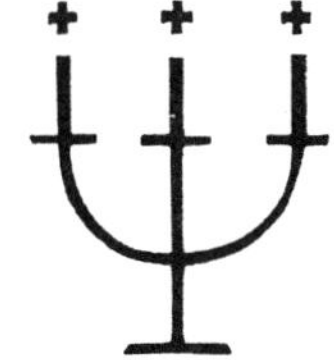

GRENZWISSENSCHAFTLICHE VERSUCHE

Grenzwissenschaftliche Versuche

für jedermann

von

Willy Schrödter

Unveränderter Neudruck,
erweitert um ein Register

REICHL VERLAG
ST. GOAR

Umschlagbild aus J. J. Becher, *Opuscula chymica*, Nürnberg 1719; jener inspiriert aus Kirchers *Mundus subterreaneus*, 2 Bde, Amsterdam 1665, 1665, koloriert von Xenia Dräger

CIP Eintrag der Deutschen Bibliothek:

Schrödter, Willy:
Grenzwissenschaftliche Versuche für jedermann / von Willy Schrödter. – Nachdr. der Ausg. Freiburg i Br., Bauer, 1960. – St. Goar : Reichl, 2002. – 338 S : Ill.
ISBN 3-87667-226-0

Herstellung: Druck- und Verlagsgesellschaft Bietigheim mbH
Gedruckt auf säurefreiem, alterungsbest. Papier (Demeter)

ISBN 3-87667-226-0

Kapitel-Übersicht

Bilder-Verzeichnis

„Den Manen jener Weisen,
die diplomiert und patentiert,
dekoriert und hochgeehrt,
nicht anerkennen wollten:
die Rotation der Erde,
die Meteorsteine,
den Galvanismus,
den Blutkreislauf,
die Impfung,
die Wellenbewegung des Lichtes,
den Blitzableiter,
die Daguerreotypie,
die Dampfkraft,
die Schiffahrt,
die Eisenbahn,
die Gasbeleuchtung,
den Magnetismus,
und alles andere.
Und jenen, die leben,
und jenen, die geboren werden,
und ebenso handeln werden
jetzt und in alle Zukunft."

(Eugène Nus; 1816—1894; in seinem ‚Choses de l'autre monde' von 1880)

Vorwort

„Das Okkulte wird morgen Wissenschaft sein.“ Charles Richet (1850—1935)

‚Geschälte Nüsse‘, wie ich sie darbiete, bedürfen eigentlich keiner Bevorwortung. Sie gehört nun aber einmal zum guten Buch wie die Krawatte oder Knopflochblume zum guten Anzug. Sei's drum!

Jegliches Ungewöhnliche stößt zunächst auf Ablehnung, Ableugnung:

> „1816: Steine können gerichtsbekannterweise nicht vom Himmel fallen; daher wird Alois Wolfsgraber wegen Sachbeschädigung, indem er auf das Dach des Nachbarn einen Eisenerzstein fallen ließ, bestraft.
>
> Seine Behauptung, der Stein sei vom Himmel gefallen, zeigt seine unverfrorene Lügenhaftigkeit.“ (1)

Die Massierung des Ungewöhnlichen aber setzt mit der Zeit die Nachprüfung, den Versuch, durch:

> „Dieses und anderes Gerede zu widerlegen, halte ich für überflüssig; auf Versuche ist mehr Gewicht zu legen als auf das Urteil der Dummheit, welche immer Vorurteile zu spinnen pflegt.“ (2)

Darauf erfolgt dann endlich die Anerkennung, oft unter anderer Etikettierung; gerade auf grenzwissenschaftlichem Gebiete. Das hat ‚nur mit ein bißchen and'ren Worten‘ bereits Arthur Schopenhauer (1788—1860) festgestellt.

Ich habe nun ein ganzes Füllhorn von grenzwissenschaftlichen Experimenten zusammengetragen, mich jedoch dabei bemüht, nicht in den Fehler mancher Atom-Wissenschaftler zu verfallen. Deshalb habe ich keine Versuche vermittelt, die gefährlich (z. B. ‚Hexensalben‘) oder ethisch verwerflich (z. B. ‚Nekromantie‘) sind.

(1) Schriftsteller Franz Vincenz Schöffel (geb. 1884) in einer Nummer seines ‚Das Neue Licht‘ (Purkersdorf b. Wien). Starb 1959.

(2) Otto von Guericke (1602—1686), Physiker, Bürgermeister von Magdeburg (1648—1681), erfand Luftpumpe, Elektrisiermaschine und Zentrifuge; wies mit den sog. ‚Magdeburger Halbkugeln‘ den atmosphärischen Luftdruck nach.

Daß nicht jedem alle Versuche gelingen werden, liegt in der Natur der Sache. Auch wird nicht jeder für sämtliche Experimente gleich großes Interesse hegen. Aber jeder wird sicher viel ihm Gemäßes bei der Überfülle des gebotenen Stoffes finden und auf seine Rechnung kommen.

Obwohl ich Vieles mit meinen eigenen Worten hätte besser sagen können, habe ich doch die Quellen weitgehend selbst zu Worte kommen lassen, weil sie der übergroßen Mehrheit doch nicht oder nur mit Umständen verknüpft zugängig sind.

Meine ursprüngliche Absicht, ein reines ‚Rezeptbuch' zusammenzustellen, habe ich nach reiflicher Überlegung fallen lassen. Ein solches hätte einesteils doch mancherlei Vorkenntnisse vorausgesetzt, anderenteils würzen die in vorliegender Fassung eingestreuten Parallelen und die gezogenen Querverbindungen regen an. Solche habe ich mir — bei aller angestrebten Bündigkeit der Formulierung — nicht versagen können, eingedenk des Wahrwortes eines großen ‚Phytosophen':

> „Ich hege einen so großen Widerwillen gegen den, den man einen Spezialisten nennt, daß ich einen Gedanken um der Grenzen willen nicht abschnüren kann in dem Augenblick, wo er Weite und Freiheit bekommt." (3)

Mons Tabor, Walpurgisnacht 1956

Willy Schrödter

(3) Schenk, Gustav: ‚Schatten der Nacht'. Hannover 1948; 56.

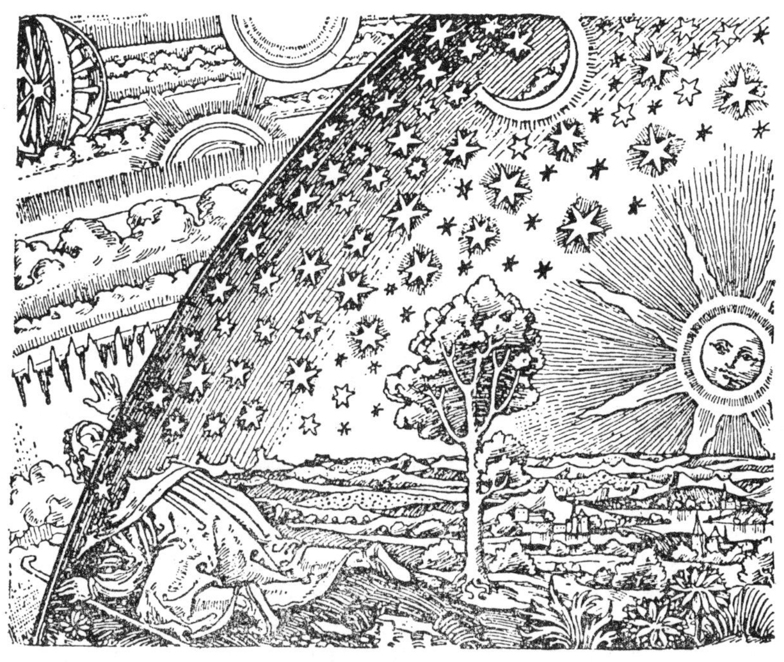

‚D e r H i m m e l s s t ü r m e r'
aus der „Weltchronik" (1493) des Nürnberger Arztes und Historikers Hartmann S c h e d e l (1440—1514)

Ätherleib

„Gibt es einen natürlichen Leib, dann gibt es auch einen geistlichen Leib."

(Paulus († 56); 1. Kor. XV; 44

Die Geheimlehre (Esoterik) und die grenzgebietliche Physik (Paraphysik)nehmen als Verbindungsglied zwischen dem Körper und dem Seelenleib („Astralkörper') ein ‚elektro-magnetisches Substrat' an, den Ätherleib. Die Anthroposophie nennt ihn bezeichnenderweise ‚Bildekräfteleib'. Ohne Annahme einer solchen ‚Matrix' (Konstruktionszeichnung) sind z. B. die Gestaltwerdung von Mensch und Säugetier im Mutterleib, das Wachsen des riesigen Eichbaumes aus der winzigen Eichel, die Wundheilung, die Neuschöpfung (Regeneration) ganzer Körperteile bei Tieren (z. B.: abgeworfene Schwänze festgehaltener Eidechsen), die sog. ‚Phantomschmerzen' in amputierten Gliedern (1) kaum erklärbar.

Dieser Ätherleib (ind.: ‚linga sharira') soll eine Anzahl von Zentren besitzen; eines zwischen den Augenbrauen, an der Nasenwurzel.

Versuch 1: nähert man dieser Stelle eine Metallspitze (z. B. Stricknadel), so wird sie eigentümlich erregt.

Der sog. ‚Kundalini-Yoga' der Inder nennt dieses Zentrum ‚manas' (d. i. Mann, ‚Mensch') und Goethe (1749—1832) fühlte, wie sich sein ganzes Wesen zwischen den Augenbrauen zusammendrängte. Die Schriftstellerin Oda Schaefer-Lange (München) empfindet ähnlich: „Die Tagesarbeit erfordert helles Bewußtsein, Verstandesschärfe, kritisches Vermögen und geschieht sozusagen ‚ganz vorne'. Ich habe dabei das bestimmte Gefühl: hinter den Augen" (Kankeleit). In diesem Zusammenhang ist es bedeutsam, daß der Psychiater Prof. Dr. med. Karl von Kleist (geb. 1879) an der Universität Frankfurt (Main) lt. Pressenotiz vom Jahre 1944 festgestellt hat: wird diese Stelle durch äußere Einwirkungen verletzt, stellen sich charakterliche Veränderungen ein, standhafte Menschen werden haltlos oder ordnungsliebende unzuverlässig!

(1) Kramer, Phil. Walburg: ‚Der Heilmagnetismus'. Lorch 1931; 111 f.

Versuch 2: Aber auch der Nasenrücken kann ‚affiziert' werden, wenn man mit dem Zeigefinger in ca. 1—1½ cm Abstand darüber fährt. Da der Nasenrücken des Hundes weitaus strahlenempfindlicher ist als derjenige des Menschen, so dient vielleicht dieser Körperteil dem Hund (außer dem Geruchssinn) zur Fernortung.

Ingenieur Fritz Grunewald († 1925) hat den Ätherleib durch seine ‚ballistische Meßmethode' nachgewiesen (2), Dr. med. Walter Kilner (London) seine den Fleischkörper umhüllende Ausstrahlung („Aura") 1911 für einen hohen Hundertsatz Normalsichtiger („Nicht-Sensitiver") durch ‚Spektaurinschirme' sichtbar gemacht (3), der Engländer Oskar Bagnall, darauf aufbauend, verbesserte ‚Aurabrillen' herausgebracht. (4)

Versuch 3: betr. ‚magnetische Blindstriche' ist gebracht im Abschnitt ‚Pranische Ernährung'. Durch sie wurde der Feinkörper des Magnetiseurs aufgeladen!

Versuch 4: „Schreite ich mit waagrecht nach vorngehaltenen und leicht gewinkelten Armen auf eine Versuchsperson (V. P.) zu, und halte ich dabei die Handflächen nach vorn und parallel zur Körperoberfläche der V. P., so empfinde ich an der Stelle des Reaktionsabstandes (R. A.) ein leichtes, aber sehr deutliches Kältegefühl in den Innenhandflächen, das nach Überschreiten des R. A. in Richtung zur V. P. sofort wieder nachläßt. Es ist dabei, als durchdringe ich einen die V. P. rings umgebenden 3 bis 4 cm starken ‚Kältemantel'. Seinem Grade nach entspricht das Kältegefühl in der Innenhand etwa dem, wie wenn man sich selbst ganz leicht aus 7—8 cm Abstand Luft auf die Handfläche bläst." (5) Dieses Vorgehen kann zu diagnostischen Zwecken verwandt werden anstelle der Wünschelruten-Ortung von verkrampften Organen. (5)

(2) Grunewald, Fritz: ‚Physikal.-mediumist. Untersuchungen' (Sammlung: ‚Die Okk. Welt'; Hefte 13—16). Pfullingen 1920; 54.
Gratzinger, Dr. med. Jos.: ‚Das magnetische Heilverfahren'. Wien 1922; 54 f.

(3) Kilner, Dr. med. Walter: ‚The human Atmosphere or the Aura, made visible by the aid of chemical screens'. London 1911.
Angulus, I. O.: ‚Der Kilnerschirm', in ‚Okkulte Stimme'; Heft 5. Braunschweig 1954; 23 f.

(4) Bagnall, Oskar: ‚The Origin and Properties of the Human Aura'. London 1937.
Spurny, Georg: ‚Aurasicht und Hellsehen', in ‚Okkulte Stimme'. Braunschweig 1956; II/4 f.; III/6 f.

(5) Bloss, Wolff, Dr. med.: ‚Ist der Reaktionsabstand mit den Händen fühlbar?' in ‚Ztschr. f. Radiästhesie'; Nr. 1-2; 23 f. München-Solln 1956.

‚Kältemantel': erinnern wir uns des Eiseshauches in spiritistischen Sitzungen bei der Manifestation von Geistwesen! Und hier handelt es sich um einen geistigen Leib, sozusagen um einen inkorporierten Geist! (6) Die offizielle Wissenschaft erkennt den Ätherleib noch nicht an. Fragt man sie aber, warum eine erhitzte Eisenstange länger und dicker wird, so antwortet sie: der durch die Wärme in lebhaftere Schwingung versetzte Äther in der Eisenstange hat die groben Eisen-Atome auseinandergedrängt. — Also sind zwei Stangen in einer vorhanden: eine sichtbare aus Eisen, eine unsichtbare aus Äther. „Was von der Eisenstange gilt, trifft aber auch zu für jedes andere physische Ding, auch für unseren Körper; auch dieser hat also eine genau entsprechende Ätherform oder einen Ätherleib." (7)

Fesselnd ist es, zu verfolgen, wie Forscher, die von einem Ätherkörper nichts wissen (wollen?), durch Schlußfolgerungen immerhin zur Hypothese eines ebenfalls feinstofflichen ‚Gas-Körpers' gelangen. Der eine argumentiert: Blut ist eine Summe organischer Stoffe, alle organischen Stoffe aber sind Verbindungen von Kohlen-, Sauer-, Stick- und Wasserstoff. (8) Ein zweiter — Professor Dr. med. Albert Eulenburg (1840—1917) — geht weiter: nach ihm besteht der Mensch aus festen, flüssigen und gasförmigen Stoffen. Schließlich faßt ein Dritter zusammen: „Wahrscheinlich gehen alle festen und flüssigen Nahrungsstoffe erst in Gasform über, bevor sie assimilationsfähig werden und es ist nicht unmöglich, daß um jede unserer Zellen, aus denen wir bestehen, eine Gashülle lagert, die entweder ihrer Verdichtung oder Verflüchtigung harrt ... Diese Gasumhüllung aller Zellen, dieser Gaskörper, Gasmensch in uns, ist wahrscheinlich die Grundbedingung zum leben." (9)

Hier hätten wir also das ‚gasförmige Wirbeltier', wie Ernst Häckel (1834—1919) den unsichtbaren, aber gestalthaften Ein-Gott ironisch bezeichnete! Der geniale Subalternbeamte Carl Buttenstedt (1845—1910), Ehren-Mitglied der Kgl. Akademie ‚La Stella d'Italia', Freund vieler Geistesgrößen um die Jahrhundertwende, vermutet, „daß eine gewisse Körperwärme notwendig ist, um dieses Gas in uns als Gasform zu erhalten, daß es sich bei Abkühlung des Körpers zuerst verflüchtigt oder zu fester Substanz niederschlägt, weniger Raum einnimmt, und es sich daraus erklärt, daß unsere Toten gleich so sehr einfallen und an Volumen, nicht aber an Gewicht abnehmen." (9)

(6) Sterneder, Hans: ‚Frühling Dorf'. Leipzig 1929; 116—118.
(7) Wachtelborn, Karl: ‚Hat der Mensch eine Seele?' Leipzig 1920; 45 f.
(8) Schiffner, Therese: ‚Blutzauber'. Leipzig 1923; 34 f.
(9) Buttenstedt, Carl: ‚Die Übertragung der Nervenkraft' (Ansteckung durch Gesundheit). Berlin-Rüdersdorf, o. J.; 31 f.

Hier verdient der geheimnisvolle Umstand Erwähnung, daß die Arterien ((Schlag- oder Pulsadern) im toten Körper statt Blut Luft enthalten, also möglicherweise Blutgase. (10)

‚Kilner Goggles', zur Entwicklung des Aurasehens und der Hellsichtigkeit, mit Gebrauchsanweisung vertreibt ‚Archers Court', Hastings (Sussex) in England.

Die eingangs erwähnten Bildekräfte z. B. des Eichbaums können neuestens mit dem ‚Coloroscope' oder der ‚Mark I'-Kamera der Labors von Geo W. de la Warr in Oxford photographiert werden. (11) Es scheint jedoch nicht ausgeschlossen, daß zu diesen Aufnahmen eine gewisse Veranlagung des Experimentators erforderlich ist.

(10) Schiffner: 5.

(11) Day, Langstone: ‚Die Strahlenphotographie — eine neue Wissenschaft', in ‚Natur und Kultur'; Folge 1 vom Januar. München-Solln 1956; 27.

Literatur:

Feerhow, Frdr.: ‚Die menschl. Aura und ihre exp. Erforschung'. Leipzig 1913.

Alchemie der Pflanzen

„Die Pflanzen sind die großen Alchemisten der Erde."
Hans Sterneder (geb. 1889)

Honoré de Balzac (1799—1850) im Jahre 1834:

Kressensamen auf Schwefelblüte säen und mit destilliertem Wasser begießen!

Chemische Analyse der später veraschten Kressenstengel: Kieselsäure, reine Tonerde, kohlensaurer Kalk, phosphorsaurer Kalk, Kohlensäure, Magnesium, schwefelsaures Salz, Kaliumoxyd und Eisenoxyd. „Alles genau so, als ob die Kresse in der Erde am Rande eines Gewässers gewachsen wäre. Diese Substanzen waren nun weder in dem Schwefel vorhanden, dem einfachen Körper, der den Pflanzen als Boden diente, noch im Wasser, das zum Begießen benutzt wurde und dessen Zusammensetzung ja bekannt ist. Da sie aber ebensowenig im Samenkorn vorhanden waren ..." (1) Stanislas de Guaita (1861—1897) gibt 1897 die gleiche Vorschrift. (2) Auch René Schwaeblé, der vor etlichen Jahren bei alchemistischen Versuchen in seinem Pariser Labor um's Leben kam, vermittelte vorm Ersten Weltkrieg dasselbe Experiment. (3)

G. W. Surya (Demeter Georgiewitz-Weitzer; 1873—1949) wartet mit einem anderen Rezept auf:

„Man nehme einen Topf Erde und überzeuge sich vorher durch chemische Analyse, daß in ihr kein Lithium vorhanden ist. Nun säe man Tabaksamen in diesen Topf, und wenn die Tabakspflanze entwickelt ist, verbrenne man sie, in der Asche wird genügend Lithium zu finden sein. Woher?" (4)

Alle Pflanzen speichern mehr oder weniger Gold, das man aus ihrer Asche gewinnen kann. Neuestens wollen der sowjetrussische Gelehrte Winogrado und der tschechoslowakische Forscher

(1) Balzac, Honoré de: ‚La Recherche de l'absolu'. Paris 1834.
(2) Guaita, Stanislas de: ‚Le Serpent de la Genèse'. Paris 1897; II; 49.
(3) Schwaeblé, René: ‚Alchimie simplifiée'. Paris (Durville) o. J; 8.
(4) Surya, G. W.: ‚Moderne Rosenkreuzer'. Pfullingen 1930; 43; Anmerkung.
Schrödter, Willy: ‚Vom Hundertsten ins Tausendste'. Freiburg i. B.; 1940/41; 14.
Ders.: ‚Pflanzen-Geheimnisse'. Warpke-Billerbeck 1957; 66 f.

Nemc es aus Maiskolben gezogen haben und auf der Brüsseler Weltausstellung 1958 zeigen. (5)

Übrigens fand Ragnar Berg in einem Kilogramm Menschenblut bis zu 0,3 mg Gold; im Hirn in 100 g Trockensubstanz: 1,4 mg. (6)

Wer sich für Versuche aller Art mit Pflanzen interessiert, findet solche in Fülle in meinen ‚Planzen-Geheimnissen'. (4)

(5) ‚Gold aus Maiskolben?' in ‚Westerwälder Post'. Montabaur, Nr. 75 vom 29. März 1958; 1.

(6) Schiffner: ‚Blutzauber'.

Amulette

„Ein Amulett ist nicht merkwürdiger als eine elektrische Taschenlampe."
August Strindberg (1849—1912)

Aus der Tatsache, daß solche zu allen Zeiten und überall getragen wurden und auch heute noch getragen werden, läßt sich folgern, daß sie nicht immer ohne jegliche Wirksamkeit gewesen sind. Die offizielle Wissenschaft wird diese auch nicht bestreiten, jedoch mit ‚Suggestion' erklären. Dem läßt sich entgegenhalten, daß Suggestion praktisch nie auszuschalten ist; so stellten Birmingham's Ärzte in ihrem Jahresbericht von 1952 fest: rosa Pillen haben oft eine größere Heilwirkung als rein medizinisch von ihnen erwartet werden kann, weil diese Farbe den Kranken Hoffnung auf Wiederherstellung einflößt.

Es lassen sich jedoch Brücken schlagen vom Amulettismus (1) zur Hochschulwissenschaft über die von derselben anerkannten Heilkraft der Steine (2), der Metalle (3), der chinesischen Nadelstichlehre (Akupunktur; chin.: ‚chinkieou') und der Farbheilweise (Chromotherapie).

Die Metallotherapie betreffend, will ich hier erstlich die Verwendung von Aluminiumfolien gegen Brandwunden erwähnen; hinsichtlich der uralten, fernöstlichen, jetzt im Abendland im Aufstieg begriffenen Akupunktur die Tatsache, daß silberne Einstichnadeln dispersieren, solche aus roten Metallen wie Gold und Kupfer tonisieren; d. h. die Pulstension herab- bzw. heraufsetzen. (4) Hier gehören auch die sog. ‚Galva-Ringe',

(1) Villiers, Elizabeth und Pachinger, A. M.: ‚Amulette und Talismane und andere geheime Dinge'. München 1927.
Laarss, R. H.: ‚Das Buch der Amulette und Talismane'. Leipzig 1932.
Winckelmann, Joachim: ‚Das Geheimnis der Talismane und Amulette'. Freiburg i. B. 1955.
Marquès-Rivière, Jean: ‚Amulettes, Talismans et Pantacles'. Paris (Ed. Dangles) 1937.

(2) Fühner, H.: ‚Lithotherapie'. Ulm/Donau, 1955.
Schrödter, Willy: ‚Lithotherapie' in ‚Erfahrungsheilkunde', Heft 5. Ulm/Donau 1957; 221 f.

(3) Seligmann, Siegfried: ‚Die magischen Heil- und Schutzmittel etc'. Hamburg 1927; 169 f.
Schrödter, Willy: ‚Vom Hundersten'. 38, 191.

(4) Busse, Ernst und Paul: ‚Akupunktur-Fibel'. München 1954; 9.

‚Gichtringe', Krampfringe' aus Metall gegen Rheuma u. ä. erwähnt. Sie können auf ägyptische Vorbilder aus vorchristlicher Zeit zurücksehen: „ganze Mengen solcher Ringe befinden sich in den ägyptischen Grabfunden des Louvre zu Paris". (5) Aus ihrer langen Zwischengeschichte soll hier nur der ‚sympathetische Ring' des Dr. chem. Piemontois aus Rom Anno 1765 hervorgehoben werden: „Dieser Ring ist von verschiedenem mineralischen Metall, so dem Golde gleichkommt, verfertigt, und verliert niemals seine Farbe, man sey denn krank. Er ist eine Gesundheitsuhr, und hat durch seine Sympathie die erstaunlichsten Würkungen verübet. Er ist ein wahrhaftes Mittel für die Kopfschmerzen, wenn man ihn eine halbe Viertelstunde an die Stirne hält. Er hält durch Sympathie das Nasenbluten zurück, indem man nur 3 oder 4 Tropfen Blut auf den Ring fallen lassen darf. Diejenigen, welche ihn beständig am Finger tragen, sind niemals dem Krampf unterworfen." (6) In meiner Jugend trugen noch die dauernd der Nässe im Keller ausgesetzten älteren Weinküfer einen goldenen Ring im Ohr als Schutz gegen Rheuma u. dgl.

Was die Chromotherapie angeht, die wir im Abschnitt ‚Farbenheilweise' grundständig behandeln, so will Generaloberarzt a. D. Dr. med. Alexander Heermann (1863—1946) durch Tragenlassen von blauen Samtlappen auf der Herzgrube Stimmungs-Herabsetzung (Beruhigung), durch solches von von roten Stimmungs-Steigerung (Erregung) hervorgerufen haben. Voraussetzung bei diesem ‚Heermann-Amulett' ist, daß die Haare der zusammengefalteten Samttücher beiderseits nach außen stehen! Auch der bekannte französische Radiästhet Emile Christophe (Orléans) kennt diese Vorgehensweise. (7) Dr. med. dent. Ernst Busse (geb. 1893) vermochte — in Nachprüfung der Heermann-Erfolge — bei weiblichen Personen mit blauen Tüchern die infolge bewegten Seeganges zu früh eingetretene Menses abzustoppen. Übrigens soll die ‚Seekrankheit'[1]) beim Auto- oder Bahnfahren durch grüne Tücher abgestellt werden können, wie ich von anderer Seite erfahren habe. Diese Annäherungsbeispiele

[1]) Als heilmagnetisches Unikum gilt es hier festzuhalten: Kapitän Feike Vlas (geb. 1903) vom holländischen Passagierdampfer ‚Prins Willem von Oranje' — dem Flaggschiff der ‚Fjell-Oranje-Linie' — heilt seit 1947 die Seekrankheit seiner Passagiere, indem er lediglich mit seinen Fingerspitzen die Stirn der davon betroffenen Passagiere berührt. (11)

(5) Hofmann, Albert: ‚Die spagyrische Kunst' (Sammlung ‚Die okk. Welt'; Nr. 97—98). Pfullingen 1923; 34.

(6) Buchner, Eberhard: ‚Medizin, Hexen und Geisterseher'. Aus ‚Vossische Zeitung, Berlin, Nr. 94 von 1765. München 1926; 142; § 122.

(7) Candi: ‚Briefe an Tschü'. Zürich 1948; 266 ff.

Löwen-Siegel

Aus Gold (‚Für alle hitzige Krankheiten‘)
ex ‚Archidoxis Paracelsi‘

Zeichen oder Charakter

der Sonne

des Mondes

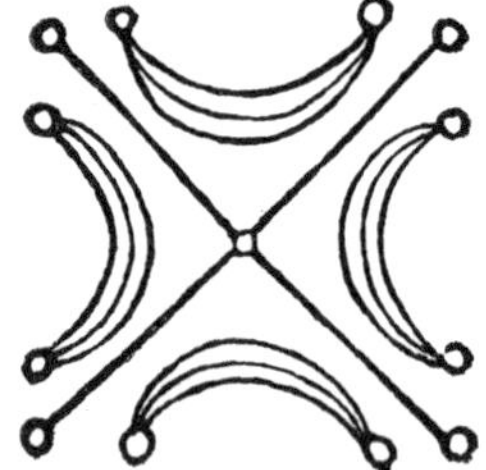

lt. Agrippa von Nettesheim

vorausgeschickt, sollen hier drei alte Heil-Amulette angeführt werden:

Arnald von Villanova (Bachuone; 1235—1312) „erreichte bei Papst Bonifaz VIII. (Benedikt Gaetani; 1294—1303) mit Hilfe eines ‚Löwensiegels', das an den Lenden angebracht wurde, daß er seine durch Nierensteine bedingten Schmerzen nicht mehr empfand." (8)

Paracelsus (1493—1541) heilte angeblich selbst schwere Verbrennungen[2]) durch Auflegen des ‚Charakters der Sonne'. (9)

„Einige alte magische Autoren — ich erinnere mich nicht mehr, welche — gaben an, man solle, wenn man den Wunsch hat, traurig zu sein, ein silbernes Bild des Mondes in der linken Hand halten; dagegen ein goldenes der Sonne in der rechten, wenn man fröhlich sein wolle." (10)

Möglicherweise wirken die Abbilder Gestirne kräftiger, wenn sie à la Heermann auf der Herzgrube getragen werden.

Gerade im Hinblick auf die von dem irischen Dichter William Butler Yeats (1865—1939), Nobelpreisträger von 1923, erwähnten silbernen Mond- und goldenen Sonnenbilder-Amulette, lassen sich gute Analogie-Beispiele aus der Akupunktur bringen: „Eine Stahl- oder Silberuhr wirkt dispersierend auf sechs ‚Meridiane: Herz — Dünndarm — Drei-Heizer-Kreislaufmeridian. Alle diese lebenswichtigen Funktionen sind beim Tragen einer Armbanduhr aus weißem Metall nicht nur kurzgeschlossen, sondern zugleich in ihrer Wirkung dauernd herabgesetzt. Die Folgen

[2]) Hätte Paracelsus bereits das Aluminium gekannt, das erstmalig 1827 von Friedrich Wöhler (1800—1882) hergestellt worden ist, so hätte er sich sicher seiner bedient. Es wird heute in Folien in jeder Apotheke geführt und wirkt hervorragend bei Verbrennungen und Abschürfungen; aber auch bei der Abdeckung von Geschwüren, Ekzemen und schmierigen Wunden infolge seiner Bakterien tötenden (bakteriziden) Eigenschaft.

Nach einer Meldung aus Bloomington (Indiana; USA) vom Oktober 1958 wurde im Universitätskrankenhaus von Missouri durch Zufall festgestellt: der Pilz Fusarium Roseum heilt Brandwunden in extremis. Es ist dies ein Pilz aus jener Gattung, die z. B. bei den Kartoffeln die ‚Weißfäule' hervorruft. (12)

(8) Löhr, Hanns, Prof. Dr. med.: ‚Aberglauben und Medizin'. Leipzig 1943; 90.

(9) Osmont, Anne: ‚Mes souvenirs, 50 années d'Occultisme'. Paris 1941; 38.

(10) Yeats, Will. Butler: ‚Erzählungen und Essays' (Essai, ‚Die Philosophie i. d. Dichtungen Shelleys'). Leipzig 1916.

(11) Warthon, B.: ‚Die heilenden Hände des Käpt'n Vlas', in ‚Welt am Sonnabend'; Nr. 12 vom 21. März. Düsseldorf 1959; 17.

(12) Barbour, John A.: ‚Ein geheimnisvoller Pilz', in ‚Tageblatt f. d. Kr. Steinfurt'; Nr. 247 vom 24. Oktober. Steinfurt 1958.

davon sind dann: chronische Verstopfung, Kreislaufstörungen, Einschlafen der Hände und Füße etc. Die gegenteilige Wirkung ist zu erwarten, wenn eine goldene Armbanduhr fortgesetzt getragen wird: dauernde Aufgeregtheit, zumal bei Frauen." Also der grundständige Forscher Dr. Busse, jetzt Garmisch-Partenkirchen, in einer privaten Mitteilung an mich, für die ich ihm herzlich danke.

Ferner hatte die Anwendung von Silberfolie gegen Erbrechen beim Autofahren und bei nervöser Angina pectoris (Brustbräune) gute Erfolge gezeitigt.

Über ‚Pflanzen als Amulette' vergleiche meine ‚Pflanzen-Geheimnisse'! (13) Aber auch Tiere können (durch ‚Anlegen') sozusagen Amulette sein. (14)

Zum Abschluß soll der Humor zu seinem Recht kommen: „Wie kann ein Naturwissenschaftler von Ihrem Rang nur so abergläubisch sein?", frug ein Kopenhagener Journalist den dänischen Atomforscher Niels Bohr (geb. 1885), als er auf dessen Schreibtisch ein Hufeisen bemerkte: „Aber ich glaube ja gar nicht daran", antwortete der Nobelpreisträger von 1922, „ich sage mir nur, vielleicht kann es doch Glück bringen, ganz gleich, ob man daran glaubt oder nicht."

(13) Schrödter, Willy: ‚Pflanzen-Geheimnisse'; 119 f. Warpke-Billerbeck 1957.

(14) Schrödter, Willy: ‚Tier-Geheimnisse'. Warpke-Billerbeck 1959.

Literatur:

Haertel, Chr. Gottl.: ‚De amulettis, eorum usu licito aut salutari'. Jena 1701.

Leprince, Albert: ‚Couleurs et Métaux qui guérissent'. Paris (Ed. Dangles) 1957.

Schrödter, Willy: ‚Talisman marocain. Das geheimnisvolle Amulett Somerset Maughams', in ‚Okkulte Stimme / Die andere Welt', Heft 12, vom Dezember. Freiburg/B. 1958; 15 f.

Astralleib

„Sie sprachen: ‚es ist sein (Petri) Engel (= Geist)‘.“ Apostelg. XII;. 15

Die Antike dachte sich und das Morgenland, ein Teil der sog. ‚primitiven‘ Völker sowie die abendländischen Grenzgebietsforscher denken sich noch heute die Seele nicht unkörperlich, sondern feinkörperlich; besser: mit einem subtilen, für gewöhnlich unsichtbaren ‚Seelenleib‘ umkleidet. Nach ihren Meinungen und Erfahrungen kann sich derselbe schon zu Lebzeiten ungewollt (spontan) zeit- und teilweise von der Grobnatur (Physis) lösen; oder gewollt durch chemische Mittel (z. B. ‚Hexensalbe‘) sowie durch psychisches Training (z. B.: Statuvolence) aus ihr entbunden werden, sich in die Ferne begeben, dort wahrnehmen, Handlungen ausführen, wobei er u. U. gesehen wird: Doppelgängerei, Spaltung (frz.: dédoublement; lat.: Exteriorisation; ind.: mayavirupa).

Die Zahl der dem Seelenleib zu allen Zeiten und in allen Zonen beigelegten Bezeichnungen ist Legion. Das in Deutschland verbreitetste Fachwort ‚Astralleib‘ geht zurück auf den ‚siderischen Leib‘ des Paracelsus. Beide Benennungen besagen: ‚sternenhafter Leib‘; d. h.: nicht aus irdischen Grundstoffen gebildet, darum auch nicht mit dem Erdenkörper untergehend! (1)

Besser: ‚Fluidal-Körper‘: ein solcher aus ‚Fluid‘, d. i. einem im allgemeinen unsichtbaren Feinstoff; kurz auch: der ‚Fluidal‘.

Physis und Fluidal sind während ihrer vorübergehenden Trennung (Seelenreisen, ‚Astralwallen‘ frz.: sorties en astral) durch das ‚Fluidalband‘, auch ‚Silberschnur‘, die schon ‚Prediger Salomos‘ (XX; 6) erwähnt, miteinander verbunden; ihre Zerreißung bedeutet den Tod.

‚Doppelgänger‘ (gr.: eidolon) wird der Seelenleib auch geheißen, weil er — das Urbild — dem physischen Abbild im Aussehen entspricht.

Versuch: In einer mediuminen Autobiographie gibt der Wan-

(1) Schrödter, Willy: ‚Geister, Mystik, Magie‘ (Kap.: ‚Astralleib‘). Berlin 1958.

dergeist Franchezzo ein Annäherungsbeispiel für die Dichte des ‚Schleierleibes', des ‚Gespinstes' (daher: Gespenster!):

„Nimm an, du ständest mit dem Rücken dem (künstlichen) Lichte zugekehrt und hieltest den Zeigefinger so vor das rechte Auge, daß er nur von diesem allein gesehen werden kann; das linke Auge hat nur die Wand vor sich. Hältst du nun das rechte Auge geschlossen, so ist der Finger unsichtbar, doch er ist vorhanden, nur nicht im Gesichtskreis des linken Auges.

Wenn du nun beide Augen zugleich öffnest und auf den Finger blickst, so siehst du ihn unter einer merkwürdigen optischen Täuschung als durchsichtig, nur als Schatten eines Fingers, durch welchen hindurch du die Wand erblickst.

So sieht er zwar dem Finger eines Gespenstes ähnlich, doch besitzt er — wie du weißt — Festigkeit." (2)

Versuch gelingt nur bei künstlichem Licht!

Berichte über einschlägige Versuche:

a) Dr. Istrati, der ehemalige rumänische Unterrichtsminister, machte eine Astralreise am 4. August 1893 nachts von Campania nach Bukarest vor die zwei bereitgestellten Photoapparate seines verständigten Freundes, des Philosophie-Professors Bogdan Petriceido Hasdeu (1836—1907), seit 1878 Leiter des Unterrichtswesens in Rumänien. (Die Entfernung Bukuresti-Campania entspricht der Distanz Paris-Calais) Hasdeu dachte vorm Einschlafen lebhaft an Istrati und der schlief zur selben Stunde mit dem Willen ein, vor den Apparaten jenes zu erscheinen.

Beim Erwachen rief Istrati: ‚Ich bin gewiß, daß ich in dem Apparat Hasdeu's wie eine kleine Figur erschienen bin, denn ich habe es ganz deutlich geträumt!'

Das Bild war in der Tat sehr gut gelungen (3) und sein Zustandekommen erklärt sich leichter mit tatsächlicher Entdoppelung denn mit einer nur telepathischen Aktion, wie Gabriel Delanne meint. (4)

(2) Franchezzo: ‚Ein Wanderer im Lande der Geister'. Bad Schmiedeberg und Leipzig, um 1922; 345 f.

(3) Baracuc, Dr. med.: ‚L'Ame humaine, ses mouvements, ses lumières et l'iconographie de l'invisible fluidique'. Paris 1896.

(4) Peter, Joseph: ‚Phantome Lebender' (Sammlung: ‚Die Okkulte Welt'; Nr. 139—140). Pfullingen o. J.
Schrödter, Willy: ‚Ausflug ins Wundersame'. Freiburg i. B. 1939; 65.

b) Als Gustav Meyrink (1868—1932) — man schrieb wohl das Jahr 1898 — vom Sanatorium ‚Weißer Hirsch' (Dr. med. Hch. Lahmann; 1860—1905) bei Dresden mit der Bahn nach Prag fährt, fällt ihm in Pirna (Sa.) ein, daß er seiner Verlobten Philomena Bernt etwas für beider Zukunft Wichtiges zu sagen vergessen hat. Er faßt darum den Entschluß, ihr im Astralkörper zu erscheinen. Zu diesem Behufe, schließt er sich innerlich gegen die im Abteil Mitfahrenden ab (ind.: pratyahara), verlangsamt via Atem- und Gefühlsregulierung den Herzschlag und fällt mit einem Ruck in Tiefschlaf. Bei der Ankunft in Prag erzählt ihm seine Braut und spätere Frau: aus dem Nachmittagsschlaf aufgerüttelt (!), fiel mein Blick auf einen polierten Schrank neben dem Sofa. Im Glanz seiner Oberfläche sah ich Dich stehen als eine ungefähr zwei Spannen hohe Figur, in einen hellen Mantel gehüllt, die Hand warnend erhoben. Gleich darauf verschwand das Bild." (5)

Ich erstattete Bericht über Versuche; mehr nicht! Denn: hinter jeder wirklich geglückten Spaltung lauern Gefahren. Der Gefahr eines u. U. tödlichen Schocks durch brüskes Erwecktwerden vermag man durch Einschließen zu begegnen. Nicht oder nur schwer dagegen der dräuenden Möglichkeit, daß eine ‚ultraviolette Ens' von dem verlassenen Körpergehäuse Besitz ergreift.

(5) Meyrink, Gustav: ‚Magie im Tiefschlaf', in ‚Merlin' (niedergeschrieben: 1927); Folge 2. Hamburg 1949; 44.

Literatur:

Schrödter, Willy: ‚Vom Salzleib', in ‚Mensch und Schicksal'; Heft 8. Villach 1954.

Durville, Hector: ‚Der Fluidalkörper des lebenden Menschen'. Leipzig 1912.

Hänig, Hans: ‚Ausscheidung der Empfindung und Astralleib' (Sammlung ‚Die Okkulte Welt'; Nr. 176). Pfullingen 1926.

Atemzucht

„Ist der Atem fest,
dann ist auch das Bewußtsein fest.“
Svatmarama ‚Hathayogapradipika‘

Der indische Yoga brachte sie als ‚pranayama‘ zur Hochform. Da ich mich eingehend a. a. O. (1) damit befaßt habe, sollen hier nur drei Atemübungen für besondere Zwecke gegeben werden, die es aber ‚in sich‘ haben:

1. Depressionsvertreiber:

Gerade stehen, sitzen oder liegen; rasch und tief Atem in die Brust pumpen, während der Unterleib unbeweglich bleiben muß. Alsdann die Luft durch Herabdrängen des Zwerchfells — also Einziehen der Brust — in den Bauch treiben, der sich jetzt vorwölbt. Nunmehr Unterleib einziehen, Luft in die Brust steuern.

Das Wechselspiel fünfmal vornehmen, zwei Minuten Pause und noch zweimal wiederholen; somit: 5 × 2 Atem-Pressungen + 2 Pausen dazwischen.

Eine natürliche Zwerchfell-Gymnastik ist das Lachen; Professor Dr. med. Pierre Bachet vom Psychologischen Institut der Sorbonne zu Paris hat vor dreißig Jahren schon mit Lachplatten, die er während mehrerer Wochen öfters eine halbe Stunde abspielen ließ, geradezu glänzende Ergebnisse erzielt.

2. Atem mit Muskelzusammenziehung:

Gerade aufrichten, Füße nebeneinander gestellt, Gesäßbacken zusammengekniffen. Dann tief einatmen, Kopf leicht vorsinken lassen, Hände ballen und alle Muskeln anspannen. (2)

„Daraus ergibt sich ein auf die Gehirnzirkulation ausgeübter Reiz. Für nervöse Schwäche und geistige Niedergeschlagenheit ist ein solches Atemholen gleichfalls ein unübertreffliches Mittel, besonders wenn noch die Einbildungskraft zur Unterstützung herangezogen wird.“ (3) D. h.: wenn man sich beim Atemholen vorstellt, wie das mit Sauerstoff angereicherte Blut stärkend im Gehirn kreist.

(1) Schrödter, Willy: ‚Geister, Mystik, Magie‘ (Kap. ‚Atem‘). Berlin 1958.
(2) Schrödter, Willy: ‚Körper-Elektrizität und Magnetismus‘, in ‚Neue Wissenschaft‘, Nr. 10. Oberengstringen b. Zürich 1956; 304 f.
(3) Westall, L. M.: ‚Die rationelle psychische Heilmethode‘. Leipzig 1911; 68 f.

3. Atmen im Rechteck:
wird gegen Lampenfieber empfohlen. Ruhelage, Augenschluß, ein liegendes Rechteck imaginieren, dessen Seiten, von links beginnend mit a, b, c, d bezeichnend sein sollen.

„Man folge nun in Gedanken den vier Seiten unter gleichzeitigem langsamen Zählen und atme folgendermaßen (Tiefatmung):

Einatmen, zählen von 1—4 (Seite a)
Atem anhalten, zählen von 1—6 (Seite b)
Ausatmen, zählen von 1—4 (Seite c)
Atem anhalten, zählen von 1—6 (Seite d)

Wenige Atemzüge genügen, um schon eine gewisse Wirkung der Beruhigung spüren zu lassen.“ (4)

Das sog. ‚Atmen durch Haut und Knochen‘ (5) ist nichts anderes als ‚Dirigation des Blutes‘. Siehe diesen Abschnitt!

Dambin-Dschangsang, der eingehender in ‚Gruppenseele‘ und ‚Hunde als Diagnostiker‘ erwähnt wird, benutzte zur Entbindung seines Astrals den sog. Pendelatem‘ oder (ind.) ‚ksema‘. (6)

„Mit dem Laute ‚ham‘ sagen die Inder — geht der Atem aus, mit dem Laute ‚sah‘ geht er wieder ein. So entsteht durch unsere Atmungsgeräusche das Wort ‚hamsah‘, das ‚Wildschwan‘ bedeutet und zugleich als Bezeichnung dient für das höchste Brahma, das nur in leichter Berührung über das Weltdasein dahinzieht, so wie der Wildschwan, der über das Wasser dahinfliegt, nur mit dem hängenden Fuß leicht die Wasseroberfläche streift, ohne sich ganz in sie hineinzuversenken.“ (7)

„Germanisch gesehen, könnte man in unseren Atmungsgeräuschen das Wort ‚Wodan‘ vernehmen. Er war u. a. Windgott. Wootan, Fuotan. Höre den Wind, wie er anhebt: fffuuuuuo — wie er ebbt und dahinsinkt und klein wird: taaaan!“ (8)

Über die Wirkung des kollektiven rhythmisierten Atems hören wir im Abschnitt ‚Levitation‘.

(4) Stege, Fritz: ‚Das Okkulte in der Musik‘. Münster i. W. 1925; 226 f.
(5) Schrödter, Willy: ‚Geister, Magie, Mystik‘; 34.
(6) Reha, Bernt: „Hatha-Yoga‘. Villach 1957; 36.
(7) Spiegelberg, Frdr.: ‚Hatha-Yoga‘ (‚Talisman-Bücherei‘; Bd. 36). Dresden 1936; 27.
(8) Schrödter, Willy: ‚Streifzug ins Ungewohnte‘. Freiburg i. B. 1949; 22—23.

Literatur:

Ramacharaka: ‚Die Kunst des Atmens der Hindu Yogis‘.
Râma Prasâd: ‚Die feineren Naturkräfte und die Wissenschaft des Atems‘. Leipzig 1926.

Ausstrahlung der Nervenkräfte

„Jede starke Erregung ist stets von einem Ausströmen des Nervenfluidums begleitet." Herbert Spencer (1820—1903)

1. „Es dürfte mancher Leser mit sensibler Hand in der Lage sein, die Ausstrahlung der Nervenkräfte persönlich festzustellen. Man lege einem gesunden Menschen die Hand leicht auf den Kopf und man wird eine gewisse Ruhe wahrnehmen; gleich darauf einer Person, die an nervösem Kopfschmerz leidet, und man wird ein Vibrieren empfinden, als ob ein leichter elektrischer Strom sich entladet, oder auch als ob aus dem Kopfe ein warmer Luftzug aufsteigt; zuweilen sogar, als ob durch eine Federspule heiße Luft gegen die Hand geblasen wird.

Am deutlichsten bemerkt man es bei Männern, die nach reichlichem Alkoholgenuß am Morgen mit einem sog. Kater aufstehen, oder auch, wenn nach Alkohol der sog. Zustand des ‚grauen Elends' eintritt; dann ist die Ausstrahlung geradezu enorm, weshalb auch so viele in diesem Zustande Selbstmord begehen. Der Alkohol bedingt in den Nervenzentren eine chemische Veränderung, die ein Freiwerden der aufgespeicherten Kräfte zur Folge hat; entweicht der elektrische Strom, so tritt apathisches Gefühl ein, ist dies jedoch nicht der Fall, so entwickelt ein Angetrunkener Riesenkräfte, die man sich meist nicht erklären kann." (1) In Brighton (England) machte 1955 die mit ungewöhnlichen physischen Kräften begabte Joan Rhodes von sich reden. Sie ist schlank und zierlich gebaut und zeigt keinerlei ‚Muskelbildungen'. Die Schöne zerbricht starke Stahlnägel zwischen ihren zierlichen Fingern, zerreißt das dick-dicke Londoner Fernsprechbuch in kleine Stücke, wirbelt riesenhafte Athleten wie den südafrikanischen Boxer Ewart Potgieter (219 cm, 145 kg) bei nur 62½ Kilo Eigengewicht in der Luft herum etc. Einige ihrer Äußerungen deuten darauf hin, daß hier ein typisches Beispiel der ‚Erweckung der inneren Simsonkraft' vorliegt, wie sie J. B. Kerning (Krebs; 1774—1851) in ‚Schlüssel zur Geisterwelt' (Lorch i. Wttbg.) beschreibt.

(1) Hohmann, Ottomar: ‚Verschwendung und Haushalt im erkrankten Nervensystem'. Berlin, o. J.; p. 13 (um 1912).

„Bei Kindern, bei denen z. B. nach medizinischer Behandlung Lähmungen zurückgeblieben sind, kann man die Ausstrahlung ebenfalls sehr deutlich wahrnehmen. Ist z. B. der linke Arm gelähmt, so ist auf der rechten Vorderhälfte des Schädels ein Vibrieren und Entströmen heißer Luft bemerkbar, die auf Erkrankung des betreffenden Armzentrums zurückzuführen ist. So lange der entzündliche Zustand anhält, ist die Lähmung heilbar, bei Beruhigung ist meist ein Absterben und Vernarbung eingetreten." (1)

2. Wir alle haben wohl als ABC-Schützen die Erfahrung gemacht, daß — wenn wir unsere Hand längere Zeit still auf die Schiefertafel gelegt hatten — unsere Fingerspitzen feucht auf derselben abgebildet waren. Haben wir in späteren Jahren vielleicht noch einmal eine Schiefertafel zur Hand genommen, so war uns dieses Phänomen bekannt und — damit hatte es sich. Aber einer hat sich Gedanken darüber gemacht: der geniale Privatforscher Carl Buttenstedt (Rüdersdorf bei Berlin), „und schloß daraus, daß aus meinen Finger*spitzen* unsichtbare Ausstrahlungen schießen mußten." (2) Später „machte ich verschiedene Experimente mit verschieden gesunden und nervenschwachen Personen, indem ich ihre Fingerspitzen über eine kühle Schiefertafel halten ließ, und da fand ich, daß die gesundesten Personen unter ihren Fingerspitzen auf dem Schiefer den größten feuchten Fleck in kürzester Zeit erzeugten, die mehr nervenschwächeren erzeugten kaum einen feuchten Hauch auf der Tafel, und sehr Nervenschwache nicht einmal eine Spur." (3)

Bei exaltierten, aber auch durch geistiges Training sensibilisierten Personen gehen Armband-, Taschen-, ja sogar Zimmeruhren (!) oft nicht recht oder sagen nach kurzer Zeit den Dienst auf. Ja, selbst am Telefon können ‚rätselhafte Störungen' auftreten. (4) Das Tollste, was mir auf diesem Gebiet zu Gesicht gekommen, ist der Bericht von Altmeister Surya — dem ‚modernen Rosenkreuzer' — über „eine Dame, in deren Zimmer Glasgegenstände wie Bechergläser, Blumenvasen sich derartig verbiegen, als wären sie sehr hohen Temperaturen ausgesetzt worden. Sie klagt dieses Erlebnis einer Freundin, und die sagte: ‚Bring mir mal diese verbogenen Gläser!' Nachdem aber diese verbogenen Dinger einige Tage in der Wohnung der zweiten Dame gestanden hatten, waren sie wieder — scheinbar von selbst — gerade geworden." (4)

(2) Buttenstedt, Carl: ‚Die Übertragung der Nervenkraft'. Rüdersdorf b. Berlin, o. J. (um 1900); 24.
(3) Buttenstedt: 30.
(4) Surya, G. W.: ‚Hermetische Medizin, Stein der Weisen, Lebenselixiere'. Berlin-Pankow 1923; 112—113.

Nervös Aufgewühlte, Hysterische, also gewissermaßen ‚ungeordnete Medien', leuchten sogar manchmal im Dunkeln. Der ‚Heiligenschein' ist also auch auf dem negativem Sektor eine Tatsache! (5)

(5) Ortt, Felix: ‚Die menschliche Aura', in ‚Zentralblatt f. Okkultismus'; Dezemberheft. Leipzig 1926; 267—269.

Biomagnetische Experimente

> „Man kann seinen Organismus intensivieren, als ob ein grobes Stück Eisen plötzlich durch einen Magneten oder durch Umwicklung mit einer Stromspule magnetisch geworden wäre."
>
> Prof. Krause (1929)

Im ‚Journal du Magnétisme' (Paris), und zwar im Jahrgang 1846, ‚redigiert von einer Gesellschaft von Lebenskraftheilern und Ärzten', unter der Leitung von Baron Jules Denis du Potet (1796—1881) sind auf den Seiten 53—55 zwei Versuchsreihen des bekannten Physikers Thilorier wiedergegeben, welcher dieser in seinem Briefe vom 17. Juni 1884 der ‚Akademie der Wissenschaften' zu Paris mit der Bitte um Nachprüfung unterbreitet hat. Ich übersetze die erste Versuchsreihe (53—54), die das Epigastrium (Magengrube) als Ausgangspunkt hat.

„Erste Versuchsreihe. —

1. Gegeben: ein Stab aus weichem, nicht-magnetischen Eisen oder — besser noch — ein kleiner Schlüssel von 4—5 cm Länge.

Wenn man — bei ruhigem und passivem Denken — diesen Schlüssel, Ring nach unten, vertikal auf die Oberbauchhaut legt, wird er keinerlei Spur von Magnetisierung aufweisen, wie lange er auch in dieser Stellung verbleiben möge.

Wenn jetzt der Experimentator in seinem Hirn die Entbindung einer starken Willensregung beschließt, wird der Schlüssel sofort (in wenigen Sekunden) magnetisiert sein und die Abweichung der Nadel (des Galvanometers) wird 10, 20 oder 30 Grad betragen, je nach dem man mehr oder weniger stark gewollt hat.

2. Der Schlüssel sei magnetisiert, wie wir es soeben dargelegt haben; legt man den Ring nach oben, auf die Oberbauchhaut, und will stark, so genügen wenige Augenblicke, bis er auf den magnetischen Nullpunkt zurückgeführt wird.

3. Macht man in dieser Lage des Schlüssels mit ‚magnetischer Absicht' (intention magnétique') — um den Fachausdruck der Magnetiseure zu gebrauchen — mehrere schnelle Striche (‚passes') mit der rechten Hand von unten nach oben, so werden die Pole

augenblicks verlagert und der der Nadel genäherte Schlüssel wird die Seite abstoßen, welche er vorher angezogen hatte."

„Diese Mitteilung interessierte die Akademie. Herr Arago[1]) versprach, die Versuche mit Herrn Thilorier zu wiederholen und auf der nächsten Sitzung erklärte er, daß — ohne die Tatsächlichkeit der bestätigten Phänomene bestreiten zu wollen — deren Prüfung zu einem negativen Ergebnis geführt habe. Wenig drauf verstarb Herr Thilorier und die Sache blieb auf sich beruhen." (55)

Diese Experimente sollten wiederholt und nachgeprüft werden, denn: was bei der einen Versuchsperson in so delikater Materie mißlingt, kann sehr wohl bei einer zweiten, dritten, zehnten oder zwanzigsten gelingen. Sie verdienen es, nachgeprüft zu werden, denn es ist nicht anzunehmen, daß eine Kapazität wie Thilorier etwas so positiv behauptet und seinen Ruf aufs Spiel gesetzt hätte, wenn es ihm nicht zweifelsfrei geglückt wäre!

[1]) Dominique François Arago, französischer Physiker, geboren 26. Februar 1786 in Estagel bei Perpignan, 1809—31 Professor an der Polytechnischen Schule zu Paris, seit 1830 Direktor der Sternwarte, 1848 Minister für Kriegs- und Seewesen, gestorben 3. Oktober 1853 in Paris. Er entdeckte die Magnetisierung des Eisens durch den elektrischen Strom sowie den Rotationsmagnetismus (Brockhaus).

Biorhythmische Experimente

„Anscheinend ist die graduelle Intensität der Emanation abhängig vom, in dem betreffenden emittierenden Bezirke momentan vorhandenen Blutquantum."
E. K. Müller (1932)

Hans Waldeck berichtet über Versuche des verstorbenen Feinstromforschers Dr. Ing. Friedrich Teltscher (Innsbruck):

1. „Das Licht einer gewöhnlichen Tischlampe wurde in der Weise farbig gemacht, daß man eine Papphülse um die Glübirne stellte. Diese Hülse war mit einem runden Ausschnitt versehen worden, den man mit dünnem, karminrotem Papier überklebt hatte. Jetzt war der Lichtstrahl rot und die Lichtintensität stark herabgemindert.

Hält man nun dicht vor den Ausschnitt einen dicken weißen Karton, etwa 1 mm stark, dann wird er auf seiner Rückseite immer dunkel bleiben. Die roten Lichtstrahlen können den Karton nicht durchleuchten.

Verwendet man aber einen gleichen Karton, der mit viel rötlichen Farben bemalt ist (evtl. eine Sonnenuntergangsdarstellung), und hält diesen mit der unbemalten Seite zum Rotlicht, nachdem man vorher mit den Fingern etwa eine Minute über die leere weiße Seite gestrichen hatte, dann zeigt sich im Anfang auch nur die dunkle Rückwand des Kartons. Aber nach etwa einer halben Minute beginnt die farbig beleuchtete Kartonstelle auf der Rückseite schwach zu leuchten. Dieses schwache Leuchten steigert sich zu einem ganz eigenartigen Glühen! Und, eigentümlich: dieses Glühen wird umso stärker, je besser der Karton vorher mit den Fingern bestrichen wurde. Das Experiment zeigt, daß die Fortpflanzung der die Leuchtwirkung hervorrufenden Ursache anormal ist, denn sie erfolgt sehr langsam und nicht — wie bei Lichtstrahlen — außerordentlich schnell. Vom biorhythmischen Standpunkt gilt dafür folgende Erklärung: von den Fingerpitzen gehen biorhythmische Kurzwellen aus, also sinusförmige biorhythmische Impulse mit sehr kleiner Wellenlänge, die nicht Tage, sondern nur Teile von Sekunden umfassen. Bei diesen Kurzwellen handelt es sich auch nicht um stehende biorhythmische Wellen, sondern um fließende, die sich im Raume fortpflanzen. Dort, wo sich eine rhythmische Kurzwelle entwickelt, pflanzt sich auch der Lichtstrahl viel leicher fort! Eine fortschreitende biorhythmische Kurzwelle bildet eine Art Kanal für den Lichtstrahl. Geeignete Farbstoffe können demnach sekundäre Impulswellen aussenden, wenn sie von biorhythmischen Kurzwellen getroffen oder erregt werden! —

2. Machen wir einen interessanten Versuch! Nimm zwei kleine 4 × 8 cm Kartons (Stärke: 1 mm). Den einen Karton bemale mit einem starken Ring aus Karminrot. Drücke nun das unbemalte Stück mit dem Zeigefinger der rechten Hand gegen die Pulsader des linken Armes, über der Handwurzel (20—30 Sekunden). Darauf ebenso das bemalte! Du wirst bei dem unbemalten Karton nichts empfinden, aber bei dem bemalten spürst du nach etwa 20 Sekunden ein leises, nicht besonders angenehmes Vibrieren durch die ganze linke Hand, das nach etwa 40 Sekunden wieder abnimmt. Also sind die Fingerspitzen wohl Akkumulatoren für biorhythmische Kurzwellen. Es gelingt sogar eine ganz unzweifelhafte Objektivierung dieses Experimentes. Zu diesem Zwecke lege man beide Kartonstücke vor sich auf den Tisch, das bemalte mit dem Farbenring natürlich nach unten. Jetzt mische man sie bei geschlossenen Augen gründlich durcheinander und unternehme den Versuch — bei geschlossenen Augen — nochmals. Es soll also der bemalte Karton bei geschlossenen Augen herausgefunden werden. Glaubt man ihn gefunden zu haben, weil man die erwähnte Vibration empfindet, öffne man die Augen und überzeuge sich. Sieht man den Erfolg — Sensibilität und Übung sind Voraussetzung — dann hat man den handgreiflich überzeugenden Beweis für das Vorhandensein biorhythmischer Kurzwellen. Damit würden vielleicht manche Phänomene, wie das Lesen verschlossener Briefe mit den Fingerspitzen und durch das Auflegen des Briefes auf die Stirn (Psychometrie), wenigstens teilweise ihre Erklärung finden. Mit diesen biorhythmisch aktivierten Lichtstrahlen kann man Eiterungen und beginnende Blutvergiftungen — wie praktische Versuche zeigen — zum Abklingen bringen.“ (1)

Teltscher's Versuch erinnert mich an das sog. ‚Purkynje'sche Phänomen‘, so benannt nach seinem Entdecker, dem österreichischen Physiologen Johannes Purkynje (tschech.: Purkynje; 1787—1869).

(1) Waldeck, Hans: ‚Biorhythmische Experimente‘, in ‚Der Spiegel‘, Heft 1. Freiburg i. B. 1937.
Schrödter, Willy: ‚Streifzug‘; 171 f. Freiburg i. B. 1949.

3. „Beleuchtet man einen großen, zur Hälfte leuchtend roten, zur Hälfte blau-grünen Schirm, dessen roter Teil bei normalem Tageslicht heller als der blaugrüne ist, im verdunkelten Raum mit einer hellbrennenden Lampe, die man langsam dunkler werden läßt, so wird das Rot bald fast schwarz, während das Blaugrün nun hell aussieht und in ein fahles Leuchten getaucht erscheint." (2)

Purkynje begegnet uns wieder in den Abschnitten ‚Menschenstrahlen' und ‚Sein eigenes Gehirn zu sehen.'

(2) ‚Meyers Kleines Lexikon'. Leipzig 1934; III; 1823.

Literatur:

Purkynje, Johannes: ‚Beobachtungen und Versuche zur Physiologie der Sinne'. 1823—1825.

Waldeck, Hans: ‚Ebbe und Flut im Menschen. Die neue Biorhythmik'. Gettenbach.

Waldeck, Hans: ‚Der Rhythmus deines Blutes. Die Biorhythmik als Naturgesetz'. Gettenbach.

Blut strahlt!

„Blut ist ein ganz besond'rer Saft!"
Goethe, ‚Faust'; Iter Teil

Daß Blut ‚ein ganz besond'rer Saft ist', wußte bereits Moses (1225 v. Ztw.), der als Liebessproß der eingeweihten ägyptischen Prinzessin Thermutis an der Tempel-Universität Heliopolis unter dem Namen Osarsiph ‚Magie' studierte; d. h.: Chemie, Physik, Elektrotechnik, Hypnose und Suggestion. So sagt er einmal: ‚Des Leibes Leben ist im Blut' (3. Mos. XVII; 11); ein andermal: ‚das Blut ist die Seele' (5. Mos. XII; 23). Es versteht sich von selbst, daß das Blut in der Magie (1), vor allem in der ‚Nekromantie' eine wichtige Rolle spielte; vergleiche hierzu auch den Abschnitt ‚Sympathetisches Wundheilpulver'!

Dr. med. vet. Wilhelm Laue (geb. 1896), früher Tierarzt in Hermsdorf-Kynast (Schles.) bzw. seine Mitarbeiterin Magda Feldhuß (geb. 1898) tat frisches Pferdeblut (es wird auch Blut anderer Schlachttiere sein dürfen) teils rein, teils vermischt mit Preßhefe in innen bunt bemalte (geblümte) Tassen aus Porzellan (dieses Material muß es sein!) Dann wurden in der Dunkelkammer Photoplatten für Schwarz-Weiß-Photographie über die Tassen gelegt; die Entfernung zwischen ihnen und den Objekten betrug ca. 6 cm. Tassen mit Platten wurden in ‚Dunkelkästchen' gelegt, die mit schwarzem Wachstuch ausgeschlagen waren. Dann wurden diese Behälter nochmals in schwarze Tücher eingeschlagen und in der Dunkelkammer belassen. Nachdem die Platten 4 bis 8 Tage den Objekten ausgesetzt waren, wurden sie entwickelt. Und nun kommt das Erstaunliche, für das ich den Forschern die Verantwortung überlassen muß: „Bei der Durchsicht meiner Aufnahmen ergab sich nunmehr das überraschende Ergebnis, daß einige Negative die bunten Farben der Gefäße, in denen sich die Objekte befanden, zeigten!" (2)

Zutreffendenfalls wären dies: Bunt-Aufnahmen mit Schwarz-Weiß-Platten! Aber selbst wenn sich die Plat-

(1) Schiffner, Therese: ‚Blutzauber und anderes'. Leipzig 1923.
Schrödter, Willy: ‚Magie, Geister, Mystik' (Kapitel: ‚Blut'). Berlin 1958; 108 f.
(2) Schrödter, Willy: ‚Streifzug'; 42—43.

ten nach diesen 4—8 Tagen ‚Belichtungszeit' (im Eigenlicht der Objekte!) ‚nur' als exponiert (geschwärzt) zeigen sollten, dann wäre damit schon etwas Wichtiges erwiesen: das Blut hat — für das menschliche Auge unsichtbare — Strahlen ausgesandt, die Lichtwirkung auf die empfindlichen Platten ausübten! Blut — ein Licht-Speicherer oder ‚Photo-Akku'! (‚Photechie' = Lichtspeicherung).

Dazu wäre einmal zu sagen: Ingenieur E. K. Müller (1853 bis 1948), zu Lebzeiten Direktor der ‚Salus' in Zürich, hat den „objektiven, elektrischen Nachweis der Existenz einer ‚Emanation' des lebenden menschlichen Körpers" erbracht und dabei festgestellt, daß diese nicht elektrischer Natur, „unzweifelhaft eine Emanation des Blutes ist und insbesondere aus dem untern Teil der Fingerenden herauswandert und hier der Radio-Aktivität[1]) ähnliche Wirkung zeigt". (3)

Damit erklären sich auch die im Abschnitt ‚Odik' unter den Nummern 14 und 15 gebrachten Versuche!

Zum anderen: schon immer versuchten Geheimkundige mit den Händen ‚Sonnenprana' aufzunehmen; angefangen von den indischen Laya-Yogis. Das Sarkophagbild einer ägyptischen Göttin (siehe Abbildung!) zeigt, wie sie ihre Handinnenflächen dem Tagesgestirn zukehrt, und zwar ist aus der senkrechten Haltung derselben zu schließen: sie tut es bei Sonnenaufgang. Die Fingerstellungen auf den Bogomilengräbern zu Stolac reden eine deutliche Sprache (siehe Abbildung!).

Möglicherweise waren auch hier die Tiere dem Menschen Lehrmeister: Hamadryaspaviane nehmen zuweilen eine ‚sonnenanbetende' Haltung an (4); schwanzlose Nager, kleiner als das Murmeltier, denen man in bestimmten Gegenden der chinesischen Provinz

[1]) Dr. med. Albert Caan vom ‚Heidelberger Institut für Krebsforschung' hat experimentell nachgewiesen: „Im lebenden Körper findet fortwährend Atomzerfall (6) statt, der zur Selbststrahlung führt (etwa wie faulendes Fleisch im Dunkeln leuchtet), das ist die odische Lohe Reichenbach's!" (7) Dr. H. Langbein (Niederlössnitz/Sa.) wollte die ‚Pendelbahnen' wissenschaftlich durch Radioaktivität erklären. (7) Magnetopath Ingenieur Egon M. Hein (Wien) gibt an, daß bei Annäherung seiner Hände an einen modernen ‚Geiger-Müller-Zähler' sich eine Zunahme der Impulse pro Minute im Mittel von 62 auf 82, also um mehr als 30% gegenüber dem Leereffekt ergab. (8)

(3) Müller, E. K.: „Objektiver, elektrischer Nachweis der Existenz einer ‚Emanation' des lebenden menschlichen Körpers und ihre sichtbaren Wirkungen." Basel 1932; 31 f.

(4) Fritsche, Herbert: ‚Tierseele und Schöpfungsgeheimnis'. Leipzig 1940; 123.

Sching-hai in großer Zahl begegnet, sitzen fast ganz aufrecht und unbeweglich vor dem Eingang ihres Erdbaues, die Pfoten vor der Brust gekreuzt und schauen mit erhobenem Kopf in die Sonne. „Wegen dieser sonderbaren Haltung nennen die Tibeter sie ‚Gomtschen', d.h. ‚der erhabene Meditierende', die übliche Bezeichnung für die Einsiedler, die ihr Leben der Kontemplation weihen." (5)

(5) David-Neel, Alexandra: ‚Land der Is. In Chinas wildem Westen'. Wien 1952; 55.

(6) ‚Heidelberger Akademische Berichte'; V. Abhandlung. 1911. Geßmann, G. W.: ‚Aus übersinnlicher Sphäre'. Leipzig 1921; 150 f.

(7) Langbein, Dr. H.: ‚Die Pendelbahnen und ihre wiss. Aufklärung'. Diessen vor München 1914.

(8) Hein, Egon M.: ‚Atomare Heilkunst'. Wien 1951; 35, 75.

Buchstaben-Übungen

„Mein langes Buchstabieren hat mir geholfen und meine stille Freude ist unaussprechlich."

Joh. Wolfg. v. Goethe (1749—1832) an Charlotte von Stein am 15. Mai 1785

Seit alters her haben Geheimbünde Denken, Summen, Raunen von Buchstaben als Mittel zur Vergeistigung (‚Aetherisierung') des Körpers gelehrt. (1) Über Geschichte, Wert, mögliche Bedenklichkeit dieser Exerzitien (bei Übertreibungen) soll hier nicht abgehandelt werden. Gegen einige wenige Vor-Versuche sind jedenfalls keine Bedenken anzumelden. Herauszustellen ist hier: ‚naturbegabt', für solche ‚logistischen' Versuche sind die Menschen, welche bei gespreizten Beinen ein großes lateinisches ‚A' empfinden oder die bei hochgerecktem rechten Arm und Zeigefinger — Buchstaben ‚I' darstellend — ein Wehen in der Fingerspitze verspüren. (2) Die Selbstlauter sind die markantesten unter den Buchstaben und unter den Vokalen wiederum das ‚I'; durch es äußern sich die Sprachkräfte am deutlichsten:

1. „Damit du nun selbst merkst, daß es sich hier um wirkliche Naturkräfte handelt, stelle dich mit dem Gesicht der Sonne zu, hebe den Zeigefinger hoch, hefte deine Blicke darauf und summe den Laut ‚I'! Nur wenige Minuten so verfahren, dann ist dein Finger glühend heiß und die heißen kosmischen Strahlen fließen deutlich merkbar durch deinen ganzen Körper bis unter die kribbelnden Fußsohlen. Wenn du das gut erprobt hast, kannst du das Experiment auch im Dunkeln machen; richte dich nur nach Osten oder Süden, dann wirst du dich zu jeder Zeit erwärmen können. Nun merkst du, daß wir Magie betreiben." (3)

Diese objektiv meßbare Wärmesteigerung (siehe ‚Dirigation des Blutes'!) haben die tibetischen ‚Respa'-Meister zur Hoch-

(1) Weinfurter, Karl: ‚Der brennende Busch'. Lorch i. W. 1930.
(2) Strauß, Alfred, und Surya, G. W.: ‚Theurgische Heilmethoden'. Lorch i. W. 1936; 190.
(3) Glahn, A. Frank: ‚Glahn's Pendelbücherei'. Memmingen 1931; IV; 24.

form in ihrem ‚t u m o' entwickelt, so daß sie sich nackt, auch im Winter, ohne Feuer, auf eisigen Bergeshöhen warm erhalten können. Sie heißen das den ‚weichen, warmen Mantel der Götter'. (4)

Das fixierende ‚Bedenken' des Zeigefingers zieht kosmische Feinkraft in solchem Maße ein, daß man an seiner Spitze einen Ozon-Geruch wahrnimmt, welchen die physiologischen Alchemisten als ‚S u l p h u r' (Schwefel) bezeichneten. (5)

Das ‚A' wird gebildet, indem der Daumen der Rechthand in rechtem Winkel abgespreizt wird, das ‚O' dadurch, daß man Daumen und Zeigefinger (immer der Rechten) rundet, bis sich deren Spitzen gerade berühren.

2. Scheich Mehmed R a f i von den B e k t a s c h i - Derwischen, welche diese bei ihnen ‚I l m e l m i f t a c h' (arab. ‚Wissenschaft des Schlüssels') geheißene Kunst betreiben, „befahl einem Schüler, das A zu bilden und O zu denken.

Nach einer Weile rief dieser: ‚O, Scheich, siehe es ist unmöglich, s i e k r ü m m e n s i c h v o n s e l b s t.' — ‚Mein Sohn, du siehst, daß es unmöglich ist, Zeichen und Worte zu vermengen. Du kannst im A-Zeichen nur A, nicht O denken; denkst du O, so streben deine Finger v o n s e l b s t zusammen. Du siehst, daß die Zeichen nicht willkürlich gewählt sind, sondern in der Natur begründet liegen. Du siehst aber auch, daß der Geist scharf in unseren Körper eingreift, er formt ihn nach seinem Bilde." (5)

D i e s e E p i s o d e z e i g t, d a ß G e d a n k e n D i n g e s i n d !

Auf ganz anderem Sektor liegt Folgendes: In der altarabischen Analogielehre zwischen dem Makrokosmos (arab.: el-Kawnul-Kebir) und dem Mikrokosmos (‚el-Kawnus-seghir') schon „entspricht jeder der zweiundzwanzig Buchstaben (des arabischen Alphabets) einem bestimmten Teil des menschlichen Organismus. Diese ‚Entsprechungen' ermöglichen es, die geheime Wissenschaft von den in den Buchstaben verborgenen Kräften t h e r a p e u t i s c h anzuwenden." (6)

(4) Büscher, Gustav: ‚Buch der Wunder'. Darmstadt 1952; 415 f.
David-Neel, Alexandra: ‚Heilige und Hexer'. Leipzig 1932; 212 f.
Rijnberk, Gérard van: ‚Les Métasciences biologiques'. Paris (Ed. Adyar) 1952; 176 f.
Sloman, F. R.: ‚Geistige Körperheizung durch Yogapraktiken', in ‚Okk. Stimme'; Heft 6. Braunschweig 1956; 19 f.

(5) Sebottendorf, Rud. v.: ‚Die Praxis der alt. türk. Freimaurerei'. Freiburg i. B. 1954.

(6) Retschlag, Max: ‚Die Alchimie und ihr gr. Meisterwerk'. Leipzig 1934; 33 f.

B o g o m i l e n g r a b

Der eingeweihte Bogomile (‚D o b r i') in eigenartiger Körper-, Arm-, Hand- und Fingerstellung Die rechts und links von seinem Kopfe angebrachten Sinnbilder sagen: er zielt („Schießbogen') mit der gewinkelten Rechten nach dem Mond(viertel), um ‚M o n d - P r a n a' aufzunehmen. „Das geistige Wasser wird bei heiterem, sternklaren Himmel aufgenommen", lehrt auch Alexander S e t o n i u s Scotus († 1604) in ‚N o v u m L u m e n C h y m i c u m'. Ebenso wird ‚S o n n e n - O d' durch ‚A s a n a s' und ‚M u d r a s' aufgespeichert. Die Aufladung mit dem elektrischen Sonnen-Prana ist stets empfehlenswert (Augenschluß!); diejenige von magnetischem Mond-Prana scheidet für sensible Personen ganz aus, die anderen sollten es sich auch nur höchst sparsam einverleiben.

Das Bild entstammt einem Werbeheftchen der ‚Zentralstelle für die Förderung des Fremdenverkehrs der FVR Jugoslawien', Beograd 1953.

Das Grabmal steht bei Stolac.

Übrigens hat Eduard Stucken 1913 wissenschaftlich nachgewiesen: die Mondstationen sind in der Reihenfolge des Abgad-Hawaz (des hebräischen Alphabets) angeordnet, und zwar in der Reihenfolge des Mondumlaufes.

'Saturn-Übungen' werden gegen Angina pectoris von ärztlicher Seite empfohlen. (7) Neben anderen Verordnungen werden zweimal täglich 3 bis 5 Minuten Ausatmungs-Summübungen auf dem Vokal 'U' vorgeschrieben. „Eine schwere, durch saturnische Kräfte verursachte Herzkrankheit soll also mit Saturn geheilt oder doch günstig beeinflußt werden." (8)

(7) Fey, Christian, Dr. med.: 'Behandlung der Herzkrampfanfallerkrankung (Angina pectoris)', in 'Kneipp-Blätter', Heft 11. Wörishofen 1935.

(8) 'Saturnübungen', in 'Der Spiegel', Heft 3. Freiburg i. B. 1936. Schrödter, Willy: 'Vom Hundertsten'; 126 f.; 'Streifzug'; 176.

Literatur:

Dornseiff, A.: 'Das Alphabet in Mystik und Magie'. Leipzig 1925.

Schrödter, Willy: 'Runen-Magie', in 'Mensch und Schicksal'; Heft 13. Villach 1955.

Ders.: 'Mit den Füßen erfühlen', in 'Okkulte Stimme', Heft 26. Braunschweig 1953.

Ders.: 'Hautmediumität', in 'Mensch und Schicksal', Heft 21. Villach 1955.
Tiralla, Loth. Gottl.: 'Heilatmung bei Blutdruck-, Herz- und Kreislaufkrankheiten'. Frankfurt/M. 1950.

Cheops-Pyramide

> „Ich bin der Herold und der Zeuge Gottes; er schuf mich mit menschlichen Empfindungen und legte in mich ein Geheimnis."

So lautet die Inschrift in einem der inneren Korridore der 2750 v. Ztw. erbauten Pyramide des Pharao Chufu (griech.: Cheops).

Dr. Roger Weidenbach (Bologna) und M. Pommeret (Paris) haben festgestellt: eine maßstabgetreue, genau nach den Himmelsrichtungen geortete Pyramide aus Karton ohne Boden mumifiziert von ihr bedeckte organische Gegenstände, z. B. Fleischstücke, tote Mäuse, Obst; allenfalls anhaftende Maden, suchen zu entrinnen oder vertrocknen mit.

Italienische Bakteriologen beobachteten durch ein Cellophanfenster das allmähliche Absterben untergestellter Typhus-Kulturen.

Pommeret legte gebrauchte Rasierklingen in eine in Nord-Süd-Richtung gestellte leere Streichholzschachtel und diese unter eine ausgerichtete Papp-Pyramide, wodurch die Schneidschärfe erhalten blieb.[1]) Auf der gleichen Linie liegt es, wenn Generaloberarzt a. D. Dr. med. Alexander Heermann als Strahlen- und Wellenforscher einem Feilenfabrikanten anriet, zu weich ausgefallene Feilen unter sein Hausdach (also: eine zweiseitige Pyramide!) zu lagern, worauf dieselben nach einem halben Jahre Voraussage gemäß ‚mehr als gehärtet' waren. (1)

Hierzu folgendes Gegenstück: Hütteningenieur Porfirio Gutierrez (Mexiko) berichtet 1956: die Eingeborenen kauften billige, weil weiche Feilen und ließen sie durch einen alten Nachfahren der Malaya-Priester härten „auf dem Berge unter der Pyramide." Auch menschliche Augen könnten so ‚gehärtet' werden[2]), daß sie sogar gehämmert und getrieben werden könnten! (2)

[1]) Merke umgekehrt: Rasierklingen, dem Vollmondschein ausgesetzt, werden stumpf und lassen sich nicht mehr schärfen!

[2]) Der Sekretär der südamerikanischen Handelskommission William E. Curtis brachte von seiner Reise nach Peru 1886 eine Anzahl ‚versteinerter' menschlicher Augen mit, welche die Firma Tissany & Co. zu New York in goldene Halsbänder fassen sollte. Nachdem drei damit beschäftigte Arbeiter an einem heftigen Fieber unter sonderbaren An-

Eingelegte Zigaretten werden bald strohig; auf ihren ‚Genuß' hin fiel ein Experimentator in tiefe Ohnmacht (3). Überdeckte Blumen werden spröde wie Glas, verlieren Form und Farbe. Elektrohomöopathische Mittel sollen erst nach Bestrahlung mit ‚Pyramidenkraft' hundertprozentig zur Geltung kommen; Kaffee aromatischer, Küchensalz verdaulicher, Trinkwasser radioaktiv werden.

Ingenieur Lambert Binder (Wien) konstatiert: die Pyramide beschleunigt das Keimen von Pflanzensamen, Weizenkörnern etc. Interessant wäre es, so regte mein verstorbener Freund, Diplom-Chemiker Joachim Winckelmann († 31. 8. 1956), an, die Ausschlüpfzeiten untergelegter Schmetterlingspuppen und etwaige Variationen ihrer Farben mit denen ihrer ‚unbestrahlten' Geschwister zu vergleichen.

Ernst Schäfer (geb. 1911) hat auf seiner Tibet-Expedition 1938/1939 den Regenten in Lhasa besucht; der trägt einen pyramidenförmigen Hut („Das Fest der weißen Schleier"). Vielleicht dadurch angeregt, haben Freunde Weißenbach's sich Pyramiden auf die Köpfe gestülpt und die Körperfront nach Norden gerichtet. Nach fünf Minuten empfanden sie Kälte und Schmerz im Kopf, Jucken an der Stirnhaut, Druck auf den Schläfen, Nachlassen des Denkvermögens, Atemnot, Magenrebellion. Vor diesem Versuch kann nicht genug gewarnt werden. Es handelt sich hier schließlich um noch kaum erforschte Strahlen, weshalb äußerste Vorsicht angebracht ist. Emile Christophe (Orléans; Dép.: Loiret) führt den Tod des Radiästheten Léon Chauméry (Vannes; Dép.: Morbihan) darauf zurück, daß sich derselbe während langer Zeit ungeschützt den Radiationen eines seiner ‚Formstrahler' ausgesetzt hatte! Da die Pyramide auch ein solcher ist, lasse man sie nie eingeschaltet (d. i. ausgerichtet) in dem Raum

zeichen erkrankten, glaubte man an die Wirkung der starken Einbalsamierungsgifte. (Vgl. Pharaonen-Mumien!)

Die französischen Gelehrten Valenciennes und Frémy wiesen durch chemische Untersuchung nach, daß es zwar natürliche Augen waren, welche den Mumien von Arica eingesetzt gewesen waren, daß sie jedoch von den an den peruanischen Küsten häufiger vorkommenden Riesentintenfischen Loligo gigas stammten!

(1) Busse, Ernst: ‚Neues v. d. Cheopspyramide', in ‚Okkulte Stimme'; Heft 1 vom Januar (u. Priv. Mitteilung). Braunschweig 1954.

(2) Anonym: ‚Kosmische Metallurgie', in ‚Neues Europa'; Heft 7 vom 1. April. Stuttgart 1956.

(3) Winckelmann, Joachim: ‚Noch einmal Pyramidenwunder', in ‚Okk. Stimme'! Heft 8 vom August. Braunschweig 1955; 22—23.
Bories, Pierre: ‚La Pyramide et la Momification des Corps'. Villefranche-de-Rouerge (Aveyron) 78, rue de la Peyrade.

stehen, wo man sich lange aufhält (Arbeitszimmer, Schlafzimmer, Küche); sie könnte die Luft irgendwie ‚schwängern'.

Paul Brunton (New York), Schüler des Maharshi Sri Ramana (1879—1950), der eine Nacht in der ‚Königskammer' der Cheops-Pyramide zugebracht hatte, verfiel nach furchtbarem Angstgefühl in Starrkrampf und konnte sich nur mit aller Willensaufbietung daraus befreien. Nun zum Speziellen:

Dr. H. W. Bild (Feldkirch-Tisis) behauptet: die Papp-Pyramide wirkt umso stärker je größer sie ist; immer aber muß sie maßstabgetreu sein. Andere wiederum sagen: muß sie nicht, jede Pyramide strahlt (‚Formstrahlung'); Ingenieur Friedrich Trübel: die Cheops-Pyramide stellt jedoch hinsichtlich der Ausmaße das Optimum dar.

Eine bläulich-violette Pyramide soll eine um 25% gesteigerte Wirkung aufweisen. Die Datschar-Pyramide ist in ihrem letzten Drittel grell ziegelrot gestrichen. Wirkt diese Farbe vielleicht noch wirkungssteigernder als die bläuliche? Eine Münchener Heilpraktikerin verwendet Pyramiden aus Zellon verschiedener Farben; angeblich mit Erfolg gegen schwere Erkrankungen.

Erwägungen:

a) Zusammenstellung von ‚Pyra-Batterien' in Serien- bzw. Parallel-Schaltung; d. h. hinter- bzw. nebeneinander gereiht;

b) Pyras im Umkreis um das Objekt gestellt (Umhegung);

c) Doppel-Pyra statt einfacher;

d) Pyras und Doppel-Pyras aus verschiedenen Metallen. (Dr. Busse).

Pyramidenbau:

Auf einem Kartonblatt schlage man einen Kreis mit einem Radius von 22,4 cm und trage auf dem also gewonnenen Rund viermal 23,8 cm (Pyramidenbasislänge) ab. Diese fünf Punkte verbinde man mit dem Kreismittelpunkt, ritze die Verbindungslinien (Kantenlinien) an, schneide eine Außenlinie auf, biege die vier Dreiecke zusammen und verbinde die aufgeschnittene Linie mit Klebstreifen. Maßstab: 1 : 1000.

Die Cheops-Pyramide bei Gizeh wurde 2750 v. Ztw. unter Pharao Chufu (griech.: Cheops) erbaut. Nach dem griechischen ‚Vater der Geschichte' Herodot, der um 430 v. Ztw. in Ägypten weilte, fronten 100 000 Arbeiter 20 Jahre an ihr. Der Künder Jesajas (740—700) erwähnt sie (XIX, 19—20). Napoléon Bonaparte (1769—1821) feuerte am 21. Juli 1798 an den Pyramiden seine Truppen zum Kampf gegen die Mameluken mit den Worten an: „Vier Jahrtausende sehen auf euch herab!" Im

Ganzen sind 130 Pyramiden bekannt, die alle unverkennbar nach den Himmelsrichtungen orientiert sind. Die Cheopspyramide aber ist mit ihren vier Seiten ganz besonders genau nach ihnen ausgerichtet. Daraus erhellt schon, daß sie mehr ist als nur das Grabmal des Pharao, was übrigens ‚Großes Haus' bedeutet! Gewiß; es ist viel in die Große Pyramide hineingeheimnist worden. Immerhin kam ein Max von Eyth (1836—1906) zu der Ansicht: „Der grandiose Bau ist die steingewordene Lösung der Quadratur des Kreises" und einem anderen Pyramidenforscher entrang sich der Stoßseufzer: ‚Die ganze Pyramide ist ver-pi-t!' (siehe: ‚Weltzahl Pi'!)

Ihre Basisbreite beträgt rd. 230½ m, die Höhe 137 m (gegenüber ursprünglich: 146,7 m), der Kubikinhalt: 2 352 000 ccm ursprünglich: 2 521 000 ccm). Die verhältnismäßig geringe Minderung innerhalb 5000 Jahren scheint das arabische Sprichwort zu rechtfertigen: „Die Zeit besiegt alles, die Pyramiden jedoch trotzen der Zeit."

Die Cheopspyramide mit ihren 2,3 Millionen Steinblöcken wurde unter die „Sieben Weltwunder" (des Altertums) gerechnet, ja als deren größtes angesehen. Unsere neueste Zeit imponiert mit höheren Bauwerken. Aber was will schon unsere menschliche Technik besagen gegenüber der Biotechnik der Natur? Ein Getreidehalm geht aus von 3 mm Ø Grundfläche, wird dabei über 1½ m hoch und trägt oben eine Ähre, die zehnmal schwerer ist als der ganze tragende Unterbau des Halmes! Vergleichsweise dürfte der 160 Mter hohe Kölner Dom dann nur ein Drittel Meter Basis bei seiner Höhe haben! Das muß man sich einmal vor Augen halten!

Literatur:

Bindel, Ernst: ‚Die ägypt. Pyramiden als Zeugen vergangener Mysterienweisheit'.

Endres, Frz. K.: ‚Mystik und Magie der Zahlen'. Zürich 1951.

Eyth, Max v.: ‚Kampf um die Cheopspyramide'. 1902.

Garnier, Col. J.: ‚The Great Pyramide, its Builder and its Prophecy'.

Hein, Hch.: ‚Das Geheimnis der Großen Pyramide'. Zeitz 1921.

Janssen, J. M. A.: ‚Spreken de pyramiden? Wetenschap en schijnwetenschap over het Faraonische Egypte'. 1954.

Kleppisch, K.: ‚Die Cheopspyramide'. München 1921.

Muck, O.: ‚Cheops und die große Pyramide. ‚Die Glanzzeit Altägyptens'. Olten und Freiburg i. Br. 1958.

Neikes, Herm.: ‚Der Goldene Schnitt und die Geheimnisse der Cheopspyramide'. Köln 1907.

Noetling, Fritz: ‚Die kosmischen Zahlen der Cheopspyramide'. Stuttgart 1921.

Dirigation des Blutes

„Eine Leuchte des Herrn ist des Menschen Geist; die geht durch alle Kammern des Leibes." ‚Sprüche Salomos'; XX; 27

Alltagserfahrung lehrt und alle Physiologen sind sich darüber einig: die häufige und längere Richtung der Aufmerksamkeit (ind.: ‚dharana') auf ein bestimmtes Organ oder einen bestimmten Körperteil ruft in demselben Veränderungen hervor. So kann man z. B. durch angstbetonte Kontrolle des Pulsschlages das Herz irritieren (Herzneurose), ja sogar mit der Zeit eine organische Erkrankung hervorrufen: „Eine anhaltend auf ein Organ geleitete ‚Innervationsströmung' kann nicht ermangeln, auch die Vegetation desselben in ihren Bann zu ziehen", weiß der ‚Seelen-Diätetiker' Dr. med. Ernst Freiherr von Feuchtersleben (1806—1849).

Der italienische Anthropolog Paolo Mantegazza (1831—1910) „erzählt von sich selbst, er sei zu einer gewissen Zeit seines Lebens imstande gewesen, beliebige Hautstellen dadurch zu röten, daß er lebhaft an sie dachte". (1)

Ein englischer Arzt legte eine Versuchsperson auf eine empfindliche Waage und befahl ihr, eine Rechenaufgabe zu lösen: „sofort ließ die Waage ein Schwererwerden des Oberkörpers erkennen, das nur auf einen vermehrten Blutstrom nach dem Kopfe zurückgeführt werden konnte. Hierauf mußte die VP sich tanzend in einem Ballsaal wähnen. Die Waage neigte sich jetzt nach der anderen Seite hin und zeigte damit an, daß der Unterkörper schwerer geworden war; es hatte eine vermehrte Blutzirkulation nach den unteren Gliedmaßen stattgefunden." (2)

Auch ohne eine solche ‚empfindliche Waage' vermögen wir einen schönen einschlägigen Versuch anzustellen:

> „Nehmen wir in jede Hand ein Thermometer (ein Bade-, kein Fieberthermometer) und stellen uns vor, den Gedanken hörbar aussprechend: ‚Das Blut pulsiert stärker nach der rechten Hand', so wird das Thermometer in derselben als-

(1) Prel, Carl du: ‚Die Magie als Naturwissenschaft' (nach Moll, ‚Der Hypnotismus'; 173). Leipzig 1920; II; 211.

(2) Kessemeier, Hch.: ‚Das andere Antlitz des Todes'. Hamburg 1929; 96.

bald eine höhere Wärme aufweisen als das in der linken. (Einige meiner Patienten brachten es auf 4° mehr.) Fühlbar können wir diesen erhöhten Blutstrom feststellen, wenn wir die Hand ausgestreckt in waagrechter Lage vor uns in Augenhöhe halten und denken — es höher aussprechend —: ‚das Blut pulsiert stärker in der Spitze des Mittelfingers, Mittelfingers …‘. Dann macht sich schnell in dieser Fingerspitze ein leises Kribbeln bemerkbar, ein Beweis für die erhöhte Blutzirkulation. (Bei einem Patienten war letztere so stark, daß der Mittelfinger sich andauernd krümmte und wieder streckte.)“ (3)

Auch bei der zweiten Übung des ‚Autogenen Training‘ nach Professor Dr. med. Johannes Heinrich Schultz (geb. 1884) — dem ‚Wärmeerlebnis (Gefäßentspannung)‘ — wurde eine um mehr als 1° C höhere Körperwärmeausstrahlung gemessen. (4) Die Wissenschaft mißt sie heute mit dem ‚Zeiß'schen Wärmestrahlungsmesser‘. Diese ‚Dirigation des Blutes‘ bildete den Hauptbestandteil der mit großer Reklame zu hohem Preis um die Jahrhundertwende aus USA angepriesenen ‚Psychologischen Übungen‘. Diese wollen die — wie eingangs erwähnt — meist negativ angewandten Möglichkeiten positiv ausnutzen, wie es H. M. Buchanan, Nervenarzt in San Francisco, in seiner ‚Relaxation‘ tat:

„Obwohl Buchanan klein, mager und schmächtig aussieht, ist er der stärkste Athlet seines engeren Vaterlandes. Er pflegt nämlich während seiner Musestunden fast unbeweglich an seinem Pulte nichtdenkend zu sitzen. Seine Aufmerksamkeit ist ausschließlich auf irgend einen Teil seines Körpers, eine Muskelpartie usw. gerichtet. Nach kurzer Zeit pflegt er wie alle, die denselben Versuch machen, eine Wärmezufuhr in dem betreffenden Körperteile zu empfinden. Gleichzeitig stellt sich hiermit ein Gefühl der Schwere ein, welches aber bald wieder verschwindet. Das Ergebnis der Übungen, welche gewöhnlich 30 Minuten dauern, ist eine Stärkung und Kräftigung des betreffenden Muskels.“ (5)

(3) Severin, Dr. A.: ‚Die Autosuggestion etc.‘ (Sammlung ‚Neugeistbuch‘; Nr. 27). Pfullingen, o. J.; 17.
Schrödter, Willy: ‚Vom Hundertsten‘; 102.

(4) Schultz, J. H.: ‚Übungsheft f. d. Autogene Training‘. Leipzig 1935; 18.

(5) Bondegger, Harry Winfield: ‚In zwei Stunden nicht mehr nervös‘. Berlin SW 11, 1904.
Bondegger, Harry Winfield: ‚In zwei Stunden nicht mehr nervös?‘ (‚Talisman-Bücherei‘, Nr. 3). Dresden 1936; 49 f.
Schrödter, Willy: ‚Aktive und passive Entspannungs-Übungen‘, in

Hypnotiseur und Heilmagnetiseur Hans Ertl (1878—1958) gibt die gleichen Übungen wie Buchanan-Bondegger, will sie ebenfalls zur Muskel-Kräftigung verwendet wissen, aber auch zur Erwärmung kalter Hände und Füße. (6)

Elmer Gates (1859—1923), Professor der Psychologie an der ‚Pennsylvania School of Industrial Art', kannte eine Dame mit unentwickeltem Busen. Diese richtete nun täglich eine gewisse Zeitlang ihre Gedanken anhaltend auf ihre linke Brust und in 14 Wochen war diese mehr als 3½ mal so groß als die rechte. Dann bearbeitete sie mental die rechte und in 9 Wochen war diese dann gerade so stark wie die linke geworden. Die Dame hatte triebhaft das Richtige getan: von zwei korrespondierenden Gliedern ist stets erst das eine zu ‚bedenken', dann das andere!

Indiens Yogi behaupten, sie vermöchten sich rasch dadurch in Schlaf zu versetzen, indem sie durch Lenkung der Gedanken (d. i. in diesem Falle: ‚Dirigation des Blutes'!) auf die Einbuchtung des Knöchels das Gefühl von Hitze in demselben hervorrufen. Diese lokale Konzentration könnte m. E. durch vorübergehendes Aufkleben eines Senfpflasters leichter gelenkt und festgehalten werden.

Das sog. ‚Atmen durch Haut und Knochen' ist nichts anderes als ‚Dirigation des Blutes'. Sehr schön schildert seine diesbezüglichen Erfahrungen Dr. Wolfgang Ehrenberg (7), 1. Vorsitzender der ‚Psychophysikalischen Gesellschaft e. V.', in München 25, im Organ derselben. Ebenso ist der sog. ‚Kundalini-Yoga' seinem Wesen nach ‚Dirigation des Blutes'. (8) Desgleichen das im Abschnitt ‚Buchstaben-Übungen' erwähnte ‚tumo' tibetischer ‚Respa'-Meister und schließlich der sog. ‚Kreislauf des Lichtes' esoterischer Taoisten. (9)

Nun das Gegenteil zur Erwärmung: ein bekannter Londoner Internist prüft die Suggestionsfähigkeit eines Patienten, indem

‚Neue Wissenschaft', Hefte 11—12. Oberengstringen b. Zürich 1953; 357 f.

Ders.: ‚Entspannung als Heilweg', in ‚Mensch und Schicksal', Heft 2. Villach 1955; 10 f.

(6) Ertl, Hans: ‚Vollst. Lehrkurs des Hypnotismus etc.' Leipzig, o. J.; 83 f.

(7) Ehrenberg, Wolfgang Dr.: ‚Heilatmungstechnik' (Vorwort), in ‚Psychophysikalische Zeitschrift', Heft 1. Tittmoning/Oberbay. 1956; 97 f.

(8) Hellberg, Eira: ‚Telepathie. Okkulte Kräfte'. Prien/Obbay. 1922; 211 f.

(9) Rouselle, Erwin: ‚Seelische Führung im lebenden Taoismus', in ‚Eranos-Jahrbuch'. Zürich 1933; 184.

er ihm einredet: ‚Ihr Finger wird kalt und blaß, kälter und blässer' und unter dem Mikroskop kann er erkennen, wie die Blutzirkulation in der Fingerspitze tatsächlich aufhört! (10)

Dem Einwand: ja, hier handelt es sich aber doch um die Beeinflussung durch eine Zweitperson (Hetero-Suggestion), begegne ich mit dem Hinweis auf jenen schwedischen Maler, der in Stuttgart eine Winterlandschaft seiner Heimat mitten im Sommer zu malen hatte. Er zog sich dick an, tat einen Shawl um und flüsterte sich fortgesetzt ein, er fröre in der Winterkälte seines Nordlandes. Die Fenster hatte er gegen den hereinflutenden Sonnenschein verhängt, um seine Illusion nicht zu zerstören. Endergebnis: tatsächliches Frösteln und klamme, blaue Finger!

(10) Larsen, Egon: ‚Das Geheimnis der weißen Linien', in ‚Weltwoche' vom 13. August. Zürich 1954.

Einfühlung:

„Zwei Seelen und ein Gedanke, Zwei Herzen und ein Schlag.“ Friedrich Halm (1842)

Der Yoga-Kompilator Patanjali: „Durch (Einfühlung in) ein Merkmal entsteht die Kenntnis des Denkvermögens (der Denkweise) eines Anderen.“ (1)

Edgar Allan Poe (1809—1849): „Wenn ich herausfinden will, wie klug oder wie dumm, wie gut oder wie böse einer ist oder was er in dem Augenblick denkt, so ahme ich genau seinen Gesichtsausdruck nach und warte ab, was für Gedanken oder Gefühle daraufhin in meinem Herzen aufsteigen, um sich mit jenem Ausdruck zu decken.“ (2)

Gustav Meyrink (1868—1932): „Dr. Gaston von Dülfert hatte im Kampf um das Leben sich so nach und nach eine seltsame Methode zurechtgemacht, um — wenn es darauf ankam — eines Partners oder Gegners (Begriffe, die sich bei ihm immer deckten) Gedanken zu durchschauen, mitzufühlen, besser gesagt. Er brauchte nur im Geiste des Anderen Gesichtszüge nachzuahmen, Blick, Haltung, Stimme, und mit erstaunlicher Sicherheit gesellten sich wie etwas davon Untrennbares, genau von selbst die geheimsten Gedankengänge hinzu. Gaston von Dülfert hatte sich spielend, wie etwas Selbstverständliches, diese Methode, in anderer Hirnkasten hineinzusteigen, derart zu eigen gemacht, daß er die meisten seiner geschäftlichen Pläne auf solcher Grundlage aufbaute.“ (3)

Der bekannte Humorist Pratsch-Kaufmann: „Wenn ich ein Lied im Stil von Zarah Leander singen will, stelle ich mir im Geist erst ihr Gesicht vor; danach formt sich bei mir der Mund. Denn ich singe sozusagen mit dem ganzen Körper — eine bloße Stimm-Imitation st mir zu wenig. Zarah Leander's Stimme

(1) Oppermann, M. A.: ‚Yoga-Aphorismen des Pantanjali‘. Leipzig 1925; 67.
Schrödter, Willy: ‚Vom Hundertsten‘; 96.

(2) Fritzsche, Herbert: ‚Kleines Lehrbuch der weißen Magie‘. Prag-Smichow 1934; 47.

(3) Meyrink, Gustav: ‚Gesammelte Werke‘. München 1923; Bd. VI; 231 bis 232.

kommt für mein Gefühl von der Augenpartie her, die ich ungewußt nachahme; erst dann finde ich plötzlich den Stimmklang." —

Ich bin dahinter gekommen: genau so gut wie man durch Nachahmen des Gesichtsausdruckes (oder des sonstigen Gebahrens) der zu eruierenden Person adäquate Gedanken und Gefühle in sich aufsteigen machen kann, vermag man dies auch durch Nachfahren von ihr vorliegender Schriftzüge. Man drückt dadurch den Ausdruck (das nach außen Gedrückte) der betreffenden Person in sich hinein: in-machinatio, imaginatio!

Unstreitig das beste Verfahren ist jedoch das Dülfert's; weil es von verschiedenen Ausgangspunkten der Peripherie auf die Herzmitte zusteuert (lat.: meditari), während den anderen Einfühlungsweisen die ‚Totalitäts-Relation' abgeht!

Ein-bildung (in sich hineinblicken) gebiert Innewerdung. (Schrödter, „Einfühlung" in „Neue Wissenschaft"; 1957/II/82 f.)

In diesen Zusammenhang gehört nachstehende Beobachtung des ‚Philosophi und weyland Schwarzburgischen Leib-Medici' Dr. med. Andreas Tenzel:

> „Unter einer ganzen Gesellschaft zu erkennen, wer dir heimlich Feind ist: da siehe zuvörderst auf die Constitution des Leibes, auf die Gebärden und auf die Reden und Aussprache; je mehr solche mit denen deinigen überein kommen, je weniger Feindschaft hast du dich zu besorgen; je mehr aber dieselben denen deinigen straks entgegen stehen, je gewisser ist die Feindschaft derselben Personen gegen dich, wo es nicht das Interesse eine Zeitlang verhehlet." (4)

Dieses sich in einen anderen Körper einfühlen, kann soweit gehen, daß sich die Seele des Agierenden derjenigen des Rezipienten ‚aufpfropft'. ‚Yoga-Sutra' hat dafür das Fachwort ‚âvecah' (III; 28) Meyrink hat dieser Fähigkeit ein ganzes Kapitel ‚Aweysha' in einem Roman gewidmet. (5) Strindberg (6), Farner (7), Wimmer (8) wissen um sie; Dr. med. Franz Hartmann (1838—1912) gibt eine einschlägige Eigenerfahrung preis. (9)

(4) Tenzel, Andreas: ‚Medicina diastatica od. in die Ferne würkende Arzney-Kunst etc.' Leipzig und Hof 1753; 298.
(5) Meyrink, Gustav: ‚Walpurgisnacht'. München 1917; 133 f.
(6) Strindberg, Aug.: ‚Ein Drittes Blaubuch'. München 1921; 924.
(7) Farner, Dr. med. G. A.: ‚Freiheit und Bindung i. d. Liebe'. Zürich 1942; 42.
(8) Wimmer, Prof. Dr. med. August: ‚Über Besessenheit' (Sammlung: ‚Die Okk. Welt'; Bd. 135). Pfullingen, o. J. (um 1920); 10.
(9) Hartmann, Franz: ‚Denkwürdige Erinnerungen'. Leipzig, o. J. (um 1898); 49 f.

Bei du Prel (1839—1899) finden wir ein Beispiel hochgradiger Einfühlung in ein Tier (10); ebenso bei de Róchas (11), während Sterneder mit Proben solcher in Pflanzen aufwartet. (12)
Ein achtgliedriges Vergeistigungs-Training, das ihn innerhalb weniger Wochen zur hochgradigen Einfühlung in fremde Personen führte, gibt neuestens in sehr klarer Darstellung ein oberbayerischer Grenzgebietsforscher. (13)

Die aktive Seite der passiven Einfühlung: USA hatte um die Jahrhundertwende das sog. ‚System Gesichterschneiden' nach Europa importiert, das darin besteht, daß man nach Schauspielerart vorm Spiegel seinem Gesicht die gewünschten Züge aufprägen, die entsprechende Haltung annehmen soll, bis der seelische Habitus sich ändert. In den 30er Jahren machte der Karlsruher Graphologe Hermann Ritter mit seinem ‚Rückwirkungsgesetz' von sich reden. Durch Anwendung desselben auf die Schrift wollte er den Charakter und im Entstehen begriffene Krankheiten heilen. Anders ausgedrückt: verändere deine Schrift und es ändert sich dein Charakter! Nehme z. B. energische Schriftzüge an und die Rückwirkung bleibt nicht aus: du wirst energisch.

(10) Prel, Carl du: ‚Die Magie als Naturwissenschaft'. Leipzig 1920; II; 70.
(11) Rochas, Albert de: ‚Die Ausscheidung des Empfindungsvermögens'. Leipzig 1909; 306.
(12) Sterneder, Hans: ‚Frühling im Dorf'. Leipzig 1929; 22, 31, 209, 242. Sterneder, Hans: ‚Sommer im Dorf'. Leipzig 1930; 30 f.
(13) Mrsich, Dr. Wilh.: ‚Die Erweckung übersinnl. Wahrnehmungsvermögens', in ‚Mensch und Schicksal', Heft 5 vom Mai. Büdingen-Gettenbach 1957; 7—14.

Literatur:

Schrödter, Willy: ‚Einfühlung', in ‚Neue Wissenschaft'. Oberengstringen-Zürich 1957; II; 82 f.

Emanation der psychophysischen Energie

„Es ereignet sich nichts Erkennbares beim Menschen, ohne daß sich irgend etwas verändert, das meßbar ist.“
Félix Alexandre Le Dantec (1859—1917)

Unter obigem Titel erschien 1908 im Verlage von J. F. Bergmann (Wiesbaden) ein Büchlein des Moskauer Arztes Dr. med. Naum Kotik (1876—1920), wonach diese Ausstrahlung mittels Schwefelkalziumschirmen sichtbar gemacht wird. Schwefelkalzium (Kalziumsulfid, Kalziumsulfuret) dient als Leuchtfarbe (‚Lichtspeicherung‘).

„Für meine Untersuchungen verfertigte ich mir einen runden Schirm aus Karton von 12 cm Durchmesser; das Schwefelkalzium wurde vorher zu gleichen Teilen mit Damaralack gemischt und sodann in dünner Schicht (von ½ mm) auf den Schirm aufgetragen; beim Austrocknen fixiert der Lack das Schwefelkalzium gut auf den Schirm. Wird ein derart präparierter Schirm nur für eine Sekunde dem zerstreuten Sonnenlicht ausgesetzt, so vermag er nachher 8—10 Minuten lang im Dunkeln zu leuchten. Die Untersuchungen wurden von mir selbstverständlich in einem dunklen Raum ausgeführt.“ (111)

Diesen Schirm hielt nun der Forscher an den Kopf seiner Versuchsperson und wies sie an, irgend ein Wort in Gedanken zu wiederholen oder zu rechnen. Darauf wurden die Ränder des Schirmes heller! „Zahlreiche Beobachtungen bei verschiedenen Personen ergaben mir beständig ein und dasselbe Resultat: Aufleuchten des Schirmes während des Denkens und Dunklerwerden desselben nach Abschluß des Denkaktes.“ (112)

Durch Kontrollbeobachtungen wurde der Einwand einer Autosuggestion ad absurdum geführt: Legte Kotik den Schirm auf Hand oder Fuß der Versuchsperson, so war das Aufleuchten bei Einsetzen des Denkaktes ‚viel deutlicher ausgeprägt, als wenn er sich vor dem Kopfe der VP befand‘. (113) Mit der Entfernung von der VP wurde das Aufleuchten des Schirmes naturgemäß schwächer, hielt sich aber immerhin durch zwei räumlich getrennte Zimmer hindurch. ‚Hielt sich endlich die VP in einem dritten Zimmer von mir auf und waren beide Türen zwischen uns dicht geschlossen, so brachte das Denken der VP gar keinen Effekt auf dem Schirme hervor. Zog ich jedoch in diesem Falle durch die Schlüssellöcher beider Türen einen Kupferdraht und hielt die VP das eine Ende desselben in den Händen, während ich an das andere den Schirm heranbrachte, so stellte sich zur Zeit, wo die VP dachte, auf ihm der gewohnte Effekt ein'. (114)

Reden — also ausgesprochener Gedanke — brachte im Gegensatz zum stillen (eigentlichen) Denken keinen Effekt, weil — wie Kotik m.E. richtig meint — die Energie statt sich in Hirnstrahlen, in Zungen- und Muskelkontraktionen umsetzt, gemäß dem ‚Gesetz von der Erhaltung der Energie'. (114)

„Während der Untersuchung darf der Beobachter an nichts denken, denn sein Gedanke vermag den oben beschriebenen Effekt auf dem Schirm ebenfalls hervorzubringen" (115), — die ‚Radioaktivität des Gehirns'! (1)

Vor rund 60 Jahren wurden an der Pariser ‚Academie des Sciences' ebenfalls Versuche mit Schwefelkalzium-Schirmen ausgeführt, die dem Nachweis der ‚schweren Ausströmung' dienen sollten. Der ‚Schirm' war ein einfacher (runder?) Pappdeckel, auf den der ungenannte Experimentator einige Tropfen ‚Calciumschwefel' träufelte. Den einfachsten der — natürlich nur in der Dunkelkammer (verdunkeltes Zimmer) auszuführenden — Versuche lasse ich jetzt folgen:

„Die ‚schwere Ausströmung' des Auges oder Hand kann auch in einer Glasflasche gesammelt werden. Es genügt, auf die Flasche einen (gläsernen) Trichter zu bringen und die Hand oder das Auge einige Minuten lang über den Trichter zu halten.

Nach dieser kurzen Zeit enthält die Flasche die ‚schwere Ausströmung', und wenn man den Inhalt der Flasche über den Schirm gießt — als ob eine Flüssigkeit in ihr enthalten wäre — nimmt die Lichtstärke zu. Wird die Flasche umgestürzt, so entleert sie sich doch nicht augenblicklich des gesamten Inhaltes. Sie muß stark geschüttelt werden, um vollständig leer zu sein. Sie kann in einem offenen (!) Gefäße mehrere Tage erhalten werden, und man ist imstande, sie von einem Gefäße in das andere überzugießen." (2)

Schwefelkalziumschirme kommen auch zum Aufleuchten, wenn (für Nicht-Sensitive) unsichtbare Geistwesen oder entdoppelte ‚Fluidale' Lebender an ihnen vorbeistreichen, wie Versuche des Pariser Arztes Dr. med. Baraduc († 1912) gezeigt haben. Bariumplatincyanür-Schirme sind anscheinend wirk-

(1) Schrödter, Willy: ‚Vom Hundertsten'; 224 f.
(2) Schabenberger, Johann: ‚Das Wesen des Heilmagnetismus'. München 1906; 14.

samer, wie aus dem Abschnitt ,Od-Lampe' ersichtlich. Hier noch ein weiteres Experiment des Dr. Kotik, welches das Dasein eines ,Gedankenäthers' nachweisen soll, wozu allerdings eine sensitive V(ersuchs-)P(erson) gehört: „Er richtete scharf ausgeprägte Gedanken und Vorstellungen auf ein reines Blatt Papier und ließ dann eine Sensitive dasselbe an die Stirn halten, worauf sie die Gedanken und Vorstellungen richtig wiedergab, zwar nicht immer genau wörtlich, aber doch inhaltlich richtig. Kotik schließt aus seinen Untersuchungen auf das Dasein eines ,Gedankenstoffes' und behauptet auch, daß die Luft von Gedanken erfüllt sei. Mit Ausdrücken wie ,Gedankenatmosphäre', ,der Gedanke liegt in der Luft' (3) hat also die Sprache unbewußt das Richtige getroffen." (4)

(3) Schrödter, Willy: ,Abenteuer mit Gedanken' (Kap.: ,Gedanken liegen i. d. Luft'). Freiburg i. Br. 1954; 29 f.
Ders.: ,Der Dichter — ein Seher', in ,Neue Wissenschaft', Heft 4 vom Jan./Febr. Oberengstringen b. Zürich 1958; 168 f.
Ders.: ,Schöpfer oder Antenne?' in ,Natur und Kultur', Folge 1 vom 15. Januar. München-Solln 1959; 16 f.

(4) Riedlin, Gustav: ,Grundursachen der Krankheiten und wahre Heilmittel'. Lorch i. W. 1922; 181.

Erdstrahlen

„Wenn ihm doch auch einmal die Sohle kitzelt.
Wenn ihm der sichere Schritt versagt.
Wenn es in allen Gliedern zwackt.
Wenn es unheimlich wird am Platz ...“
Goethe, ‚Faust‘ (II; 4983—90)

„In Tunis glauben die eingeborenen Juden sich gegen die Auswirkungen des ‚Bösen Blicks‘ (1) zu schützen, indem sie einen Teller voll Öl unter ihr Bett stellen.

Wenn die Japaner das Vorhandensein schädlicher Strahlungen in irgendeinem Raum argwöhnen, stellen sie in dessen vier Ecken je einen Behälter mit Öl auf, um die unheilvollen Wirkungen aufzuheben.

Nach den deutschen Ärzten Tobler und Kraft soll Öl gegen schädliche Strömungen wirksam sein, wobei es interessant ist festzustellen, daß sich die alten Praktiken mit den neuesten wissenschaftlichen Erkenntnissen decken.“ (2)

Das Öl reichert sich natürlich nach längerer oder kürzerer Zeitdauer mit dem schädlichen Fluidum an und ist deshalb ab und zu zu erneuern, wenn nicht das Gegenteil des ursprünglichen Vorhabens erreicht werden soll. Dicke Lagen Papier, das gleichfalls oft genug ersetzt wurde, schirmt angeblich auch zufriedenstellend ab. (3)

Auch eine Schüssel mit Füllhaltertinte, die z. B. unter die Reizstreifen ausgesetzte Liegestatt gestellt wird, soll — rutenmäßig nachweisbar — durch den darin enthaltenen Farbstoff (Methylblau) wirksam die ‚Drachen der Tiefe‘ (wie sie die Chinesen heißen) besänftigen.

Ferner wird eine grün-blaue ‚Jacquot-Batterie‘ empfohlen, wie sie im Abschnitt ‚Wellensender‘ beschrieben wird.

Vgl. auch im Kapitel ‚Yin-Yang-Symbol‘ den Teil ‚Yin-Yang-Symbol als Entstrahler‘!

(1) Seligmann, Dr. med. Siegfr.: ‚Die Zauberkraft des Auges und das Berufen‘. Hamburg 1922.
(2) Breton, Prof. S.: ‚Traité de Radiesthésie‘ (Ed. F. Schmied, 34, Faubg. St.-Martin). Paris, o. J.; 161.
(3) Archdale, F. A.: ‚A Piece of Wire an a pendulum can give Healing‘, in ‚Psychic News‘, Nr. 951 vom 26. August. London 1950; 5 f.

Neuestens hat Heilpraktiker Dr. med. dent. Ernst Busse (Garmisch-Partenkirchen) angeregt, den unterirdischen ‚tellurischen‘ Strahlen mit den überaus kräftigen ‚Oerstit-Magneten‘ (Deutsche Edelstahlwerke AG, Abt.: Magnetfabrik, Dortmund-Aplerbeck, Ostkirchstraße 177) zu begegnen, die einander gegenüber in dem bestrahlten Raum anzusetzen wären, und möglicherweise durch ihre horizontale Emanation ein Schutzdach bilden könnten. Für diesen Hinweis bin ich dem Forscher verbunden.

Hanns Fischer († 1947) hat 1935 die sog. ‚Unruhen‘ in Erinnerung gebracht, wie sie früher im ‚Herrgottswinkel‘ von der Decke schwebten. Er vertritt die Ansicht, daß diese ‚infolge ihrer eigenartigen feingittrigen Gestalt die erhöhte Leitfähigkeit beseitigen, also jene kosmischen Kräfte abdrosseln, welche die schädigenden Reizstreifen erregen und sehr wahrscheinlich bedingen.‘ (4) Es gibt zwei ‚Gestalten‘ der Unruhe: die eine, die sog. ‚Heilig-Geist-Taube‘ (lt. Abb.) kann man sich aus Holz selbst basteln;[1]) früher wurde sie aus Binsenmark gefertigt, auf Jahrmärkten feilgeboten, sollte über die Strahlungsstellen der Wasseradern gehängt werden und durch ihre Drehungen diese zerteilen. Das Binsenmark erscheint mir sensibler als ein noch so ‚feingittriges‘ Holzfiligranwerk. Die andere Form der Unruhe wird (wenig glücklich) als ‚Fadenkreuz‘, bezeichnet (5) und aus Stroh, besser aus Frauen-Bett-Streu, Männer-Streu, Singrün, Eberwurz und Bärlapp geflochten. Ob diese Radar-Antennen-ähnlichen Gebilde und die Holzfiligrantauben die früher in sie gesetzten Erwartungen erfüllen, wäre nachzuprüfen. (5)

Die etwaige vorgefaßte Meinung: ein so kleines Ding vermöge unmöglich solche großen Wirkungen zu zeitigen, muß mit dem Hinweis auf die Homöopathie vorerst schweigen, denn auch hier vollbringen ‚Nichtse‘ u. U. Gewaltiges im großen Menschenkörper!

Es könnte sich allerdings herausstellen, daß diese empfindlichen Geräte, welche durch Zugluft, aufsteigende Warmluft, sich auf die Decke übertragende Erschütterungen, möglicherweise auch durch die bloße Gegenwart einer ruhig dasitzenden Person (Od-Ausstrahlung derselben) in Unruhe geraten (daher der Name!), ‚nur

[1]) Im ersten Weltkrieg haben die russischen Kriegsgefangenen solche Tauben aus rohem, jedoch feinem Holz, als Spezialität in Massen geschnitzt, um etwas zu Geld zu kommen. Käuflich bekommt man sie jetzt noch im Lokal ‚Burgenland‘ in der Operpassage zu Wien, wie mir soeben geschrieben wird.

(4) Fischer, Hanns: ‚Der Herrgottswinkel‘. Breslau 1935; 189.
(5) Schrödter, Willy: ‚Magiophysik der Edda‘, in ‚Natur und Kultur‘, Folge 3 vom Juli. München-Solln 1955; 166 f.

Heilig-Geist-Taube

eine uralte Form der Unruhe, aus dem Hildesheimischen (Römer-Museum, Hildesheim)

Aus: Hanns Fischer, „Der Herrgottswinkel“, Breslau, 1935

Unruhe aus Stroh: Freising

(Nach Hanns Fischer)

Unruhe aus Norwegen

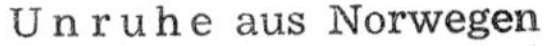

Detektoren' (lat.: ,Enthüller') oder ,Indikatoren' (lat.: ,Anzeiger') tellurischer oder — wie Fischer will — kosmischer Radiationen sind. Auch mit dieser Erkenntnis wäre schon viel gewonnen!

Aber selbst wenn der ,Seelenvogel' auch diese Mutmaßung nicht bestätigen sollte, so ist seine Anfertigung doch letztlich nicht wertlos. Man hänge ihn über das Bettchen des Säuglings, damit der einen Blickfang hat und sich nicht das Schielen angewöhne!

Erdstrahlen sollen Spuk-Phänomene begünstigen. In Anbetracht dessen, daß man in den letzten Jahren daran arbeitet, elektrischen Strom aus Erdstrahlen zu gewinnen (6) und angesichts der elektrischen Natur der Geistwesen gewinnt diese Ansicht an Wahrscheinlichkeit.

Über ,Pflanzen als Reizstreifenkünder' und ,Pflanzen als Abschirmgeräte' ziehe man meine ,Pflanzen-Geheimnisse (7) zu Rate!

Man nehme auch den Abschnitt ,Tiere und Erdstrahlen' in meinen ,Tier-Geheimnisse' zur Hand!

Physiker Dr. Paul Dobler hat experimentell nachgewiesen: legt man Aluminiumfolie auf eine photographische Platte, so beeindruckt sie dieselbe normalerweise nicht oder kaum. Werden jedoch Platte mit Folie auf eine Erdstrahlen aussendende Stelle gelegt, so wird die lichtempfindliche Schicht stark geschwärzt. Mithin aktivieren diese Strahlen das Aluminium. (7)

(6) Dietrich, F.: ,Elektr. Strom aus Erdstrahlen', in ,Mensch und Schicksal', Nr. 18 vom 1. Dezember. Villach 1953; 12.

(7) Dobler, Dr. Paul: ,Physikalischer und photogr. Nachweis der Erdstrahlen'. 1934.

Literatur:

Diehl, Dr. J. C. und Tromp, Dr. S. W.: ,Probleme d. geogr. und geolog. Häufigkeitsverteilung der Krebssterblichkeit'. Ulm/Donau.

Fritsch, V.: ,Das Problem geopathol. Erscheinungen vom Standpunkt der Geophysik'. 1955.

Jaeckel, Karl-Heinz: ,An den Grenzen menschlicher Fassungskraft (Erdstrahlen-Pendel-Spuk)'. München.

Langen, Dr.-Ing. Kurt: „Die Gefahren der ,Erdstrahlen' und die Wünschelrute".

Pohl, Frhr. G. von: ,Erdstrahlen als Krankheitserreger. Forschungen auf Neuland'. München 1932.

Farbenheilweise

„Der Edle verwendet die Farben, Düfte und Töne, wenn sie seinem Leben nützen und vermeidet sie, wenn sie seinem Leben schaden". Lü-Bu-We (* 232 v. Ztr.)

Die auffallendste Farbe ist rot. Mit ihr verbindet man die Begriffe: Blut, Blutfülle, Wärme; ferner: Aktivität, Anspannung, positiv, Elektrismus. Ihr Gegenpol Blau spricht uns an als: Blutleere, Kühle, Passivität, Entspannung, negativ, Magnetismus.

Durch diese Klassifikation ist die Anwendung beider Farben bei den zwei polaren Grundgruppen von Krankheiten, positiven und negativen, bereits umrissen.

G. W. Surya läßt seinen Idealarzt Dr. phil. Nicholson (Ragusa, heute: Dubrovnik) dozieren: „Kurz gesagt, ich habe in dem Gegensatz der beiden Farbgruppen ein Mittel in der Hand, auf Gegensätze, die in Ihrem Körper störend auftreten, neutralisierend einzuwirken, sodaß wieder Gleichgewicht und Harmonie auftreten.

Wenn nun in einem Organismus wie dem Ihrigen die Vitalität herabgestimmt ist, so verordne ich zur Herstellung des Gleichgewichts anregende Farben, vor allem rotes Licht. Hingegen bedarf ein Mensch mit überreiztem Nervensystem blaues oder violettes Licht, unter Umständen auch grüne Bestrahlung. Will ich die Nerventätigkeit anreizen, so nehme ich gelbes Licht."

Surya-Solarius propagiert: farbiges Fensterglas, Farblichtstühle, Farblichtbetten, Farblichtkugellinsen. Farblichtstühle und Farblichtbetten können mit Dämpfen erfüllt werden; die Farblichkugellinsen sind große, runde Glasflaschen, in den Hauptfarben des Spektrums gefärbt. Sie werden mit reinem Wasser gefüllt, das nach mehreren Stunden der Sonnenbestrahlung seiner Behauptung nach die gleichen Eigenschaften wie die betreffende Lichtgattung annimmt. Statt Wasser kann man in die Farblichtkugellinsen Arzneimittel, besonders homöopathische, füllen und erhält dergestalt ‚chromo-homöopathische' Medikamente. (1)

Teilt man einen Wurf von Laboratoriumstieren in zwei Hälften

(1) Surya, G. W.: ‚Moderne Rosenkreuzer'. Pfullingen i. W. 1930; 83, 86 f.

und zieht man bei gleicher Ernährung die einen im Rot-Licht, die anderen im Blau-Licht auf, so überflügelt die Rotlichtgruppe ihre Geschwister und wächst zu Riesentieren heran. —

Ein Schweizer Forschungsinstitut brachte über einem Ameisenhaufen eine blaue Scheibe an, die Tiere verließen ihren Bau; an einer rot beleuchteten Stelle versammelten sie sich haufenweise. Stellte man die Beleuchtung um, so flohen die Ameisen immer wieder das Blau und suchten stets das Rot auf, in dem auch sie offenbar bessere Lebensbedingungen finden. Bei diesen Tierversuchen scheidet der Einwand der Suggestion aus!

China wandte die Chromotherapie seit unkontrollierbaren Zeiten an: Darmkranken strich man den Unterleib mit gelber Farbe an und ließ das Tageslicht durch gelbe Vorhänge einfluten. Fallsüchtige dagegen wurden auf violette Teppiche gesetzt und die Fenster mit violetten Schleiern verhängt. (2) Scharlachkranke wurden rot behandelt. (3)

Ein deutscher Sanitätsrat benutzte rote Gardinen bei Masern und Windpocken mit Erfolg. (4)

Dr. med. Douza von der Universität Jowa (USA) behandelte 1931 erfolgreich Melancholie mit rotem Licht, Tollwut mit blauem.

In Westindien trägt man rote Bänder gegen Keuchhusten. Roter Flanell soll Hexenschuß heilen, weißer versagen.

Dr. med. Alexander Heermann legte — wie bereits gesagt — zur Beruhigung blaue, zur Hebung der Stimmung rote Samtlappen auf die Herzgegend; dieselben (‚Heermann-Amulett') mußten mit den Haaren beiderseits nach außen gefaltet werden. —

Eine Fülle einschlägigen Materials bietet der weiland Fürstl. Waldeck'sche Hofrat Dr. med. Johann Friedrich Osiander (1787 bis 1855), Professor der Medizin in Göttingen; auf ihn seien Interessenten verwiesen. (5) Dr. med. Georg von Langsdorff (1822 bis 1921), seinerzeit ‚Nestor der deutschen Ärzte' zu Freiburg (Breisgau), Magnetist und Spiritualist, der bereits 1894 über unseren Gegenstand abgehandelt hat, soll uns in Anbetracht der grundsätzlichen Wichtigkeit nochmals die eingangs gebrachte Klassifikation bestätigen:

„Rot durch rote Scheiben oder rote Linsenflaschen auf kalte

(2) Villiers, Elizabeth, und Pachinger, A. M.: ‚Amulette und Talismane und andere geheime Dinge'. München 1927; 11.

(3) Hentges, Ernst: ‚Auraforschung und Wünschelrute' in ‚Ztrbl. f. Okkultismus', Heft 7 vom Januar, Leipzig 1931.

(4) Paul, Ewald: ‚Licht, Farben und Hochfrequenz', in ‚Ztrbl. f. Okk.', Heft 7 vom Januar. Leipzig 1923; 59 f.

(5) Osiander, Joh. F.: ‚Volksarzneimittel und einfache, nicht pharmazeutische Heilmittel gegen Krankheiten des Menschen'. Leipzig 1939; Ulm/Donau 1958.

Geschwüre, Verhärtungen, Tumore einwirken lassen, erregt Belebung und Heilung.

Blau durch blaue Scheiben oder Linsenflaschen auf entzündliche Teile, schmerzenden Rheumatismus, Wunden strahlen zu lassen, wirkt heilend.

Das blaue Glas darf aber nicht durch Kobalt erzeugt sein, sondern durch salmiaksaures Kupfer. Kobalt enthält zu viele Rot!

Gelb — als neutrale Farbe — wirkt erregend auf das Nervensystem, was ich an mir selbst erprobt habe. Wenn mir durch zu viel Lesen und Schreiben zuweilen die Augen wie umschleiert werden, darf ich nur wenige Minuten durch die gelbe Scheibe schauen, worauf das Auge wieder gestärkt ist. Ich glaube deshalb, daß gelbe Brillengläser bei geschwächtem Augenlicht den blauen oder braunen vorzuziehen sind. Blaue sind hingegen bei entzündlichen Augen angezeigt." (6)

Goethe sagt übrigens in seiner ‚Farbenlehre' (1810): „Das Gelb ist ein durch die Finsternis gedämpftes Licht, das Blau eine durch das Licht abgeschwächte Finsternis." —

Der ‚Farbentest' des Schweizer Psychologen Dr. Max Lüscher (geb. 1924) ermöglicht rasch auf einfachste Art verblüffende Analysen: „Bevorzugt jemand eine gewisse Farbe, so entspricht diese seinem Wesen oder seinen Zielen; lehnt jemand eine Farbe ab, so lehnt er auch deren Bedeutung ab; z. B. bei Rot die Aktivität, das Beherrschenwollen." (7)

(6) Langsdorff, Gg. von: ‚Wer ist sensitiv, wer nicht?' Lorch i. W. 1933; 37.
Ders:: ‚Die Licht und Farbengesetze und deren therapeutische Anwendung'. Karlsruhe 1894 (Nemnich).

(7) Lüscher, Max: ‚Psychologie der Farben'. Basel 1949.

Literatur

Schrödter, Willy: ‚Farbenheilweise (Chromotherapie)', in ‚Vom Hundertsten'; 134 f.
Ders.: ‚Magic der Farben', in ‚Neue Wissenschaft', Hefte 5—6 vom Mai—Juni. Oberengstringen bei Zürich 1954.

Bouquet, Henri, Dr.: ‚Les Influences méconnues'. Paris 1942; 86 f.

Jossé: ‚Das I-Ging der Farben'. Freiburg i. B.

Koch, Dr. Walter A.: ‚Deine Farbe — Dein Charakter', Saulgau 1953.

Lederer, Kurt A. B.: ‚Farbenpsychologie für Alle'. Sersheim/Württ. 1951.

Schliephacke, Bruno P.: ‚Farbe und Heilweise'. Gettenbach.

Farbforschungs-Institute:

England: The Secretary of ‚Life Science Institute', Wood Court, Seven Hills Road, Cobham, Surrey.

Schweiz: ‚The Life Science Institute (Suisse)', Baroness de Heaking, 33, rue de Bourg, Lausanne.

Deutschland: ‚The German Institute of Life Science'; C. C. Baijer, Ph. D. Ps. D., Member International Advisory Council, Oedelsheim/Weser.

Forziertes Pflanzenwachstum

„Ich kann nicht an dem alten Heckenrosenstrauch vorbeigehen, ohne meine Hand auf ihn zu legen. Ich habe ihm manche Kraft von mir gegeben."
Hans Sterneder (1929)

Das Aufkeimen von Pflänzchen aus Samen im ‚Zeitraffer'-Tempo kann auf verschiedene Weise bewerkstelligt werden.

Die jedermann mögliche ist die Vorbereitung sowohl des Samens als auch der Erde, wofür alte deutsche ‚Kunstbücher' Vorschriften geben. (1)

Die ungewöhnliche ist die Einwirkung angerufener jenseitiger Wesen — der sog. ‚pitris' (Ahnenseelen) der Inder; dann die zweckgerichtete Tiefversenkung (ind.: samadhi).

Das beschleunigte Pflanzenwachstum durch die beiden letztgenannten Vorgehensweisen ist keineswegs ein Privileg der Inder mit ihrem klassischen ‚Mangobaumwunder'. (2) Die Zauberer der Navajo-Indianer im nördlichen Amazonas lassen aus Maiskörnern in kurzer Frist mehrere Zoll hohe hellgrüne, frische Maisstauden aufkeimen. (3)

Ein ziemlich unbekannter, aber für jedermann gangbarer Weg ist die Magnetisierung der Vegetalien. Er ist nicht neu, nur in Vergessenheit geraten. So hat z. B. 1850 Dr. med. Picard in Saint-Quentin damit ganze Versuchsreihen an Rosenstöcken durchgeführt und der bedeutende Magnetist Charles Lafontaine durch dessen Erfolge seine eigenen bestätigt erhalten. (4)

Professor Favre (Paris) hat 1905 festgestellt: wenn seine Versuchsperson Auguste Schloemmer „die Hände über Grassamen (Lepidum sativum) hielt, keimte und wuchs der also beeindruckte Samen schneller als sonst". (5)

Der Hamburgische Großkaufmann und Spiritist Hinrich Ohlhaver (1868—1951), Begründer des ‚Revalo-Bundes', Gatte

(1) Schrödter, Willy: ‚Pflanzen-Geheimnisse'; 168 f.
(2) Grobe-Wutischky, Arthur: ‚Fakirwunder und moderne Wissenschaft.' Berlin-Pankow 1923; 15 f.
(3) Langenn, Vendla von: ‚Weiße Frau am Lagerfeuer'. Berlin 1938; 79.
(4) Lafontaine, Charles: ‚L'Art de magnétiser ou le Magnétisme animal etc.' (Baillière-Germer). Paris 1860; 340 f.
(5) Grobe-Wutischky; 69.

des seinerzeit Europa-berühmten Mediums Betty Tambke, wollte sich davon überzeugen, daß Biomagnetismus nicht auf Einbildung beruhe:

„Um das zu prüfen, wählte ich einen Baum, der an entgegengesetzten Seiten seines Stammes zwei Schößlinge hatte. Der eine war 4½, der andere 5 Zentimeter lang. Den ersten magnetisierte ich jeden Tag mehrere Minuten, indem ich mit den Fingerspitzen beider Hände langsam über den Schößling hinwegstrich, und zwar von der Wurzel desselben nach dessen Spitze, ohne denselben zu berühren. Wenn ich über den Schößling hinweggestrichen hatte, führte ich die Hände in großem Bogen nach dessen Wurzel zurück, um in häufig wiederholter Weise langsam über ihn hinzustreichen.
Innerhalb von 5 Wochen war dieser magnetisierte Schößling um 18 cm, der andere in derselben Zeit nur um 4 cm gewachsen." (6)

In dem von Professor Dr. Christoph Schröder (1871—1952) geleiteten ‚Institut für metaphysische Forschung' zu Berlin-Lichterfelde wurden im August / September 1931 angefeuchtete gelbe Buschbohnen in zwei Glasschalen verteilt, beide Schalen mit Überschalen versehen und unter den gleichen Bedingungen (Licht, Wärme und Feuchtigkeit) aufgestellt. Auf die eine obere Schale hielt Archivar Dr. phil. Karl Bertram (geb. 1878), Magnetopath zu Berlin-Steglitz, die Fingerspitzen seiner rechten Hand, die linke trug die untere Schale. Nach einer jeweils halbstündigen Bestrahlung während vier Tagen begannen diese Bohnen sehr deutlich zu keimen, wohingegen die anderen keinerlei Ansatz zeigten. Auch wiesen die Pflänzlinge aus derart — jedoch trocken behandelten Bohnen ausgesprochen günstigere Wachstumsverhältnisse auf. (7)

Magnetopath Gogol (Tangerhütte) schaffte sich zur gleichen Zeit eine Zimmerlinde an wie seine Bekannte. „Meine Linde bekam jeden Tag ein halbes Glas magnetisierten Wassers, die meiner Bekannten nur Regenwasser in derselben Menge. Als meine Linde eine Höhe von 78 cm erreicht hatte, war die Konkurrenz-Pflanze erst 43 cm groß geworden!" (8)

(6) Ohlhaver, Hinrich: ‚Die Toten leben'. Hamburg 1916; 77.

(7) Bertram, Dr. phil. Karl: ‚Der Mensch als Sender' (‚Pranabücher', Nr. 21). Pfullingen, o. J.; 51—56
Grau, Georg: ‚Auch du bist elektrisch' in „Scherl's-Magazin", Januar 1932.

(8) Gogol, Gustav: ‚Die wohltätigen Einwirkungen des Magnetismus auf Pflanzen', in ‚Zeitschrift für Heilmagnetismus', Nr. 12 vom März. Halle a. d. S. 1928; 96.

Der seinerzeit bekannte Magnetist Professor Dr. med. Joseph Ennemoser (1787—1854), der uns im Abschnitt ‚Od und Pflanzen' nochmals begegnen wird, hat ebenfalls und zwar 1821 zu Bonn unter Zeugen systematische Versuche mit der Forzierung des Pflanzenwachstums durch Begießen mit magnetisiertem Wasser gemacht. Endurteil: Magnetisieren intensiviert den Vegetationsprozeß, besonders die Samenbildung. (9)

Die Herstellung von ‚magnetisiertem Wasser' wird im gleichnamigen Teilabschnitt bekanntgegeben.

Umgekehrt: wenn ein Magnetopath Pflanzen mit dem Wasser begießt, indem er sich nach jeder magnetischen Behandlung gründlichst seine Hände zu waschen hat, so werden die Vegetalien in kürzester Frist eingehen. Ein Beweis dafür, daß der Lebenskraftbehandler in der Tat Krankheitsstoffe aus dem Patienten herausgezogen, auf sich gezogen und im Waschwasser abgestreift hat! (Ad. Simon.)

(9) Weder, Wilhelm: ‚Magnetotherapie. Der Lebensmagnetismus als Heilmittel'. Nürnberg 1892; 53 f.

Literatur:

Prel, Dr. Frhr. Carl du: ‚Die Pflanzen u. d. Magnetismus', in ‚Über Land und Meer', Nr. 46. 1885—1886.

Ders.: ‚Pflanzenmystik' (Teil 1). ‚Das Magnetisieren von Pflanzen', in ‚Sphinx', Januarheft. Gera 1889; 17 f.

Ders.: ‚Forziertes Pflanzenwachstum', in ‚Sphinx', Märzheft. Gera 1889; 145 f.

Gärtner, Ludwig H., Lieungh-Resif: ‚Beförderung des Pflanzenwachstums durch Magnetisieren', in ‚Sphinx'. Gera 1889; 59 f.

Gedanken sind Dinge

„Auch der Leib ist uns von Gott verliehen, aber nur der vollkommene Mensch vermag seinen Leib zu verklären."
Ko Mong Dsi (372—289)

Die jetzt zu beschreibenden Versuche sind ‚an sich' von jedermann durchzuführen, weil sie keine Vorbildung verlangen. Was sie — mit Ausnahme des ersten allerdings erfordern, sind Apparate, die nicht jedem zur Verfügung stehen. Da dieses Buch jedoch auch in die Hände von Personen gelangt, welche die benötigten Geräte besitzen (Ärzte, Heilkundige, Physiker), sollen für diesen Personenkreis auch die anderen Experimente hier gebracht werden. Zumal sie nämlich auf jeden Fall wissenswert und interessant ebenfalls für diejenigen sind, welche sie mangels der dazu gebrauchten Instrumente nicht nachprüfen können.

Das Axiom ‚Gedanken sind Dinge' stammt von dem USA-Neugeistler William Walker Atkinson (1862—1932), dessen Schriften teilweise in deutscher Sprache in der teuren ‚Flower's Collection' um 1910 herausgekommen sind. Die Richtigkeit dieses Urgrundsatzes beweist zunächst der sog. ‚Chevreul'sche Pendelversuch' mit dem sog. ‚siderischen Pendel'. Der französische Chemiker Michel Eugène Chevreul (1786—1889) hat 1854 darüber ein Buch verfaßt: ‚De la baguette divinatoire, du pendule dit explorateur et des tables tournantes'. Vor ihm hat den gleichen Versuch gemacht der englische Reisende und Naturforscher Sir Francis Galton (1822—1911):

> Man zieht auf Papier einen größeren Kreis, darinnen verschiedene Radien, bindet einen Fingerring an einen Seidenfaden oder ein Frauenhaar und hält denselben ruhig über den Kreismittelpunkt.
>
> Alsdann denke man, der Pendel möge nach dieser oder jener Seite ausschlagen und er wird prompt gehorchen. Die Richtung kann man dann beliebig durch Gedankenwechsel abändern.

Auch die Wünschelrute[1]) und der Sommer'sche ‚Psychograph' sind so ‚ideomotorisch' zu beeinflussen. (1)

Dieser Umstand kann psychotherapeutisch ausgenutzt werden, wie im Kapitel ‚Rhythmische Suggestionen mit Pendel' gezeigt wird.

Ingenieur Johannes Zacharias (2) und Bürgerschuldirektor Dr. phil. Welisch (Graz) gingen noch einen Schritt weiter:

> „Er (Welisch) forderte ihm bisher fremde Pendler aus dem Zuhörerkreis auf, zu ihm aufs Podium zu kommen, stellte sich nun hinter diese, auf etwa 5—6 Schritt Entfernung, hielt eine Tafel in der Hand, auf welcher 8 verschiedene Pendelschwingungsbahnen aufgezeichnet waren und ersuchte eine Kontrollperson, eine dieser Figuren schweigend mit dem Finger zu berühren. Ohne ein Wort zu sprechen oder irgendeine Bewegung zu machen — nur durch einen Willensakt — veranlaßt Welisch den sich passiv verhaltenden Pendler bzw. dessen Pendel, die von der Kontrollperson erwählte Figur schwingen zu lassen.

Dies ist für die ganze Ruten- und Pendelforschung ein hochbedeutsames Experiment; es beweist die Möglichkeit, Rute und Pendel telepathisch zu beeinflussen." (3)

Nachträglich stelle ich fest, daß diese Möglichkeit schon vor einem Jahrhundert experimentell dargetan und auf sie hingewiesen worden ist! (4)

Dr. B. Fernte berichtet über die Versuche von Professor Jakobsen:

> Der mit geschlossenen Augen daliegenden VP wird eine Elektrode auf eine beliebige Stelle des rechten Armes gelegt, die angeschlossen ist an ein Galvanometer mit Verstärkeranordnung.

[1]) Das siderische Pendel ist eine ‚rotierende Wünschelrute' (Julie Böß-Kniese). Was also für die WüRu gilt, trifft auch auf es zu: „Nun begreifen wir auch den alten Namen ‚Wünschelrute', das englische ‚divining rode', das französische ‚baguette divinatoire' sowie das lateinische ‚virgula divina'; nicht, weil man sich mir ihr etwas wünschen kann, sondern weil sie in der Hand des Gläubigen selbst auf den leisesten Wunsch reagiert" (Scheminzky).

(1) Tenhaeff, W. H. C.: ‚Außergewöhnliche Heilkräfte'. Olten und Freiburg i. B. 1957; 253.
(2) Zacharias, Johannes: ‚Rätsel der Natur'. München 1920; 30.
(3) Surya, G. W.: ‚Okk. Diagnostik und Prognostik', Lorch i. W. 1950; 131 (170).
(4) Lafontaine, Charles: ‚L'Art der magnétiser ou le Magnétisme animal etc.'. Paris 1860; 47, 322 f.

Alsdann wird der VP aufgegeben, sich auf den bloßen Gedanken zu konzentrieren, sie beuge den rechten Arm. Bei Eintritt dieser Vorstellung zeigte das Galvanometer elektrischen Strom an. Es trat jedoch kein Strom auf, wenn VP ihre Vorstellung auf die Bewegung anderer Körperteile richtete. Dagegen wurde der Strom erheblich stärker, wenn eine auch noch so schwache tatsächliche Beugung des Armes ausgeführt wurde, wie es ja in der Natur der Sache liegt.

„Hier ist also an einem normalen Menschen der Beweis erbracht, daß körperliche Vorgänge auftreten ohne jede körperliche Tätigkeit, die sie sonst herbeiführt, allein als Folge einer Vorstellung, eines Gedankens. Damit ist die materialistische Lehre widerlegt!" (5)

Auf gleicher Ebene liegt ein Versuch, den Professor Krause auf dem Kongreß der Magnetopathen in Berlin Pfingsten 1929 erwähnte, und der von Nicola Tesla (1856—1943) ausging:

Tesla führte in eine auf einem Stativ stehende luftleer gemachte Glaskugel einen Hochspannungspol ein. Alsobald begann die Kugel zu leuchten und von ihrer Mitte aus spielte ein Lichtbüschel mit so eigentümlichen Bewegungen, daß man merken mußte: die sind verursacht von den Anwesenden. Des Lichtbogens Feinheit vermochte man durch eine körperliche Bewegung selbst auf 5 Meter Distanz zu stören.

Daraus konnte man ein Experiment ableiten, das mit dem Jakobsen'schen Ähnlichkeit hat: man gipste die Hand der VP ein und diese mußte einen Willensimpuls in sie hineinschicken. Natürlich konnte sie damit die Hand nicht bewegen, aber diese Innervierung genügte doch, um bereits das Lichtbüschel tanzen zu machen.

„Damit wird bewiesen, daß auch schon unser Wille und die Tätigkeit des zerebrospinalen Systems genügt, um eine Strahlung nach außen treten zu lassen, die nachweisbar ist." (6)

Ich kann es mir nicht versagen, auch das Endziel aufzuzeigen, das dem Referenten vorschwebt und das sich mit den Ausführungen eines schweizer Arztes (7) sehr gut verträgt:

(5) ‚Pseudonym': ‚Ein Experiment gegen den Materialismus', in ‚Die weiße Fahne', Heft 7 vom 1. Juli. Pfullingen i. W. 1934; 440 f.

(6) Krause, Prof.: ‚Die neuesten wiss. Experimentierergebnisse der biomagn. Heilweise', in ‚Ztschr. f. Heil-Magnetismus' (Augustheft). Wiesbaden 1930; 58—60.

(7) Schultz, Julius: ‚Die Überwindung des natürl. Todes; der unsterbliche Mensch der nahen Zukunft'. Gettenbach 1927.

„Man kann seinen Organismus intensivieren, als ob ein grobes Stück Eisen plötzlich durch einen Magneten oder durch Umwicklung mit einer Stromspule magnetisch geworden wäre.[2]) Der Heilstrahler sollte dauernd an der Verfeinerung seines Organismus (8) arbeiten. Wir sind eine lebendige Dreiheit von Leib, Seele und Geist. Die Magnetopathen sollten lebendige Beispiele einer Lebensintensivierung sein.

Wir sollten uns so verfeinern, daß wir über das Wasser gehen[3]) und durch die Luft fliegen[4]) könnten, daß wir ätherische Organismen sind.
Die Anfänge sieht man mit dem Apparat. Wer sich scharf einstellt und strahlt, der kann sofort um 20 bis 30 gr abnehmen, weil er sich lockert, weil er nicht mehr so schwere Maße in sich hat.

Hier liegen große Zukunftsmöglichkeiten. Der Zukunftssport wird der geistige Sport (9) sein, daß sich jemand durch den freien Willen in die Luft[5]) erhebt wie der indische Yogi.“ (6)

Der österreichische Wünschelrutengänger Ferdinand Scheminzky äußert sich im Zusammenhang mit der Entstehung der Rutendrehung folgendermaßen: „Es ist nun interessant, daß es Muskelbewegungen (= Muskelzuckungen) gibt, die durch das Festhalten eines bestimmten Gedankens bedingt werden. Man nennt sie ideomuskuläre Bewegung. So hat Professor Robert Sommer (geb. 1864) ,seit 1895 Direktor der psychiatrischen Klinik in Gießen, eine sog. ‚Zitterwage‘ konstruiert, die folgendes Experiment zu machen gestattet: Eine Versuchsperson legt ihren Arm auf eine Wage, die die Bewegungen desselben auf eine berußte Platte schreibt. Der Arm zittert stets ein wenig. Nun denkt die Versuchsperson an eine Zahl. Ein Zweiter zählt laut vor. Sobald nun die gedachte Zahl laut ausgesprochen wird, ist das Zittern des Armes am größten, wie man aus der geschriebenen Kurve

[2]) Vgl. ‚Biomagnetische Versuche!‘

[3]) Wenigen bekannt: Anette Freiin von Droste-Hülshoff (1797 bis 1848) ging als Kind und junges Fräulein in der Entrückung manchmal über den Wassergraben der väterlichen Wasserburg.

[4]) Manche Athos-Einsiedler (Fallmerayer); der ‚fliegende Heilige‘ Joseph von Copertino (1603—1663).

[5]) Vgl. ‚Levitation‘!

(8) Welkisch, Carl: ‚Vergeistigung‘. Darmstadt, um 1920.
Ders.: ‚Im Geistfeuer Gottes‘. Remagen 1957.

(9) Yesudian, Selvan Raja: ‚Sport und Yoga‘. München.

entnehmen kann. So also zeigt sich, wie die Gedanken auf die Muskelbewegungen einwirken." (10)

Professor Dr. med. Johannes Heinrich Schultz, Nervenarzt zu Berlin-Charlottenburg, machte seinen Interviewer Dr. Georg Gerster (geb. 1928) auf die Tatsache aufmerksam, daß man die Macht der Vorstellungen hören kann:

„Im physiologischen Institut der Universität Wien hat man diese Tatsache vor Jahren in einer Reihe von mehreren hundert Experimenten hörbar gemacht. Jawohl, hörbar. Mit Verstärker und Lautsprecher, denen die Aktionsströme zugeleitet wurden, die bei Muskelarbeit entstehen. Saß die Versuchsperson entspannt, blieb es still in der Apparatur; ballte sie die Hand, knatterte und knisterte es. Dasselbe Knattern und Knistern entstand, sobald sie sich intensiv genug vorstellte: ‚Die Hand ist geballt'. Stellte sie sich dagegen vor: ‚Ich will die Hand ballen' oder ‚gestern ballte ich die Hand', geschah nichts." (11)

Im ‚Astral-Licht' lehrte Eliphas Lévi-Zohéd (1810 bis 1875), der ‚große Kabbalist', der eigentliche Abbé Alphonse Louis Constant hieß, in der ‚Akascha-Chronik' behauptete der Anthroposoph Dr. Rudolf Steiner (1861—1925), graviert sich alles Geschehen ein, jeder Gedanke schwingt in ihm bis in alle Ewigkeit fort. Diese Idee ist kein altindisches Monopol, die jüdische ‚Kabbalah' (‚Esarah Maimeroth', Fol. 49 im ‚Sohar'), der Islam (‚Koran'; Sura VI; ajat 59) kennen sie. Das Gesetz von der ‚Erhaltung der Kraft', welches der Naturforscher und Arzt Dr. med. Julius Robert von Mayer (1814—1878) im Jahre 1842 entdeckt hatte, untermauert sie. Diesbezüglich schrieb im Jahre 1939 Heinrich Kluth:

„Nach längst erwiesenen Naturgesetzen geht nichts auf der Welt verloren. Da bei den elektromagnetischen Schwingungen des Lichtes und der Funkwellen keinerlei Materieteilchen bewegt werden, müssen sich diese theoretisch bis in die Unendlichkeit fortbewegen können.

Als Beweis gelten jene Lichtpünktchen, die vor Jahrmillionen von unendlich weit entfernten Fixsternen ausgesandt wurden und die heute bei klarem Nachthimmel Abend für Abend unsere Augen erfreuen.

So sind auch seit dem Bestehen der Erde ständig Lichtstrahlen von dem Geschehen auf der Erdoberfläche in den Weltenraum

(10) Scheminzky, Ferdinand: ‚Wünschelrutenkunde' (‚Lehrmeister-Bücherei', Nr. 589—590; Daten eingefügt von WSchr.). Leipzig, o. J.; 26.

(11) Gerster, Dr. Georg: ‚Eine Stunde mit ... Besuche i. d. Werkstatt des Wissens' (Ullstein-Bücher, Nr. 73). Berlin-West 1956; 196.

unterwegs, die, wie man sich vorstellen kann, von Spiegeln zurückgeworfen und kinematographisch aufgezeichnet werden könnten. Würde ein solcher Spiegel besonders hoher Qualität in entsprechendem Abstande über der Erde schweben, dann müßte noch heute theoretisch die Möglichkeit bestehen, beispielsweise die Vorgänge im Dreißigjährigen Kriege (1618 bis 1648) oder die Schlacht im Teutoburger Walde mit dem ‚historischen Kino' aufzunehmen." (12)

Heutzutage „könnte der ‚Akascha-Spiegel' eine weitere Fundierung erfahren durch die Tatsache der Telepathie. Man geht nicht fehl, wenn man den ‚Hirnfunk' mit der drahtlosen Telepathie vergleicht, denn es ist wiederholt nachgewiesen worden, daß es ‚Hirn- oder Gedankenstrahlen' gibt. Von letzteren aber dürfen wir — bis zum Beweis des Gegenteils — annehmen, daß sie — gleich den Funkwellen — keine Materieteilchen bewegen, sich deshalb bis in die Unendlichkeit fortbewegen können." (13)

Für die Langlebigkeit der Radio- bzw. Television-Ausstrahlungen ein frappantes, ganz rezentes Beispiel: im September 1953 „erschienen in vielen Gegenden Englands auf den Fernsehschirmen plötzlich Bilder mit dem Stationszeichen eines Fernsehsenders in Houston (Texas). Nun ist die Übertragung von Programmen über den Ozean hinweg noch immer ein Zukunftstraum; daher machten mehrere Beobachter zum Beweis dessen, was sie gesehen hatten, Aufnahmen des Bildes. Die große Überraschung aber sollte noch kommen. Als englische Rundfunkingenieure der Station in Houston berichteten, erfuhren sie, daß diese schon seit 1950 außer Betrieb war. Wo ist das Bild in diesen drei Jahren gewesen? Schwingen die Wellen, die die Rundfunkanstalten und Fernsehstationen Tag für Tag von frühmorgens bis Mitternacht in den Äther schikken, unaufhörlich weiter?" (14)

(12) Kluth, Heinrich: ‚Wunder des Fortschritts'. Berlin 1939.
(13) Schrödter, Willy: ‚Schöpfer oder Antenne?', in ‚Natur und Kultur', Nr. 1. München-Solln 1959.
(14) C. B. C.: ‚Wellen wohin?', in ‚Das Beste aus Reader's Digest', Februarheft. Stuttgart 1959; 142.

Literatur:

Baudoin, Charles: ‚Suggestion und Autosuggestion'. Dresden 1922.

Das ausgezeichnete, allgemein-verständliche Werk des bekannten Genfer Psychologie-Professors und Coué-Schülers gibt (224—230) fünf verschiedene von jedermann auszuführende Übungen mit dem Pendel und (230—235) ebenfalls von jedem an sich selbst zu bewerkstelligende Fall- und Hemmungs-Experimente.

Gedanken-Photographie

„L'Occulte sera demain la science." (Das Okkulte wird morgen Wissenschaft sein.)
Charles Richet (1850—1935)

Commandant Darget (Tours), Dr. med. Baraduc († 1912) in Paris, Dr. Ixon, Ralph Wintherry, Professor Tomokichi Fukurai (1) von der Kaiserl. Universität Tokio, wollen vor dem Ersten Weltkrieg ‚Gedanken' photographiert haben.

Das Verfahren ist nach Darget (1848—1924) folgendes:

> „Man betrachte einen Gegenstand von einfacher Gestalt, etwa eine Weinflasche, einen Spazierstock oder dergleichen eine Zeitlang aufmerksam und konzentriere darauf möglichst gut seine Gedanken, gehe dann in die photographische Dunkelkammer und halte sich eine Viertelstunde eine photographische Platte vor die Stirne mit dem energischen Wunsche, daß es gelingen möge, auf der Platte das Bild des Gegenstandes hervorzurufen." (2)

Ich bin der Auffassung, man halte sich nicht die Platte vor die Stirne, sondern man binde sie sich an dieselbe; anderenfalls gibt es totsicher Verwackelungen. Vielleicht sind deshalb manche Gedanken-Photographen so unscharf (von mangelnder Konzentration einmal abgesehen).

Nach Darget's Meinung bringt die Seele, sobald sie einen Gedanken entsendet, das Gehirn zum Vibrieren und den Phosphor darin zum Leuchten, sodaß die Gedankenstrahlen nach außen projiziert werden.

Die Photographie der Gedanken ist nur erklärlich, wenn man annimmt: es waren keine reinen ‚Gedanken'-Bilder mehr, sondern die Bilder hatten bereits eine gewisse Stufe der körperlichen Verdichtung erreicht. Man vergleiche hierzu das im Abschnitt ‚Emanation der psycho-physischen Energie' über den ‚Gedankenäther' oder den ‚Gedankenstoff' Gebrachte!

(1) Fukurai, Tomokichi: ‚Hellsehen und Gedankenphotographie'. 1914.

(2) Darget: ‚Exposé des differentes méthodes pour l'obtention des photographies fluidomagnétiques et spirites'. Paris 1909.

Eine Stütze für die Annahme einer ‚körperlichen Verdichtung' der Gedankenbilder:

„Suggeriert man einem Hypnotisierten einen Gegenstand und hält ihm dann ein Prisma vors Auge, so ist er erstaunt, das (nicht vorhandene) Objekt doppelt zu sehen, und zwar entspricht die Lage des zweiten Bildes genau den Gesetzen der Optik. Ein Opernglas läßt den suggerierten Gegenstand näher erscheinen, bzw. in die Ferne rücken, sobald es umgekehrt wird; beides jedoch nur dann, wenn das Glas auf die Sehweite der betreffenden Person eingestellt ist!

Auch sog. ‚Kristallvisionen', die durch starres Anschauen einer blanken Fläche sich bei gewissen Menschen einstellen, werden vergrößert, wenn zwischen den ‚Kristall' und das Auge ein Vergrößerungsglas gehalten wird.
Die Versuche von Alfred Binet (1857—1911) und Charles Samson Féré (1852—1907) haben diese merkwürdigen Tatsachen festgestellt." (3)

Ein Chinaforscher macht auf nachstehende Beobachtung aufmerksam:

„Wenn das Medium in Verzückung fällt und sein Gesicht unendliches Entzücken widerspiegelt, beobachte man aus der Nähe aufmerksam seine Augen.

Inmitten des Augapfels gewahrt man dann ein kleines umgekehrtes Bildchen, meist religiöser Artung, das den Gegenstand darstellt, den der (die) Verzückte wirklich sieht. Sein (ihr) Gedanke ist also nach außen projiziert und hat unbewußt der universellen Substanz eine fluidische Materie entnommen, um ein sichtbares Bild zu schaffen, das sich auf der Retina (Netzhaut) reflekiert." (4)

Also auch dieser Gelehrte ist der Auffassung: es handelt sich um einen (fluidische) Substanz gewordenen Gedanken. Man sollte versuchen, ihn photographisch festzuhalten. In USA nennt man das ‚Retina-Photographie' oder ‚Camera occultic'.

In den letzten Jahren wurden Gedankenbilder photographiert in den Delawarr-Labors zu Oxford mittels einer besonderen

(3) Vogl, Dr. Carl: ‚Unsterblichkeit'. Dachau 1917; 202, 281.
Vincent, R. Harry: ‚Die Elemente des Hypnotismus', 4. Aufl. Jena 1895; 205 f. Berlin 1911; 231 f.
Binet et Féré: ‚Le Magnétisme animal'. Paris 1887.

(4) Frichet, Henri: ‚La Médecine et l'Occultisme en Chine'. Paris, o. J.; 147 (Ed. ‚Astral').

Kamera. (5) Es ist jedoch nicht ausgeschlossen, daß zu diesen Aufnahmen eine gewisse Veranlagung des Experimentators erforderlich ist.

(5) Day, Langston: ‚Die Strahlenphotographie — eine neue Wissenschaft', in ‚Natur und Kultur', Folge 1 vom Januar. München-Solln 1956; 28.

Literatur:

Feerhow, Friedrich: ‚Die Photographie der Gedanken (Psychographie). Studie über die Natur der Psychogone und die bisherigen Versuche mit Psychogrammen'. Leipzig, um 1918.
Anonym: ‚Gedankenphotographie in Japan', in ‚Ztrbl. f. Okkultismus', Heft 7, vom Febr. Leipzig 1914; 382 f.

Gedanken-Übertragung (Telepathie)

„Im Zeitalter des Radios noch den ‚Gehirnfunk' theoretisch beweisen zu wollen, erscheint überflüssig; dem aufmerksamen und nachdenklichen Beobachter führt ihn der Alltag praktisch oft genug vor."
Schrödter (geb. 1897)

Um 1889 war folgender telepathische Grundversuch unter der Bezeichnung ‚Willensspiel' (engl.: ‚willing-game') groß im Schwange:

„Zwei Personen sitzen sich gegenüber, von welchem A aus einem Spiele Karten aufs Geratewohl 10 bis 20 wählt und fächerförmig in die linke Hand nimmt, sodaß sie Partner B nicht sehen kann. A reicht sodann B seine Rechte und konzentriert sich auf eine der Karten, während B mit geschlossenen Augen sich jeden Gedankens zu entschlagen sucht. Nach einer halben oder vollen Minute ruft A jene Karte, auf die er sein Denken gesammelt hatte, wonach B in den Fächer greifen und die gerufene Karte herausziehen wird, obzwar er die Stelle, wo sie gesteckt, nicht gewußt, ja nicht einmal geahnt hatte, ob sich die betreffende Karte überhaupt unter den gewählten befinde. Der Griff geschieht ganz sicher, man steht unter dem Willen des anderen. Das Experiment gelingt immer, wenn keine äußeren Ablenkungen statthaben." (1)

Professor Dr. phil. Joseph Banks Rhine (geb 1895) von der ‚Duke-University' in Durham (North-Carolina, USA) hat ebenfalls mit Tausenden von Kartenexperimenten die Tatsächlichkeit der Gedanken-Übertragung in unseren Tagen erneut bewiesen!

Lebenskraftheiler Philipp Müh (1870—1946) in Stuttgart machte wiederholt folgenden Versuch bei Personen, die noch nicht hypnotisiert worden waren:

Er saß im Hintergrund des Zimmers, anscheinend ganz in ein Buch vertieft, während sein Bekannter die Subjekte zu unterhalten hatte.

Müh konzentrierte sich mit aller Macht darauf, Schlaf zu erwecken, indem er in der Imagination (zweckgerichtete Ein-

(1) Anonym: ‚Willensspiel', in ‚Sphinx', Juli-Heft. Gera 1889; 64.

bildung) die Ermüdungs- und Schlafgefühle durchging und sich plastisch ein Bild der schlafenden VP vor Augen stellte. Nach ungefähr einer Viertelstunde erschlaffte diese, ließ den Kopf herunterhängen und schlief ein. Experimentator spürte die Rückwirkung (frz.: Choc de retour; Reperkussion) auf sich genau und erwachte aus seiner zielstrebig gerichteten Träumerei. (2)

Wir haben hier das magisch-aktive Gegenstück zur mantisch-passiven ‚Einfühlung' und zur gewöhnlichen Phantasie, die sich ‚allomatisch' (von äußeren Eindrücken und Faktoren) und stimmungsmäßig (von inneren Einfällen) in ‚Tagträumen' treiben läßt. Das ‚Versinken im Strom eigener Träume' heißt der Bosnier und der Türke ‚kêf'.

Seit 14. August 1906 — also lange bevor Aldous Leonard Huxley (geb. 1894) seine Versuche zur Durchbrechung der ‚Pforten der Wahrnehmung' (Titel seines Buches), also der Sinnesschranken, mit Hilfe von Meskalin startete — hatte Müh eine Reihe von Experimenten mit Cannabis indica (Tinktur aus indischem Hanf) hinter sich gebracht.

Das sei nur wegen der Deutschen Priorität erwähnt, beileibe nicht zur Nachahmung!

Hinsichtlich der Gedanken-Übertragung auf Tiere siehe Kapitel ‚Katzenbeschwörung'! Weitere Beispiele in meinen ‚Tier-Geheimnissen'. Ein (nicht-professioneller) Telepath von erstaunlichen Fähigkeiten, der im vergangenen Jahrhundert Europa aufhorchen ließ, war der in Schottland geborene Dr. Jones Barton Stay (geb. 1811). Sein abenteuerliches Leben und seine Vorgehensweise habe ich in einer Monographie geschildert und erläutert. (4)

(2) Müh, Phil.: ‚Psychische Gewalten. Angewandte Geheimwissenschaft'. Lorch i. W. 1911; 30 f.

(3) Schrödter, Willy: ‚Tier-Geheimnisse'. Warpke-Billerbeck.

(4) Ders.: ‚Offenbarungen eines Magiers'. Warpke-Billerbeck 1956.

Literatur:

Bruck, Dr. Carl: ‚Experimentelle Telepathie'. Stuttgart 1925.
Sigerus, Robert: ‚Die Telepathie'. Leipzig o. J.

Gedanken-Übertragung mit einfachen Hilfsmitteln

„Als Physiker ist mir die Existenz von elektromagnetischen ‚Gedankenwellen' als Begleiterscheinung der Atomumlagerung im Gehirn und Resonanz in fremden, aufnahmebereiten Hirnen, also Gedankensuggestion, ungefähr ebenso selbstverständlich, wie 2 mal 2 4 ist."

Dr. Vageler (1922)

Magnetopath Müh hatte sich schon frühzeitig der Telepathie (griech.: ‚tele' = fern, ‚pathos' = Empfindung; Ferngefühl) zugewandt, weil ihm — mit Recht: ‚der telepathische Prozeß als Hauptfaktor aller Magie galt.' (1)

Bereits 1911 „hatte er einen Apparat konstruiert, an dem sich der zwingende Nachweis erbringen läßt, daß durch Telepathie eine mechanische Bewegung hervorgerufen wird[1]), die zudem Intelligenz zum Ausdruck bringt". (2)

Diese Apparatur ist m. W. nie vor die Öffentlichkeit gekommen, doch brachte Müh kurz nach dem Ersten Weltkrieg durch das ‚Prana-Versandhaus' in Pfullingen (Württ.) seinen ‚Konzentrator' heraus, der die Konzentration und somit auch die

[1]) Über ‚lautsprechende Gedankenübertragung' berichtete 1925 Max Zeiss: „Ich erinnere mich gerne der höchst geistreichen Versuche während meines Studiums am psychologischen Seminar der Universität B. unter Prof. Dr. St., wo wir mit einem sog. ‚Gedankenempfänger' operierten. Das kleine, unscheinbare Instrument wurde an einer Wand des Saales auf einen Tisch gestellt und der Operator stellte sich in größtmöglicher Entfernung vor den Apparat hin, seine Gedanken konzentriert auf ihn gerichtet. Nach kürzerer oder längerer Zeit, je nach der Gedankensammlung des Individuums, fing das Instrument an zu läuten und tat dies so lange, als noch ausreichend kräftige Gedankenwellen es trafen." (5)

Hier hätten wir also — 14 Jahre nach Müh — „einen Apparat, an dem sich der zwingende Nachweis erbringen läßt, daß durch Telepathie eine mechanische Bewegung hervorgerufen wird".

(1) Müh, Philipp: ‚Psychische Gewalten. Angewandte Geheimwissenschaft'. Lorch i. W. 1911; 44.
(2) Müh; 50.
(5) Zeiss, Max: ‚Lautsprechende Gedankenübertragung', in ‚Ztrbl. f. Okk'. Leipzig 1925; 321.

Gedankenübertragung erleichtern sollte. Er bestand aus einer Binde, die um den Kopf geschnallt werden mußte; da, wo sie die Schläfen berührte, waren zwei flache, vernickelte, nach außen mit konzentrischen Rillen versehene, etwa Fünfmarkstück-große Metallkapseln angebracht, die als Antennen dienen sollten, während eine dritte, Zweimarkstück-große flache Zellonkapsel die Nasenwurzel bedeckte und als Sender-Verstärkung angesprochen wurde. Die durchsichtige Zellonkapsel ließ eine anscheinend harte braune Masse sehen, deren genaue Zusammensetzung Geheimnis des Erfinders blieb. Bald wurde von beachtlichen Erfolgen mit dem ‚Konzentrator' geschrieben; wieviel des Effektes auf Konto Suggestion ging, läßt sich nicht beurteilen, auf einmal schlief die Sache ein.

Ich halte dies nur fest, weil nach Müh ein anerkannter Wissenschaftler ähnliche Wege ging: Dr. med. Giuseppe Caligaris, damals Professor für Neuropathologie an der Universität Rom. Von ihm wurde 1933 berichtet:

„Er hielt im Hospital di Santo Spirito in Rom einen Vortrag, verbunden mit folgendem Versuch: Zwei Krankenschwestern nahmen auf Stühlen in einer Distanz von drei Metern voneinander Platz. Der Professor brachte dann eine kleine Aluminiumkapsel an beider Nacken an. Hierauf forderte er die eine Schwester auf, bestimmte Gedanken bewußt auszusenden und die andere, zu versuchen, diese Gedanken aufzunehmen. Nach wenigen Minuten beklagte sich die Empfangende über ein scharfes brennendes Gefühl an der Zungenspitze, Schmerzen auf beiden Wangen, dem linken Handgelenk, der Schädeldecke und eine gewisse Leichtigkeit und Leere im Gehirn. Kurz darauf versicherte sie, daß sie weiße radiumartige Strahlungen sehe, die vom Körper der ‚Senderin' ausgingen. Diese Strahlen seien wie ein dichtes Netzwerk rings um den Körper und würfen Wellen, wie das vom Winde bewegte Meer.[1]) Hierauf geriet sie in Trance und berichtete, daß ihr die andere Schwester über einen bestimmten Kranken Mitteilungen mache, wobei sie dessen Namen und die Symptome der Krankheit nannte. Professor Caligaris erklärte, daß er die Idee zu dem Experiment dem verstorbenen Professor Migazzini verdanke, der im Jahre 1908 mit der Suche nach der ‚allgemeinen Hautscheibe' im menschlichen Körper begonnen habe, die er auf Grund seiner Forschungen über Gehirnkrankheiten für die Sende- und Empfangsstation von Gedanken hielt. Caligaris, der diese Forschungen fortsetzte, kam dann zu dem Schluß, daß es drei Ver-

[1]) Vgl. Müh's Wahrnehmungen nach Einnahme von Canabis indica-Tinktur!

mittlungsstellen (allg. Hautscheiben) gebe: auf der rechten Nackenseite[2]), unter dem rechten Zeigefinger und am Bein zwischen Wade und Fußknöchel[3]). Zwei Personen könnten in Gedankenverbindung treten, wenn man auf einer der drei Stellen eine Aluminiumkapsel anbringe, die gewissermaßen als ‚Verstärker' diene." (3)

Hieran knüpft mein Gewährsmann eine beachtliche Intuition: „Es liegt die Vermutung nahe, daß — was in dem Bericht nicht gesagt ist — die Aluminiumkapsel einen ‚M a g n e t' enthält, also präpariertes Blut, Haare, Nägel oder dergl. des ‚Senders' bzw. des ‚Empfängers', die mit dem Lebensgeist des Partners imprägniert, die Verbindung erleichtern."

Über C a l i g a r i s vgl. die Abhandlung von Dr. Ernst B u s s e. (4)

Mir liegt ein weiterer Bericht über das e r s t e Experiment des Forschers mit Journalisten am Gionicolo, einem der sieben Hügel Roms, von Ende November 1932 vor. Danach gab er dem ‚Sender' L a S t e l l a von der ‚G a z e t t a d i V e n e z i a' eine kreisförmige Platte in die Rechte, dem ‚Empfänger' B a c c i von ‚L a N a z i o n e' eine solche in die Linke und beide mußten sich auf zwei Bänke setzen, die zwanzig Meter voneinander entfernt waren. „Schon nach einigen Sekunden meldete B a c c i , daß er zunächst den Pulsschlag seines Gegenübers verspüre. Nun forderte C a l i g a r i s den Reporter L a S t e l l a auf, konzentriert an etwas zu denken. Auf Befragen gab B a c c i den ungefähren Inhalt der Gedankengänge seines Partners wieder. Das Experiment ist damit gelungen." (6)

C a l i g a r i s war zuletzt Dozent für Psychiatrie an der Universität Modena und Präsident der ‚I t a l i e n i s c h e n W i s s e n s c h a f t l i c h e n G e s e l l s c h a f t f ü r M e t a p h y s i k'; er starb 1958.

Im Jahre 1951 hat der Psychiater Dr. L. K o l i k , der damals in Philadelphia (USA) im Auftrag der ‚G e s e l l s c h a f t f ü r p s y c h i s c h e F o r s c h u n g' arbeitete, bekanntgegeben, daß Gedankenübertragung möglich ist, „wenn am Unterarm der Ver-

[2]) die verwundbare Stelle des S i e g f r i e d (Steinhäuser).

[3]) die verwundbare Stelle des A c h i l l e s , die ‚Achillesferse' (Steinhäuser).

(3) Steinhäuser, Gerh.: ‚Praktische Magie' (gestützt auf eine Notiz in ‚Neuigkeits-Weltblatt' vom 19. Dezember 1933). Warpke-Billerbeck 1956; 46 f.

(4) Busse, Ernst, Dr. med. dent.: ‚Entdecktes Neuland der Medizin', in ‚Okkulte Stimme', Juliheft. Braunschweig 1954; 14 f.

(6) Anonym: ‚Mechanische Gedanken-Übertragung', in ‚Tempo', Nr. 284 vom 3. Dezember. Berlin 1932.

suchsperson ein Kupferdraht angebracht wird, der beide verbindet". (7)

Einhundertfünfzig Jahre vorher schon verband sich der ‚elektrisch präparierte' Karl von Eckartshausen (1752—1803) durch eine Kette mit der in einem entfernten Zimmer auf einem Isolierschemel stehenden Versuchsperson und wollte die Worte wiederholt haben, welche jene dachte.

(7) Anonym: ‚Gedankenübertragung mit Draht', in ‚Diese Woche/Welt am Sonnabend', Nr. 35 vom 1. September. Düsseldorf 1951; 6.

Geisterphotographie

„Die Auferstehung ist etwas ganz natürliches; es ist nicht erstaunlicher zweimal als einmal geboren zu werden."
Voltaire (1694—1778)

‚Pendelvater' A. Frank Glahn (Friedr. Hch. Aug. G.; 1895 bis 1941) gibt folgende Anleitung:

„Ich habe Gespenster in Tageshelle photographiert; man stellt die kleinste Blende ein, bei hellem Himmel noch eine Gelbscheibe davor und exponiert 5 Minuten.

Normal gehende Personen werden nicht festgehalten, solche, die einen Augenblick stehen bleiben, erscheinen jedoch spukhaft auf dem Bilde.

Diese geben menschliche Pendelausschläge. Ein echtes Gespenst hingegen pendelt nicht." (1)

Mir ist es mit der Glahn'schen Anweisung nicht geglückt, echte Gespenster auf die Platte zu bannen, obwohl ich eine Massenunfallstelle kurz nach der Katastrophe mehrfach aufgenommen hatte. Es ist nicht ausgeschlossen, daß zur Geisterphotographie wie zur ‚Gedanken-Photographie' eine gewisse Veranlagung des Experimentators erforderlich ist. In dem Sinne, daß Geistwesen aus ihm das zu ihrer Verstofflichung nötige Material (‚Od') leichter entbinden können wie beim Durchschnittler.

Vielleicht sind unter der Vielzahl der Leser eine ganze Reihe einschlägig ‚Naturbegabter', die Erfolg damit haben, sind doch unbeabsichtigte Geisteraufnahmen (‚Extras') gar nicht allzu selten. Stets sind es die Köpfe oder Gestalten solcher Verstorbener, die mit der aufgenommenen Person in irgendeiner Verbindung gestanden haben, sich deshalb anläßlich der Aufnahmen zu ihr drängten und dadurch von ihr und dem Photographen ungewußt und ungewollt, also ‚außerhalb' (lat.: ‚extra') des Programmes, zusätzlich, auf die Platte oder den Film kamen. — Interessant wäre es nun, ein Flüchtlingskind zu photographieren, das seine Eltern und Geschwister etc. gar nicht gekannt hat! Ich kam jedoch nicht

(1) Glahn, A. Frank: ‚Glahn's Pendelbücherei'. Memmingen 1931; IV; 25 f.

durch Glahn an die Geisterphotographie, sondern durch den Rutengänger Anton Keller (1881—1946), weiland Wurmlingen. Ausgehend von einem Ausspruch des Runenforschers Guido von List (1848—1919): „Was sich einmal ereignete, prägt in der Gegend sein Bild ein", erkundete seit 1939 der aus dem Ersten Weltkrieg Schwerbeschädigte mittels Wünschelrute den Tatort von Verbrechen, photographierte ihn oder ließ sich an ihm mit einer ‚Box-Tengor' (6 x 9 = DM 12.—) photographieren. Gras, Gebüsch, Bäume zeigten stets die Gesichter der Täter, wie spätere Aufklärung durch die Kripo ergab. Die von mir eingesehenen Bilder sind z. T. überraschend gut erkennbar, würden aber durch eine Reproduktion entschieden verlieren.

Besonders interessant folgender Fall: in Rietheim bei Tuttlingen kommen einem Mann 30 Hühner abhanden, worauf der Landjäger verschiedene junge Leute einsperrt. Eine Aufnahme des Hauses durch Keller bringt einen Fuchs mit auf das Bild. Zweifelndes Gelächter; vier Wochen später wird Keller zum Gendarmerie-Chef bestellt: ‚Sie hatten recht!' Waldarbeiter hatten nämlich inzwischen die Fuchshöhle gefunden und unzählige Hühnerknochen davor!

Auf gleiche Weise klärte Kriminalrat D. in Witzenhausen vor dem Ersten Weltkriege Verbrechen auf. (2)

Gespenster lebender Personen

Der Brandstifter taucht rechts auf dem Bilde im Schleierleib (v. Kleeberg) auf. Aufnahme von 1912 des Kriminalrates D. in Witzenhausen. (‚Okkulte Welt', Kassel, Nr. 5 vom 1. XI. 1949; 5.) Hier Aufnahme: Drissen

So nahm er z. B. 1912 die Ruinen einer durch Brandstiftung vernichteten Scheuer im Kreise Witzenhausen auf. Auf dem Lichtbild gewahrt man rechts den Schatten eines Soldaten. Es war ein ehemaliger Knecht, der später die Brandstiftung eingestand (Racheakt wegen Entlassung). „Der Knecht aber war während der Zeit der Aufnahme der abgebrannten Scheune bei den Soldaten, um seine Militärdienstzeit abzuleisten!"

Wer — wie ich — mit der Glahn'schen Anordnung (kleinste Blende + Gelbfilter) — kein Glück hat, versuche es mit stufenweise stärkeren Vorsätzen: Rotfilter/Schwarzfilter (geschwärzte Glasscheibe)/Filterplatten, zwischen die man Dicyanin oder Pinacyanol gefüllt hat. Erstere Chemikalie wurde von Kilner bei seinen ‚Spektaurinschirmen' oder ‚Kilnerschirmen' verwendet, letztere von Bagnall bei seinen (verbesserten) ‚Aurabrillen' (Kap.: ‚Ätherleib').

Eine Geisterphotographie machte in letzter Zeit in vielen Zeitungen der ganzen Welt von sich reden. Der englische Elektroingenieur Thomas Leonard Taylor (geb. 1916) aus Wolvershampton hatte am 19. August 1957 zwischen 10.30 und 11 Uhr in der Kathedrale von Winchester eine Aufnahme gemacht, mit einer deutschen Kleinbildkamera ‚Baldina' auf Farbfilm bei Einstellung auf Unendlich. Obwohl sich später das Bild als überbelichtet, verwackelt und unscharf erwies, konnte man auf ihm nicht weniger als 13 Geistergestalten in der Tracht der Tudorzeit (vor 400 Jahren) zweifelsfrei erkennen. (3)

Eckartshausen gibt eine Anweisung zur Herstellung von unechten Geisterdias, die auf Rauchwolken projiziert wurden. (4) Seine Versuche sind jedoch psychologisch interessant, weil alle Teilnehmer ‚ihre' Geister erkannten.

(2) Anonym: ‚Verbrechen durch Geisterfotos aufgeklärt', in Okkulte Welt', Nr. 5 vom 1. November. Kassel 1949; 5.

Anonym: ‚Aufklärung eines Mordes durch Geisterphoto', in ‚Vorschau', Nr. 11 vom November. Zürich 1949; 11.

(3) Priestley, Peter: ‚13 Geister auf einem Photo', in ‚Neue Ill. Wochenschau', Nr. 42 vom 19. Oktober. Wien 1958; 1, 2, 25.

(4) Eckartshausen, Karl v.: ‚Aufschlüsse z. Magie a. geprüften Erfahrungen etc.' München 1791; I; 188—191.
Kiesewetter, Karl: ‚Geschichte d. neueren Occultismus'. Leipzig 1909; 410 f.
Schrödter, Willy: Zu ‚Mesmers Geheimnis', in ‚Erfahrungsheilkunde', Heft 2 vom Februar. Ulm/Donau 1959; 76—77.

Literatur:

Peter, General Jos.: ‚Die Photographie des Unsichtbaren' (‚Die okkulte Welt', Nr. 31—32). Pfullingen/Württ.

Gruppenseele

„Magie ist praktische Metaphysik."
B a c o v o n V e r u l a m (1561—1626)

Tiere haben nach geheimen Lehren keine Einzel-Seele, sondern eine ‚G r u p p e n - S e e l e', die sie leitet (‚Leit-Tiere'). Beweise für das Vorhandensein einer solchen:

Ein gewisser A. F. K n u d s e n verwaltete 1892—1896 die Farm seines Vaters auf einer Südsee-Insel. Er hatte Zeit übergenug, sich mit W a c h s u g g e s t i o n zu befassen, die er zweckmäßig zur Bändigung ungebärdiger Pferde verwandte.

> „Eines Tages machte er ganz zufällig eine Entdeckung, die ihn stutzig machen mußte. In seinem Korral waren etwa 60 Pferde jeden Alters, die meisten schon zugerichtet, bis auf ein dreijähriges Tier, das er a u f s e i n e b e s o n d e r e W e i s e zurichten wollte. Zu diesem Zwecke war eine Ecke des großen Korrals abgegrenzt und zu einem besonderen Pferch gemacht. Er befahl dem Tier durch W a c h s u g g e s t i o n, das eine Vorderbein hochzuziehen und dann eine Achterbahn zu beschreiben. Dies ließ er eine Zeitlang fortsetzen.
> Plötzlich erblickt er ganz zufällig, daß eine alte Mähre in dem anstoßenden großen Korral herumhinkt, ganz so, wie das wilde Tier es a u f s e i n e n B e f e h l tun mußte. Wie er nun weiter um sich blickt, bemerkt er noch zwei weitere Tiere, die während einer kurzen Zeit sich in der gleichen ungewöhnlichen Weise fortbewegten."

Planmäßige Nachprüfung des gesamten Tierbestandes von mehreren hundert Pferden ergab, daß die Gruppen, welche die an ein einzelnes Tier gegebenen m e n t a l e n Befehle mitmachten, aus 3—12 in der Regel, höchstens aus 18 Pferden gebildet wurden; ferner, daß die Klasse umso besser war, je kleiner die Gruppe war.

Die nunmehr auf benachbarte Rinder-Herden ausgedehnte Versuchsreihe hatte den gleichen Erfolg, der sich allerdings wegen der geringeren ‚Ansprechbarkeit' des Hornviehs nicht so prompt einstellte. Die Untersuchung mehrerer tausend Stück Rindvieh zeigte: hier besteht die Gruppe gewöhnlich aus 50—60 Einheiten, aber es gab auch Kollektive von über hundert Einzelwesen. (1)

(1) Bethe, August: ‚Die Entdeckung der Gruppenseele', in ‚Ztrbl. f. Okk.', Maiheft. Leipzig 1922; 481 f.

Knudson und unser Gewährsmann Bethe sprechen hier von ‚Wachsuggestion'. Einem Tier kann man nichts suggerieren (‚einreden'), weil ihm der Verstand in dem Ausmaße fehlt, wie ihn das Wesen der Suggestion bedingt: nämlich die wirkliche oder scheinbare Richtigkeit einer Einrede (Hineinrede) zu erkennen und dann diese Fremdsuggestion (Heterosuggestion) als Eigen-Suggestion (Autosuggestion) zu übernehmen. Man kann ein Tier nur zwingen: körperlich mit Handleitung und gegebenenfalls gleichzeitigem eindringlichen Zureden oder telepathisch und beide meinen wohl die letztere Vorgehensweise, wenn sie von Suggestion eines Tieres im wachen Zustande sprechen.

Der Zoologe Dr. Paul Deegener (geb. 1875), seit 1908 Professor zu Berlin, kommt in seiner Arbeit von 1919 u. a. auf die Raupe des Mondvogels (Phalera bucephala L.) zu sprechen, der er eine besonders große Reizempfindlichkeit zuschreibt, deren Sehweite sich aber nicht über einen Zentimeter erstreckt. Dann sagt er wörtlich:

> „Merkwürdig ist es zu sehen, wie sich ein Reiz durch die ganze Gesellschaft fortpflanzt. Von den gemeinsam fressenden Tieren wurde eines durch Berührung seiner Haare beunruhigt: fast augenblicklich stellten alle übrigen mit ihm die Nahrungsaufnahme ein. Ein Mitglied der in Ruhe befindlichen Gesellschaft traf ein leichter Reiz: das ganze Völkchen zuckte zusammen, wobei die übrigens öfters wiederholte Bewegung wie eine Welle durch die dichtgedrängten Geschwister hinlief.
>
> Nichts kann deutlicher die enge Fühlung zeigen, durch die so viele Einzeltiere zu einer Einheit miteinander verbunden werden, als diese Antworten der ganzen Gesellschaft auf einen Reiz, der nur ein Mitglied unmittelbar betrifft." (2)

Eine praktische Nutzanwendung aus der Erkenntnis von der Gruppenseele bringt der Abschnitt ‚Telegraphie mit Tieren'.

Ich weiß nicht, ob die Haare der Mondvogel-Raupe giftig sind, rate aber doch zur Vorsicht, nachdem Tierpsychologe Professor Dr. Christoph Schröder (1871—1952) weiland in Berlin-Lichterfelde wohnhaft und seine Gattin bei Versuchen mit den Raupen des Kiefern-Prozessionsspinners „eine peinvolle, sich monatelang hinziehende Vergiftung durch die Berüh-

(2) Deegener, Paul, ‚Studien an einf. Tiergesellschaften', in ‚Kosmos', Heft 8. Stuttgart 1919.
Schrödter, Willy: ‚Vom Hundertsten'; 73.

rung davongetragen haben.“ (3) Man greife deshalb die Raupen und deren Haare nur mit einer von Watte umhüllten Pinzette an; oder doch nur — und das kurzfristig — mit Fingern, die frei von Schnittwunden und sofort nachher zu desinfizieren sind. —

Der Mensch gibt freiwillig in Ausübung gewisser Riten während deren Dauer seine Individual-Seele auf, um durch ‚Vergesellschaftung des Unterbewußtseins‘ aller Teilnehmer vorübergehend eine Gruppenseele (Polypsychicum) aufzubauen, die sich in jeden Einzelnen in dem Maße niedersenkt, wie er sich geöffnet hat. Das ist z. B. der Fall bei den Zihkr-Übungen der Derwische, von welchen ‚Armen‘ (arab.: derwesh = arm, wie das ind, ‚fakir‘) es heißt: ‚Nicht der ist Derwisch, der um Brot bettelt; Derwisch ist, der seine Seele preisgibt.‘ (4)

Mit gekreuzten Beinen auf der Erde im Kreise sitzend, intonieren die Zihkr-Teilnehmer die Worte: ‚La-il-a-hé Ill-a-llah‘, was halb gesungen, halb gerufen wird, dazu in einem Rhythmus, den der ganze Körper mit schaukelnden Bewegungen begleitet. Diese werden nach vorwärts, rückwärts und nach beiden Seiten ausgeführt, während der Kopf im Takte dazu nickt.[1]) Je stärker die Bewegung, um so wirksamer das Resultat.“ (5)

Eine ähnliche vorübergehende Preisgabe der Individual-Seele greift m. E. Platz bei einem eigenartigen Brauch einiger Volksstämme in Mittel-Australien, wobei sonderbare, auf Hölzer gemalte Zeichen, die ‚Thurunga‘ heißen, eine geheimnisvolle Rolle spielen. Unter Absingen von Liedern aus der Urväterzeit des Stammes werden diese Bretter in der Hand gehalten und so lange gerieben, „bis Menschen und Zeichen sich durch einen einzigen hin- und herschwingenden Strom verbunden fühlen“. (6)

Viele Stufen überspringend und bei den heutigen Freimaurer-

[1]) Durch ähnliche Schunkelbewegungen sandte Dambin Dschangsan (1875—1925) — der ‚Rächer-Lama‘ (‚Tushegoun-Lama‘), der ‚Sieger-Lama‘ (‚Dschal-Lama‘) seine Seele auf Reisen:

„Mit untergeschlagenen Beinen lehnt er sich nach rückwärts gegen einen Baumstamm, starrt ununterbrochen ins Feuer. Langsam wiegt er den Oberkörper nach vorwärts und rückwärts.“ (8)

Wegen seines ‚ununterbrochenen Starrens ins Feuer‘ vgl. ‚Kasinâ-Übungen‘!

(3) Fritsche, Herbert: ‚Tierseele und Schöpfungsgeheimnis‘. Leipzig 1940; 389.

(4) Vett, Carl: ‚Seltsame Erlebnisse in einem Derwischkloster‘. Straßburg 1931; 97, 192.
Schrödter, Willy: ‚Streifzug‘; 307 f.

(5) Vett; 95.

(6) Kükelhaus, H.: ‚Urzahl und Gebärde‘. Berlin 1934.

Logen angelangend, läßt sich sagen, daß der erfahrene Maurer am unsichtbaren geistigen Dome empfindet, ob die Brr ,ein Herz und eine Seele' sind, der kristallene Tempel mehr oder weniger gefestigt ist. Es ist der ,G e i s t d e r L o g e', der ihm fast körperlich spürbar wird. (7)

(7) Ferger, N.: ,Magie und Mystik'. Zürich und Leipzig 1935; 180.
(8) Consten, Hermann: ,Der rote Lama'. Stuttgart 1928; 41, 47.
Schrödter, Willy: ,Der Austritt des Doppelgängers', in ,Okk. Stimme, Heft 11 vom November. Braunschweig 1954; 18.

L i t e r a t u r :

Schrödter, Willy: ,Geister, Mystik, Magie' (Kap.: ,Baum- und Pflanzenelf'). Berlin 1958.

Heilmagnetismus

„Für den Menschen ist keine Arznei besser als der Mensch."
Petrus B l e s e n i u s (1130—1212)

Ein gesunder Mensch ist ein Strahlkörper wie die Sonne. Was von dem ‚L e b e w e s e n S o n n e' gilt, nämlich, daß das Organische sich anders auswirkt als das Unorganische, trifft auch auf ihn zu:

„Die Sonne wirkt auf uns nicht nur durch ihre Wärme und ihr Licht, sondern auch geistig fördernd auf Herz und Gemüt. Wäre dies nicht so, so müßte denselben Zweck ein warmer Ofen neben einer hell strahlenden Lampe erfüllen." (1)

Der Heilmagnetismus stellt nicht nur die wurzelhafte (radikale) Heilweise dar, sondern auch das ‚U r - H e i l m i t t e l', als welches ihn einer der Großen seiner Zeit bezeichnete: der Kgl. sächsische Leibarzt und Hofrat, Professor Dr. med. Carl Gustav C a r u s (1789 bis 1869), der obendrein noch Philosoph (2) und Landschaftsmaler war!

Träder des H e i l -, L e b e n s -, B i o -, V i t a l - (früher: ‚animalischen' oder ‚tierischen'-) Magnetismus ist die Ausstrahlung (Emanation), welche der Wiener Industrielle Dr. Freiherr Carl von R e i c h e n b a c h (1788—1869) um 1850 entdeckte, untersuchte, beschrieb und ‚O d' nannte. Während die Menschheit aus der einen Hand des ‚Zauberers vom Kobenzl' (bei Wien) Kreosot und Paraffin dankbar entgegennahm, stieß sie die andere mit jener neuen Naturkraft beiseite!

Über deren experimentelle Erweisung wird im Abschnitt ‚O d i k' abgehandelt. Eines möchte ich dem vorliegenden Kapitel vorausschicken:

Ü b e r t r a g u n g von L e b e n s k r a f t ist G o t t - g e w o l l t e p r a k t i z i e r t e N ä c h s t e n l i e b e, d i e s e g e n s r e i c h s t e ‚o k k u l t e' B e t ä t i g u n g u n d d a s g e f a h r l o s e E i n g a n g s t o r z u m v e r s c h l o s s e n e n P a l a s t d e r M y s t e r i e n !

(1) Schick, Dr. med. Erwin: ‚Betrachtungen zur Managerkrankheit', in ‚Dt. Ztschr. f. Akupunktur', Hefte 7—8. Ulm/Donau 1956; 89.

(2) Carus, Carl Gustav: ‚Über Lebensmagnetismus od. die magischen Wirkungen überhaupt' (Neudruck). Basel 1925.

Schon die urtümlichste Handlung des Menschen — das Zusammenschlafen — ist eine heilmagnetische Aktion, ein Austausch der Od-Kräfte. Von einem Gesunden fließt nach dem ‚Gesetz von den kommunizierenden Gefäßen' Strom auf einen Kranken, Schwachen, Alten über: die Großmutter geht auf wie ein Licht, während das bei ihr schlafende Enkelkind dahinwelkt. Den hier unbewußt vor sich gehenden ‚Od-Vampyrismus' wandte die Gerokomie (griech.: Greisenbehandlung) überall und seit je zielbewußt an: der alternde König David (1012—972) schläft sich bei der jungstarken Abisag von Sunam (1. Kön. I; 1—4) gesund; daher das Fachwort: Sunamitismus! Auf gut Deutsch: ‚Jungschlafen'!

Der Od-Austausch zwischen verschiedengeschlechtlichen Personen ist nämlich viel ausdrücklicher als zwischen gleichgeschlechtlichen! Auch ein ‚Teil-Beilager' für spezielle Fälle ist wohltuend:

> „Um die Unterextremitäten eines Menschen besonders zu stärken, wäre es nötig, daß der Gesunde und der Kranke die Fußsohlen eine Zeitlang gegeneinander halten müßten.
> Für Armstärkungen müßten sie die Hände ineinanderballen, sodaß die Fingerspitzen des Einen in der Hand des Anderen liegen.
> Durch Sitzen auf dem Schoß stärkt man die Oberschenkel und die Geschlechtsorgane.
> Durch das Aneinanderhalten der Rücken kräftigt man besonders die Nieren.[1])
> Will man besonders auf den Kopf wirken, so läßt man beide gesunden Hände den Kopf umspannen oder auf die Stelle des Schmerzes legen. Von Vorteil für Kopfleidende ist es auch, den Kopf in den Schoß eines Gesunden zu legen, der ja außerdem dann noch die Hände zur Hülfe bereit hat.
> Die Dauer dieser Maßnahmen muß die Erfahrung feststellen.
> Je unmittelbarer die Körperberührungen sind, umso leichter geht der Austausch der Eigenschaften vor sich." (3)

Was hier ein Abendländer anregt, taten die ‚Primitiven' längst: „Oft sieht man hier (auf Samoa) eine Mutter an dem Kopf ihres

[1]) Es wäre zu prüfen, ob man nicht bei großer Erschöpfung den Patienten und seinen Lebenskraft-Spender mit den Wirbeln (Haarströmen) als ‚Transfusions-Stellen' zusammenlegen sollte. (Willy Schrödter, ‚Das Wirbelzentrum', in ‚Das Neue Licht'; Purkersdorf, Nr. 7 bis 8 vom Juli—August 1956; 135.)

(3) Buttenstedt; 97.
(4) Buschan, Georg: ‚Über Medizinzauber etc.' Berlin 1941; 607.
(5) David-Neel; 50 f.

Mannes oder Sohnes, den sie auf ihrem Schooß liegen hat, langsam und bedächtig mit ihren Fingerspitzen die Stirn und den Scheitel kneten und dazu ein Liedchen singen, das den Kranken einschlafen und nachher ohne Schmerzen erwachen läßt.“ (4)

Schooß (und Mund) sind Ausstrahlungszentren par excellence, weshalb buddhistische Darstellungen das ‚K u n d a l i n i - F e u e r‘ aus Vagina (und Mund) hervorbrechend zeigen. (5)

Schlafen in dem noch nicht wieder gemachten Bette eines Vollgesunden (lat.: ‚Plusquamperfekten‘), Baden in dem von seiner Kraft (‚mana, ‚sahala‘, ‚weikonda‘ der ‚Primitiven‘) durchtränkten Wasser der Wanne, sind für den Kranken und Schwachen Ersatz für ein unmögliches Beilager. Ebenso das Tragen der Unterwäsche des ‚H e i l s p e n d e r s‘, das auf apostolische Empirik (‚Apostelgeschichte‘; XIX; 12) zurückgeht, das der schwedische Pastor Friedrich August B o l t z i u s (1836—1910) erfolgreich repetierte und das nach ihm ‚B o l t z i a n i s m u s‘ geheißen wird. Hier nur ein Beispiel: bei beginnenden Halsentzündungen den linken Strumpf (Herzseite!) des (möglichst andersgeschlechtlichen) Kraftabgebers über Nacht um den Hals tragen. Probatum est!

Als Unikum wäre ein Fall zu verzeichnen, daß ein Lebenskraftbehandler ‚stellvertretend‘ die Unterwäsche seiner Patienten anzog (de Rochas). Doch — das gehört bereits in das Gebiet der ‚S y m p a t h e t i k‘ mit ihren ‚M a g n e t e n‘, mit ihren ‚M u m i e n‘ oder — wie hier — mit dem sog. ‚P i n t‘.

Wie man Hunde dadurch an sich gewöhnt, daß man sie auf seiner gebrauchten, schweißdurchtränkten (‚Individual - Od‘!) Wäsche schlafen läßt (6), so wird in manchen Gegenden das Neugeborene durch Einwickeln in des Vaters Hemd ‚odisch imprägniert‘. (7)

Großmagus Heinrich Cornelius A g r i p p a v o n N e t t e s h e i m (1486—1535) meint sogar, das Tragen fremder Unterwäsche färbe m o r a l i s c h ab: ein Hurenhemd erzeugt Hurengedanken. (8) Der irische ‚Chronometrist mit den Röntgen-Augen‘, James J o y c e (1882—1941), läßt seinen Leopold B l o o m aussprechen: ‚Man sagt ja auch, daß die, deren Blume verwelkt, eine Hure ist.‘ (9) Der Gedanke an dauernd verseuchtes Od liegt nahe, nachdem v o r ü b e r g e h e n d während der Monatsregel das Od allgemein vergiftet ist und zur Magnetation untauglich macht.

Eine ‚t o t a l e M a g n e t i s a t i o n‘ kennt die Bibel als das sog. ‚M e s s e n‘ (1. Kön. XVII, 21; 2. Kön. IV, 34); neben dem ‚A u f-

(6) Kluge, C. A. F.: ‚Versuch einer Darstellung d. animal. Magnetismus als Heilmittel‘. Berlin 1815; I; 253; § 206.
(7) ‚Ztrbl. f. Okkultismus‘, Jahrgang XV; 572 f. Leipzig.
(8) Nettesheim, Agrippa v.: ‚Magische Werke etc.‘ Berlin 1921; I; 107.

liegen' oder doch ‚Umfassen' (Apostelg. XX, 9) wirkt das gleichzeitige ‚Einhauchen' (lat.: ‚Insufflation').

Für die Wirkung des Einhauchens in extremis zwei ganz rezente Fälle:

Mrs. Lorna Griffis aus Redfern bei Sidney (Australien) erweckte im Jahre 1957 das infolge vorzeitiger Geburt anscheinend tot zur Welt gekommene Kind ihrer Nachbarin Mrs. Phil. Robertson durch Einblasen zum Leben. (‚Neue Ill. Wochenschau', Wien, Nr. 40 vom 6. Okt. 1957, 3.)

Ebenfalls im Jahre 1957 wurde dem Schreiner und Amateur-Fußballer vom Basildon-Fußballverein (England) namens Ronald Wynn bei einem Spiel gegen Rainham Town in Rainham (Essex) aus 1,25 Meter Entfernung ein Ball auf den Magen geschossen, sodaß er zusammensackte, Atmung und Herz stillstanden. Der Trainer der Rainham-Mannschaft — Bill Titherington — blies ihm (in Erinnerung an einen Film) seinen Atem in den Mund und nach sechs Minuten hatten seine Bemühungen Erfolg: Wynn atmete wieder und stand auf. (‚Neue Ill. Wochenschau', Wien, Nr. 46 vom 17. Nov. 1957, 3.)

Wir besprechen jetzt das ähnliche und hygienischere ‚Anhauchen' oder die ‚Adspiration'.

Carus hat schon 1857 so treffend herausgestellt:

> „Der warme Lebenshauch eines gesunden Menschen affiziert uns ganz anders wie ein maschinell erzeugter Luftstrom der Dampfheizung von genau gleicher Temperatur und Feuchtigkeit." (10)

Ein alter ärztlicher Magnetist von großem Ruf, Professor der Chirurgie bei der kgl. preuß. med.-chir. Akademie für das Militär, Dr. med. Carl Alexander Ferdinand Kluge (1782—1844), läßt sich 1815 in seinem klassischen Buche über den Heilmagnetismus hinsichtlich der Technik und der Erfolge des Anhauchens also vernehmen:

> „Das Anhauchen (Adspirieren) geschieht auf die Art, daß man dem zu behauchenden Teile den Mund nähert, und nun mit einer gewissen Willenskraft und Schnelligkeit die kurz zuvor eingeatmete Luft wieder ausatmet.
>
> Schelling empfiehlt ebenfalls das Anhauchen, vorzüglich bei solchen Fällen, wo schleunige Hülfe nötig ist, indem es schneller als jede andere Behandlungsart wirkt. Bei einer sehr hartnäckigen Ophthalmie (Augenentzündung), mit beständig krampfhaft verschlossenen Augenlidern, versichert er auffallende Verminderung der Entzün-

(9) Joyce, James: ‚Ulysses'. Basel 1927; II; 328.
(10) Carus; 105

dung und ein Eröffnen der Augenlider durch bloßes Anhauchen bewirkt zu haben; auch erzählt er, eine an angehender Phthisis (Lungen-Tbc.) leidende Frau magnetisch behandelt zu haben, deren Husten, welcher oft gegen eine Stunde dauerte, er dadurch augenblicklich gehemmt haben will, daß er ihr eine Hand auf die Stirn, die andere auf die Herzgrube legte, und dann gegen ihren Hals hauchte, da, wo der Nervus phrenicus seinen Lauf hat; eben dieser Frau konnte er auch durch ein Hauchen gegen die Herzgrube das Atemholen vollkommen erleichtern, so daß — wenn vorher ihr Atem ängstlich, schnell und pfeifend war — sie nach dem Hauchen langsame, tiefe Atemzüge aufs leichteste vollführte, wobei man kaum bemerken konnte, daß sie Luft schöpfte.

Kuntzmann fand, daß das seit den ältesten Zeiten bei der niederen Volksklasse in so großem Ansehen stehende, sog. ‚Besprechen' der Rose, in nichts weiter bestehe, als in einem mehrmaligen, strichweise, von oben nach unten, ausgeführtem Adspirieren; und führt einige Fälle an, wo dieses Verfahren entsprechender als jedes andere Mittel wirkte.[2])

Ich selbst habe mich von der schnellen und kräftigen Wirkung des Anhauchens, vorzüglich der Herzgrube ... bei in Ohnmacht liegenden Personen oftmals überzeugt." (11)

[2]) Eine ‚imprägnierte' Beatmung wandte ein rheingauer ‚Puster' bei einem Säugling in extremis an: er gurgelte erst mit altem Rotspon, um dann den alkoholgeschwängerten Atem in das Kleinstkind zu hauchen. Zur Nachahmung nicht empfohlen, obwohl der kleine Patient genaß, nachdem alle anderen Mittel versagt hatten (Oertel).

Umgekehrt reinige man seinen Atem, wenn man eine Behauchung oder gar Einhauchung vorzunehmen gedenkt!

Ich muß in diesem Zusammenhang an eine bio-magnetische Sentenz von Hans W. Fischer in dessen ‚Schlemmerparadies' denken. Dort heißt es vom König der französischen Weine: „Ach, YQEM, wenn ich daran denke, daß ich dich aus einem scharlachroten Munde getrunken habe, dann weiß ich wohl, daß mich das Gefäß köstlicher dünkte als der Inhalt, daß du nur ein Mittel zum Zweck warst, Atem und Feuchtigkeit des Mundes ganz in mich hineinzuschlürfen."

Umgekehrt: Francatelli, der Küchenchef der Königin Victoria von England (1837—1901), ein Salatkünstler ersten Ranges, ließ seinen Odem ausgehen, nachdem er ihn ebenfalls ‚imprägniert' hatte: „Gefragt, wie er es mache, daß seine Salate ein solch' köstliches Aroma besäßen, gab er nach längerem Drängen sein Geheimnis preis: ‚Ich nehme eine kleine Knoblauchzehe und nachdem ich sie ganz fein zerkaut habe, atme ich den Salat leicht an. Das ist alles!'" (Walter Bickel.)

(11) Kluge; 321—322.
Lefèvre, Fréderic: ‚Samson, fils de Samson'. Paris 1930; 205.
Schrödter, Willy: ‚Streifzug'; 122.

Professor Oskar Korschelt, auf den wir noch näher im Teilabschnitt ‚Sonnenätherstrahlapparate' zu sprechen kommen, der sich gelegentlich als Lebenskraftbe,hand'er betätigte und anscheinend sensitiv war, hielt 1891 als Erfahrungstatsache fest: „Noch kräftiger als durch die Hand ist die Heilwirkung des Menschen durch seinen Atem. Man breitet ein reines Tuch über die kranke Stelle, preßt den geöffneten Mund darüber und haucht anhaltend darauf. Die Wirkung ist eine ungemein belebende auf den ganzen Organismus des Kranken. Sterbende, denen stundenlang einige untereinander sich ablösende Gesunde auf die Herzgrube hauchen, werden auf diese Weise dem Leben erhalten, ja schon tote Personen wieder ins Leben zurückgebracht." (12)

Auch der bestbekannte Lebenskraftheiler unserer Zeit, Ingenieur Rudolf Thetter (1882—1957) aus Wien empfiehlt bei Ohnmachten ein Behauchen der Herz- und Magengrube: „Der Bewußtlose wird alsbald zum Bewußtsein kommen und schon mit einem Kraftzuschuß erwachen" (13), was ich selbst auszuprobieren Gelegenheit hatte.

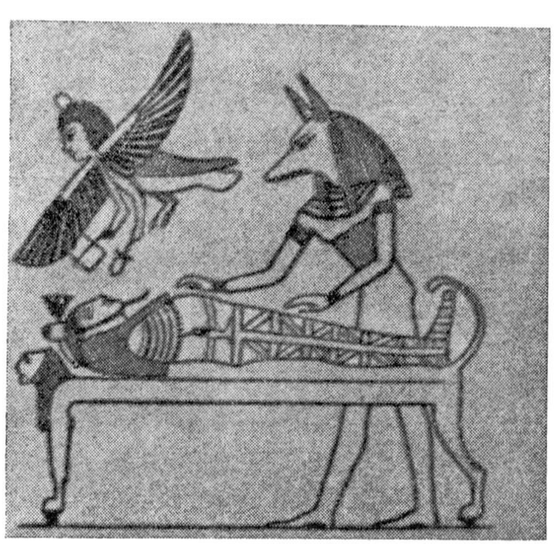

Altägyptische Darstellung
der Wiederbelebung eines Toten durch Magnetisieren.

In dem Abschnitt ‚Magnetische Hausapotheke' rät mein verehrter verstorbener Freund das gleiche Verfahren an bei Entkräftungserscheinungen nach Überanstrengung. Bei Koliken erreicht man Linderung oder Behebung des Anfalls durch Be-

(12) Korschelt, Oskar: ‚Die Nutzbarmachung d. lebendigen Kraft des Äthers etc.' Bad Schmiedeberg und Leipzig 1891; 69.

hauchen der Nabelgegend. Bei Hexenschuß, Zahnschmerzen oder Beschwerden, die durch Stoß, Druck oder Quetschung entstanden sind, hilft das behauchte Taschentuch. „Klagt ein Weggenosse bei großer Kälte über Schmerzen einer Ohrmuschel, so nehme man ein handgroßes Stück Papier, schlitze es in der Mitte so weit, daß das Ohr durchgesteckt werden kann, behauche das Papier mehrmals, schiebe die Ohrmuschel durch den Schlitz durch und quetsche das Papier außen zu einem Knäuel zusammen! Der Schmerz wird verschwinden und das Ohr gut durchblutet werden. Das Gleiche läßt sich mit der Nase ausführen, nur muß man den Papierknäuel mit einem Bindfaden am Kopf befestigen." (14)

Mit Herausstellung dieser im allgemeinen heute wenig erörterten magnetopathischen Besonderheit — gewissermaßen als ‚Appetithappen' — muß es hier sein Bewenden haben. Wegen anderer Vorgehensweisen (Handauflegung, Bestrahlung, Bestreichung, Luftgriffen etc.) sei auf die angezeigte Literatur verwiesen.

Zum Schluß noch einige Hinweise, die es ‚in sich haben':

1. Vor manchem Jahr schrieb mir mein verewigter Freund Surya-Solarius, er habe in seiner langen Praxis die Erfahrung machen müssen, daß jeder berufsmäßige Magnetopath zur Heilung einer bestimmten Krankheit besonders prädisponiert sei, so wie in der Romkirche für bestimmte Leiden ebenfalls bestimmte Heilige — sit venia verbo — als Spezialisten dafür angerufen werden, z. B. in Salzburg St. Ottilia gegen Augenübel. — Odilia (geb. 720) war eine elsässische Herzogstochter, nach der Legende blind geboren und bei der Taufe sehend geworden, welche später die Klöster Hohenburg und Niedermünster gründete und ihren Gedächtnistag am 13. Dezember hat.

2. Eine sonderbare Eigentümlichkeit haftet dem Heilmagnetismus an: seine Wirkung bei der Behandlung der eigenen Person ist sehr gering im Vergleich zu dem Effekt auf andere. (15)

Dahinter steckt ein transzendentales Gesetz: die Gottheit will, daß der eine Mensch auf den anderen angewiesen sei, damit sich die Nächstenliebe entfalte.

3. Weniger wirksam ist auch das Magnetisieren zwischen Ehegatten oder direkter Deszendenz in ab- bzw. aufsteigender Linie. Die Kräfte sind durch das Zusammenleben meist gleichartig geworden und somit ausgeglichen. (16)

(13) Thetter, Rudolf: ‚Magnetismus — das Urheilmittel'. Wien 1951; 226 f.
(14) Thetter; 225.
(15) Thetter; 208.
(16) Kramer, Phil. W.: ‚Der Heilmagnetismus. Seine Theorie u. Praxis'. Leipzig 1907; 109; Fußnote.

4. Der weibliche Magnetismus während der Periode ist direkt schädlich, weil unrein. (17)

Deshalb sollten ja auch während dieser Tage Ärztinnen sich von Operationen fernhalten (18), auch weder Heilkräuter einsammeln noch sie anrühren! (19) Und nicht mit Kranken im selben Zimmer schlafen. (20)

5. Den Magnetisten zu Lebzeiten von Dr. med. Franz Anton Mesmer (1733—1815) — dem Wiederentdecker des ihm zu Ehren so genannten ‚Mesmerismus‘ in Europa — und ihren ersten Nachfolgern war noch bekannt, daß die Zufuhr von Elektrizität den Vitalmagnetismus verstärkt. (21)

Erst 1933 wurde dieser Gedanke von den damals bekannten Radiästheten Rudolf Vöckler und Frieda Spahrmann wieder ‚eingefangen‘ und der Ladestab oder die Elektrode eines der seinerzeit in Mode gewesenen Hochfrequenzapparate zu Hilfe genommen. Der beiden Forscher Urteil: indirekte Hochfrequenz-

(17) Kramer; ebendort.

(18) Privatmitteilung Dr. med. dent. Ernst Busse (Garmisch-Partenkirchen) an mich vom 20. März 1952 ab Halle (Westf.).

(19) Schierbaum, Heinrich: ‚Heilkräuterbuch‘ (‚Prana-Buch‘, Nr. 3). Pfullingen/Württ., o. J.; 10.

(20) Surya, G. W.: ‚Pflanzenheilkunde‘. Pfullingen/Württ., o.J.; 150.

(21) Kluge; 146; § 125.
Rochas, Albert de: ‚Die Ausscheidung des Empfindungsvermögens‘. Leipzig 1909; 381.
Prel, Carl du: ‚Die Magie als Naturwissenschaft‘. Leipzig 1920; II; 36.

Schema der Magnetisationsarten

Anwendung von Körpern:			
		großflächige	
teil-körperliche		ganz-körperliche:	
anlegen:	aufliegen:	einlegen:	aufliegen beilieg
von lebenden Tieren (Hund, Katze, Meerschweinchen) von toten Tieren (veraltetes Verfahren) von Teilen toter Tiere (Katzenfelle)	um„hals“en um„arm“en um„fangen“ „herzen“ (i)	in Tierkörper [2]) (Balneum animale) in Tierhäute [3]) in magnetisierte Vollbäder in „angewärmte“ Betten	(Sunamitismus) „me sen“ [4]) (Inkubation umfangen [5]) Vajroli, Sahajoli, Karezza [6])
von magnetisierter Watte, von durchodeten Kleidern (Boltzianismus; Apost. XIX, 12)	[1]) Apost. XX; 10.	[2]) Einfleischen [3]) Einhäuten	[4]) „Messen“ Abraha von Worms; II; 1, 3 1. Könige XVII; 21; 2. Könige IV; 34. [5]) Apostelg. XX; 9. [6]) Praktiken der Sexual-Magie

behandlung ist wirkungsvoller als direkte; ein ‚künstlicher' Magnetiseur ist besser als ein solches Gerät, aber weniger gut als ein naturveranlagter Biomagnetist. (22)

Über Pflanzen als Lebenskraftspender liest man im Kapitel ‚Pflanzen und Lebensmagnetismus' meiner ‚Pflanzen-Geheimnisse' (23); über Tiere als Lebenskraftspender im Abschnitt ‚Tiere und Lebensmagnetismus' meiner ‚Tier-Geheimnisse'.

(22) Vöckler, Rudolf: ‚Erwiderung a. d. Prof. Eckhoff-Ob.-Ing. Meier'-sche Flugschrift', in ‚Zentralarchiv f. Pendelforschung', Hefte 1—2. Zeulenroda 1933; 10.

(23) Schrödter, Willy: ‚Pflanzen-Geheimnisse'; 87 f.

(24) Ders.: ‚Tier-Geheimnisse'.

Literatur:

Hein, Egon M.: ‚Atomare Heilkräfte'. Wien 1951.

Jürgens, Heinrich: ‚Wie magnetisiere ich?' Freiburg i. B. 1952.

Thetter, Rudolf: ‚Magnetismus — das Urheilmittel'. Wien 1951.

Schrödter, Willy: ‚Indische Magnetationsverfahren', in ‚Mensch und Schicksal', Heft 18. Villach 1951.

Ders.: ‚Über den Heilmagnetismus', in ‚Mensch und Schicksal', Heft 19. Villach 1955.

Wittig, G.: ‚Zur Mesmerisierung von Tieren', in ‚Sphinx', Juniheft. Gera 1889; 42 f.

Körperfunktionen:

7	4	4	5
leinflächige be„hand"en uflegen, Bestreichen, chwebegriffe, mit al-n oder einzelnen Fin-ern einer Hand oder eider Hände.	Atem: Anhauchen (Adspiration) Einhauchen (Insufflation) von Mund z. Mund; mittels Rohr i. After (Naturkundige); (Réaumur)	Speichel: einreiben lecken, lekkenlassen dch. Mensch od. Tier (Lazarus)	Einver„leib"ung: magn. Wasser magn. Lebensmittel. Einverleibung (Inkorporation) und Wiederausscheidung verschluckter Hartfrüchte (Pfefferkörner, Muskatnüsse) zwecks Durchodung für Liebeszauber (Philtra) (Vgl. „Neidschütz".)
e„füsseln" Scheich der „tanzenen Derwische stellt ch an den Patienten nd entlädt Lebensraft auf denselben ermittels der Füße)			
Penis Negerstämme reiben ntzündet. Augenlider d. Brüste damit ein) enis als „Konduktor" der „Leitstab".			

Hunde als Diagnostiker

„In dir lebt ein inn'res Schauen,
das dem Menschenhirn gebricht.
Möchte oft dich fragen, traun!
Stirbt der, oder stirbt der nicht?"
Dr. med. Andreas Justinus Christian Kerner (1786—1862)

Der Nürnberger Landfahrende Gelehrte Johannes Staricius (Dr. J. a. Strein) gibt 1697 folgendes Rezept, zu erfahren: „Ob ein kranker Mensch der Krankheit genesen oder sterben werde":

„Nimm ein wenig Speck, reibe des Kranken Fußsohle damit ein und wirf den Speck einem Hunde für! Frißt ihn der Hund, so ists ein Zeichen, daß er wieder gesund wird, wenn nicht, stirbt er. Oder nimm ein bißchen Brot und streiche es dem Kranken an die Stirn, gib es einem Hund zu fressen. Frißt es der Hund, so bleibt der Patient am Leben, wo nicht, stirbt er." (1)

Viele andere ‚Kunstbücher' wiederholen bis in unsere Tage dieses Diagnose-Verfahren.

Nicht nur, daß der Hund ein ‚Nasentier' ist, in einem ‚Geruchs-Kontinuum' lebt und im Vergleich zum Menschen ein ungleich größeres odorisches Spektrum hat, das vorstehende Behauptung des ‚Todriechens' ohne weiteres erklärt[1]), Hunde sind auch hellfühlend (telepathisch ansprechbar) bzw. hellsehend:

Von dem im Abschnitt ‚Gruppenseele' erwähnten Dambin Dschangsang, auch ‚Hoir tämätä-Lama' (‚Lama mit den zwei Kamelen') heißt es hinsichtlich seiner ‚Astral-Exkursion' weiter: „Sein Auge schaut unverwandt mit erweiterten Pupillen in unbekannte Fernen. Die rhythmischen Bewegungen werden langsamer, und mit auf den Knien gelegten Händen hat Dschal-Lama die Selbstversenkung erreicht. Seine

[1]) Nettesheim: „Wer ein Hundeherz bei sich trägt, vor dem fliehen die Hunde." (3) Umgekehrt sagt ein Diplom-Landwirt: „Jeder Hund verfolgt Hundefleischfresser." (4)

(1) Staricius, Johannes: ‚Geheimnißvoller Heldenschatz etc.' Köln und Weimar 1750; 190 f.; 387.
Schrödter, Willy: ‚Streifzug'; 72.
(2) Consten, Hermann: ‚Der rote Lama'. Stuttgart 1928; 41 (auch 47).
(3) Nettesheim; I; 123.

Seele wandert aus dem traumumfangenen Körper suchend den Weg zum ‚Kloster des Lebens'.[2])

Der Laika (Wolfshund) sträubt den Kamm, springt auf, als wolle er jemand aus dem Wege gehen, winselt leise, knurrt, bellt irgend etwas sich Entfernendes, Unsichtbares an." (2) Der Laika wittert die ausgetretene ‚Transphysis', den exteriorisierten ‚Meta-Organismus' (v. Hellenbach). Als am 18. Juli 1956, gegen 12.30 Uhr, an meinem Wohnort ein unerwünschter Wolfshund durch den Tierarzt mit einer Überdosis Morphium getötet wurde, bellte der sonst kaum zu hörende Nachbarhund unaufhörlich. Entweder — so sagte ich mir — hat er die Tötungsabsicht gewittert oder gar die sich entfernende, den Menschen unsichtbare Bruder-Seele gesehen!

Weitere Beispiele über Hellsichtigkeit der Hunde im besonderen, der Tiere im allgemeinen entnehme man meinen ‚Tier-Geheimnissen'! Über ‚Pflanzen als Lebensanzeiger' geben Aufschluß meine ‚Pflanzen-Geheimnisse'.

[2]) Der ‚Tempel des Lebens' existiert tatsächlich in der Gobi; er wurde vom chinesischen Archäologen Dr. Lia Zsu entdeckt. (5)

(4) Müller, Hans: ‚Geheimnisse um den Hund', in ‚Kosmos', Märzheft. Stuttgart 1937; 88 f.

(5) Hafferberg, Harry v.: ‚Der Tempel des Lebens', in ‚Münchener Neueste Nachrichten' vom 24. September, Beilage Nr. 177. München 1925.

Januskopf

„Die linke Seite meines Gesichtes ist die beste."
Molly Bloom in ‚Ulysses' (III; 607) von Joyce

Jedes menschliche (und tierische) Gesicht ist asymmetrisch, selbst das der klassischen Venus von Milo.[1]) Asymmetrisch, d. h. es besteht keine Symmetrie (Übereinstimmung) zwischen den beiden Gesichtshälften. Man stellt dies schon fest, wenn man sein Lichtbild zur Hälfte überdeckt und beide Hälften für sich betrachtet. Alsdann erscheint die linke Partie etwas ‚zurückgeblieben', im Vergleich zur rechten. Das rührt daher, daß der Normale, der Rechtshänder, nur die linke Gehirnhälfte beansprucht; die rechte liegt also sozusagen brach. Es ergeben sich hier somit noch ungeahnte Möglichkeiten zur Steigerung der hirnlichen Leistungen! In Erkenntnis dessen üben die Japaner bereits bei den Schulkindern die sog. ‚Ambidextrie' — die Beiderseitigkeit; lassen mit der linken Hand schreiben, mit Armen, Beinen, Händen und Füßen der linken Seite Tätigkeiten ausführen, die normalerweise mit der rechten verrichtet werden. Auch, um die linke Gehirnpartie zu entlasten und die linke Körperhälfte zu stärken, die bei den meisten Menschen schwächer und weniger leistungsfähig als die rechte ist.

Zwingt man linkshändige Kinder, die Rechte zu gebrauchen, so bringt man sie in Widerstreit mit der angeborenen Natur: Stauungen, Sperrungen, Hemmungen und — als Auslösung — Stottern sind die Folgen!

Eine niederländische Studienkommission hat festgestellt: in der Hafenstadt Tomini auf der Insel Celebes sind 90% der Einwohner Linkshänder. Vererbung oder Angewohnheit?

Dr. H. Friedmann beobachtete, daß bei gewissen Papagei-

[1]) Symmetrisch sind die Gesichter der Buddhas der Hochkulturen und der Fetischmasken der Primitiven. Beide muten larvenhaft-unmenschlich an, d. h.: über-menschlich bzw. unter-menschlich.
Symmetrisch und doch schön ist allein — o, Wunder! — die ‚Photographie' des erhabenen Antlitzes Christi auf dem ‚Turiner Bahrtuch'.

Arten vier von fünf Vögeln zunächst mit der linken Kralle nach dem Futter greifen.

Man halbiere eine en face (von vorne) Aufnahme, setze zwei rechte und zwei linke Gesichtshälften zusammen. Es ergeben sich dann ungeahnte Unterschiede zwischen beiden und dem normalen Bild, wie dies die Abbildungen zu diesem Abschnitt dartun. Sie zeigen den Normalkopf und den ‚Januskopf' des Filmschauspielers Douglas Fairbanks. Entnommen sind sie einem bebilderten Aufsatz ‚Zwei andere Köpfe?' von Albert Buchholz (Berlin) in einer alten ‚Agfa-Zeitschrift', deren Jahrgang ich nicht mehr feststellen kann. Es ergeben sich bei der Gegenüberstellung nach dem Meisterphrenologen Professor Hellmuth Wolff (Memmingen), dem bekannten Photovirtuosen Dr. W. Wolf und anderen nachstehend tabellenmäßig fixierten Erkenntnisse:

Rechtsrechts	Gesicht	Linkslinks
Rechte	Gesichts-Hälfte	Linke
(abhängig von linker	Gehirn-Hälfte	abhängig von rechter)
geistig entwickelter		geistig unentwickelter
Gestaltung der	Persönlichkeit	Auflösung der
Außenwelt, extravertiert		introvertiert, Innenwelt
Gegenwart		Vergangenheit
Individualität		Kollektivum[2])
Wirklichkeit		Wunsch(mensch)
Bewußtheit		Unbewußtheit
Treiber		Bremser
Möglichkeiten (in potentia)		Gebundenheiten
aktiv (Kortikale Person)		emotionell, ‚Tiefenperson'
Ich		Es
‚Homme droit' (der Franzosen)		‚Homme gauche'

Die physiognomischen Unterschiede zwischen dem Rechts- und Linksgesicht sind beim Kinde gering, meißeln sich aber mit zunehmendem Alter immer mehr und mehr heraus. (Prof. Wolff)

Bei Totenmasken und Mumiengesichtern sind die Unterschiede krasser als bei lebenden Personen. (Dr. Wolff)

Auch im Tierreich weisen beide Hälften verschiedenartigen charakterologischen Ausdruck auf. (Dr. Wolff)

Manche werden sich im Linkslinks- bzw. Rechtsrechtsgesicht gar nicht wiedererkennen. Anzunehmen, daß es die sind, bei welchen der Saldo zwischen Soll und Haben im Lebensbuche, die Kluft zwischen Sein und Seinwollen, Realem und Idealem, Erreichtem

[2]) Sammelgesicht, Typus der Familie, der Rasse.

und Ziel weit auseinander klafft! Es werden auch diejenigen sein, welche die größte Furcht vorm Tode haben, eben weil noch zu viel Unerfülltes restet (‚Perfektions-Barometer' oder ‚Perfektions-Indikator').

Ein mir befreundeter Ingenieur, welcher diesen Versuch gemacht hatte, beichtete mir vor Jahren: „Es war grauenhaft: links das Antlitz eines Visionärs oder Ekstatikers, rechts das eines fast brutalen Willensmenschen. Ich bin damals sehr erschrocken, denn in dieser krassen Übersteigerung hatte ich die beiden Seelen in meiner Brust nicht gemutmaßt. Irgendwie stimmt es natürlich mit beidem genau. Beide sind gleich stark. Wehe, wenn ich einmal diese beiden Menschen, die in mir stecken, außerhalb getrennt erblicken würde. Ich glaube, ich müßte angesichts eines solchen ‚doppelten Doppelgängers' halb irrsinnig werden." —

Man denke an die Novelle ‚Dr. Jekyll und Mr. Hyde' (1886) von Robert Louis Stevenson (1850—1894)!

Die von meinem Freunde gefürchtete Begegnung mit dem ‚alter ego' wurde in manchen Okkult-Logen bewußt beim Neophyten herbeigeführt. Es ist nichts anderes als der ‚Hüter der Schwelle', das nach außen projizierte Bild unseres inneren Unreifezustandes. Übrigens kann einem auch ohne ‚visuelle Projektion des Moral-Niveaus' die überklare Erkenntnis des Rückstandes überfallen. Dies ‚den Spiegel vorgehalten bekommen' dauert nur Bruchteile von Sekunden, andernfalls würden wir wie vom Anblick der Gorgone Medusa daran eingehen! Ein Beispiel von der ‚erschlagenden' Wirkung einer solchen jählings vermittelten Einsicht: Als Mohammed Subuh (geb. 1901) — der Begründer der Erweckungsbewegung ‚Subud' (1) — kürzlich in England weilte, veranstaltete er ein sog. ‚Latihan': „Es waren vielleicht zwanzig Personen in einem Saal: jeder stand in erheblichem Abstand vom anderen für sich allein. Subuh ging an jedem vorbei. Nach kürzester Zeit wanden sich verschiedene dieser Menschen auf dem Boden. Irgendwie muß Subuh in allen Erschienenen eine Erkenntnis des eigenen Ich erweckt haben und das ist — wie man sich denken kann — für manchen nicht erfreulich, so daß sie eben dadurch einen Schock bekamen und von ihrer Niederträchtigkeit überwältigt waren."

Den beiden verschiedenen Gesichtshälften entsprechen die beiden Hände: USA-Psychologe Dr. Joseph Ronald gab 1954 bekannt: das Linienbild der linken Hand zeigt die angeborene, das der rechten die geschaffene (erworbene) Persönlichkeit auf.

Um diese ‚Linienbilder' in der Hand weiß schon das um 500 v. Ztw. entstandene alttestamentliche Lehrgedicht ‚Buch Hjob': „In die Hände der Menschen setzte ER Zeichen, auf daß ein jeder

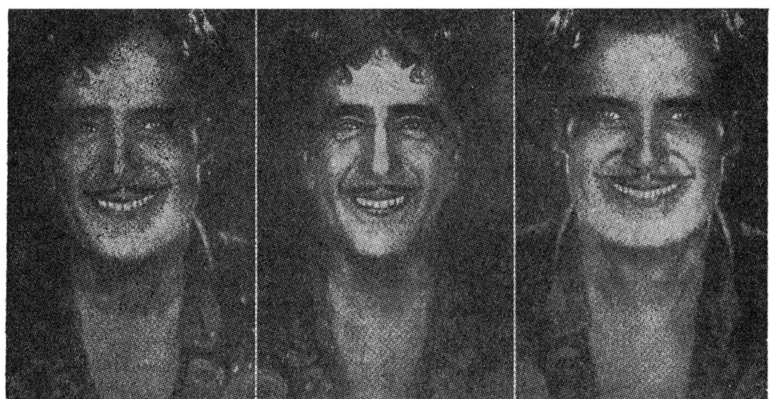

Originalporträt 2 Rechtshälften 2 Linkshälften

Douglas Fairbanks

Seine Werke erkennen sollte.“ (37; 7) Die individuell verschiedenen Tastpapillen der Hand — die zur Identifizierung benutzt werden — dienen möglicherweise außer zum Fühlen auch als ‚telepathisches Relais‘ oder als ‚Fernvermittlungsnummer‘. (2)

Wenige Augenblicke nach dem Tode eines Menschen erlöschen die Linien der Hand — die Hülle seines Wesens ist entleert. (3)

Chef-Superintendent Frederick R. Cherill, Leiter des Fingerabdruck-Dezernates von Scotland Yard (London), der sogar Intelligenzgrad und Krankheiten aus den Fingerabdrücken lesen kann, hat auch viele Hände von Toten untersucht. Dabei kam er zu der Erfahrung, daß die linke Hand dem Einfluß der Verwesung schneller erliegt als die rechte. Die Linke ist der Beeinflussung vom Herzen mehr ausgesetzt als ihre Schwester. (4)

Janus war der römische Gott der Tore und der Zeit. Die Tore sind sowohl Eingänge als Ausgänge. Die Zeit besteht — von der Gegenwart aus betrachtet — aus Vergangenheit und Zukunft. Darum hat Janus, nach dem der Monat Januar benannt ist, einen Kopf mit zwei Gesichtern, die vor- und rückwärts in Zeit und Raum schauen.

(1) Bennett, J. G.: ‚Subud‘. Remagen 1958.

(2) Krisianowsky, Vikt. G.: ‚Jeder Mensch eine Sende- und Empfangsstation?‘ in ‚Mensch und Schicksal‘, Nr. 3 vom 15. April. Villach 1947; 11.

(3) Mangold, Ursula von: ‚Sinnesstörungen i. d. Hand‘. München-Planegg 1950.

(4) Larsen, Egon: ‚Das Geheimnis der weißen Linien‘, in ‚Weltwoche‘ vom 13. August. Zürich 1954.

L i t e r a t u r :

Holzschuher, L. von: ‚Praktische Psychologie. Die Primitivperson im Menschen‘. 1949.

Riemann, Dr. med. Heinz: ‚Rechtsgesicht und Linksgesicht‘, in ‚Erfahrungsheilkunde‘, Heft 4 vom April. Ulm/Donau 1955; 555 f.

Kasinâ-Übungen

„Ich bemerkte, daß ich eine gewisse Stärkung und Freude, eine Steigerung meines Gefühles von mir selbst .. lediglich dem langen Starren ins offene Feuer verdanke.“ Hermann Hesse (geb. 1877)

Die Konzentration des Blickes auf einen körperlich sichtbaren, vor allem auf einen leuchtenden Gegenstand, bis eine Art hypnotischer Zustand eintritt, ist in den buddhistischen ‚Kasinâ-Übungen‘ weitläufig ausgebildet. (1)

William Somerset Maugham (geb. 1874), englischer Arzt, Romanschriftsteller, Dramenverfasser, heute an der Riviera ganz der Schriftstellerei lebend, gibt in einem seiner Best-seller folgendes Eigen-Erlebnis wieder:

„Eines Abends in meinem kleinen Zimmer im Ashram übte ich mich in der Meditation, wie meine indischen Freunde es mich gelehrt hatten. Ich hatte eine Kerze angezündet und konzentrierte meine Aufmerksamkeit auf ihre Flamme und nach einer gewissen Zeit sah ich durch diese hindurch, aber ganz deutlich, eine lange Reihe von Gestalten, eine nach der andern. Die erste war eine ältliche Dame mit einem Spitzenhut und grauen Ringellocken, die ihr über die Ohren hingen. Sie trug eine anliegende schwarze Taille und einen schwarzseidenen Rock mit Falbeln — jene Mode, die man, soviel ich weiß, in den Siebzigerjahren trug und sie stand mir gerade gegenüber, in schüchterner, anmutiger Haltung, die Arme hingen am Körper herunter, die Handflächen waren mir zugekehrt. Der Ausdruck ihres gefurchten Gesichtes war gütig, sanft und mild. Unmittelbar hinter ihr, aber seitwärts, so daß ich sein Profil mit großer höckriger Nase und dicken Lippen sehen konnte, war ein langer magerer Jude in einem gelben Mantel mit gelber Hauskappe auf dem dichten schwarzen Haar. Er wirkte wie ein Gelehrter und in seinem Aussehen war eine harte, aber gleichzeitig leidenschaftliche Strenge. Hinter ihm, aber mir zugewendet und so deutlich als wäre niemand zwischen ihm und mir, war ein junger Mann von

(1) Grimm: ‚Der Buddhismus‘. Berlin 1918; 500 f.

heiterem frischem Wesen, den man nur für einen Engländer aus dem sechzehnten Jahrhundert halten konnte. Er stand fest auf den Füßen, die Beine ein wenig gespreizt und hatte einen kühnen, rücksichtslosen Blick. Er war prächtig, ganz in Rot gekleidet, als wäre es ein Staatsgewand, mit breiten Samtschuhen an den Füßen und einer flachen Samtkappe auf dem Kopf. Hinter diesen dreien kam eine endlose Kette von Gestalten, wie wenn sich die Leute vor einem Kino anstellen — aber sie waren unscharf und ich konnte sie nicht genau erkennen. Nur ihre beiläufigen Umrisse nahm ich wahr und die Bewegung, die sie durchlief, wie Korn, das im Sommerwinde wogt. Nach kurzer Zeit, ich weiß nicht, war es eine Minute oder fünf oder zehn, verschwanden sie langsam im Dunkel der Nacht und nichts blieb übrig, als die stetige Flamme der Kerze.

Es kann natürlich sein, daß ich geschlafen und geträumt habe. Es kann sein, daß meine Konzentration auf die schwache Flamme eine Art hypnotischen Zustand in mir geschaffen hatte, und daß diese drei Gestalten, die ich so deutlich vor mir sah, wie ich Sie jetzt sehe, Bilder darstellten, die mein Unterbewußtsein bewahrte. Es kann aber auch sein, daß sie mich selbst in früheren Leben darstellten. Es kann sein, daß ich vor nicht allzulanger Zeit eine alte Dame in Neu-England gewesen bin und vorher jener levantinische Jude und irgendeinmal, kurz nachdem Sebastian Cabot (1472—1557) von Bristol aus in See gestochen war, ein Höfling des Prinzen Henry von Wales ...“ (2)

Es versteht sich von selbst, daß die Kerze mehrere Meter entfernt vom Übenden aufgestellt ist, Der kneift die Augen etwas zu und es bildet sich die ‚Strahlenbrücke‘, wie wir sie alle als Kinder beim Weihnachtsbaum erlebt haben.

Im Hinblick auf die ‚Autohypnose‘ schreibt der Schweizer Psychologe Charles Baudoin (geb. 1893): „Im Dunkeln können wir auch einen leuchtenden Punkt fixieren, etwa das regungslose Flämmchen eines Nachtlichtes, die rhythmisch tanzende Herdflamme, deren hypnotische Gewalt jeder kennt, der einmal die Nacht beim Kaminfeuer durchwachen mußte. Nach dem Rate gewisser Liebhaber psychischer Experimente, die komplizierte Rezepte vorziehen, können wir die schwankende und offenbar besonders faszinierende Flamme eines durch 24 Stunden mit einer starken Dosis Hanfblüte versetzten Spiritus anwenden.“ (3)

(2) Maugham, William Somerset: ‚Auf Messers Schneide‘. Zürich 1947.
(3) Baudoin, Charles: ‚Suggestion und Autosuggestion‘. Dresden 1922; 157.

Der französische Okkultist Robert Ambelain verwendet zu magischen Operationen schwarze Kerzen — des Nimbus wegen: der schwarze Schaft verschwindet nach kurzer Zeit, die Flamme schwebt unwirklich allein im Raume. Außerdem wollen Ambelain u. a. beobachtet haben, daß die Möbel des vorher dunklen Raumes in einem geheimnisvollen Eigenlicht, ganz deutlich in allen Umrissen, erstrahlen, und das soll magischer Natur sein. (4)

Schertel kennt Fixation einer Flamme als ‚imagospurische' Konzentration. (5)

Der Görlitzer Schuhmacher und Mystiker Jakob Böhme (1575 bis 1624) wird Anno 1600 durch den jähen Anblick eines zinnernen, von der Sonne angestrahlten, Gefäßes ‚als des lieblichen jovialischen Scheins zu dem innersten Grunde oder Centro der geheimen Natur eingeführt', also daß er von nun ab ‚vermittelst der Signatura Rerum allen Geschöpfen gleichsam in das Herze (hat) hineinsehen können'. (6) Diese ‚Autohypnose', hervorgerufen durch Fixation eines glänzenden Gegenstandes, nannte man später ‚Braidismus' nach ihrem Wiederentdecker, dem englischen Chirurgen Dr. med. James Braid (1795—1860). Gekannt hat dieses Hypnoseverfahren bereits der uralte indische ‚Hatha-Yoga' (‚Gewalt-Jochung') unter der Bezeichnung ‚tratakam' und als ‚goldwertes Geheimnis' angesprochen.

Der ehemalige Seemann und spätere phantastische Volksschriftsteller Robert Kraft (1869—1916) versetzte sich — nach seiner eigenen Schilderung (7) — dadurch in Trance, daß er in die roten Glasaugen einer raffiniert angestrahlten Sphinxstatuette starrte.

Dann tippte er von 6 bis 19 Uhr in seinen letzten zehn Jahren 50 000 Seiten zusammen; Jahresproduktion: 12 dicke Bände. Gesammelt würde seine schriftstellerische Leistung wenigstens 120 Bände füllen. (8)

Anschließend eine Lesefrucht aus einem Aufsatz ‚Neurose — das Drama unserer Epoche' von H. G. von Studnitz: „Im Gegensatz zu England und Amerika besitzen nur we-

(4) Schrödter, Willy: ‚Abenteuer'; 26—27; Fußnote 39.

(5) Schertel, Dr. Ernst: ‚Magie'. Prien/Obbay. 1923; 132.

(6) Nielsen, Enno: ‚Das Unerkannte auf seinem Weg durch die Jahrtausende'. Ebenhausen bei München 1922; 154—155.
Franckenberg, Abr. von: ‚Bericht v. d. Leben und Abschied d. i. Gott sel. ruhenden Jacob Böhmens'. Amsterdam 1682.

(7) Kraft, Robert: ‚Die Augen der Sphinx' (Eine kurze Lebensbeschreibung von ihm selbst verfaßt). Dresden-Niedersedlitz, o. J.
Schrödter, Willy: ‚Vom Hundertsten'; 35 f.

(8) Schwarz, Dr. Rudolf: ‚Geister schreiben Romane', in ‚Okk. Stimme', Nr. 13—14 vom März. Braunschweig 1950; 1.

nige deutsche Wohnungen eine offene Feuerstätte. Der Blick in die lodernden Flammen eines Kamins ist eine Arznei, die die Natur für jeden unruhigen Geist bereit hält. Die Betrachtung des Feuers löst die Meditation. Sie macht milde und aufgeschlossen und beruhigt die Nerven. Wutanfälle vor dem Kamin sind eine Seltenheit."

Womit sich der Kreis mit unserer Motto-Sentenz (9) schließt.

Ein anderes wohltätiges Kasinâ-Exerzitium ist das von mir a. a. O. (10) beschriebene sich Verlieren in den ziehenden Wolken, letztlich auch ein ‚Licht-Kasinâ'. Das sich Verlieren lenkt uns von des Alltags Sorgen ab (Derivation). Der schweizer Erzähler Emanuel Stickelberger (geb. 1884) bekennt, daß er ‚am glücklichsten und erfolgreichsten arbeite auf einer Bank in einer bergischen Waldlichtung in Wolfenschießen, wo ich nichts anderes als den Himmel über mir sehe.' (Kankeleit)

Zu dieser Derivation kommt noch hinzu die chromotherapeutische Komponente: des Himmels Bläue beruhigt bald, spürbar und nachhaltig. Zuletzt die photonische Wirkung, der Einfluß des Lichtes. Zu letzterem wäre erklärend zu sagen: der Frankfurter Forscher Wilhelm Fill hat an Tieren nachgewiesen: Licht steigert den Stoffwechsel! (Bei Nachttieren ist es allerdings umgekehrt.) Das schlagartige Ansteigen des Stoffwechsels beim Umschalten von Dunkel auf Hell wird nicht durch die Haut ausgelöst, sondern über das Auge in die Schilddrüse, die unter dem Lichteinfluß mehr Hormon (Thyroxin) ins Blut fließen läßt. Vergleiche zwischen blinden und sehenden Menschen ergaben eindeutige Veränderungen des Stoffwechsels z. B. bei der Regulation des Wasserhaushaltes des Körpers.

Auch der Abschnitt ‚Der Schattenmensch' gehört in diesen Rahmen.

(9) Sinclair, Emil d. i. Hesse, Hermann: ‚Demian, die Geschichte einer Jugend'. Berlin 1919; 162—164.
Schrödter, Willy: ‚Abenteuer'; 26—29.

(10) Schrödter, Willy: ‚Wolken', in ‚Natur und Kultur', Folge 4 vom Oktober. München-Solln 1957; 213 f.

Literatur:

Braid, James: ‚Der Hypnotismus' (Ausgewählte Schriften). Berlin 1882.

Katzen-Beschwörung

„Wenn ich die Stirn dir berühre, spür' ich auf einmal den Mond."
Hans Carossa (geb. 1878) „An eine Katze"

Dem Königsberger Justizrat Kalinowsky entlief am 8. Dezember 1927 sein zweijähriger Kater Peter.

„Ein katzenkundiger Nachbar sagte mir, er habe ein unfehlbares Mittel, entlaufene Katzen telepathisch zur Rückkehr zu bewegen: Man müsse zur Nachtzeit dreimal den Namen der Katze in das Ofenrohr rufen und sie auffordern zurückzukommen."

Das tat Kalinowsky am 19. Dezember, als seine Ehefrau verreist war. Der Kater kam zwar nicht zurück, dafür traten jedoch spukhafte Erscheinungen auf. Also war das Tier nach seinem Abgang verstorben, wäre aber wohl wiedergekehrt, wenn es noch am Leben gewesen wäre. (1)

Über Tier-Gespenster besteht eine englische Monographie. (2) In englischen okkulten Zeitschriften machen sich Inserenten anheischig, inspirierte Botschaften von verstorbenen Tierlieblingen gegen Entgelt zu vermitteln.

Daß Katzen ausgesprochene telepathische Empfänger sind, erhellt aus folgendem: die in ausländischen Häfen streunenden Schiffskatzen stellen sich mit erstaunlicher Präzision vor Abfahrt ‚ihrer' Schiffe an Bord ein, von den Gedanken ihrer Freunde, der Matrosen, herbeigezogen.

Als der französische Handelsminister Maurice Bokanowsky (geb. 1879) bei einem Flugzeugunglück anfangs September 1928 ums Leben kam, verendete fast zur selben Zeit mit furchtbarem Geschrei und unter Krämpfen seine Lieblingskatze im fernen Paris; Obduktion ergab keine organischen Erkrankungen als Todesursache! (3)

Weitere Beispiele über Telepathie zwischen Mensch und Tier vermitteln meine ‚Tier-Geheimnisse'.

(1) Kalinowsky, Justizrat: ‚In memoriam felis meae', in ‚Ztrbl. f. Okk.', Mai-Heft. Leipzig 1928; 511 f.
(2) O'Donnell, Elliot: ‚Animal Ghosts'. London 1912.
(3) Schrödter, Willy: ‚Ausflug'; 27.

Katzen als Hellseher

„Ob die wohl was sehen, was wir nicht sehen?
Gucken immer so starr."
James J o y c e (1882—1941)

‚Man imaginiert ca. 15—20 Minuten anhaltend und klar einen Hund als unbeweglich in einer der Zimmerecken ruhend. Bemüht euch, der Gedanken-Projektion (die ihr vorstellungsmäßig sehen müßt) ein gereiztes Benehmen zu verleihen! Eine Katze, die bislang vollkommen ruhig auf einem Kissen im gleichen Raume ruhte, wird sofort das von euch geschaffene, imaginäre Tier wahrnehmen und die gewohnten Anzeichen von Zorn oder Schreck zeigen.' (1)

Hierzu wäre lediglich zu sagen: wenn schon Tiere die ‚Gedankenbilder' — ‚P s y c h o g o n e' nennt sie der österreichische Forscher F e e r h o w (Dr. med. et phil. Friedr. Wehofer; 1888—1921) — wahrnehmen können, dann müssen es in erster Linie die Katzen sein, weil die nicht nur in schwärzester Nacht zu sehen vermögen, sondern weil ihr Sehspektrum offensichtlich weit über das durchschnittliche menschliche hinausgeht. Katzen sehen ‚W i e d e r g ä n g e r' (frz.: revenants) und sind nicht ohne Grund ‚H e x e n b e g l e i t t i e r e'. Ein Beispiel für viele: die Familienangehörigen sprechen von dem vor gerade einem Jahr verstorbenen Hausherrn, ziehen ihn somit in ihren Bannkreis. Auf dem Fenstersims liegt die Katze im Nachmittagssonnenschein. Auf einmal springt sie herab, dreht sich an einer leeren Stelle mitten im Zimmer, ‚spinnt' dabei und schmiegt sich an etwas Unsichtbares an. Da werden die ‚gehaltenen' Augen der Familie geöffnet: für einen Augenblick sehen sie das verstorbene Familienoberhaupt, wie es die Katze zu seinen Füßen streichelt. Als sich dann das bekannte Schaudern einstellt — die beste Absicherung gegen übersinnliche Phänomene! — sieht die Familie noch, wie die Spukgestalt durch die verschlossene Zimmertüre entschwindet. Die Katze jedoch bleibt noch lange untröstlich miauend am gleichen Platze sitzen. (2)

(1) Ambelain, Robert: ‚Dans l'Ombre des Cathédrales'. Paris 1939; 229.

(2) Moufang, Wilhelm: ‚Magier, Mächte und Mysterien'. Heidelberg 1954; 337.

Weitere hellsichtige Beobachtungen von Tieren bringen meine ,Tier-Geheimnisse'.

Genau so wie Katzen, die für normalsichtige Menschen unsichtbaren Phantome wahrnehmen, so gibt es umgekehrt eine Klasse von Menschen-Katzenhasser oder ,Ailurophoben', deren Natur sie unsichtbare Katzen wittern läßt. Auch hierfür bringen ,Tier--Geheimnisse' Exempla.

Kopfuhr

„Die Träume der Magie mögen eines Tages die wachen Wirklichkeiten der Wissenschaft sein.“ Sir. J. G. Frazer (1890)

Sie wird auch ‚hypnotische Kopfuhr‘ genannt und erweist sich für jedermann im Alltagsleben als höchst praktisch, wenn es gilt, ohne Wecker und ohne durch Fremdpersonen geweckt zu werden, zu einer ungewohnten Stunde zu erwachen.

1. Kurz vor dem Einschlafen nehme man seine auf dem Nachttisch liegende Taschen- oder Armbanduhr zur Hand und fahre mit dem Zeigefinger vom gegenwärtigen Stand des Stundenzeigers zu der Stelle, die er zu der Zeit einnehmen wird, zu der wir zu erwachen wünschen. Man fährt dabei aber nicht etwa einfach von der zehnten Abendstunde durch zur fünften in der Morgenfrühe, sondern läßt den Zeigefinger siebenmal das Zifferblatt umkreisen, so wie es der Minutenzeiger auch tut, um eben den Stundenweiser voranzubringen. Das ist einprägsamer!

2. Oder: man lege zwei Streichhölzer, Stecknadeln oder Papierstreifchen auf das Zifferblatt, sich dergestalt den Stand der Zeiger zur Zeit des Erwachens vor Augen stellend.

3. Schließlich kann man auch so viele Male mit der rechten großen Zehe gegen die Bettwand tupfen, wie die Stundenzahl ist, zu der man zu erwachen wünscht.

Manche sprechen mit oder ohne solche ‚Imaginations-Vehikel‘ (Einbildung-Handhaben) den Vers:

‚Ein Vaterunser für Sankt Veit,
daß er mich weckt zur rechten Zeit!‘

Nach mehrmaligem Üben gelingt das Vorhaben immer und jedem. Der französische Offizier Deschamps brachte es darin zu solcher Fertigkeit, daß er von sich behaupten konnte: ‚J'allais comme l'horloge des Tuileries‘. (‚Ich ging so genau wie die Uhr — des Königsschlosses — der Tuilerien‘) Also berichtet der bekannte Magnetist Jean de Sennevoy, Baron du Potet (1796—1881) in seiner Zeitschrift. (1)

Als Erklärung dieses ‚Zeitmessens ohne Zeitmesser‘ hat man den ‚Ablauf körperinnerer Vorgänge‘ herangezogen. Nun stellt sich

(1) ‚Journal du Magnétisme‘. Paris 1845—1861; T. V; 245.

jedoch die sonderbare Tatsache heraus, daß man nicht etwa dann wach wird, wenn die vorgenommene Stunde wirklich erreicht ist, sondern wenn unsere Uhr (nicht etwa die Turmuhr!) die betreffende Stunde anzeigt, gleichgültig, ob unser Zeitmesser vor- oder nachgeht! Hat am Ende gar der Fluidal auf die Uhr geschaut, auf unsere Uhr? (2)

Zum Beweise dafür, daß der Astralleib immer wach ist, ein interessantes Beispiel des sich selbst Erweckens nach Freiherr Dr. Carl du Prel (1839—1899):

> Herr Varley, Mitglied der ‚Royal Society' zu London, Arzt, Elektriker der ‚Gesellschaft des transatlantischen Telegraphen', erzählt:
> „Ich mußte mit dem Schiffe fahren, welches den folgenden Morgen abging, und ich fürchtete, nicht zur rechten Zeit wach zu werden. Es kam mir der Gedanke, ein Mittel anzuwenden, dessen Wirksamkeit ich schon mehrere Male erprobt hatte. Es bestand darin, mich mit dem festen Entschlusse schlafen zu legen, am nächsten Morgen rechtzeitig aufzustehen. Der Morgen kam an, und ich fand mich tief eingeschlafen. Ich suchte zu erwachen, ohne das zustande zu bringen.
> Einen Augenblick nachher fiel mir ein Mittel ein, welches mir zu Hilfe kommen konnte. Ich bemerkte einen Hof, in welchem sich ein Haufen Holz befand, zu dem hin zwei Männer gingen. Sie stiegen auf den Holzhaufen und hoben einen dicken Balken in die Höhe. Der Gedanke kam mir, meinen Körper träumen zu lassen, es fiele eine schwere Bombe mir vor die Füße, deren Zündschnur zische, und in dem Augenblicke, als die zwei Leute den Balken nach unten warfen, ließ ich meinen Körper träumen, die Bombe platze und verletze mir das Gesicht. Das weckte mich plötzlich auf, aber mit der klaren Erinnerung der beiden verschiedenen Erscheinungsreihen, in einer von welchen der verständige Geist auf das physische Gehirn derart eingewirkt hatte, durch Willenskraft einen eingebildeten Eindruck als wirklich erscheinen zu lassen.
> Ich ließ nicht eine Sekunde verstreichen bis zum Herausspringen aus dem Bette und dem Öffnen des Fensters. Da sah ich denn den Hof, den Haufen Holz und die zwei Männer genau so, wie mein Geist sie gesehen hatte. Vorher hatte ich keine Kenntnis von der Örtlichkeit gehabt. Am vorhergehenden Abend war es finster gewesen, als ich

(2) Schrödter, Willy: ‚Ausflug'; 44, 63.

in die Stadt gekommen war, und ich wußte nicht einmal, daß es da einen Hof gäbe. Es war augenscheinlich, daß ich alles das gesehen hatte, während mein Körper noch schlief. Ich hätte den Holzhaufen nicht sehen können, ehe das Fenster offen war ..." (3)

Elektro-Ingenieur Cromwell Fleetwood Varley lebte von 1828 bis 1883.

Die Bezeichnung ‚Kopfuhr' stammt von du Prel. 1080 Einzelbefragungen eines prakt. Arztes ergaben u. a., daß sich 15% der Befragten mit unbedingter Sicherheit auf die Fähigkeit des Kopfuhrerwachens (zur ungewohnten Zeit) verlassen konnten. Ferner stellte sich bei der Umfrage heraus, daß Versuchspersonen mit guten Ergebnissen beim (spiritistischen) ‚Gläserrücken' etc. sich auch gut für diese Versuche des ‚automatischen Erwachens' eignen. (4)

(3) Lermina, Jules: ‚Die Geheimlehre. Prakt. Magie' (nach ‚Bericht der dialekt. Gesellschaft'; II; 111). Leipzig, o. J.; 143 f.

(4) Clauser, Günther: ‚Die Kopfuhr. Das automatische Erwachen'. Stuttgart 1954.

Literatur:

Anschütz, Prof. Dr. Gg.: ‚Der Wecker im Kopf', in ‚Lahn-Kurier', Nr. 18 vom 22. Januar. Limburg a. d. L. 1949; 5.

Kotschy, Hedda: ‚Sehen ohne Augen', in ‚Das Neue Licht', Dezemberheft. Purkersdorf b. Wien 1953; 205—206.

Meyer, H. G.: ‚Der Wecker im Menschen', in ‚Die Weltwoche' Nr. 1134 vom 5. August. Zürich 1955; 1.

Prel, Frhr. Dr. Carl du: ‚Die Kopfuhr — ein ungelöstes Problem', in ‚Sphinx", März-Nr. Gera 1888; 140—155.

Kosmisches Bewußtsein

„Der Eigenname eines Menschen ist nicht etwa wie ein Mantel, der bloß um ihn her hängt, sondern ein vollkommen passendes Kleid, ja wie die Haut selbst ihm über und über angewachsen."
Goethe (1749—1832)

Alfred Lord Tennyson (1809—1892) schrieb unterm 7. Mai 1874 ab Farringford, Freshwater (Isle of Wight) an Benjamin Blood in Amsterdam (N. Y.): „Ich habe niemals irgend welche geistige Offenbarung unter dem Einflusse eines anästhetischen Mittels erhalten, aber eine Art von ‚wacher Exstase' habe ich sehr oft von meiner frühesten Kindheit an erfahren, sobald ich ganz allein war. Diesen Zustand habe ich oftmals dadurch erreicht, daß ich meinen eigenen Namen mir ganz still denkend wiederholte (Alfred Tennyson — Alfred Tennyson), bis plötzlich, gleichsam aus der Intensität oder dem Selbstbewußtsein der Individualität heraus diese Individualität selbst sich aufzulösen und in eine unbegrenzte Wesenheit zu verschwinden schien. Dieses aber war nicht ein Zustand der Verwirrung, sondern der vollsten Klarheit, Sicherheit — und — gänzlich über alle Beschreibung hinausgehend. Sterblichkeit oder Vernichtung dieses Selbstbewußtseins erschien mir dann wie eine widersinnige Unmöglichkeit. Das Verschwinden der Persönlichkeit in demselben erschien nicht wie ein Erlöschen, sondern vielmehr wie ein Aufgehen des wahren Lebens.

Ich schäme mich dieser schwachen Beschreibung. Sagte ich doch, der Zustand gehe über alle Beschreibung hinaus. Und dennoch, einen Augenblick nachher, sobald ich wieder in meinen normalen Zustand zurückgekehrt, bin ich jedesmal wieder bereit, für ‚mein liebes Ich' zu kämpfen und mir einzubilden, daß dies von Ewigkeit bestehen werde." (1)

Vorstehender Brief wurde zuerst in den ‚Hartford Times' abgedruckt und darnach u. a. auch im ‚Light' (Nr. 280 vom 15. Mai 1886). Ich entnahm ihn der von dem Reisenden, Kolonialschriftsteller und Theosophen Dr. jur. Wilhelm Hübbe-Schleiden

(1) Schrödter, Willy: ‚Abenteuer mit Gedanken'. Freiburg i. Brsg. 1954; 11 f.

(1846—1916) geleiteten Monatsschrift ‚S p h i n x' (Gera, Nr. 19 vom Juli 1887; 63; ‚Mystische Entwicklung').

Die Volksüberlieferung kennt die Vorgehensweise des großen englischen Dichters als ein einfaches, jedoch für nervenschwache Personen sicher nicht unbedenkliches Mittel, im nächtlichen Zimmer das sog. ‚E i g e n g e s p e n s t' oder den ‚Doppelgänger' zu entbinden.

Wer sich für ‚Mächte und Gewalten in uns sowie Erkenntnisse, die uns frei machen', interessiert, sei auf mein Büchlein (1) verwiesen!

Die Fachbezeichnung ‚K o s m i s c h e s B e w u ß t s e i n' stammt von dem USA-Psychiater Dr. med. B u c k e (2), dessen eigenes Zentralerlebnis man bei N i e l s e n (3) nachlesen kann.

Wenn T e n n y s o n angibt, sein Zustand ‚war einer der vollsten Klarheit' und in ihm ‚erschien ihm Sterblichkeit dieses Selbstbewußtseins wie eine widersinnige Unmöglichkeit', so hat diese Beschreibung in etwa ihr Gegenstück in der Darlegung des österreichischen Erzählers Alexander L e r n e t - H o l e n i a (geb. 1897): „In extremen Fällen vermögen das menschliche Gehirn und die Nerven auf einmal mit einer Intensität zu arbeiten, die — tausendfach größer als die alltägliche — uns mit dem Gefühl fast göttlicher Gewalt zu erfüllen imstande ist. Es ist leichter zu sterben, wenn man merkt, daß das Sterben zum Leben gehört." Auch Professor Dr. med. Viktor F r a n k l , Vorstand der Neurologischen Poliklinik zu Wien, kennt ein ähnliches Erleben in der Verfassung des — wie er es nennt — ‚k o g n i t i v e n O r g a s m u s': „Im rauschhaften Hochgefühl solcher schöpferischer Stunden ergibt sich mitunter das Erlebnis einer geradezu schmerzhaften Klarheit (‚kristallklar'), eines jäh erschauten Zusammenhanges, verbunden mit dem bloßen Augenblicke währenden Gefühl, als ob alles rings um einen, die Welt, unerhört durchsichtig würde auf eine letzte Wahrheit und Wirklichkeit hin." (4)

Daß sich Nicola T e s l a durch ein von ihm ersonnenes Atemtraining in eine Extase versetzte, die ihm eine Ideenflut glasklarer Einsichten bescherte, wird im Abschnitt ‚L e v i t a t i o n' behandelt.

(2) Bucke, Dr. med. Richard Maurice: ‚Cosmic Consciousness'. Philadelphia 1901; dt.: 1925, 13. Aufl. 1947.
(3) Nielsen, Enno: ‚Das Große Geheimnis in Neuzeit und Gegenwart'. Ebenhausen b. München 1923; 263 f.
(4) Kankeleit, Dr. med. Otto: ‚Das Unbewußte als Keimstätte des Schöpferischen'. München 1958; 87.

Lakhovsky'sche Schwingungskreise

„Der Magie verdanken wir alle Fortschritte in Physik und Chemie."
Jules Lermina († 1915)

Der Pariser Professor mit dem russischen Namen Georges Lakhovsky will mit sog. ‚offenen Schwingungskreisen' (‚Circuits oscillants') kosmische Wellen auffangen und dieselben Menschen (‚Halsantennen') und Pflanzen zuführen. Heilungen von Menschen sind durch französische und italienische Ärzte bestätigt; Heilungen von krebsokulierten Pflanzen photographisch belegt.

Die Schwingungskreise werden gebogen aus 0,5—10 mm dickem Kupferdraht. ‚Die Kupferdrähte von 5—8 Millimeter Stärke brachten eine deutlichere Wirkung hervor als die dünneren Drähte.' Die Spirale — der offen gelassene Kreis — kann einfach oder doppelt sein; sie wird um die Pflanze gelegt und muß gegenüber ihrem Halter (Trägerstativ) durch Ebonit isoliert sein. (1)

Statt kupferner Drähte empfiehlt Heilpraktiker Dr. med. dent. Ernst Busse (Garmisch) die Verwendung von dünnen kupfernen Rohren: „Da bei diesen kosmischen Einstrahlungswellen infolge der Kürze derselben nur der sog. ‚Skin-Effekt' wirksam ist (d. h.: die Elektrizität läuft nur auf der Oberfläche des Leiters lang, nicht mehr in seiner Mitte) muß die Oberfläche möglichst groß gehalten werden. Außerdem ist ein Rohr leichter zu biegen und auch leichter an Gewicht." (Priv.-Mittlg. v. 10. Jan. 1953)

Helmut Frensdorff (Berlin-Charlottenburg) konnte schon 1932 bei sich und anderen die Wirksamkeit eines offenen Schwingungskreises gegen Hexenschuß u. ä. melden. Er zog einen einfachen isolierten Kupferdraht in ein Schlauchband ein und legte es um die betreffende Stelle, so daß sich die Enden des Drahtes nicht berührten. (2)

Ähnlich ging später Canon Smythe in England vor:

(1) Lakhovsky, Georges: ‚Das Geheimnis des Lebens. Kosm. Wellen und vitale Schwingungen'. München 1931.
W. S.: ‚Der Drahtring um die Geranie', in ‚Frankf. Illustrierte', Nr. 15. Frankfurt/M. 1932; 356 f.

(2) Frensdorff, Helmut: ‚Einfaches Mittel gegen Hexenschuß und Gliederschmerzen', in ‚Die Zukunft', Nr. 31. Berlin 1932.

„Die einzig benötigten Geräte sind: ein etwa 1 m langes Stück biegsamen elektrischen Drahtes und ein Pendel. Die Isolierung wird an beiden Enden etwa 2 cm weggeschnitten, der Draht bloß gelegt und die dünnen einzelnen Drähte bis auf einen gekürzt. Dann lege man den Draht auf den Tisch und halte das Pendel über die Drahtenden. Es wird über dem positiven Ende im Uhrzeigersinne und über dem negativen in entgegengesetzter Richtung kreisen. Nun macht man in das negative Ende einen Knopf zur Kenntlichmachung. Es muß auf die linke Körperseite oder Beinpartie zu liegen kommen, das blanke Drahtstück nach links zeigen. Der Draht kann über der Kleidung angebracht werden und man kann ihn zusammendrehen oder mit Sicherheitsnadeln befestigen, nur müssen die Enden stets in der richtigen Richtung liegen.

Bei Gicht in einer Zehe sollte man ihn wie ein Strumpfband ums Bein wickeln, wobei das Ende mit dem Knopf nach links zeigt. Verfasser behauptet nicht, daß dies die Gicht heile, wohl aber daß es die Schmerzen lindere.

Bei heftigem Kopfweh muß man den Draht unmittelbar oberhalb der Augen um den Kopf wickeln, so daß das negative Ende an die linke Schläfe zu liegen kommt.

Keuchhusten wurde geheilt, indem ein Draht um den Hals, ein anderer um den Bauch gewickelt wurde."

Eine beginnende Erkältung beseitigte unser Gewährsmann in wenigen Stunden dadurch, daß er zwei Drähte, den einen positiven mit dem negativen Ende des anderen zu einem zwei Meter langen Stück verband: „Ich band den Draht zwischen Hemd und Pullover um die Brust bis dicht unter die Arme und achtete darauf, daß das negative Ende links von der Brust und nach links gerichtet, das positive nach der anderen Seite gewendet zu liegen kam."

Smythe bringt dies in seinem vor Jahren erschienenen Traktat ‚The other Half of Medicine'. Er stützte sich dabei auf die Forschungen seines verstorbenen Freundes, des Dr. med. vet. Abel Martin von Airaines (Somme), der 1932 grund seiner Dissertation ‚Diagnostic radiesthésique en médecine vétérinaire' an der medizinischen Fakultät zu Paris unter Vorsitz von Professor Nathering ohne Prüfung promoviert hatte! Im Jahre 1935 soll ein Dr. med. vet. Girard die gleiche These vor der Universität Lyon verfochten haben.

Sanitätsrat Dr. med. Arnold Mannlicher (1880—1958) aus Salzburg ließ einen offenen Schwingungskreis, der als Zellen-Detektor arbeitet, in der hinteren Hosentasche tragen.

Schwingungskreise wurden bald nach Bekanntwerden der Lakhovky'schen Entdeckung als ‚Halsantennen', ‚Funkschmuckketten', ‚Heilketten' u. a. in den Handel gebracht. Ob sie offen oder geschlossen waren, vermag ich im einzelnen nicht zu sagen. Jedenfalls besteht zwischen beiden Arten ein grundlegender Unterschied in der Wirkung: offene Schwingungskreise setzen die Spannung im Körper herab, geschlossene erhöhen sie. Eine geschlossene ‚Radiokette' kann man leicht in eine offene verwandeln, indem man sie auseinanderlöst und mit einem Nichtleiter (z. B. Gummiband, Seidenfaden) wieder zusammenfaßt.

Der offene Schwingungskreis ist keineswegs eine neuzeitliche Erfindung. Dr. med. Karl F. A. Beck, ehedem Chefarzt der Städt. Kinderklinik in Bayreuth, meint: „Die offenen Bronzeringe aus Gräbern der Hallstadt-Zeit könnten m. E. als Schutz gegen Strahlenwirkungen aufzufassen sein, ebenso wie die um Arme,

Beine und Hals getragenen Ringe bei manchen Negerstämmen." Die Germanen trugen jedenfalls als ‚Funkschmuck' — um ein modernes Wort zu gebrauchen — eine (offene) Sonnenspirale. Generaloberarzt a. D. Dr. med. Heermann hat das wieder aufgegriffen. Er schreibt: „Anregend auf Leber, Darm, Son-

Die Beteiligung schädlicher Strahlungen an gewissen Erkrankungen kann nicht mehr bezweifelt werden. — Ein wichtiger Weg zur Heilung ist gefunden.

Diese Abbildung zeigt die beim Versuch Prof. Lahkovsky's mit Krebs infizierte Geranie. Die krebswucherung ist deutlich erkennbar. Nachdem die Geranie zum Schutz gegen störende Strahlungen durch einen Antennenring aus Kupfer isoliert worden war, starb die Wucherung ab, und die Pflanze wurde geheilt.

Die staunenerregende Entdeckung Prof. Lahkovsky's: Ein aus Kupferdraht gefertigter Antennenring, der die erkrankte Geranie frei umgibt, bewirkt, daß die Krebsgeschwulst abfällt (auf dem Topfe liegend) und die Pfianze wieder gedeiht.

Die Versuchspflanze nach drei Jahren. Der Antennenring hat sie ganz geheilt und vor anderen Schäden bewahrt. Daneben zwei gleichalte, ungeschützte Kontrollpflanzen, die der Krankheit zum Opfer gefallen sind.

nengeflecht wirkt ... eine verzinkte Eisenspirale, deren Windungen von der Mitte aus gleich dem Uhrzeiger laufen.

Kleiner — in grünes Zeug eingenäht — ist sie in die Kleidung tagsüber eingenäht, mein gewöhnliches Hilfsmittel bei Magen-Darmgeschwüren und skrofulösen Drüsen im Leibe und in der Brust." Unter die Abbildung setzt der Forscher die Erklärung: „Eine Spirale sendet Wachstumsstrahlen in den Unterleib." (3)

Der unermüdliche Dr. Busse hat ab 1954 außer offenen Schwingungsketten und -gürteln auch offene Ringe probiert. Hatte er früher schon die Akupunkturnadelstiche durch Metallfolien-Pflasterung ersetzt, stellte er nunmehr in seinem Schreiben an mich vom 19. April 1954 fest: „Anstatt der Metallfolienpflasterung kann man auch durch Tragen von offenen Kupferringen auf ganz bestimmte Finger und deren Glieder genau dasselbe erreichen. Wenn Sie einen Ring, der offen, also aufgeschnitten ist oder aus einem dicken Kupferdraht gebogen wird, auf den ‚zuständigen' Finger stecken, werden Sie eine sofortige Pulsänderung an den Radialispulsen konstatieren."

Eine seiner Bekannten, die mit diesen offenen Fingerringen experimentierte, war über die erzielten Erfolge baß erstaunt.

Auch für diese Unterrichtung bin ich dem vielseitigen Heilpraktiker verpflichtet.

Da Cu-Ringe eine tonisierende (stärkende, erregende) Eigenschaft besitzen, galt es, ein zweites Metall herauszubekommen, welches die Organtätigkeit herabsetzt. Als solches wurde mittlerweile Aluminium eruiert! Über geschlossene Ringe in der Metallotherapie wurde bereits im Abschnitt ‚Amulette' gesprochen. Und was die Verwendung von Aluminium angeht, so hat aus diesem Material vor langen Jahren der Spezialschweißer Herbert Bauer (geb. 1921) zu Freiburg/Breisgau seine sog. ‚Zelemente' angefertigt. Dieselben werden nach Angabe neuerdings aus drei Metallegierungen hergestellt, was den Gedanken an das ‚Siebenmetall' (‚Electrum magicum') der Hermetiker auftauchen läßt. Im übrigen handelt es sich bei ihnen um

(3) Heermann, Dr. med. Alex.: ‚Neues von Strahlen, Strömen und Wellen'. Bad Aussee 1935; 13.

Zu nebenstehenden Bildern:

Textseite aus einem Prospekt des ‚Radiologischen Institutes', Bad Kreuznach, über seine ‚Isolar-Antennenkette', die auf den Forschungen des Pariser Gelehrten Prof. Georges Lakhovsky fußt. — Die 3 Bilder findet man als Tafeln II, V, VII in Lakhovskys ‚Das Geheimnis des Lebens. Kosmische Wellen und Vitale Schwingungen' (München 1931). Die Tafel II wurde am 6. 6. 1924 aufgenommen, Tafel V im Juni 1925, Tafel VII am 23. 3. 1928.

geschlossene Ketten, die vor den ‚schädigenden Einstrahlungen technischer und kosmischer Ströme' schützen sollen und darum jetzt ‚Strahlenschutz-Antennen' geheißen werden. Sie sind flach, werden mit Bändern auf der bloßen Haut getragen und sind morgens und abends gut anzufeuchten. —

Was nun die Wirkung solcher Schwingungskreise auf die Pflanzenwelt angeht, so hat man mit ihnen bereits 1905 (!) kranke Ulmen in einer Hamburger Straße geheilt.

Ingenieur Lambert Binder (geb. 1905) in Wien rief 1944 bei einem Orangenbäumchen forciertes Wachstum hervor, indem er es mit einer isolierten Drahtspule umgab.

R. E. Espiau probierte 1954 die Lakhovsky'schen Kreise aus: von drei ca. 5 cm langen Stengeln eines Kohlkopfes steckte er den ersten in einen Schwingungskreis, den zweiten in die Erde und den dritten in Wasser, das alle 24 Stunden erneuert wurde. In weniger als einer Woche begann der erste Stiel zu knospen, innerhalb von vier Wochen entwickelten sich weitere Stiele und trieben Blätter, während die beiden anderen Versuchsstücke verfaulten. (4)

(4) ‚La Radiesthésie pour Tous'; Dezemberheft. Paris 1954.

Literatur:

Schrödter, Willy: ‚Kosmische Strahlen und vitale Schwingungen', in ‚Mensch und Schicksal', Nr. 5 vom 15. Mai. Villach 1953; 7 f.

Levitation (Auto-Levitation)

„Die Gravitation wird überwunden durch Überwindung der Schwerkraft in uns selbst."

Die Yoga-Sutra des Patanjali verheißt durch eine besondere Atemtechnik, die sie ‚Udâna' nennt, Levitation, u. a. Vermeidung von Berührung mit Wasser. (1)

Die Tao-Meister (chines.: ‚Ch'en-jen') sollen sich durch eine bestimmte Meditationsart so leicht machen können, daß sie ab und zu in der Luft schweben. (2)

Von den Eremiten auf Athos wird das Gleiche als Folge ihrer Askese und ihrer Gebetsversenkung berichtet. (Fallmerayer)

Als Schwebephänomen par excellence gilt in der katholischen Kirche der heilige Josef von Copertino (1603—1663).

„Bei dem amerikanischen Gesellschaftsspiel des ‚Fliegens' legen vier stehende Personen einer sitzenden Person ihre Hände gleichzeitig, aber abgewechselt, d. g. ‚vermischt' während einer schweigenden Sammlung von etwa einer Minute auf den Kopf; dann falten die Vier ihre Hände, wobei aber Daumen und Zeigefinger — die beiden ‚Magnete' der physiologischen Alchemisten[1]) — ausgestreckt und aneinander gepreßt bleiben. Hierbei muß von allen Beteiligten rhythmisch auf Kommando aus- und eingeatmet werden. Alsdann werden die Fingerpaare in die Achselhöhlen und Kniekehlen des Sitzenden eingesetzt und — federleicht geht selbst die schwerste Person in die Höhe. — Die Wissenschaft weiß hierfür keine rechte Erklärung." (3)

Hierzu ein Wort des Runenforschers Rudolf John Gorsleben (1883—1930): „Daß die Schwerkraft durch rhythmisierten Atem,

[1]) Man beachte, daß der Kolonialdirektor a. D. und Heilmagnetiseur Alfred Wilhelm Sellin (1841—1933) zu München dem Daumen bei den biomagnetischen Manipulationen die größte Kraft beimaß!

(1) Oppermann, Ing. Max: ‚Yoga-Aphorismen des Patanjali'. Leipzig 1925; 73 (Vers 39).

(2) Erkes, Prof. Ed.: ‚Die taoistische Meditation und ihre Bedeutung f. d. chines. Geistesleben', in ‚Psyche', drittes Heft. Heidelberg 1949; 378.

(3) Schrödter, Willy: ‚Vom Hundertsten'; 128.

das ‚Wort', aufgehoben werden konnte, war der Vorzeit bekannt.“ (4)

Auf diese Weise wurden wahrscheinlich die Pyramidenquader und die sog. ‚zyklopischen' Mauersteine der Inka-Tempel in den Anden aufeinander getürmt — fugenlos!

So werden die Hände der vier Teilnehmer ‚gemischt' auf den Kopf der Versuchspersonen gelegt und bleiben mindestens eine Minute — unter Schweigen und rhythmischem Atem — so liegen.

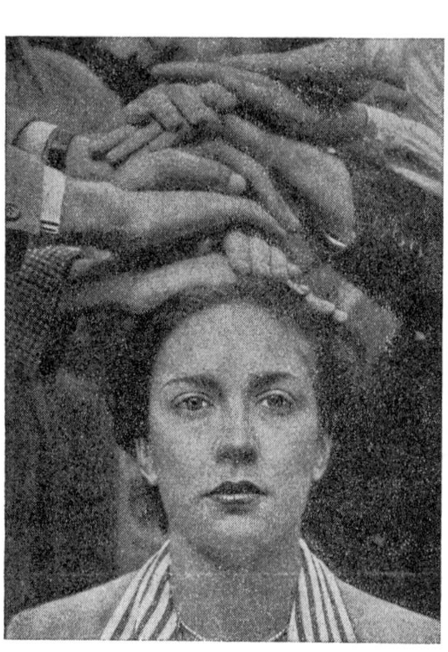

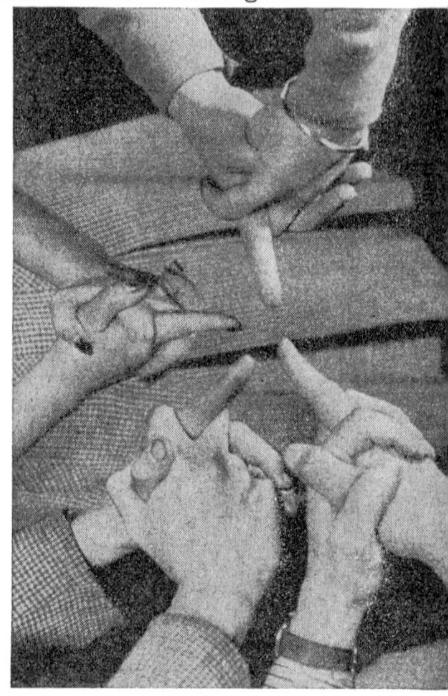

Dann werden — während immer noch geschwiegen und gleichmäßig geatmet wird — die Hände gefaltet und nur der Zeigefinger ausgestreckt.

Bernhard Richter (‚Berica'; † 1923) in Kassel-Wilhelmshöhe legte seine Unterarme und Hände flach auf den Tisch und konzentrierte sich zunächst auf einen einzigen Finger der einen Hand: „Er wird leichter, leichter, leichter ...!“[2]), indem er ihn dauernd fixierte. Der Finger spreizte sich allmählich von selbst in die Höhe, dann folgten bei Gedankendirigation auf die übrigen Finger auch diese, schließlich erhob sich die eine Hand, der eine Unterarm, dann — nach Änderung der Gedankenrichtung — die

[2]) Im Gegensatz zum ‚Autogenen Training', Übung Nr. 1 (Schwereerlebnis) mit den Formeln: ‚Der rechte (linke) Arm, das rechte (linke) Bein ist ganz schwer.' (Schultze, ‚Übungsheft'; 15 f.)

(4) Gorsleben, Rud. John: ‚Hochzeit der Menschheit'. Leipzig 1930; 284.

Die ausgestreckten Zeigefinger werden dann unter die Kniekehlen und die Achseln der Versuchsperson geschoben und dieselbe langsam emporgehoben. Es geht erstaunlich leicht, selbst bei recht gewichtigen Personen von fast zwei Zentnern.

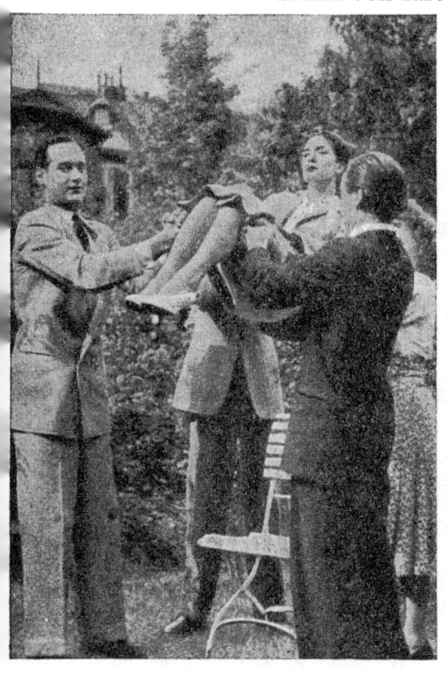

Nach einwandfrei durchgeführten Vorbereitungen und scharfer Konzentration der Teilnehmer genügen schon zwei Personen, um mit den gestreckten Zeigefingern die Versuchspersonen ohne Anstrengung hochzuheben. Man versuche zum Vergleich, die Hälfte oder das Viertel des Gewichtes der Versuchsperson unter ‚normalen' Bedingungen mit einem bzw. zwei gestreckten Zeigefingern hochzuheben.

Aufnahmen: Cay Jarwin in ‚Illustrierte Woche', Nr. 44 vom 3. 11. 1951

andere Hand, der andere Unterarm. Versuch zeigt, daß sich diese ‚Teil-Levitation' der oberen Extremitäten verhältnismäßig rasch und sicher erzielen läßt. Vorstufe der totalen Levitation, meinte der genialische Forscher.

Man vergleiche hierzu die Levitations-Versuche des mexikanischen Jesuiten Pater de Helredia (5)!

Nicola Tesla (1856—1943) war ein solches elektrotechnisches Genie, daß ihn Ingenieur Lambert Binder (Wien) mit Fug und Recht als einen ‚Technomagier' anspricht; daß ihn — sicher mit weniger Anspruch auf Gültigkeit — neuestens ein Nordameri-

(5) Feldmann, J.: ‚Okkulte Philosophie'. Paderborn 1927.

Der Mann ohne Schwerkraft, das Fakirwunder der Levitation, zum erstenmal fotografiert. Ein in Trance befindlicher Fakir schwebt, nur die rechte Hand auf einen mit einem weißen Tuch umwickelten Stab gestützt, frei in der Luft und konnte dabei aus nächster Nähe von allen Seiten fotografiert werden. Vier Minuten verharrte er in dieser Stellung. Reiseberichte aus dem fernen Osten erzählen immer wieder von beobachteten Levitationen von Yogis und Fakiren.

Aufnahme: P. T. Plunkert in ‚Kölnische Illustrierte'

kaner als Sohn einer per ‚fliegender Untertasse' in Jugoslawien gelandeten Venusierin (!) nachweisen will.[3])

Diesem Tesla ersetzte ‚magisches Bilddenken' à la Meyrink langwierige verstandesgemäße Überlegungen. Er hatte nämlich ein besonderes Atemtraining für sich ersonnen, das ihn in eine Extase versetzte, die ihm eine Ideenflut glasklarer Einsichten bescherte, wobei ihn zugleich ein Zustand unsagbarer Schwerelosigkeit zu überkommen pflegte. Noch einen Schritt weiter — so glaubte er — und er vermöchte die Levitation seiner Leiblichkeit (1,80 m Größe bei nur 64 kg Gewicht!) zu bewerkstelligen. (6)

In diesem Zusammenhang will ich einem Zeitungsaufsatz über naturveranlagte — also nicht yogistisch erworbene — Levitation

[3]) Japanische Geschichtsschreiber haben bereits vor rund tausend Jahren mit Bildern von den ‚kappa'-Leuten berichtet, die mit ‚fliegenden Muscheln' in Nippon notlanden mußten!

(6) Binder, Lambert: ‚Porträt eines Technomagiers', in ‚Mensch und Schicksal', Heft 21 vom 15. Januar. Villach 1952; 3 f.
O'Neill, John: ‚Prodigal Genius. (The Life of Nicola Tesla).' New York. Deutsche Ausgabe, Wiesbaden 1951.

durch Festhalten in Buchform längere Lebensdauer verleihen; muß allerdings der Quelle (7) die volle Verantwortlichkeit für die Tatsächlichkeit des Berichteten überlassen:

„Als skeptischer Europäer ist man leicht geneigt, alle derartigen Berichte (über Levitationen) ohne weiteres als Täuschungen oder Betrug abzutun. Nun gibt es allerdings einen seltenen Vorfall ähnlicher Art, der auch von englischen und amerikanischen Ärzten geprüft wurde, und der sich nicht in Indien, sondern in Chicago abspielte. Dort lebte ein Bankkassierer, Reynard Beck, der eines Morgens feststellte, daß er gewissermaßen sein Gewicht verloren hatte. Er war so leicht geworden, daß er mit Bequemlichkeit gewaltige Sprünge machen konnte. In unbekleidetem Zustand war die Körperverfassung Beck's besonders unangenehm und seltsam, da er kaum in der Lage war, richtig im Bett zu liegen. Als er sich bei einem Arzt untersuchen ließ und auf dessen Waage gewogen wurde, zeigte diese genau zehn Pfund — das war das Gewicht seiner Kleider und Schuhe. Eine Zeitlang wurde Beck in verschiedenen Ausstellungshallen Amerikas gezeigt. Er brauchte auf der Bühne nur einige seiner merkwürdigen Sprünge auszuführen oder gewissermaßen in der Luft zu sitzen, um helle Begeisterungsstürme zu erwecken.

Aber die Leute hielten alles für Bluff. Ärzte und Universitäten lehnten es ab, ihn zu untersuchen, die Zeitungen weigerten sich, Berichte über ihn aufzunehmen, in der Befürchtung, sich lächerlich zu machen. Eines Tages vergiftete sich der ‚Mann ohne Schwerkraft', nachdem er einen vergeblichen Versuch unternommen hatte, sich zu erhängen.

Eine physiologische Erklärung für den Fall konnte man niemals erbringen."

Glaubwürdiger will uns schon folgende Notiz erscheinen: „Dr. Franklin erzählt in seinen Memoiren, daß er einst beim Baden auf dem Rücken liegend einschlief und eine Stunde lang in seiner Stellung verblieb." (8)

Ich selbst habe in hiesigen Tageszeitungen vor einigen Jahren gelesen, daß ein Lehrer beim Schwimmen im Niederrhein ohnmächtig wurde und — gleichfalls auf dem Rücken liegend — sechs volle Stunden stromabwärts trieb, ohne unterzugehen und ohne (was noch verwunderlicher) in die Schraube eines Schiffes zu geraten.

(7) ‚Ein Mensch verliert sein Gewicht', in ‚Mainzer Anzeiger', Nr. 161 vom 14. Juli. Mainz 1936; 11.

(8) Kiesewetter, Carl: ‚Die Geheimwissenschaften'. Leipzig 1896; 693.

In beiden Fällen taucht die Erinnerung auf an die ,Wasserprobe' der Hexen (9), an die berühmte ,Hexenwaage' in Outwader (Holland).

Rufen wir uns die Worte zurück, die Professor Krause 1929 an die Magnetopathen Deutschlands in seiner Rede zu Berlin abschließend fand: „Wir sollten uns so verfeinern, daß wir über das Wasser gehen könnten!" Über das Wasser gehen konnte in ihren Jugendjahren die Dichterin Annette Freiin von Droste-Hülshoff (1797—1848), wenn sie den Weg zur väterlichen Wasserburg abschneiden wollte. Sonderbar veranlagte Tochter eines merkwürdig eingestellten Vaters, von dem wir etwas am Schluß des Kapitels ,Meditation' erzählen werden.

(9) Prel, Carl du: ,Die Wasserprobe der Hexen', in ,Studien a. d. Gebiet der Geheimwissenschaften', Leipzig 1890, I; 5—6; 28—29. Kiesewetter, Carl: ,Geh.wiss.'; 694.

Literatur:

,Ein geheimnisvolles Gesellschaftsspiel', in ,Süddeutsche Sonntagspost', Nr. 30. München 1932; 12.

,Das geheimnisvolle Spiel'; ebendort, Nr. 331 (S. 13).

Schrödter, Willy: ,Magie, Geister, Mystik', Berlin 1958, 40—41.

Magnetisiertes Wasser

„Von dessen Leib werden Ströme lebendigen Wassers fließen."
Johs.-Ev. VII; 38

Man fülle drei Trinkgläser mit Wasser, magnetisiere eines hiervon mit der rechten und eines mit der linken Hand während der Dauer von ca. 15 Minuten; das dritte Glas dient lediglich zu Vergleichszwecken. Dann gebe man die beiden magnetisierten Gläser einer Person mit gutem Geschmackssinn zum Verkosten. Das mit der Rechten magnetisierte Wasser wird frisch prickelnd, deutlich metallisch (meist nach Eisen) schmecken; das mit der Linken bestrahlte fad und lau wie abgestandenes.

Die tiefsinnige hebräische Sprache hat übrigens für die beiden Hände bezeichnenderweise zwei verschiedene Worte; so heißt die positive Rechthand ‚jemin'.

„Man magnetisiert Wasser oder andere Flüssigkeiten, indem man das Glas oder die Flasche auf die linke Handfläche stellt und mit den Fingern dieser Hand die Seitenteile umspannt, während die nicht ganz geschlossenen Fingerspitzen der rechten Hand 5 bis 10 Minuten mit der nötigen Willens- und Gedankenkonzentration über die Öffnung des Behälters gehalten werden, bis die Sättigung eingetreten ist, welchen Zeitpunkt der geübte Magnetiseur vermittelst seines Gefühles erkennt." (1)

Der geniale Magnetiseur Dr. med. James Esdaile (1808 bis 1859), Chefarzt am englischen Hospital Hooghly bei Kalkutta, benutzte zusätzlich die sehr wirksame Einhauchung (Insufflation): er atmete durch eine Röhre, welche bis zum Boden des Glases führte, während er zugleich Längsstriche machte. Das dergestalt magnetisierte Wasser behielt seine Eigenschaften etwa 48 Stunden lang. (2)

Man kann weiterhin die ‚Einodung' des Wassers oder

(1) Gratzinger, Dr. med. Josef: ‚Das magnetische Heilverfahren'. Wien 1922; 30.

(2) Riko, A. J.: ‚Handbuch zur Ausübung des Magnetismus etc.' Leipzig 1904; 25.

anderer Flüssigkeiten verstärken, indem man sie, in flache Flaschen gefüllt, auf der Magengrube trägt. (3)

Magnetisiertes Wasser wurde sowohl eingenommen als auch zu Umschlägen verwendet; und was schon die Verkostung (Degustation) geschmacklich andeutete: es wirkt auch polar; ein Beweis für die alte Sentenz: ,Non bis in idem' (lat.: ,Zweimal ist nicht dasselbe'). Außer seiner Eigenschaft als Stärkungsmittel führt das rechtshändig bestrahlte, ggf. auch ,besprenkelte' (,spargierte') Wasser Verstopfung herbei, das linkshändig gewonnene ,Lebenswasser' (lat.: ,Aqua vitae') jedoch Abführen.

Objektive Beweise für die Wirksamkeit magnetisierten Wasser sind: die auffallend günstige Beeinflussung des Wachstums von Pflanzen durch Begießen mit solchem (vgl. ,Forziertes Pflanzenwachstum'!); ein bereits vor hundert Jahren angestellter physikalischer Versuch:

> „Füllen Sie ein Glas mit gewöhnlichem, oder besser destilliertem Wasser; nehmen Sie die Zuleitungsdrähte zum Galvanometer bei den isolierten Enden und tauchen Sie die ins Wasser! Die Nadel schwankt weder nach rechts noch nach links.
>
> Alsdann ziehen Sie die Drähte wieder heraus und magnetisieren Sie das Wasser ohne Berührung durch etliche Striche überm Glas! Wenn Sie glauben, daß das Wasser mit Fluid gesättigt ist, tauchen Sie von Neuem die Enden der Zuleitungsdrähte hinein und Sie werden alsdann die Nadel 10, 15, 20 und hin und wieder sogar mehr Grad auf dem Zifferblatt ausschlagen sehen!" (4)

der leicht nachzuprüfen wäre und beweisen soll, daß das Lebensfluid auf die astatische Nadel eines Galvanometers die gleiche Wirkung ausübt wie ein Mineral-Magnet.

Ferner eine eigenartige ,Sensation' (Empfindung):

> „Hält man den Handrücken in geringer Entfernung, etwa drei bis fünf Zentimeter, an ein magnetisiertes Glas Wasser, so wird man eindeutig aufwehende warme Luft, gleichsam ein warmes Bestrahltwerden des Handrückens empfinden.
>
> Berührt man aber dann das Glas, so erstaunt man über seine Kälte im Gegensatz zu seinen Wärmestrahlen.

(3) Passavant, Dr. med. Joh. Carl: ,Untersuchungen über den Lebensmagnetismus und das Hellsehen'. Frankfurt/M. 1837.
Thetter, Ing. Rudolf: ,Magnetismus — das Urheilmittel'. Wien I, 1951; 203.

(4) Lafontaine, Charles: ,L'Art de magnétiser ou le Magnétisme animal etc.' Paris 1860; 49.

Ein nichtmagnetisiertes Glas Wasser, das zum Vergleich herangezogen werden kann, wird solche Empfindungen nicht hervorbringen.

Die gleiche ‚Sensation' zeigt sich bei allen magnetisierten Stoffen welcher Art immer.

Natürlich hängt die Stärke der Erscheinung vom Grad der Sensibilität des Prüfenden ab." (5)

Die gleiche Sensation zeigt sich bei folgendem Versuch:

Legt man der Versuchsperson — hinter ihr stehend — beide Handflächen auf die Dauer von 2 bis 3 Minuten und in einer Entfernung von 1 bis 1½ cm vor die Stirn, so hat sie die Empfindung von Wärme.

Legt man die Hände auf, so verspürt sie Kühle! Diese Sensationen ändern sich auch dann nicht, wenn der Versuchsleiter (Operator) das Gegenteil behauptet. Ein Beweis, daß der ‚tierische Magnetismus' nicht auf Suggestion beruht, sondern eine Realität darstellt! (Gratzinger; 21)

Was die ‚anderen Flüssigkeiten' angeht, so sind dies vor allem Arznei- und Nahrungsmittel, deren Wirkung ‚durch Berühren, Halten und positives Verfahren wesentlich alteriert'[1]) werden kann.

Weitere ‚S u b s t i t u t e', welche O d aufnehmen und mehr oder minder lange Zeit aufbewahren, sind: Papier, Löschpapier, Leinenstoffe, durchlässige Baumwollstoffe, Flanell, Watte, Leder, Holz, Birkenholzkohle, Olivenöl, Zellstoff, Glaswolle, Ebonit, Steinsalz, Kerzenwachs, isolierter Kupferdraht, Eisenmagnete, Stanniol (Dr. jur. Kurt Trampler; Bruno Gröning). Nachdem man schon seit Alters in China die Behältnisse, welche Tee aufnehmen sollen, mit Zinkfolie ausschlägt und neuerdings in USA homöopathische Hochpotenzen manchmal in Flaschen mit Stanniolumkleidung aufbewahrt werden, damit sie besser und länger ihre Kraft behalten, dürfte sich diese Vorgehensweise wohl auch für magnetisiertes Wasser und magnetisierte sonstige Substitute empfehlen.

Der Gebrauch von magnetisiertem Wasser ist menschheitsalt

[1]) ‚Positives Verfahren' = Bestreichen. Hier sollen auch die Versuche von Prof. Dr. med. Gustav J a e g e r (1832—1917) mit ‚humanisierten' Weinen erwähnt werden. Wie der ‚D u f t s e e l e n - J a e g e r' die Humanisierung derselben vorgenommen hat, ob durch Bestreichen, Bestrahlen, Beisichtragen oder sonstwie, geht leider aus meiner Quelle nicht hervor. Diese ist ein Aufsatz ‚M e s m e r i s m u s u n d A n t h r o p i n', in ‚S p h i n x' (Gera, Augustheft 1889; 74) von Dr. Carl E i c h b e r g. Danach haben in mehr als 70 Städten Deutschlands, Österreichs und der Schweiz die Sachverständigen die imprägnierten Weine von den nicht-imprägnierten durch Geruch und Geschmack unterschieden!

(5) Thetter; 206.

und global verbreitet. Gajus Plinius Sec. maj. (23—79), von dem das Wort stammt:

„Es gibt Menschen, deren Körper medizinische Kräfte besitzt",

empfiehlt in seiner ‚Historia naturalis': „Bade deine Füße und benetze mit dem Wasser dreimal deine (Trief-) Augen!"

Als ‚Aqua vitalis cordialis microcosmica' (lat.: ‚Mikrokosmisches Herz- und Lebenswasser') findet es sich 1621 rezeptiert in der ‚Chimia in artis formam redacta' des Jenenser Chemikers Werner Rolfink (1599—1673), erschienen zu Genf (Lib. III; Sect. I; Art. I; Cap. 7). Dem religiösen Tenor nach scheint es rosenkreuzerischen Kreisen zu entstammen. (6) Man vergleiche hiermit das ‚bebetete' Wasser im Abschnitt ‚Samenkörner wachsen auf Befehl'!

Im Jahre 1937 bestätigte eine deutsche Klinik einen ausländischen Bericht: „Nimm das Wasser von einem Bad, in dem ein Vollgesunder seine Hände eine Stunde lang gebadet hat und trinke davon 5—6 Eßlöffel voll! Es heilt Herzschwächen, Asthma, Hautjucken, Geschwüre, Ekzeme und Zuckerkrankheit." (7)

Allerdings sprach man nicht von ‚Ansteckung durch Gesundheit' (Tenzel, Jäger, Buttenstedt), sondern von der Anreicherung des Wassers mit ‚Fermenten'; und anstatt ‚magnetisiertes Wasser' etikettierte man wissenschaftlich ‚Organ-Extrakte'! (7)

Rund zwanzig Jahre später erfährt man:

Die Rohstoffverknappung im Weltkrieg ließ die Medizin nach Ersatz für nicht mehr zu beschaffende Heilmittel suchen. So kam der deutsche Professor Scharzmann auf den Gedanken des in Europa unbekannten ‚Aqua humana' (lat.: ‚Menschenwasser')

Der französische Biologe Marcel Contier tat es ihm nach: erst Versuche an Labortieren, dann an Menschen. Jeder soll sich nach seiner Anweisung selbst das ‚Wunderwasser' ohne Kosten und Anstrengung herstellen können. Vorzugsweise destilliertes Wasser wird in eine Waschschüssel geschüttet und eine vollkommen gesunde Person muß ihren (vorher gewaschenen) Arm eine gute halbe Stunde darin eintauchen. Die Medizin ist dann fertig und von ihr nimmt der Patient 5—6 Mal täglich jeweils 2 Eßlöffel ein.

(6) Kiesewetter, Carl: ‚Anthropin im 17. Jahrhundert', in ‚Sphinx', Nr. 21 vom September. Leipzig 1887; 211.

(7) ‚Heilkräftiges Badewasser', in ‚Die Koralle', Nr. 23 vom 13. Juli. Berlin 1937.
Lynkos, Dr. med. Wolf: ‚Gute Besserung!' Berlin 1940; 148.
Schrödter, Willy: ‚Ausflug'; 125 f.

Contier für seinen Teil dampfte das Menschenwasser auf ein Fünftel seines ursprünglichen Volumens ein, pasteurisierte es, und füllte es in Ampullen von 2 cm Fassungsvermögen ab. Bewährt hat es sich gegen Furunkulose aller Art — auch veraltete Fälle — die anderweitiger Behandlung trotzten. Beachtliche Erfolge traten auch bei stand- und schmerzhaften Hautgeschwüren, Ekzemen und Neurodermatitis zu Tage. Eine Injektion von 30 ccm hat bei 90 von 100 Zuckerkranken den Blutspiegel beträchtlich herabgesenkt, so daß die Hoffnung besteht, ganz auf Insulin verzichten oder doch die Doses reduzieren zu können. (8)

Ein Akademiker aus Linz (Öst.) regte 1948 an, nur einen einzigen Wassertropfen zu bestrahlen und unterm Mikroskop zu verfolgen, ob sich die ‚Spargierung' (Besprenkelung) auf die Einfachstpflanzen (Algen) und Kleinlebewesen (Räder-, Glocken- und Trompetentierchen sowie Wasserflöhe) lebenbeschleunigend oder lebenhemmend oder gar lebenvernichtend auswirkt. (9) Interessenten lud er ein, sich mit ihm ins Benehmen zu setzen.

Der Hauptmitarbeiter in Nürnberg des verstorbenen Innsbrucker Feinkraftforschers Dr. Ing. Friedrich Teltscher hatte in den Jahren 1932—33 gleiche Mengen Froschlaich sowohl in magnetisiertes als auch in unbehandeltes Wasser getan. Im magnetisierten entwickelten sich alle Eier und die Kaulquappen wurden doppelt so groß und waren viel vitaler als diejenigen, welche im gewöhnlichen Wasser ausgeschlüpft waren. Zudem hatte sich in letzterem nur ein Teil der Eier entwickelt! (Frdr. Teltscher, ‚Ältere feintechn. Arbeiten 1932—1933' in ‚Mensch und Schicksal', Villach, Nr. 7 vom 15. Juni 1949; 13).

Was insbesondere die Substitute der Arzneimittel angeht, so stellen seit den Tagen des Cöthener Sanitätsrates Dr. med. Arthur Lutze (1813—1870) noch heute manche Homöopathen ihre Verdünnungen (Potenzierungen) manuell mit so und so viel Schüttelschlägen selbst her, um denselben zusätzlich Biomagnetismus zu vermitteln. Zu Ihnen gehört auch Max E. Hennig, Verfasser einer Broschüre ‚Homöopathischer Hausarzt', zusammengestellt nach 30jährigen Erfahrungen am Krankenbett und in der Praxis. In seiner Einführung dazu schreibt Dr. med. Karl Richter, Geh. Medizinalrat, Preuß. Kreis- und Gerichtsarzt i. R.: „Herr Hennig stellt jedes seiner Präparate selbst her und verschmäht

(8) Anonym: ‚Küsse, vom Arzt verordnet', in ‚Neue Ill. Wochenschau', Nr. 23 vom 3. Juni. Wien 1956; 25.

(9) Neriwal, Dr Felix: ‚Vorstudie f. Strahlungsexperimente auf mikrobiologischer Basis', in ‚Das Neue Licht', Nr. 5 vom Mai. Purkersdorf b. Wien 1948; 88 f.

die Inanspruchnahme der Arzneimittelfabriken. Er macht alle Dilutionen und Verreibungen mit eigner Hand, weil er von der richtigen Voraussetzung ausgeht, daß in der menschlichen Hand elektrische Kräfte stecken, die auf die Präparate übergehen, was Georg Hirth, ich selbst u. a. schon lange behauptet und was neuerdings die Versuche von Prof. Dr. med. Franz Sauerbruch u. a. bewiesen haben." (10)

„Mit einer homöopathischen Verdünnung an der Hand haben mesmerische Striche, ausgeführt von einem Heiler, über einem Kranken dieselbe Wirkung, als wenn letzterer die Arznei einnimmt", schrieb 1918 ein Anonymus (11) und meinte vielleicht, er habe etwas Neues entdeckt. In Wirklichkeit hatte man schon 40 Jahre vorher den sog. ‚Pharmakomagnetismus' angewendet, indem man Patienten mit in Glaszylindern eingeschlossenen Medikamenten magnetisierte (12), und Karl Brandler-Pracht (1864—1939) hat diese medikamentöse Fernwirkung 1914 in Erinnerung gebracht. (13)

Der Anonysmus schrieb weiter: „Man kann dieselbe Wirkung erzielen, wenn man einen elektrischen Strom durch eine homöopathische Verdünnung hindurchleitet und im Körper eines Kranken kreisen läßt. Der elektrische Strom führt also Teile des Arzneistoffes mit und die Nerven empfinden es als Gift- bzw. Arzneiwirkung." Dieses Verfahren nennt man Kataphorese oder Iontophorese. (14) Angewandt und beschrieben wurde es zuerst 1905. (15) Neu aufgegriffen hat es Generaloberarzt a. D. Dr. med. Alexander Heermann. (16) Zurück geht es eigentlich bis zum Jahre 1833. Damals ‚machte Behrends darauf aufmerksam, daß auch Heilmittel durch die Voltasäule in den Körper übertragen werden können. Man lege z. B. auf den Arm eines Menschen eine mit Solutio Kali hydrojod, auf den anderen Arm

(10) Hennig, Max E.: ‚Homöopathischer Hausarzt' (Bücher der ‚Weißen Fahne', Nr. 59). Pfullingen i. W. 1928.
Linder, Ferdinand: ‚Das Problem der homöop. Hochpotenz', in ‚Naturheilpraxis', Heft 7 vom Juli. München 1957; 150.

(11) ‚Die starke Kraft der Verdünnungen', in ‚Zentralblatt für Okkultismus', Augustheft. Leipzig 1918; 93.

(12) Prel, Dr. Frhr. Carl du: ‚Die Magie als Naturwissenschaft'. Leipzig 1920; Bd. I.

(13) Brandler-Pracht, Karl: ‚Der Heilmagnetismus vom okk. Standpunkt'. Berlin-Charlottenburg 1914; 85—86.
Riko, A. J.: ‚Handbuch z. Ausübung des Magnetismus'. Leipzig 1904; 26.

(14) Rilling, Dr. med. Siegfr.: ‚Vagus und Sympathicus in Diagnostik und Therapie'. Ulm/Donau 1957; 238, 240, 249 (IV).

(15) Leduc: ‚Die Ionen- und elektrolytische Therapie', Leipzig 1905.

eine mit Stärkemehl angefeuchtete Kompresse, schließe die galvanische Kette, und das Stärkemehl wird blau werden; ein Beweis, daß Jodkalium sich zersetzt hat und durch den Körper gegangen ist." (17)

Prof. Barail (Paris) hat ‚neuestens' das Verfahren soweit ausgebildet, daß er trockene Narkosemittel (Kokain) mit Hochfrequenzströmen in die Zähne bringt, um sie unempfindlich zu machen. (18)

H. Pelletier machte folgenden Versuch: „Ein sensitives Subjekt legt die Hände ca. 2—3 m auf die Oberfläche eines Glases Wassers, selbstverständlich ohne es zu berühren. Wenn die Person eine große Wirkungskraft besitzt, so genügen 2—3 Sitzungen von je 5 Minuten an bestimmten Tagen, um die Flüssigkeit im Glase in Schwingung zu versetzen und nach und nach eine rasch wallende Bewegung hervorzurufen, welche dem Willen des Experimentators Folge leistet." (Dr. Manuel Otero Acevado)

Hierzu wäre zu bemerken, erstens: sensitive (überfühlige) Personen findet man nach Reichenbach's ‚Kurzer Anleitung, sensitive Menschen mit Leichtigkeit zu finden', mit dem Haupttitel: ‚Wer ist sensitiv, wer nicht?' (Leipzig, 1908 u. ö. Lorch i. Wttbg.; 1938). Zweitens: diese ‚wallende Bewegung' spielte eine große Rolle bei der mittelalterlichen Lekanomantie (gr.: ‚lekane' = Becken; ‚manteia' = Schau), der Wahrsagekunst aus dem Wasserbecken.

Joseph — der ‚Rathenau Alt-Ägyptens' — bediente sich hierzu seines Bechers (1. Mos. XXXXIV; 2, 5). Auch Numa Pompilius (715—672) soll sie ausgeübt haben.

Man vergleiche hierzu den Versuch von Loose (Gelsenkirchen) in ‚Pendel-Telegraphie'!

(16) Heermann, Dr. med. Alex.: ‚Neues von Strahlen, Strömen und Wellen'. Bad Aussee 1935; 15.

(17) Prel, Dr. Frhr. Carl du: ‚Die Magie als Naturwissenschaft'. Leipzig 1920; II; 105.
Behrends: ‚Repertorium der med.-chir. Journalistik des Auslandes', Novemberheft. 1833; 132, 183.

(18) Heermann; 15.

Literatur:

Wendler, Prof. Dr. A.: ‚Magnetisiertes Wasser', in ‚Ztrbl. f. Okkultismus'. Leipzig, Jahrgang XII; 142—143.

Magnetismus (Ferro-Magnetismus)

„Quid enim mirabilius?“
(lat.: ‚Was gibt es Wunderbareres?‘)
Plinius (23—79) mit Hinblick auf den Magneteisenstein. (‚Hist.nat.‘; L.XXXVI; 25)

1. „Morichini in Rom hat die Entdeckung gemacht, daß die grünen, blauen und violetten Strahlen des Sonnenlichtes Stahlnadeln magnetisch machen, wenn man sie halb bedeckt 1 bis 2 Stunden darin liegen läßt.“ (1)

Es handelt sich um Ingenieur Dr.-ès-lettres Ugo Morichini († 1956), Präsident der UMRA (‚Union mondiale des Radiesthésistes‘), von dem Benediktinerpater Professor Dr. Dr. h. c. Leo Cunibert Mohlberg (‚Candi‘; geb. 1878), Träger des Großen Bundesverdienstkreuzes, schrieb: „In Rom wurde ich (1946) bald und wie von selber mit den dortigen Radiästheten bekannt; mit dem genialen Morichini, einem wahren Magier, Astronom und Philosoph, den ich in seiner Faustbude bei der Priszilla-Katakombe aufsuchte und in seiner Arbeit anstaunte — für mich die Offenbarung einer ganz neuen Welt.“ (2)

2. Strahlenforscher Wilhelm P. Schubert (Annaberg; Erzgeb.) teilte mir unterm 30. Juli 1943 mit: „Wenn ein Hufeisenmagnet mit Sonne bestrahlt wird, trägt er das Anderthalbfache.“

„Zandeschi stellte einen Magneten aus, der 15 Unzen (425,25 g) hob, aber zweieinhalb mal mehr tragen konnte, nachdem die Sonne ihn drei Tage beschienen hatte. Auch Baelocci fand, ‚daß ein Magnet, der ein Pfund hebt, nachdem man ihn starker Sonnenhitze ausgesetzt, nahezu zwei Pfund hebt‘.“ (3)

3. „Der Magnetismus beherrscht auch die Elektrizität. Beispielsweise sei erwähnt, daß in Schlesien ein alter Brauch besteht, wonach man dem ungebärdigen Aal, der geschlachtet werden soll,

(1) Becker, Dr. Christian Aug.: ‚Der mineralische Magnetismus u. seine Anwendung i. d. Heilkunde‘. o. J.; 40.
Surya, G. W.: ‚Moderne Rosenkreuzer‘. Pfullingen i. W. 1930; 82; Fußn.

(2) Candi: ‚Briefe an Tschü. Anregungen z. radiästh. Studien‘. Zürich 1948; 209.

(3) Wachtelborn, Karl, ‚Die Heilkunde auf energetischer Grundlage u. d. Gesetz der Seuchen‘. Hellerau-Dresden 1940; I; 24—25.

eine kurze Zeit lang einen Hufeisenmagnet über den Kopf hinhält. Hierauf wird der Fisch ganz ruhig und läßt sich ohne Widerstand töten. Durch den Magnet wird also die Elektrizität aus dem Aal abgeleitet. Der Magnetismus ist verfeinerte Elektrizität." (4)

4. Magnete in der Heilkunde waren früher groß im Schwange (5); heute hält man sie im allgemeinen für wirkungslos. Vereinzelte Praktiker berichten aber auch jetzt, wie ehedem Klärich (6), Nikolai und Hufeland (7) von Erfolgen u. a. bei Zahnweh, für dessen Behandlung es seiner Zeit besondere ‚Anlegestäbe' gab: im Aussehen wie flache Nagelfeilen, deren eines Ende abgerundet, während das andere spitz war. Max Hell SJ (1720 bis 1792) erfand solche Geräte. Franz Anton Mesmer (1733 bis 1815) gebrauchte sie anfänglich ebenfalls, bis er auf den direkten Handmagnetismus kam. Hiermit wäre eine Frage von Korschelt (8) beantwortet: „Ich weiß nicht, ob Mesmer schon die Tatsache bekannt war, daß Magnete, ohne, daß sie von der menschlichen Hand berührt sind oder waren, Heilwirkung, wenn auch schwache haben."

Ich habe die Zahnpein deshalb herausgestellt, weil sie angeblich (besonders wichtig an Sonn- und Feiertagen sowie nächstens, wenn Zahnärzte nicht immer leicht erreichbar sind) innerhalb von zwei Minuten zu beseitigen ist. Der Südpol eines Stabmagneten wird an die schmerzende Stelle gesetzt — in Richtung zum Nordpol der Erde — was als wesentlich für den Erfolg zu beachten ist. Man kann auch, wenn es nicht anders geht, den Nordpol des Magneten in Richtung zum Südpol ansetzen, aber stets muß der Magnet dem Himmelspol entgegengesetzt in Stellung gebracht werden, damit er denselben anzieht und nicht abstößt. Der Forscher Dr. Ernst Busse (Garmisch) schrieb mir dankenswerterweise unterm 14. März 1952:

„So habe ich nicht nur bei heftigen Schmerzen im Kiefer nach Meißelungen, sondern auch bei Arsen-Einlagen zum Nervtöten in dem Zahn Schmerzstillungen erreicht. Wie erklärt sich dies? Meine Meinung:
Der Einfluß der Magnete auf die Eisen führenden roten Blutkörperchen ist solange ausgeschaltet, wie die Temperatur des Körpers nicht über 37,5° C geht. Sobald sich aber Übertemperatur zeigt, beginnt die Magnetkraft auf die roten Blutkörperchen Einfluß zu gewinnen. Bei Gebrauch des Stabmagneten, wie oben beschrieben, werden nun dieselben, die in Unordnung geraten sind, durch die Magnetkraft zur Ord-

(4) Schrödter, Willy: ‚Ausflug'; 115.
Kramer, Phil. W.: ‚Der Heilmagnetismus'. Lorch i. W. 1931; 40—41.

nung gezwungen, sie müssen sich wieder der Nord-Süd-Richtung und dem dadurch bedingten Ordnungsgesetz unterwerfen. Die so hergestellte Ordnung läßt auch die Schmerzen verschwinden."

5. Wie der Magnet demnach den Menschen magnetisiert, so sollte nach der Behauptung eines der bedeutendsten französischen Magnetisten des vergangenen Jahrhunderts umgekehrt der Mensch weiches Eisen durch Magnetisieren zu einem Magneten machen können, was leicht nachzuprüfen wäre:

Max Hell SJ (1720—1792)

„Nehmen Sie einen Barren weiches Eisen und achten Sie darauf, ihn immer in waagrechter Lage zu halten; ohne ihn zu berühren, magnetisieren Sie ihn durch Striche!
Wenn Sie ihn dann der astatischen Nadel eines Galvanometers nähern, werden Sie sehen, daß er die Nadel nach der Seite zieht, von der Sie ihn nähern.
Ohne die Lage zu verändern, magnetisieren Sie (jetzt) den Barren in anderer Richtung und dann stößt er die Nadel weg, die 10, 15, 20 und ab und zu noch mehr Grade abweicht.
Wenn Sie ihn zum dritten Mal in abweichender Art magne-

tisiern — immer ohne Berührung und Veränderung der waagrechten Lage — neutralisieren Sie ihn: die Nadel verharrt unbeweglich. Mehr noch: nehmen Sie einen Barren magnetisiertes Eisen, welches die Nadel lebhaft anzieht, Sie magnetisieren ihn — immer ohne Berührung — und Sie machen ihn (wieder) neutral.

Dergestalt zerstört das Lebensfluid sogar die Anziehungskraft des mineralmagnetischen Fluidums." (9)

6. Daß die Kompaßnadel durch Reiben der Glasfläche des Kompasses (10) oder auch lediglich durch Annäherung der Hand (11) abgelenkt werden kann, ist wiederholt experimentell festgestellt worden. Der Hallenser Physiologe Professor Ernst Harnack sagte von seinen einschlägigen Versuchen: „Nach dem Essen und nach einer ruhigen Stunde sind die Erscheinungen geradezu phänomenal!" (10)

Paul von Rechenberg-Linten (Ronco b. Ascona) „erscheint diese Fähigkeit an ein ganz bestimmtes Gesetz gebunden, denn die linke Hand zog an, die rechte stieß ab, und dieses wechselte, je nachdem ich mich in der Nord- oder Südrichtung dem Magnetstab gegenüber befand." (11)

7. Daß die physische Leistungsfähigkeit des Menschen je nach der mit seiner Vorderfront zur Himmelsrichtung eingenommenen Stellung wechselt, ist durch Reihenversuche erwiesen worden. Der österreichische Grenzgebietsforscher Feerhow (Dr. med. et. phil. Friedr. Wehofer; 1888—1921) hat darüber eingehend abgehandelt. (12)

Ferner steht fest, daß der Kartoffel-Ertrag mindestens verdop-

(5) Geßmann, G. W.: ‚Aus übersinnlicher Sphäre'. Leipzig und Wien 1921; 98 f.
Schröder, H. R. Paul: ‚Geschichte des Lebensmagnetisums etc.'. Leipzig 1899; 189 f.

(6) Osiander, Dr. med. Joh. F.: ‚Volksarzneimittel etc.'. Göttingen 1877; Leipzig 1939; 16; Nr. 45.

(7) Gratzinger, Dr. med. Josef: ‚Das magnetische Heilverfahren', Wien 1922; 3—4.

(8) Korschelt, Oskar: ‚Die Nutzbarmachung der lebendigen Kraft des Äthers i. d. Heilkunst, Landwirtschaft und Technik'. Bad Schmiedeberg und Leipzig, o. J. (1891); 73.

(9) Lafontaine, Ch.: ‚L'Art de magnétiser ou le Magnétisme animal etc.'. Paris 1860; 48.

(10) Gratzinger; 42 f.

(11) Rechenberg-Linten, Paul v.: ‚Aus den Lebenserinnerungen eines Okkultisten' (Sammlg. ‚Die okk. Welt', Nr. 62—65). Pfullingen i. W. 1921; 65 f.

(12) Feerhow, Friedr.: ‚Der Einfluß der erdmagnet. Zonen a. d. Menschen'. Leipzig, o. J.

pelt werden kann, wenn das Wurzelendchen der Saatkartoffel nach Süden zeigt. Es kann mittels des Pendels herausgefunden werden und reagiert positiv, verursacht Rechtskreise. (13) Diese Erscheinungen wie auch die bereits besprochene ‚Cheops-Pyramide' und die zu besprechende ‚Mumifizierungsbatterie' hängen mit dem Erdmagnetismus zusammen.

8. Geradezu phantastisch mutet es an, wenn man zwei der im Kapitel ‚Erdstrahlen' erwähnten ‚Oerstit-Magnete' in einem Gestell mit den gleichen Polen aufeinander legt. Der untere Magnet stößt derart stark ab, daß er den oberen frei in der Schwebe hält. Der Rahmen soll nur das Ausweichen verhindern!

9. Johann Staricius (Dr. a. Strein), poeta laureatus und landfahrender Winkelgelehrter, schreibt 1697:

> „Wo sich einer in einem Holze oder Wüstenei befindet, wie ohne Compaß, Sonne, Mond und Sterne die Mittagslinie zu finden": „Nimm eine gar schneidige, gemeine Nadel, lege selbe fein sittsam die Quer in ein sauber stillstehendes Wasser, es mag so klein seyn als es will, so wirst du gewiß finden, daß sich solche mit dem einen Ende nach Mittag, mit dem andern aber gegen Mitternacht ziehen und stillstehen wird. Sollte aber die Nadel groß und schwer seyn, also daß sie nicht schwimmen könnte, so stoße sie durch ein Bischen leichtes Holz oder Kork, so wird sie schwimmen und obiges praestiren." (14)

10. Carl Buttenstedt „nahm längliche Holzstäbe von verschiedener Größe, warf sie in's Wasser, und gewahrte nun, daß die kleinen Stäbchen besonders intensiv mit einer Spitze oder einem Ende an ein größeres Holz oder an den Rand des Wassergefäßes, herangezogen wurden. Legte ich ein kleines Stäbchen parallel neben ein großes, so wurde das kleinere auch parallel an das große heranbewegt; führte ich aber nur um ein Geringes eine der beiden Enden näher an das große Holz, so schien es, als ob alle Zugkraft in diese Spitze gefahren sei, und der Stab zog mit dieser Spitze voran, schneller an das große Holz als in seiner Querlage; war dagegen erst die Spitze des kleinen Holzes bereits am großen Stabe befindlich, dann zog bald die ganze Längsseite des kleinen Stabes an das größere Holz heran. Ich hatte somit konstatiert, daß eine unsichtbare Kraft zwischen allen Körperspitzen anziehender wirkt, als an anderen Körperteilen." (15)

(13) Schrödter, Willy: ‚Pflanzen-Geheimnisse'; 157—158.

(14) Staricius, Johannes: ‚Geheimnisvoller Heldenschatz etc.'. Köln und Weimar 1750; 204—205.

(15) Buttenstedt; 24.

Meditation

„Der T a l g e i s t stirbt nicht. Er heißt das geheimnisvolle Weib. Des geheimnisvollen Weibes Torheit heißt die Wurzel des Alls. Immerzu scheint es zu währen, wirkend ohne Anstrengung". L a u - d s e (604—510?)

Das ‚Lexikon-Gehirn von Poitiers' (Vienne), Jacques M a r c i r e a u , entleert im ‚p a s s i v e n Z u s t a n d' der Muskelerschlaffung (‚R e l a x a t i o n') sein Gehirn, indem mit verbundenen Augen ein Vorstellungsbild einfachster Art geschaffen und festgehalten wird: eine endlose, rechts und links von Bäumen eingesäumte Landstraße, so wie sie die unfreiwillig komische Lyrikerin Friedericke K e m p n e r (1836—1904) sieht:

„Rechts sind Bäume,
Links sind Bäume,
Und dazwischen
Zwischenräume."

Nach einiger Zeit wird diese ‚Ideoplastik' zwischen Lid und Auge v o n s e l b s t durch einen Film wundervoller Landschaften abgelöst, der ein Beglückungsgefühl (gr.: Euphorie; ind.: anandâ) im Gefolge hat.

Inzwischen hat — gleichfalls selbsttätig — beim Übenden die Zwerchfell-Atmung eingesetzt (‚er wird geatmet') und dann vernimmt er ein Stimmengebrause, aus dem sich einzelne Worte und Sätze klar herausheben. (1) Dieses Erlebnis deckt sich mit den Angaben eines chinesischen Yoga-Buches. (2)

„Wenn man in den Meditationszustand eingetreten ist, sind die Götter im T a l.

Man hört da Menschen reden wie etwa in der Entfernung von einigen hundert Schritten, jeden einzelnen ganz klar. Aber die Laute klingen alle wie Echo im T a l. — — —

Dies nennt man die Anwesenheit der Götter im T a l." (3)

Indem sich der Forscher (annähernd) gedankenlos machte, wan-

(1) Marcireau, Jacques: ‚Récits d'Expériences'. Poitiers 1949; 64 f.
(2) Wilhelm, Richard: ‚Das Geheimnis der Goldenen Blüte'. München 1929; 143.
Laotse: ‚Tao te king' (Vers 6).
(3) Schrödter, Willy: ‚Abenteuer'; 11.

delte er sein Hirn von einem Sende- in ein Empfangsgerät um; er wurde (in etwa) ‚hellhörend'. Auf dieser Gedanken-Ausrodung beruhen der telepathische Nachrichtendienst ‚Khabar' der morgenländischen Bazare (4), die ‚Botschaften auf dem Winde oder durch die Luft' der Tibeter (5), die ‚Mokassin-Telegraphie' der Indianer. (6)

Das schwebte Nikolaus Lenau (1802—1850) vor, als er in seinen ‚Waldliedern' sang:

„Stimmen, die den andern schweigen
Jenseits ihrer Hörbarkeiten,
Hört Merlin vorüber gleiten."

Der bekannte Astrologe A. M. Grimm (Rottenbuch) teilte mir auf mein Büchlein (3) unterm Ostersonntag 1955, seine einschlägige Eigenbeobachtung mit:

„Götter im ‚Tal' — diesen Zustand kenne ich sehr genau; er ist immer verbunden mit meinem ‚Dösen'. Dann sitze ich meistens in meinem Stuhl, habe die Augen halb oder ganz geschlossen und denke gar nichts. Ein richtiges, beabsichtigtes, selbstbewußtes Denken ist mir dann auch ganz unmöglich. In diesem Dösen, also gewissermaßen halbwach, höre ich dann Stimmen in mir (als wären sie außer mir, aber nahe) und ich verfolge gespannt ihre Monologe, Zwie- und Dreigespräche — manchmal ist es auch eine ganze Versammlung, aber in der Regel sind es nur wenige, denen ich zuzuhören das stille Vergnügen habe.

Ganze Romane habe ich da schon gehört, auch Antworten auf bisher unbeantwortbare Fragen, die ich mir im wachen Leben gestellt."

Der taoistische Mönch beginnt mit ca. 15 Minuten Meditation, die bis auf dreimal zwei Stunden am Tage gesteigert wird. Seine Meditation ist keine Hinlenkung des Geistes auf ein bestimmtes Thema wie in anderen Religionen, sondern ein Richten der Aufmerksamkeit auf die Stelle zwischen den Augenbrauen, das sog. ‚obere Zinnoberfeld', das Zentrum ‚manas' (Mensch) der Inder. Dadurch wird der oberbewußte Gemütsraum von (aktiven) Gedanken restlos entleert, so daß die ins Unterbewußtsein verdrängten (passiven) in ihn einrücken können. Die

(4) Hellberg, Eira: ‚Telepathie. Okkulte Kräfte'. Prien 1922; 155 f.
Kiesewetter, Karl: ‚Der Okkultismus des Altertums', Leipzig 1895; 218 f.

(5) David-Neel, Alexandra: ‚Heilige und Hexer'. Leipzig 1932; 224.

(6) Cadzow, Donald A.: ‚Rote Medizinmänner und Zauberer', in ‚Kosmos'. Stuttgart 1936; II; 65 f.
Schrödter, Willy: ‚Vom Hundertsten'; 204.

Inder würden sagen: ‚s a m a d h i' ist erreicht. ‚Bewußtsein löst sich in Schauen auf': geschaut werden mit der Konzentrationsstelle (!) Bilder, die denen ähneln, die einem bisweilen unmittelbar vorm Einschlafen überkommen. (7)

Die ‚G e d a n k e n - A u s r o d u n g' — das Grundprinzip des R a y a - Y o g a des P a t a n j a l i (8) — k a n n aber noch eine weitere Merkwürdigkeit im Gefolge haben. Ich muß hierzu etwas ausholen: wenn uns jemand in einem geschlossenen Raum (aber auch im Freien) — f ü r u n s u n s i c h t b a r — auflauert, so fühlen m a n c h e von uns das. (9) Warum? weil derjenige, der uns zu überfallen vorhat, daran denkt und weil wir sein Denken ‚wittern'. Würde er sich jedoch im Zustande der Gedanken-Leere befinden, so würden uns von ihm keine Gedankenwellen erreichen, er wäre für uns nicht zu erwittern, gewissermaßen also nichtexistent! (10)

Das kann u. U. sogar so weit gehen, daß ein Mensch im helllichten Raum ‚übersehen', sozusagen ‚unsichtbar' wird. Was der Y o g a (III; 21) diesbezüglich b e w u ß t anstrebt — ‚T a r n k a p p e d u r c h G e d a n k e n - A u s s c h a l t u n g' — kann s p o n t a n auftreten: August S t r i n d b e r g (1849—1912) bringt in seinen ‚L e g e n d e n' einschlägige Eigenerlebnisse. Aus Freundeskreisen ist mir Gleiches berichtet worden. Von J e s u s wird überliefert, daß ihn der Pöbel aus dem Tempel zu Jerusalem hinausstieß, ihn auf einen Hügel außerhalb der Stadt führte, um ihn von da herabzustürzen. ‚Aber er ging m i t t e n d u r c h s i e hinweg.' (Luk. IV; 28—30) Wieso? ‚Ihre Augen waren gehalten' (Luk. XXIV; 16), wie die der Jünger, welche nach Emmaus gingen und den sie begleitenden Herrn nicht erkannten!

(7) Erkes, Eduard: ‚Die taoistische Meditation u. ihre Bedeutung f. d. chines. Geistesleben', in ‚Psyche', 3. Heft. Heidelberg 1949; 374—375.
Schrödter, Willy: ‚Innenbilder', in ‚Das Neue Licht', Nr. 2 v. Febr. Purkersdorf b. Wien 1952; 39—40.
Ders.: Beitr. z. Kinderparapsychologie: ‚Das Augenkino', in ‚Neue Wissenschaft', Nr. 7, Juli/August. Oberengstringen b. Zürich 1958; 327—330.

(8) Oppermann, Ing. M. A.: ‚Die Yoga-Aphorismen des Patanjali', Leipzig 1925.
Hauer, Prof. J. W.: ‚Der Yoga als Heilweg'. Stuttgart 1932.
Schmidt, K. O.: ‚Die Wissenschaft der Seele nach d. Yoga-Katechismus des Patanjali'. Pfullingen 1922.

(9) Nettesheim, Agrippa v.: ‚Magische Werke etc.' Berlin 1919 u. ö.; I; 259.

(10) Schrödter, Willy: ‚Ausflug'; 34.
David-Neel, Alexandra: ‚Heilige und Hexer'. Leipzig 1932; 278.

Und noch der Vater der Annette, Freiin von Droste-Hülshoff, der sich als Alchimist und Wünschelrutengänger versucht und ein Buch mit wundersamen Geistergeschichten geschrieben hatte, hat nach der Kunst, sich auf magische Weise unsichtbar zu machen, getrachtet ...

Literatur

Schrödter, Willy: ‚Meditationen', in ‚Okkulte Stimme'. Braunschweig 1952; Nr. 23 v. September.

Ders.: ‚Telepathischer Nachrichtentdienst', in ‚Neue Wissenschaft', Hefte 11 und 12. Oberengstringen 1956.

Menschenstrahlen

„Tritt man im Dunkeln in ein Zimmer, so kann man an der Atmosphäre erkennen, ob in demselben eine Person anwesend ist oder nicht". Horatio W. Dresser (1902)

Wenn Agrippa von Nettesheim (1) angibt: „So flößt ein in einem Hause versteckter Räuber, von dessen Anwesenheit man nicht das Geringste weiß oder vermutet, den Bewohnern des Hauses Unruhe, Furcht und Schauder ein", — allerdings nicht allen vielleicht, denn nicht alle, sondern nur wenige Menschen besitzen ein solches Naturgefühl, und wenn Molly Bloom im ‚Ulysses' von Joyce mit Bezug auf Boylan bekennt: „Ich konnte fühlen, wie er herankam, wie er hinter mir herschlich, wie er mir auf den Rücken sah", — (2) dann muß man diese Phänomene mit Telepathie erklären, denn die betreffenden ‚Anwoller' befaßten sich lange und stark gedanklich mit ihren Opfern. Etwas anderes gelagert ist folgendes: „Tritt man im Dunkeln in ein Zimmer, so kann man an der Atmosphäre erkennen, ob in demselben eine Person anwesend ist oder nicht." (3)

Fühlen nur manche ‚Naturbegabte' unter uns Personen, die sich gedanklich mit ihnen befassen, so steht anzunehmen, daß noch wenigere solche Personen wittern, die sich gedanklich gar nicht mit ihnen abgeben. Darum muß eine andere Erklärung Platz greifen: der Eintretende sendet genau wie der Zimmerinsasse ‚M(enschen)-Strahlen' aus und die prallen von Letzterem auf Ersteren zurück (‚Radar'). Ein solches ‚Naturgefühl' besaß in eminentem Ausmaße Carl Huter (1861—1912), der darauf seine Methode der Fernfühldiagnostik gründete. Er bildete seine Anlagen schrittweise vorgehend aus und so müssen auch wir vorgehen, wenn wir diese Fähigkeit ausbilden wollen, soweit sie unsere Konstitution zuläßt. Also zuerst zu erspüren versuchen, ob überhaupt jemand im Zimmer sitzt; dann ob es ein männliches oder weibliches Wesen ist; weiter, ob es groß, mittel, klein, ob stark, normal oder schwach ist; schließlich, ob bestimmte ‚angepeilte' Organe desselben irgendetwas besonderes auf uns reflek-

(1) Nettesheim, Agrippa v.: ‚Magische Werke etc.'. Berlin 1921; I; 259
(2) Joyce, James: ‚Ulysses'. Basel 1927; III; 575.
(3) Dresser, Horatio W.: ‚Methoden und Probleme der geistigen Heilbehandlung'. Leipzig 1902; 40.

tieren. Alsdann wird die Entfernung zwischen Subjekt und Experimentator vergrößert: im Nachbarzimmer, ein, zwei etc. Zimmer dazwischen.

Der Wiener Industrielle und Naturforscher Freiherr Dr. Karl von Reichenbach (1778—1869) besaß auf dem Kobenzl bei Wien ein schloßähnliches Anwesen. Wegen seiner Versuche mit der von ihm 1850 entdeckten neuen und rätselhaften Naturkraft — dem ‚Od' — hieß man ihn den ‚Zauberer vom Kobenzl'. Dieses Od suchte er u. a. durch sog. ‚Sensitive', d. s. Personen mit erweitertem Sinnesspektrum (‚Übersichtige', ‚Überfühlige'), nachzuweisen. Eine derselben war ein Fräulein Atzmannsdorfer. Während tagelanger Versuchsreihen übernachtete sie der Einfachheit halber in einem Gastzimmer des Schlosses. An dieses Fremdenzimmer schlossen sich zu beiden Seiten zwei weitere an. Die Raumaufteilung brachte es mit sich, daß die Betten in den drei Räumen jeweils senkrecht gegeneinander standen. D. h.: schlief in dem Zimmer neben dem der Fräulein A. ein Gast, so lag er (durch die Mauer getrennt) mit seinem Kopf zu deren Füßen. In einem solchen Fall vermochte VP die ganze Nacht kein Auge zu schließen. „In einem dieser Fälle schlief noch ein Dritter in einem dritten angrenzenden Zimmer, auch mit seinem Kopf zunächst gegen die Füße des Mädchens gelagert, und dieser Dritte war gerade der rechte Mann, es war nämlich Herr Prosessor Purkinje von Breslau, jetzt in Prag.[1]) Er war Zeuge eines solchen Ergebnisses. Die Ausströmung von Menschen dringt also durch Brettertüren und Mauerwände, wenn auch schwächer und langsamer als durch die Luft, doch entschieden hindurch, und wirkt dort auf die Sensitiven in ähnlicher Weise, wie ohne jeden Zwischenkörper." (4)

Hypnotiseur und Lebenslehrer Otto F. Siemens († 1932), ehedem wohnhaft in Leipzig-Konnewitz, hat als scharfer und kritischer Beobachter auch der alltäglichsten Erscheinungen festgestellt, daß vom menschlichen Körper ein gewisses ‚je ne sais quoi' (franz.: ‚Ich weiß nicht was') ausgehen muß, welches z. B. die Richtung des Rauches einer Zigarette beeinflußt. Seine jetzt folgenden Beobachtungen sind leicht nachprüfbar:

[1]) Der berühmte böhmische Physiologe begegnet uns wieder in Teilabschnitt ‚Sein eigenes Gehirn zu sehen', nachdem wir ihn in ‚Biorhythmische Versuche' kennengelernt haben.

(4) Reichenbach, Karl v.: ‚Physikal.-physiolog. Untersuchungen über die Dynamide d. Magnetismus etc. in ihren Beziehungen zur Lebenskraft'. Braunschweig 1850; I; 14; § 30.

1. Kerzengerade steigt der Rauch seiner brennenden Zigarette aus dem Aschenbecher, während der Experimentator auf dem Sofa liegt. Er nähert ihm ganz sachte seine Hand, um jegliche Bewegung der Luft auszuschließen. Die Rauchsäule wird von der Hand angezogen[2]), wabert auf sein Gesicht zu, auch wenn er nicht atmet! Selbst wenn er den Ascher jetzt auf die andere Tischecke plaziert. Nicht zu übersehen ist jeweils die Anziehungskraft des Gesichtes auf den Rauch. Anderen Personen geht es genau so.

2. Besonders bemerkenswert ist jedoch folgendes: sitzen mehrere Personen rund um den Tisch und man stellt die qualmende Papyros in die Mitte, so tastet sich ihr Qualm auf eine bestimmte Person zu, ohne daß sich jemand des Rundes bewegt! Platzwechsel ändert an diesem ‚Zug' zu dem Auserkorenen nichts. Erst wenn ein Gazegitter zwischen ihn und die Zigarette aufgebaut wird, sucht sich der Rauch einen Ersatzmann. Wird dieser ‚eingegittert', so kommt ein zweiter an die Reihe. Der Luftzug scheidet als Erklärung aus. Es sieht so aus, als ob der eine eine höhere Attraktion besitze als der andere. Diese ist offensichtlich nicht jeden Tag gleich, wie der Wechsel der Reihenfolge ergibt.

„Der Okkultist spricht von einer Aura, die den Menschen umgibt. Zweifellos sind wir von einer Wärmehülle umgeben, die vielleicht Träger unbekannter Kraftströme ist. Und diese Wärmehülle spielt eine größere Rolle in unserem Leben, als wir glauben." (5)

Siemens hat 1904 die ‚Gesellschaft für praktische Psychologie' gegründet, die noch heute besteht unter der Leitung von Diplom-Psychologe E. Korff (Lütjensee). Sie gibt ‚Psychologische Monatshefte' heraus ‚für Menschenkenntnis und Persönlichkeitsbildung', die besonders für Führungskräfte in der Wirtschaft nützlich sind.

In den letzten Jahren hat Dr. med. Ernst Schwamm (geb. 1912), prakt. Arzt in Obernhof (Lahn), auf dieser ‚Wärmehülle' (Ultrarotstrahlung) eine Diagnosziermethode aufgebaut, welche Früh-Prognosen ermöglicht. Die Wissenschaft von den Strahlungen, insbesondere denjenigen des Menschen, wird neuerdings ‚Radionic' geheißen.

3. Auf der gleichen Linie wie die zweite Beobachtung von Siemens, wenn mehrere Personen bei dem Rauchversuch zugegen sind, liegt folgendes:

[2]) Umgekehrt: als der holländische Magnetiseur Meyer die Spitze seines rechten Daumens gegen ein einzelnes Sonnenstäubchen richtete, wurde dieses abgestoßen! (‚Odik'; Exp. 6).

(5) Siemens, Otto F.: ‚Experimente mit unbekannten Naturkräften', in ‚Suggestion', Heft 77/78; 1 f. Leipzig-Konnewitz 1912.

Ein Dutzend Mitglieder einer Okkult-Loge suchten die Emanation der verschiedenen Nervenzentren sichtbar zu machen. Zu diesem Behufe setzten sie sich rund um ein von der Decke herabhängendes Pendel, gebildet aus einem Eisenstück von 5—10 cm Länge, und warteten der Dinge, die da kommen sollten. Es geschah gar nichts, wenn man von leichten Drehungen des Pendels um sich selbst absah.

Sobald aber die Teilnehmer sich ihrer Kleider entledigt und wieder in dem Sesselrund Platz genommen hatten, begann das Pendulum immer lebhafter zu zittern und schlug zuletzt gegen diejenige Person aus, welche offenkundig die stärkste Anziehungskraft besaß.

Das vollzog sich in erleuchtetem Raum, aber unter absolutem Schweigen!

Es gibt also hier noch viel Neuland, wenn man zu suchen versteht. (6)

Die bei manchen fluidalen Experimenten geforderte Nacktheit (Sankara Messenius, Freimark, Wuttke) hat übrigens sicher zu dem Glauben an ‚Schwarze Messen' beigetragen, wenn letztere auch nicht in Abrede gestellt werden sollen. In England gibt es derzeit 400 in einem sog. ‚coven' organisierte praktizierende Hexen. Die 27jährige Thelma Capel — als ‚Hohepriesterin' geheißen ‚Dayonis' — erklärte zu Beginn dieses Jahres einem Interviewer: „Die Kräfte strahlen aus unseren Körpern aus. Deshalb sind wir unbekleidet (bei den magischen Operationen). Kleider würden unsere Emanationen unterdrücken." (7)

Elektro-Ingenieur F. Konrad Müller (Kilchberg-Zürich) hat festgestellt, daß stark parfümerierte Personen des Pendel zu stärkerer Reaktion bringen als unparfümierte. (8)

Der englische Physiologe Dr. William Benjamin Carpenter (1813—1885) nannte die schwingenden Pendelgewichte lautmalerisch ‚swing-swangs'.

(6) Lignières, Jean: ‚Les Messes noires'. (Ed. ‚Astra'). Paris, o. J.; 151 f.
(7) Bishop, Peter: ‚Now I will lose my job' ‚says girl who revels in nude rites', in ‚The People', Nr. 4023 vom 11. Januar. London 1959; 1, 7.
(8) Laue, Wilh.: ‚Die Lösung biol. Rätsel d. Radiästhesie', in ‚Das Neue Licht', Heft 3. Purkersdorf b. Wien 1949; 49 f.

Literatur:

Schrödter, Willy: ‚Präsenzwirkung. Vom Wesen der Heilung durch Kontakt'. Ulm/Donau 1959.

Mond

„Solange der Mond zunimmt, nimmt alles zu. Solange er abnimmt, nimmt alles ab“.
Roger Bacon (1214—1294)

Hat der Mond einen Einfluß auf Menschen, Tiere, Pflanzen, Wetter, wie er einen auf das Meer hat, in dem er die Gezeiten (Ebbe und Flut) hervorruft?

Christian Morgenstern (1871—1915) hat die Frage lediglich mit Bezug auf den Menschen gestellt: „Wenn man berechnet hat, daß die Erde unter dem Einfluß des Mondes ihre Ebbe und Flut hat — wie das Meer — so frage ich: warum nicht auch das menschliche Blut und Gehirn seine Gezeiten haben sollte?“ (1)

Der bloße Hinweis auf die Gezeiten stellt eine Bejahung dar, denn „daß der Mond, der in den Gezeiten täglich das Weltmeer meterhoch hebt, nicht auch auf das Steigen der Pflanzensäfte — überhaupt auf alle Organismen — einen Einfluß haben sollte, erscheint dem unvoreingenommenen Gemüt schlechterdings unmöglich“. (2)

Und was das Wetter angeht — das Für und Wider der Meinungen über den Mondeinfluß pflegte Georg Christoph Lichtenberg (1742—1799) ironisch abzuschließen: „Der Mond sollte zwar der Theorie nach keinen Einfluß auf das Wetter haben, aber er hat einen.“

Die Beziehung Mond-Erde hat der ‚Doctor mirabilis‘ Roger Bacon in dem seinem Gönner und früheren Schüler Papst Clemens IV. (1265—1268) gewidmeten ‚Opus majus‘ mit folgenden Worten festgehalten:

> „Solange der Mond zunimmt, nimmt alles zu. Solange er abnimmt, nimmt alles ab. Die Körpersäfte weichen in dem ersten und dritten Mondviertel von innen nach außen; im zweiten und vierten jedoch von außen nach innen.“

Diese Grundregel ist beim Säen, Ernten, Holzschlagen, Fischfang, Haarschneiden, Warzenvertreiben, Wurmkuren, Kropfoperationen usw. zu beachten. Diesbezüglich verweise ich auf die

(1) Morgenstern, Christian: ‚Stufen‘. München 1928.
(2) Schrödter, Willy: ‚Vom Hundertsten‘; 98.

angegebene Literatur und begnüge mich hier damit, nur Dinge zu bringen, die man ansonsten nicht so leicht findet:

1. Rasierklingen, dem Vollmondlicht ausgesetzt, werden stumpf und lassen sich nicht mehr schärfen.

Sollten demnach nicht Nächte lang den Mondstrahlen ausgesetzte Magnete an Hubkraft einbüßen, wenn umgekehrt — wissenschaftlich erwiesen — sie nach dreitägiger Sonnenbestrahlung über das Doppelte des ursprünglichen Tragvermögens besaßen?

2. Ein französischer Gärtner bewahrte knospende Teerosen tagsüber in seinem stockdunklen Keller auf, nachts ließ er sie vom Monde bestrahlen. Nach einem Monat wiesen die inzwischen voll entwickelten Blumen ganz neue, zarte Farbtöne auf. Der Absatz war so gut, daß der erfindungsreiche Mann künftighin nur noch vom Mond bestrahlte Blumen züchten will. (3)

3. ‚Magischer Weise zu erfahren den Punct des Vollmonds', lehrt ein altes ‚Kunstbuch': „Man setzt einen Becher voll Wasser hin / wo die Lufft darzu kan / und gibt wohl Achtung auf die Bewe-

Der Mondmensch   Zeichnung: Alfred Kubin

(3) ‚Gärtner züchtet Mondrosen', in ‚Mittelrhein. Anzeiger', Nr. 44 vom 21. Februar. Bingen 1946; 6.

gung: Dann in dem Punct / in welchem der Mond voll wird / lauffet das Wasser über.“ (4)

4. „Wenn man zwei mit Wasser gefüllte Gläser etliche Nächte hintereinander dem Monde aussetzt, vor das eine Gefäß in der Distanz von drei Schuhen einen Lichtschirm stellt, um das Licht abzuhalten, so ist der Erfolg dieser, daß dasjenige Gefäß, so der Mond bescheint, innerhalb neun Nächten, durch den Weg der unmerklichen Ausdünstung, zwei und ein sechstel Linien mehr Wasser verliere als das andere, so im Schatten steht. Folglich haben die Mondstrahlen einen sehr merkwürdigen Einfluß auf die Ausdünstung flüssiger Körper, und selbst der Gewächse, die ohnedem des Nachts und auch im Mondenscheine am besten gedeihen etc.“ (5)

5. „Der Mond ist das Prinzip des himmlischen Wassers; man kann mit einem konvex geschliffenen blanken Spiegel es vom Mond herunterholen, wie man mit einem Hohlspiegel[1]) aus der Sonne das himmlische Feuer holen kann.“ (6)

Wäre nachzuprüfen, ob der berühmte Sinologe Professor Richard Wilhelm (1873—1930) nur eine chinesische Ansicht unkontrolliert weitergab oder ob es sich um eine Tatsache handelt!

So wird z. B. in dem berühmten ‚Archiv für Thierischen Magnetismus‘ (1817 f.) behauptet: mittels eines Hohlspiegels vermöchte man die Kältestrahlen eines Eisblocks genau so zu sammeln wie die Wärmestrahlen der Sonne — und es stimmt nicht!

Dagegen stimmt es, daß man Warzen vertreiben kann, wenn man sie 20 bis 30 Minuten lang den Strahlen des abnehmenden Mondes durch ein Brennglas aussetzt.

[1]) Im Zusammenhang mit ‚Tau‘ und ‚Spiegel- bzw. Hohlspiegel‘: Spiegel und Hohlspiegel sind entweder aus Metall gefertigt oder tragen einen Metall-(Quecksilber-) Belag. Nun hat man in Frankreich herausbekommen, „daß Metalle von allen Stoffen diejenigen sind, auf die sich am wenigsten Tau niederschlägt. Die Oberfläche eines polierten Metalls beschlägt sich sogar nur. Und weiter: diese Eigenschaft der Metalle, keinen Tau anzuziehen, teilt sich auch den Körpern mit, die man in Kontakt mit jenen bringt; so empfängt ein auf Metall gelegtes Wollflöckchen weniger Tau als ein gleiches, das man aufs Gras legt.“ (7).

(4) ‚Hundert Acht und Dreyssig gantz Neu-Entdeckte Geheimnüsse etc.‘ Frankfurt/M. und Leipzig 1717; 33; 29. Stück.
(5) Halle, Prof. Joh. Samuel: ‚Magie od. die Zauberkräfte der Natur etc.‘. Berlin 1787, IV. Teil; 557.
(6) Wilhelm, Richard: ‚Die Seele Chinas‘. Berlin 1926; 307.
(7) J. B.: ‚Manuel de Magie pratique‘. Paris 1934; 98—99.
(8) Nettesheim, Agrippa v.: ‚Magische Werke‘. Berlin 1921; I; 67 f.

6. Heinrich Cornelius Agrippa von Nettesheim (1486—1535) spricht 1510 von sonderbaren Projektionen auf den Mond, und zwar aus eigener Anschauung (!) Aus geht er von einer bekannten Tatsache: „Auch ist es eine bekannte Sache, daß man an einem völlig dunklen Ort, in welchen nur durch eine sehr kleine Öffnung ein Sonnenstrahl dringen darf, auf einem in das Licht dieses Strahles gelegten weißen Papier oder einem flachen Spiegel alles sehen kann, was draußen im Sonnenlichte vorgeht." Dann aber heißt es erstaunlicherweise weiter: „Ein noch bewundernswürdigeres Phänomen ist es, wenn man auf gewisse Art gemalte Bilder oder geschriebene Buchstaben in einer heiteren Nacht den Strahlen des Vollmonds aussetzt. Die Formen solcher Bilder und Buchstaben vervielfältigen sich alsdann in der Luft, werden aufwärts gezogen und zugleich mit den Mondesstrahlen reflektiert, daß ein anderer, der von der Sache weiß, dieselben gerade in der Mondscheibe lesen und erkennen kann."

Natürlich will der kaiserliche Hauptmann, der auf dem Schlachtfelde zum Ritter geschlagen worden war, diese Kunst martialisch verwendet wissen: „Diese Kunst, die ich namentlich für sehr nützlich halte, um belagerten Burgen und Städten geheime Mitteilung zu machen, wurde einst von Pythagoras ausgeübt und ist heute nur noch wenigen, u. a. auch mir bekannt." (8)

Ich möchte die Behauptung des ‚dämonischen Ritters' (Aram) nicht so ohne weiteres verwerfen, nachdem der Technomagier Nicolo Tesla einmal erkärt hat, „es sei ihm möglich, bei Neumond auf der dunklen Mondscheibe von der Erde aus einen mit freiem Auge sichtbaren riesigen Lichtfleck zu erzeugen." (9)

7. Die englische Romanschriftstellerin Marie Corelli (1864 bis 1924) wurde zu Paris von einem Chaldäer (Armenier) eingeweiht, den sie Dr. Graf Casimir Heliobas nennt und der eine Realperson war. (10) Daraufhin schrieb sie ‚A Romance of two Worlds' (1886). Ihr Meister vertritt hierin folgende Ansicht: „Der Mond existiert überhaupt nicht. Was wir sehen, ist der Widerschein, richtiger der elektrische Abdruck dessen, was einstens war. Atmosphärische Elektrizität hat dieses Bildnis einer seit Urzeiten bestehenden Welt am Himmel abgedruckt, ungefähr so, wie Raphael's Bilder der jetzt lebenden Generation überliefert worden sind ... Jetzt wird es Ihnen auch klar sein, warum wir nie das sehen, was wir die andere Seite des Mondes heißen. Derselbe hat einfach keine andere Seite außer dem

(9) Binder, Lambert: ‚Porträt eines Technomagiers', in ‚Mensch und Schicksal', Nr. 21 vom 15. Jan. Villach 1953; 5.

(10) Strauß-Surya: ‚Theurgische Heilmethoden'. Lorch i. W. 1936; 220.

Raum. Der Raum vertritt die Leinwand. Der Mond bildet die Skizze darauf.“ (11)

Diese lediglich der Merkwürdigkeit halber wiedergegebene Ansicht ist inzwischen durch die photographische Aufnahme der Mondrückseite durch eine sowjetische Rakete widerlegt!

8. Der Mond vermag Menschen ein ausgesprochenes Mondsichelgesicht aufzuprägen, wenn er in deren Horoskop in führender Stellung Platz hat; z. B. am Aszendenten oder in Konjunktion mit dem Geburtsregenten. Ein Beispiel: der ‚Türkenkaiser‘ Leopold I. (1658—1705), der eine bei den Habsburgern ganz ungewöhnliche Seitenansicht präsentiert. (12) Mein Freund Ingenieur Lambert Binder (geb. 1905), der darüber abgehandelt hat, rät den Astrologen an, diesen Sichelgesichtern und ihren Nativitäts-Ursachen nachzugehen.

Ich möchte dem nur hinzufügen, daß (nach einem Lichtbild von 1951) Matthias Rakosi, der Generalsekretär der KP und wirkliche Herr (bis 1956) in Ungarn, ein typisches Vollmond-Gesicht spazierentrug; dabei war er alles andere als gemütlich, wie sein Beiname ‚der Schreckliche‘ erweist!

9. Der Mond ist nach alter Überlieferung der Erreger von Fäulnis und Verwesung, und seine metallische ‚Entsprechung‘ das Silber. Nun werden Limonaden ausgerechnet dadurch haltbar gemacht, indem man die unvorstellbar kleine Menge von ca. 200 gamma Silber in ¼ Liter Flüssigkeit gibt und gleichzeitig einen Schwachstrom hindurchschickt. Dieses sog. Katadyn-Verfahren erweist also praktisch den offiziell hie und da immer noch abgeleugneten homöopathischen Grundgedanken! (Waldemar Kabus)

Ich will diesen kleinen Mond-Streifzug beenden mit dem Lied des Bartlett Green (13) des Meisters Meyrink[2]), einem ‚mantram-artigen Zauberspruch‘ (12), der — wie Dr. Herbert Fritsche (geb. 1911) feststellen konnte, ‚eine echte und hochwirksame Beschwörung ist‘.“ (14)

„Aus dem abnehmenden Mond,
aus der silbertauenden Nacht ,

[2]) Ein Nachkomme des Hoel-Dath im ‚Engel‘ hieß ausgerechnet Meirik!

(11) Corelli, Marie: ‚Ein Roman aus zwei Welten‘. Leipzig 1894; II; 52 f.

(12) Binder, Lambert: ‚Mond-Geheimnisse in Mensch und Schicksal‘, Heft 6 vom 1. Juni. Villach 1955; 5.

(13) Meyrink, Gustav: ‚Der Engel vom westlichen Fenster‘. Bremen 1917.

(14) Fritsche, Herbert: ‚August Strindberg/Gustav Meyrink/Kurt Aram, drei magische Dichter und Deuter‘. Prag-Smichow 1935; 23.

schau mich an, schau mich an,
die du immer mein gedacht,
die du immer dort gewohnt!“

Literatur

Schrödter, Willy: ‚Vom Hundertsten‘, Kap. ‚Pilzwachstum und Mond‘; ‚Mond und Pflanzen‘; ‚Mond und Mensch‘.

Ders.: ‚Streifzug‘: ‚Der Einfluß des Mondes‘; ‚Gärtner züchtet Mondrosen‘.

Ders.: ‚Pflanzen-Geheimnisse‘; ‚Pflanzen und Mond‘.

Ders.: ‚Tier-Geheimnisse‘; ‚Tiere und Mond‘.

Ders.: ‚Vom Einfluß des Mondes auf Erdendinge‘, in ‚Okk. Stimme‘, Nr. 29 und 30 vom Juni und Juli. Braunschweig 1953; Nr. 5 und 6 vom Mai und Juni 1954.

Vollguine, A.: ‚Mond-Astrologie‘. Warpke-Billerbeck.

Mumifizierung

„Die Unsinnigkeit von heute ist vielleicht der Keim der Wahrheit von morgen.“
(„L'Absurdité d'aujourd'hui est peut-être l'embryon de la vérité de demain“.)
Jean Vincent (1931)

Im Jahre 1911 hat Dr. med. Gaston Durville (Paris) in seiner Doktor-Dissertation zu Montpellier nachgewiesen, daß die Handausstrahlung die Entwicklung des Bazillus Eberth selbst auf günstigem Nährboden verhindert.

Zwei Jahre später hat er unter Mithilfe seiner Assistenten Laura Raynaud und Picot innerhalb zweier Monate eine Leichenhand durch magnetische Behandlung mumifiziert (versteinert). Bei Beginn der Manipulation hatte die Hand 410 gr gewogen, nach Beendigung der Be,hand'lung nur noch 289. Als sie am 7. Juni 1930 bei der offiziellen 29. Generalversammlung der ‚Vereinigung deutscher Magnettopathen‘ zu Wiesbaden von seinem Bruder Henri Durville, Direktor der ‚Schule für praktischen Magnetismus‘ und Generalsekretär der ‚Société Psychique Internationale‘ zu Paris, zur Besichtigung herumgereicht wurde, war sie fast schwarz geworden, zeigte aber keinen Verwesungsgeruch, obwohl sie damals bereits 17 Jahre alt war. (1)

Anno 1912 berichteten der Arzt Dr. med. Clarac und der Chemiker Dr. Laguet (Bordeaux) in den ‚Annales des Sciences Psychiques‘ über ihre Mumifixierungsexperimente mit Madame X.

„Sie holten zu diesem Zweck aus ihren Laboratorien ein paar ‚Proben‘ aus dem Pflanzen- und Tierreich. Von diesen wurden einige von Mme. X. direkt berührt, während die anderen nur 15—20 Minuten lang dem Einfluß ihrer offenen, ausgestreckten Hände, ausgesetzt wurden. Und nun die Ergebnisse: eine Rose war nach zehn Tagen eingetrocknet, aber sie hatte ihre ganze Farbenpracht behalten. Eine Auster trocknete in dreizehn Tagen aus, ohne Fäulniserscheinungen oder üblen Geruch, während ‚un-

(1) Hartmann, A.: ‚Haltbarmachung u. Mumienbildung e. menschl. Hand d. Lebenskraftbestrahlung‘, in ‚Ztschr. f. Heilmagnetismus‘, Nr. 8 vom August. Wiesbaden 1930; 57—58.

beeinflußte' Austern schon am dritten Tage in Fäulnis übergingen. Austern, die mit Fliegenlarven besät waren und deren Zersetzung begonnen hatte, wurden der Einwirkung der Mme. X. unterworfen. Die Würmer verließen darauf nach und nach das ihrer Entwicklung wenig günstige Milieu, verbreiteten sich außerhalb der Schale und gingen sofort ein. Der Fäulnisprozeß kam zum Stillstand." (2)

1928 erklärte der ,Bilderschreiber' Heinrich Nüßlein (1879 bis 1947): „In der Ausstrahlung meiner Hände besitze ich eine die Fäulnis aufhaltende Kraft. Fleisch, Fische, Geflügel 2—5 Minuten mit meinen Händen bestrahlt, erhalten innerhalb 3—20 Tagen ein den ägyptischen Mumien ähnliches Aussehen. Blumen fallen nicht ab und behalten die Farbe." In der Kornburg bei Nürnberg sind von Nüßlein mumifizierte Vögel, Fleischstücke (Ochsenmägen), Fische und Blumen ausgestellt.

Nüßlein glaubte an einfache Atom-Umlagerungen (3) Bezeichnenderweise nennt der derzeit allein in Österreich zugelassene Magnetopath Ing. Egon M. Hein (geb. 1893) zu Wien sein Lehrbuch ,Atomare Heilkunst'. (Wien, 1951)

Beginnend im Jahre 1931 hat Archivar und Magnetopath Dr. phil. Karl Bertram (geb. 1878) in Berlin-Steglitz Tiere und Pflanzen mamufiziert, und darüber eingehend abgehandelt. (4)

Auch Heinrich Jürgens, der ,Vedantist im Hotzenwald' (Südl. Schwarzw.), versteinert frisches Fleisch und Fische durch eine während 8 Tagen fortgesetzte Bestrahlung von jeweils einer halben Stunde.

(2) Grobe-Wutischky, Arthur: ,Fakirwunder und mod. Wissenschaft'. Bln.-Pankow 1923; 66 f.
Freudenberg, Franz: ,Üb. ungew. a. d. Körper ausstrahlende Kräfte', in ,Ztschr. d. Revalo-Bundes'; Aprilheft. Hamburg 1925.
Anonym: ,Die Madame-X-Strahlen', in Ztrbl. f. Okk', Maiheft. Leipzig 1913; 612.

(3) Fekl, Frz. K.: ,Hch. Nüsslein, der okk. Maler von Nürnberg', in ,Ztrbl. f. Okk.', Februarheft. Leipzig 1913; 372.

(4) Bertram, Carl: ,Der Mensch als Sender' (,Prana-Bücher', Nr. 21). Pfullingen, o. J.; 56 f.
Anonym: ,Der Mensch als Sender', in ,Wissen und Fortschritt', Aprilheft. Augsburg 1933; 39 f.
Schrödter, Willy: ,Ausflug'; 39—40.
Ders.: ,Präsenzwirkung'; 71 f.

Mumifizierungsbatterie

„Die bei der Statue der Minerva in der Gegend von Troja zurückgelassenen Opfer gingen nicht in Fäulnis über."

Agrippa von Nettesheim (1510)

Zwei bekannte Pendelforscher in Vannes (Morbihan), Léon Chauméry (†) und A. de Bélizal (1), haben eine ‚batterie momificatrice' konstruiert, die sie neuerdings (2) auch ‚Pile radiesthésique' nennen, und die sie sich 1936 patentieren ließen. Der bekannte belgische Strahlenforscher Pierre de Bondy hat diesbezüglich 1950 mitgeteilt:

„Neun Halbkugeln aus Buchenholz von 8½ cm Durchmesser wurden zu einer Batterie aufgereiht, d. h. so hintereinander aufgestellt, daß die Flachseite der einen Halbkugel den Mittelpunkt der gewölbten Partie der anderen berührte. Vor die flache Seite der letzten Halbkugel und in die Höhe von deren Mittelpunkt legte ich einen auf dem Markt gekauften frischen und nicht ausgenommenen ‚grünen' Hering. Nach ungefähr drei Wochen war dasselbe vollständig und endgültig mumifiziert." (3)

Das Experiment gelingt nur, wenn die Halbkugeln aus einem und demselben Holzzylinder gedrechselt wurden, und wenn der zu mumifizierende Gegenstand südlich von der Batterie gelagert wird. „Es ist also klar, daß die Hauptursache dieser Erscheinung der erdmagnetische Strom ist und daß die Batterie nur als dessen Kondensator dient, aber kein Stromerzeuger ist! Die Spannung (Volt) einer solchen Batterie hängt ab von der Zahl der zusammengefügten Elemente, während die Strom-Intensität (Ampère) vom Durchmesser der Halbkugeln bestimmt wird." (3)

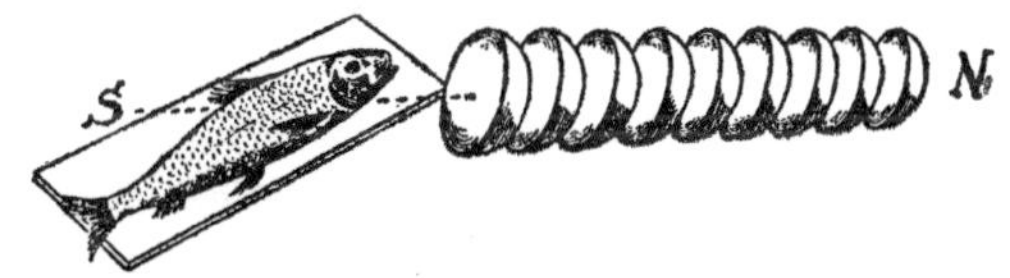

(1) Chauméry, L., et Bélizal, A. de: ‚Traité expérimental de Physique radiesthésique'. Paris 1939.
(2) Dieselben: ‚Essai de Radiesthésie vibratoire'. Paris 1956; 89 f. (Ed. Dangles).
(3) Bondy, Pierre de: ‚La Batterie momificatrice', in ‚Revue International de Radiesthésie', Nr. 21 vom Juli—August (Rubrik: ‚Bulletin'). Mettet (Belg.) 1950; 50—51.

Da es sich hier — wie bei der ,Cheops-Pyramide' und dem ,Wellensender Jacquot' um kaum erforschte Strahlen handelt, setze man seine Person denselben nicht aus!

Interessant: bereits Alt-Ägypten hatte Tischchen, deren Verstrebungen aus solchen aufeinander gesetzten Halbkugeln aus Holz bestanden. (4)

Versteinerungen und das Eintrocknen von Maden können auch mit Hilfe einer maßstabgetreuen Papp-Pyramide bewerkstelligt werden (Abschnitt: ,Cheops-Pyramide'). Auch bei ihr spielt die Ortung nach den Himmelsrichtungen eine Rolle!

(4) Chauméry-Bélizal: 1956; 48.

Odik

„Où le pouce et l'auriculaire donnent les pôles de l'aimant."

Paul Verlaine (1844—96)

Od nannte Dr. Freiherr Karl von Reichenbach (1788 bis 1869) die von ihm um 1850 entdeckte neue Naturkraft, das Lebensfluid der Magnetopathen (Lebenskraftbe,hand'er).

Odik hieß der Berliner Odforscher und Spiritist, Patentanwalt Dr. chem. Fritz Quade (1884—1944) ‚die Lehre vom Od'. (1)

Mir geht es bei dieser ganz auf die Praxis eingestellten Mosaik-Arbeit um die Erbringung von Beweisen für die Tatsächlichkeit des Od!

A) Sensationen

a) Geruchsemfindung

1. „Wenn Sie Ihre beiden Handflächen rasch und stark gegeneinander reiben und sich dann bei sofortigem Riechen an den Händen ein ozonähnlicher (schwefel- oder phosphorartiger) Geruch bemerkbar macht, deutet diese Erscheinung auf eine sehr gute magnetische Veranlagung." (2)

Die physiologischen Alchemisten kannten diesen Odeur als ‚Sulphur'. Eine ihrer Anweisungen fordert:

> „Nimm den philosophischen Stahl (Zeigefinger), schlage die scintilla (Funken)! Nimm dann den zweiten Stahl (Daumen) und setze den Magneten in Tätigkeit, der die Elemente anzieht und Dir das Wasser liefert, nach dem Du dürstest, unser himmlisches Wasser, das die Hände nicht netzt." (3)

Diese alte Geheimvorschrift könnte dem Dichter unseres Mottos, dem in der Symbolik führenden Franzosen, bei seinen Versen

(1) Quade, Dr. Fritz: ‚Odlehre (Odik) (‚Die okk. Welt', Nr. 113—114). Pfullingen 1925.

(2) Ertl, Hans: ‚Vollst. Lehrkurs d. Hypnotismus etc.' Leipzig, o. J.; 6. Aufl.; 38.
Schrödter, Willy: ‚Ausflug'; 42.

(3) Sebottendorf, Rud. Frhr. v.: ‚Die Praxis d. alt. türk. Freimaurerei'. Leipzig 1924; 35. Freiburg i. B. 1954; 41.

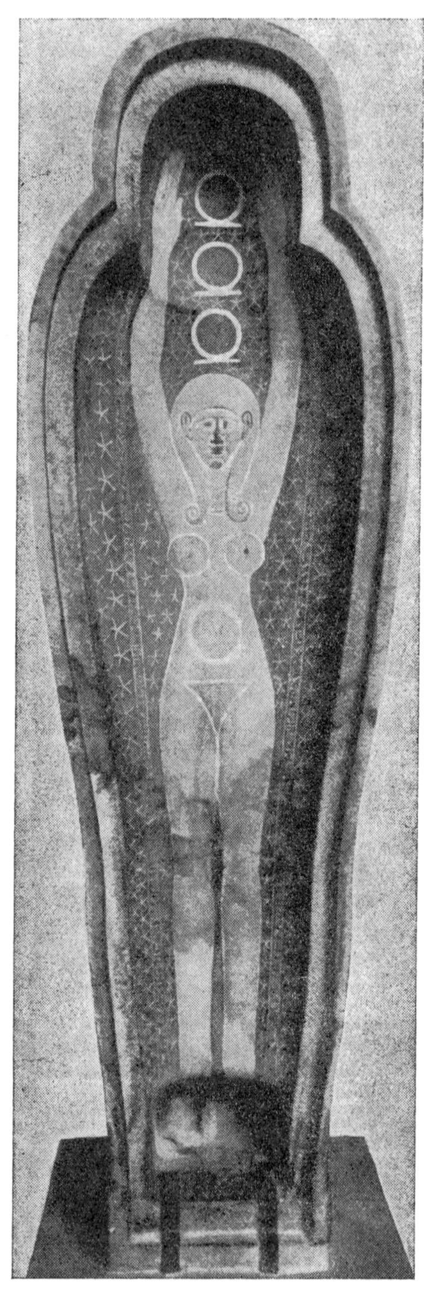

Od-Aufnahme-Pose einer ägyptischen Göttin in einem Sarkophag im Louvre.
(Foto: Alinari)

„O arcana arcanorum“ (lat.: „O du Heilmittel aller Heilmittel“) Spruch des Planeten Sonne.

„Wo Daumen und Zeigefinger
die Pole des Magneten ergeben“
vorgeschwebt haben!

2. M. E. kommt dieser Geruch dem der rohen Kartoffel am nächsten. Und just den Erdapfel nehmen Magnetiseure und Volksärzte, schneiden davon Scheibchen ab und bestreichen damit die zu behandelnde Hautstelle. (4) Empirik wird von neuester Wissenschaft bestätigt: „Wenn man eine rohe Kartoffel entzwei schneidet und die Schnittfläche mittels eines Drahtes mit der äußeren Oberfläche verbindet, kreist zwischen den beiden Flächen der Kartoffel ein elektrischer Strom, den man mit Instrumenten leicht messen und nachweisen kann.“ (5)

b) Gefühl

3. In sitzender Stellung falte man die Hände überm Schoß. Dann löse man sie allmählich soweit, daß sich die Fingerspitzen fast berühren. Nach einigen Sekunden stellt sich ein ‚Kribbeln‘ ein. Entfernen und nähern wir die Hände abwechselnd, so bemerken wir, wie der Strom schwächer und wieder stärker wird.

Nähern wir unsere Fingerspitzen denen anderer Personen, so werden wir besonders starke Strahlung verspüren, teils als Wärme, teils als Kälte. (6)

4. Führt man über einer kleinen Schnittwunde ‚Luftstriche‘ — also ‚passes‘ ohne Berührung, auch ‚negative‘ Striche genannt — aus, so stellt sich ein leichtes Brennen ein.

5. Aber auch ohne Schnittwunde kann man den Einfluß — die ‚Sensation‘ — magnetischer Striche deutlich verspüren. In der von Edmund Gurney herausgegebenen Sammlung von Experimenten der Londoner ‚Society for Psychical Research‘ wird folgender Versuch angegeben:

Dem Subjekt wurden die Augen verbunden, die Hände auf den Tisch gelegt, die Finger weit ausgespreizt. Der Mesmerist machte Striche über einen Finger, wobei er besonders darauf achtete, demselben nicht so nahe zu kommen, um die Luft merkbar zu bewegen, oder auf irgend eine andere Art anzuzeigen, welcher Finger magnetisiert werden sollte. Das Resultat war jedesmal eine lokale Empfindungslosigkeit in dem betreffenden Finger und in keinem anderen.

Mündliche oder irgend eine andere physische Suggestion kam hierbei ganz außer Frage; und telepathische Suggestion war

(4) Bühl, Dr. W. von, und Kleine, F. H.: ‚Lebenskraftheilung‘. Leipzig, o. J.

(5) Völgyesi, Dr. med. Frz.: ‚Menschen- u. Tierhypnose‘. Zürich und Leipzig 1938; 28.

(6) Anonym: ‚Strahlende Hände‘, in ‚Der Seher‘, Heft 2. Erfurt 1932; 3.

darum unwahrscheinlich, weil das Subjekt in seiner normalen Verfassung und folglich mit dem Operator nicht in subjektivem Rapport war.

Der positive Ausgang dieses Versuches wurde 1943 von der deutschen Wissenschaft bestätigt, aber mit der Empfindlichkeit der Haut gegen Wärmestrahlen der Hand selbst auf diese Entfernung von über einem Meter erklärt. Diese ‚Erklärung' erweist sich jedoch als nicht stichhaltig, weil die Empfindlichkeit der Haut hinsichtlich der Wärmestrahlen einer Kerze in einem Meter Entfernung versagt! Handstrahlung ist eben nicht nur Wärmestrahlung!

B) Bewegungs-Phänomene

6. Ganz langsam, um die Luft nicht sonderlich zu bewegen, richtete der holländische Magnetist Meyer die Spitze seines aufrecht gehaltenen rechten Daumens gegen ein bestimmtes Sonnenstäubchen (das richtiger ‚Dreckstäubchen' hieße!). Pfeilschnell stieg es in die Höhe. „Die Ausstrahlung des Daumens stößt es mit Energie ab. Dieselbe Erscheinung zeigt sich, wenn man die Finger der Hand en faisceau, d. h.: die Spitzen beisammengehalten, nähert. Diese Wirkung der Fluidalausstrahlung verschwindet, wenn man die Fläche der Hand oder deren Rücken gebraucht, welche doch eine viel größere Oberfläche darstellt und ebenfalls Wärme ausstrahlt. Wir haben es also hier mit einer besonderen, aus dem Organismus kommenden Kraft zu tun, mag man sie nun Nervenfluidum oder magnetisches Fluidum nennen, allein sie existiert einmal und wirkt außerhalb der Oberfläche des Organismus auf andere Körper." (7)

7. „Eine Scheibe aus weißem starken Zeichenpapier von 4—5 cm Durchmesser versehen wir im Schwerpunkte mit einem Achathütchen, wie eine Kompaßnadel, und setzen sie auf eine Nadelspitze. Sobald man die Scheibe mit Zeigefinger und Daumen am Rande diametral umhegt, ohne sie zu berühren, fängt sie alsbald an, sich lebhaft zu drehen, und zwar bei der linken Hand wie die Uhrzeiger, mit der rechten Hand in umgekehrter Richtung.

Sehr lebhaft drehen sich auch kleine dünne Metallscheiben, die man im Schwerpunkte an einem etwa 2 m langen dünnen Faden (Garn Nr. 100) aufhängt." (8)

Der geniale, autodidaktische, damals in Prietzen bei Bernstadt (Schles.) lebende Physiker gibt dann noch Versuche mit Kork- und

(7) Riko, A. J.: ‚Handbuch z. Ausübung d. Magnetismus etc.' Leipzig 1904; 12—13.
Schrödter, Willy: ‚Ausflug'; 127.

(8) Zacharias, Johannes: ‚Rätsel der Natur'. München 1920; 26—27.

Metallkugeln sowie einem Holzstabe, um dann als grundlegend wichtig für das Gelingen aller dieser Experimente herauszustellen:

„Alle diese Versuche mit Strahlung der Hände gelingen jedoch nur dann, wenn der Körper gut ausgeruht ist, man kurz vorher nicht eine größere Mahlzeit eingenommen, oder sich sonst irgendwie angestrengt hat. Die Hände müssen sauber gewaschen sein, das Zimmer darf nicht voll Tabaksdampf sein. Wer diese Erfahrungen und viele andere nicht kennt, sollte lieber seine Hände davon lassen, nicht töricht und ungeschickt zu Werke gehen, und nachher etwa öffentlich behaupten, die Sache stimmte nicht. Der Zustand der elektrischen Witterung ist auch von Einfluß.

Sie gelingen auch n i c h t a l l e n Personen aus dem natürlichen Grunde, als nicht jeder eine kräftige gesunde Strahlung besitzt.

Dies sind auch die Gründe, warum die W ü n s c h e l r u t e mitunter versagt.“ (9)

8. Canon S m y t h e in ‚D i e a n d e r e H ä l f t e d e r m e d i z i n i s c h e n H e i l k u n s t‘!: „Man hängt eine Scheibe aus dünnem Karton und von 20 cm Durchmesser am Rande an einem Baumwolle- oder Seidenfaden auf; und zwar an einem oberen Türrahmen oder einem Leuchterarm in Gesichtshöhe. Dann lasse man sie zur Ruhe kommen und halte sich in der entgegengesetzten äußersten Ecke auf. Nach einiger Zeit nähere man sich der Scheibe langsam, damit keine Luftbewegung entsteht und wenn man nahe genug an sie herangekommen ist, strecke man die rechte Hand aus, bis die Fingerspitzen entweder 5 cm unterhalb, oberhalb oder von der Seite der Scheibe entfernt sind. Diese wird sogleich beginnen, sich um ihre senkrechte Achse zu drehen. Sie wird dies 2 oder 3 Mal tun, bis sie wieder ihre Ruhestellung einnimmt. Man mache den Versuch mit der linken Hand, und die Scheibe wird sich in entgegengesetzter Richtung drehen. Es ist ganz klar, daß unser alter Feind — die Autosuggestion — bei diesem Experiment vollkommen ausgeschaltet ist; wir müssen also annehmen, daß eine Kraft aus unseren Händen strömt, welche die Scheibe in Drehung versetzt.

Elektrizität wirkt nicht mit, denn Karton und Pendelfaden sind Nicht-Leiter; die Bewegung kann also nur durch Übertragung einer Ausstrahlung des menschlichen Körpers verursacht werden.“ (10)

(9) Zacharias; 28.
(10) Archdale, F. A.: ‚A Piece of Wire and a Pendulum can give Healing‘, in ‚Psychic News‘, Nr. 951 v. 26. Aug. London 1950; 5, 10.

9. Der derzeit einzige in Österreich zugelassene Magnetiseur, Ingenieur Egon M. Hein (Wien), will die ‚atomaren' Kräfte im Menschen mit einer sog. ‚astatischen' Nadel einwandfrei erweisen: zwei Stricknadeln werden mit einem Stahlmagneten magnetisch gemacht, mit vertauschten Polen durch einen Flaschenkork gesteckt und der mit einem Seidenfaden an einer von der Decke herabhängenden Lampe befestigt. Ist das Gerät vollkommen zur Ruhe gelangt, so nähert man die beiden Daumen und erzielt dadurch einen Ausschlag, der eine mehr, der andere weniger je nach dem ihm innewohnenden biomagnetischen Kräftefundus.

Durch Aufhängung der astatischen Nadel in einem Glas- oder Zellophan-Behälter, der nur einen schmalen Spalt für die Annäherung des Daumens freiläßt, will Hein jede Luftbewegung ausschließen. (11)

Der Jurist und Heilmagnetismus-Beflissene Max Breitung hat sich um 1914 eine fast ähnliche Vorrichtung angefertigt.

a) Mittels eines kräftigeren Stabmagneten machte er eine Stricknadel zu einer Magnetnadel, indem er von deren Mitte aus erst nach dem einen Ende zu mit dem einen Pol, dann ebenfalls von der Mitte aus mit dem anderen Pol nach dem anderen Ende zu jeweils ca. 10 Mal strich.

Die Nadel wird in ihrer Mitte alsdann von einem ca. 2 cm breiten Band gehalten, an dem eine Öse befestigt wird. An diese wird ein ungezwirnter Faden geknüpft und der an einer Deckenlampe festgemacht, so daß die Nadel ca. 130—150 cm über dem Fußboden in einem von Zugluft freien Zimmer schweben kann.

b) Beträchtlich empfindlicher wird diese Vorrichtung, wenn auf ihre eine Hälfte eine auf ca. 7—8 cm verkürzte Hühner- oder Taubenschwungfeder aufgesteckt wird.

c) Am empfindlichsten erweisen sich zwei gleich große Hühner- oder Taubenfedern, von deren einen man die Kielspitze abschneidet, um beide zusammenstecken zu können. An der Bandschleife in einem völlig zugfreien Raum aufgehängt, sind die Bewegungen dieses ‚Emanations-Indikators'[1]) — bei leichtestem Aus-

[1]) Ich frage mich, ob sich nicht ein an der Decke aufgehängter Distelkopf ebenfalls als sehr empfindlich erweisen würde. Man benutzte ihn in Schlesien und Franken als sog. ‚Unruh', deren stete Bewegung die Hexen vertreiben, deren Stillstand die unsichtbare Anwesenheit derselben anzeigen sollte. (Ad. Wuttke, ‚D. dt. Volksaberglaube der Gegenwart', Leipzig 1925; 286; § 420.) Die ‚stete Bewegung' könnte natürlich auf Luftzug oder vom Fußboden sich auf die Decke übertragende Erschütterungen, aber auch möglicherweise auf die Emanation der sich im gleichen Zimmer aufhaltenden Personen zurückgehen.

(11) Hein, Egon M.: ‚Atomare Heilkunst'. Wien 1951; 31—32.

schlagen — allerdings unsteter. („Der Heilmagnetismus i. d. Familie‘; Leipzig 1924; 28—30.)

Was die unter b) beschriebene Vorrichtung angeht, so schreibt dieser ‚Heilmagnetiker‘ — wie er sich nennt (XI):

„Auch mit den Augen. deren Blick mit starker Willenskraft auf die Feder der Nadel geheftet wird, kann letztere abgelenkt werden, sogar noch in einem Abstande von 1 m und mehr. Kommt man mit dem Kopfe zu nahe, so wirkt dessen Magnetismus auf die Nadel mit; man sollte also die Augenproben mindestens 50 cm entfernt anstellen.“ (p. 42)— „Ich fand aber in der Folge noch mehr. Zunächst ergab sich, daß der aus den Fingerspitzen ausströmende Magnetismus durch einen in entsprechender Neigung, z. B. von 45° in mindestens 10 cm Abstand gehaltenen Spiegel reflektiert wird und auch so das ‚Magnetometer‘[2]) kräftig ablenkt.

Weiter fand ich, daß der Magnetismus durch Linsen von Glas oder dünnem Holze konzentriert bzw. zerstreut wird, in beiden Beziehungen sich also gerade so wie das Licht verhält. (VIII)

Wer wagt es wohl, angesichts dieser physikalischen Beweise die Existenz des Lebensmagnetismus noch länger zu leugnen?“ (IX)

10. Nicht nur die Luftbewegung, sondern auch die Wärmestrahlung der Hand wird bei dem von dem Hamburger Xenologen, Stereosophen, Allomatiker und Rhodostaurotologen Dr. med. Ferdinand Maack (1861—1930) erfundenen ‚Manuradioskop‘ oder ‚Handstrahlenanzeiger‘ ausgeschaltet: man hänge eine Kugel oder eine hantelförmige Nadel aus Sonnenblumenmark oder Holundermark — es genügt auch ein weicher Kork oder ggf. ein Stück Strohhalm mit Korkkugeln an seinen Enden — mit einem aus Stickseide (keine Kunstseide!) herausgezogenen Kokonspinnfaden in einem Becherglas (Elementglas oder Weckglas) auf. Dieses befinde sich in einem größeren und zwischen beiden Gefäßen die Wärme der Hand abschirmendes Wasser. (12)

11. Der Hallenser Physiologe Geheimrat Prof. Dr. Erich Harnack konnte durch seine Fingespitzen „bei leisem Reiben der Glasfläche eines Kompasses die Magnetnadel desselben von der richtenden Kraft des Erdmagnetismus ablenken, so daß damit die

[2]) Zu einem ‚Magnetometer‘ werden die beschriebenen ‚Emanations-Indikatoren‘ (lat.: ‚Ausstrahlungs-Anzeiger‘) oder ‚Od-Detektoren‘ (lat.: Od-‚Enthüller‘) erst dadurch, daß sie über einer Gradscheibe — eingeteilt in 360° — befestigt werden. Man kann ein solches Magnetometer auch als Tischgerät herrichten, wenn man die ‚Weiser‘-Nadel an einem Stativ aufhängt.

(12) Gädicke, Wilhelm: ‚Das sid. Pendel, die Wünschelrute u. and. sid. Detektoren, Strahlen-Indikatoren und Odoskope‘. Bad Oldesloe 1924; 6 f.

Existenz einer bedeutenden magnetischen Kraft innerhalb des menschlichen Körpers oder des Körpers gewisser, besonders veranlagter Menschen sichergestellt wäre." (13)

Der Gelehrte erklärte einem Vertreter der ‚Halleschen Allgemeinen Zeitung': „Indessen ist diese Fähigkeit bei mir verschieden. Bei leerem Magen und nach einer lebhaften Unterhaltung ist die Abweichung nur eine geringe. Dagegen sind die Erscheinungen nach dem Essen und nach einer ruhigen Stunde geradezu phänomenal." (14)

Ingenieur Fritz Grunewald († 1925) hat in seinem Charlottenburger Labor in den 20er Jahren physikalisch-mediumistische Untersuchungen an dem Magnetiseur Peter Johannsen (jetzt: Kopenhagen) vorgenommen, der ebenfalls die Magnetnadel abzulenken vermochte, „wobei beide Hände sich gewöhnlich entgegengesetzt polar verhalten. Daß es sich bei diesen Wirkungen wirklich um rein magnetische und nicht etwa um elektrische oder irgendwelche andere Erscheinungen handelt, konnte Grunewald durch die Anwendung seiner ‚ballistischen' Meßmethode eindeutig nachweisen." (15) Willensanstrengung intensivierte die Ausschläge um maximal 10%.

„Beim Einatmen vergrößerte sich der Ausschlag einer über der Hand angeordneten Magnetnadel, um dann beim Ausatmen wieder zurückzugehen. Dieses Pulsieren des Magnetismus läßt sich nach Grunewald als das Atmen eines magnetischen Körpers auffassen. Der Magnetismus der Versuchsperson war morgens nach dem Aufstehen verschwindend gering, erfuhr im Laufe des Tages nach jeder Mahlzeit eine Verstärkung und erreichte nach jeder Stuhlentleerung einen ganz bestimmten Wert." (16) — Solche Kompaß-Experimente dürften nur Personen mit starkem Magnetismus glücken.

(13) Gratzinger, Dr. med. Jos.: ‚Das magnetische Heilverfahren'. Wien 1922; 42 f.
Anonym: ‚Magn. Kraft i. menschl. Körper', in ‚Neue Freie Presse', Morgenblatt vom 27. Oktober. Wien 1904.
Zeller, Dr. Gustav: ‚Ablenkung d. Magnetnadel d. bisher unbek. Kräfte d. menschl. Organismus', in ‚Ztrbl. f. Okk.', Jahrg. XX. Leipzig; 545.

(14) Gratzinger; 43 f.
Anonym: ‚Das Kompaßexperiment d. Prof. Harnack', in ‚Neue Freie Presse', Morgenblatt vom 2. November. Wien 1904.

(15) Gratzinger; 54 f.
Anonym: ‚Magnetische Menschen', in ‚Neues Wiener Journal', Morgenbl. vom 11. August. Wien 1921.

(16) Grunewald, Ing. Fritz: ‚Physikal.-mediumist. Untersuchungen' (‚Die okk. Welt', Nr. 13—16). Pfullingen 1920.
Gratzinger; 55.

C) Leucht-Phänomene

a) am eigenen Körper

12. „Wenn Sie in einem halb oder ganz dunklen Zimmer Ihre beiden Handflächen gegeneinander reiben und dann eine Hand rasch auf ein Stück schwarzes Tuch oder Samt legen, die Hand nach etwa einer Minute rasch zurückziehen und einen Dampf bemerken, ähnlich, als hätte man im Dunkeln ein Schwefelhölzchen angestrichen, so deutet dies auf den Besitz einer sehr starken magnetischen Kraft." (17)

13. Julie Böß-Kniese (Weimar) hat ihre Hand in völliger Dunkelheit im Eigenlicht photographiert. Das Umschlagbild ihres Buches (18) zeigt deren Aura oder das ‚Lebenslicht'.

14. Heilmagnetiseur Ludwig Tormin (Düsseldorf) hat in den letzten Jahren des vergangenen Jahrhunderts wiederholt folgenden Versuch unternommen:

> „Es wurde in dreifacher Dunkelkammer gearbeitet. Eine Platte wurde zur Kontrolle des Versuchsergebnisses darin deponiert, und sie zeigte am Schlusse keinerlei Einwirkungen. Die andere, eine Trockenplatte 13 × 18, wurde folgendermaßen verwahrt: Sie kam in eine Kassette aus Eisenblech, deren Deckel einen kreuzförmigen Ausschnitt trug; die Schichtseite durfte nicht an die Decke stoßen. Diese Blechschachtel wurde in einen hölzernen Kasten getan, der Lichtschutz gewährte. Ohne Dunkelzimmerlampe wurde die Platte eingelegt, und Tormin hielt darauf ca. 30 Minuten lang in einem Abstand von 3 oder 4 cm die Fingerspitzen seiner rechten Hand über die Holzkassette. Während des ganzen Experimentes war Professor Crola zugegen, und dieser besorgte auch das Entwickeln der beiden Platten. Die Kontrollplatte war total gleichmäßig (also: unbelichtet) geblieben, dagegen zeigte sich auf der anderen ein schwaches, aber deutliches Bild eines Kreuzes von den Dimensionen des Blechausschnittes.
>
> Ein zweiter Versuch mit 45 Minuten Exposition ergab ein gleiches Resultat.
>
> Tormin erhielt auf eine Anfrage bei dem Elektrotechniker an der Technischen Hochschule Berlin, Professor Adolf Slaby (1849—1913) das wissenschaftliche Gutachten, daß hier direkte Wärmewirkung ausgeschlossen sei, — ‚so daß

(17) Ertl; 39.
(18) Kniese, Julie: ‚... und es wird Licht!' München-Solln, o. J.

tatsächlich Strahlen von der Hand ausgegangen sein müssen, welche weder Licht- noch Wärmestrahlen sind'." (19)

„Später gelang es Tormin schon nach einer halben Minute, ein Kreuz auf der lichtempfindlichen Platte zu erzeugen und das so erhaltene Photogramm übertraf an Schönheit und Deutlichkeit alle jene Bilder, die nach längerem Vorhalten der Hand erzeugt wurden." (20).

15. Frau Maria W. in Klosterneuburg (Österreich) hatte einen Bruder, der sich (1956) schon vor Jahrzehnten mit den Ausstrahlungen des menschlichen Körpers befaßt hat.

„Um mich zu überzeugen, daß nicht nur mein Kopf viel und intensiv ausstrahlt, sondern auch meine Arme bis gegen den Ellenbogen, nahm er eine Photoplatte, legte darunter eine Münze; ich stützte meine Hand mit Zeige- und Mittelfinger auf die obere Hälfte der Platte, so daß meine Innenhandfläche über der Münze war. Durch die Ausstrahlung der Innenhand war die Münze in zwanzig Sekunden photographiert, so deutlich, daß die Schrift sichtbar ist. Natürlich geschah dies in der Dunkelkammer, damit kein Licht auf die Platte fiel." (21)

Der Heiligenschein ist eine Tatsache (22) und nicht nur bei Heiligen, sondern auch bei durchschnittlichen Zeitgenossen eine Begleiterscheinung, was u. a. im Jahre 1955 die von ‚Heim und Welt' (Hannover) auf einen Aufsatz erhaltene Fülle von ‚Eingesandts' erwies!

Dr. Ernst Schäfer (geb. 1911) hat während seines Aufenthaltes in Lhasa 1938/39 den Regenten Reting Hutuktu nicht

(19) Tormin, Ludwig: ‚Magische Strahlen' (Daten Slaby v. Schrödter eingesetzt). Düsseldorf 1896.
Gratzinger; 16 f.
Anonym: ‚V-Strahlen und N-Strahlen', in ‚Ztrbl. f. Okk.', Januarheft. Leipzig 1914; 375 f.
Lechner, A.: ‚Was man v. Heilmagnetismus unbedingt wissen muß', in ‚Ztschr. f. Spagyrik u. verwandte Gebiete', Nr. 10 vom Oktober. Göppingen 1931; 453 f.

(20) Gratzinger; 17.

(21) W..., Maria: ‚Die vitalen Strahlen', in ‚Neue Ill. Wochenschau', Nr. 21 v. 15. Juli (‚Briefkasten'). Wien 1956; 21.

(22) Yeats-Brown, Francis: ‚Ist Yoga für dich?' Berlin, o. J.; 168—169.
Schrödter, Willy: ‚Vom Heiligenschein', in ‚Mensch und Schicksal', Nr. 22 vom 1. Febr. Villach 1952; 17.
H., Chr.: ‚Strahlende Aura', in ‚Okk. Stimme', Heft 11 vom November. Braunschweig 1954; 29—30.
Rechenberg-Linten, Paul v.: ‚Aus d. Lebenserinnerungen e. Okkultisten' (‚Die okk. Welt', Nr. 62—65). Pfullingen 1921; 33.
Schmid, Rudolf: ‚Das Leuchtvermögen d. menschl. Körpers' (‚Die okk. Welt', Nr. 128). Pfullingen, o. J.

auf seine Filme bannen können, weil der ihn zur Gänze umgebende Strahlenkranz die Konturen seines Körpers verwischte! (23).

Die deutsche Weltreisende Friedel Spada bekam erst dann in der Stadt Mandscha (Indien) einen Fakir auf die Platte, als sie ihm ein Bakschisch gegeben hatte; vorher waren alle Aufnahmen verdorben. Dieser Fakir — so ist anzunehmen — vermochte willensmäßig seinen ‚Heiligenschein' auszustrahlen und dadurch die Platte in einem solchen Maße überzubelichten, daß sie überhaupt keine Spur von ihm zeigte!

Heiligenschein
Altmexikanischer Tätowierstempel, bei dem der Kopf der Gestalt durch das Sonnenzeichen mit dem Strahlenbündel als Urform des Heiligenscheins gekennzeichnet ist. (Aus Hanns Fischer, ‚Der Herrgottswinkel', Breslau, 1935)

b) an fremden Körpern

16. „Jeder kann sich selbst auf seine Odkräfte prüfen, indem er eine kleine, ausgebrannte 2—4 Volt-Lampe im Dunkeln mehrmals

an der trockenen Handfläche entlang führt und auf die büschelförmigen Lichterscheinungen innerhalb der Lampe achtet.

Der von den Physikern erhobene Einwurf, daß es sich um Reibungselektrizität handelt, wird dadurch hinfällig, daß das Lämpchen nur dort am stärksten glimmt, wo die Odstrahlen am stärksten austreten (z. B. an den Fingerspitzen), daß das Leuchten aber unterbleibt, wenn man die Lampe auf wollenen Kleidungsstücken einer Reibung aussetzt. Versuche, die ich selbst oft genug vorgenommen habe." (24)

Spiesberger hat 1955 diese Experimente erfolgreich mit ausgebrannten, mattierten Normallampen gemacht. (25)

Dr. Karl Stauß (geb. 1884) in Schladming 1957 mit noch nicht ausgebrannten Birnen des Typs ,Osram Germany D, 60 W 220—225 V u PX', deren Kuppe innen mattiert war. (26)

17. Wilhelm Schubert in Annaberg (Schles.) hat bereits vor etlichen zwanzig Jahren darauf hingewiesen, daß Glimmbirnen, gerieben oder auch nur in die Hand genommen, im Dunkeln fluoreszieren. Es sind dies Speziallampen mit dicken Drahtspiralen, die rot aufleuchten, wenn sie elektrischer Strom durchfließt, und die als Kontroll-Lampen für den Keller in Gastwirtschaften Verwendung finden.

Ein weiteres Experiment mit der Neon-Glimmlampe (Notlicht) gab vor Jahren in der Monatsschrift ,Der Spiegel' (Freiburg i. Brsg.) P. Baum unter der Überschrift: ,Odausstrahlungen — meßbar?':

„Montieren Sie die Birne auf einen Sockel und schließen Sie sie nur mit einer Phase an die Leitung an! Es findet dann eine geringe Stromzuführung statt. Werden jetzt die Fingerspitzen an die Neon-Birne herangeführt, so leuchtet dieselbe an der Stelle auf, welche den Fingerspitzen am nächsten ist.

Man kann nun verschiedene Sachen dazwischen halten, z. B. Papier, Holz, Eisen, sogar Bleiplatten und man wird feststellen, daß die Od-Strahlen sofort das Hindernis durchstrahlen, sodaß die Lampe wieder glimmt. Einzig Bernstein isoliert vollkommen. Daher verwendet auch die moderne Technik für hochempfindliche elektrische Geräte Bernsteinsockel."

(23) Moufang, Dr. Wilh.: ,Magier, Mächte und Mysterien'. Heidelberg 1954; 271.

(24) Stege, Dr. Fritz: ,Okk. Musikprobleme', in ,Ztrbl. f. Okk.', Nr. 1 vom Juli. Leipzig 1925; 13 f.

(25) Spiesberger, Karl: ,Sichtbarmachung d. odmagn. Kraft', in ,Okk. Stimme', Nr. 1 vom Januar. Braunschweig 1955; 10—12.

(26) J. B.: ,Wer wie ein Kind staunen kann' (Untertitel: ,... und Glühbirnen, die ohne Strom leuchten'), in ,Neue Ill. Wochenschau', Nr. 37 v. 15. Sept. Wien 1957; 7 f.

18. Die ‚Woche‘ (Berlin, Nr. 48 von 1932) hatte das Bild einer Berlinerin, Frau S., veröffentlicht, welche durch die Einwirkung ihrer Hände Hochfrequenz-Leuchtröhren zum Leuchten gebracht haben wollte. Der Facharzt für Chirurgie und Röntgen-Kunde, Dr. med. Schneider (Fulda), wollte dies Phänomen mit ‚statischen Aufladungen der Oberfläche solcher Röhren‘ erklären, mußte sich aber vom elektro-technischen Fach-Mitarbeiter genannter Wochenzeitschrift sagen lassen, daß „die elektrischen Spannungen, welche die Mediziner bei kräftigen Muskelbewegungen von Menschen beobachtet haben, höchstens in der Größenordnung von Millivolt liegen und infolgedessen keineswegs ‚zur Anregung‘ einer Hochfrequenzröhre ausreichen“. (‚Die Woche‘, Heft 52 vom 24. Dezember 1932.)

19. Der russische Staatsrat Jakob von Narkiewicz-Jodko, Mitglied des Kaiserlichen Instituts für experimentelle Medizin in Petersburg, hat um die Jahrhundertwende die Ausstrahlungen des menschlichen und tierischen Organismus photographiert. (27)

Wir wenden uns hier seinen anderen Versuchen zu, „die leider auch in Vergessenheit gerieten, obschon die Ärzte viel davon profitieren könnten für die Diagnostik.“ (28)

> „Er ging von einer kleinen Chromsäurebatterie und von einem kleinen Funkeninduktor aus. Der eine sekundäre Pol wurde geerdet, der andere (gut isoliert) in ein anderes Zimmer geleitet, hier am Ende blank gemacht und mit einer Glashülse versehen. Eine Person nimmt das durch Glas isolierte Drahtende in eine Hand, es geschieht zunächst nichts, die Person spürt nicht das geringste.
>
> Erfaßt nun die Versuchsperson mit der freien Hand ein Telephon, das ganz frei, ohne jede Verbindung ist, und hält es einer anderen Person ans Ohr, so hört diese letztere deutlich den Wagnerschen Hammer schnurren, der die Unterbrechungen hervorbringt.
>
> Nimmt die Versuchsperson an Stelle des Telephons eine Geißlersche Röhre oder gewöhnliche Glühlampe, so tritt — wenn eine fremde Person die Finger nähert — eine Leuchtwirkung ein (Fluoreszenz).
>
> Gleichzeitig kann man aber schon Polaritäten merken, ob links- oder rechtshändig berührt wird und die Intensität

(27) Buttenstedt, Carl: ‚Die Übertragung der Nervenkraft (Ansteckung durch Gesundheit)‘. Rüdersdorf b. Berlin, o. J. (um 1900); 23.
Klein, Dr. med. A., und Gerling, Reinhold: ‚Heilmagnetismus (Vitalelektrizität)‘. Oranienburg 1937; 49 f.

(28) Gädicke; 78—79.

steigt oder fällt mit dem Gesundheitszustande der zweiten Person.

Hält dagegen die zweite Person die Röhre und bringt die Versuchsperson, die das isolierte Drahtende berührt, die Finger in die Nähe der Crookesschen Röhre, so leuchtet diese ebenfalls bereits in einiger Entfernung auf.

Die Fingerspitzen strahlen am meisten, man hat also ganz den Eindruck, als ob hier erstmalig ein Hilfsmittel vorliegt, die an sich unsichtbaren Odstrahlen für alle wahrnehmbar zu machen.

Wie weit dies bezüglich der sehr wichtigen Ausfärbung der Odstrahlen zutrifft, müssen weitere Versuche lehren." (28)

Wenn Ingenieur Gädicke (Hamburg-Gr. Flottbeck) aus diesen sog. ‚elektrographischen' Versuchen heraushebt: die Intensität der Leuchtwirkung steigt oder fällt mit dem Gesundheitszustand der Versuchsperson; und wenn „schon früher Leopold Engel, dem Redakteur der Monatsschrift ‚Das Wort' der Beweis gelungen ist, daß die Stärke des durch die Einwirkung des Influenzapparates im Geißlerschen Vakuum erzeugten Lichtnebels, wenn selbem die Fingerspitzen der Hände verschiedener Personen entgegengestreckt werden, in Form, Richtung und Farbe verändert wird" (29), — so gründet möglicherweise die Vorgehensweise des Dr. med. Courchon, Landarzt bei Carcassonne, im Jahre 1949 auf gleicher oder ähnlicher Anordnung. Er konstruierte einen Diagnosestab, der die Menschenwellen registriert und durch Abweichung von der Norm zwischen 20 und 45 mm den Sitz der Krankheit anzeigt. (30)

Die Erinnerung an den ‚Diagnosestab' des Valentin Michael Zeileis (1873—1939) von Gallspach (Ob.-Österr.) taucht auf: eine mit einem besonderen Gas gefüllte Glasröhre, dessen Geheimnis nur der Erfinder und sein Adoptivsohn aus der ersten Ehe seiner Frau (der Tochter eines der reichsten Industriellen Österreichs) kennen soll. Mit ihm wird an dem Körper des Heilungssuchenden entlang gefahren und der Stab verfärbt sich angeblich, wenn er an eine kranke Stelle kommt. Aus den Nuancen der Verfärbung stellt dann Zeileis in einer Minute seinen Befund.

Wirft sich die Frage auf: vermögen die Handstrahlen das 1872 vom englischen Chemiker und Physiker Sir William Crookes (1832—1919) erfundene Radiometer in Bewegung zu setzen? Diese ‚Crookes'sche Lichtmühle' besteht aus einseitig berußten Platinplättchen im luftleeren Raume, die sich unter Einwirkung des Sonnenlichtes unablässig drehen, bis es ihnen entzogen wird.

D) Die besondere Sensation

Mag vielleicht eine an biomagnetischen Kräften schwache Person sich fragen: wie wird wohl ein vollstarker Magnetopath die ‚Transfusion vitale' (Hector Durville), das Abfließen der Ströme lebendigen Wassers' aus seinem ‚plusquamperfekten' Körper (Js. VII, 38; Mark. V, 30) empfinden? Ihnen kann dieser Eindruck vermittelt werden: in einer holländischen Zeitschrift (31) schrieb diesbezüglich ein Arzt, der in seiner Praxis den Magnetismus anwandte:

„Wenn ich einen Patienten mit dem, was man Magnetismus nennt, behandle, dann empfinde ich ein Gefühl des Kribbelns in den Fingerspitzen, Händen und Armen. Es ist das ein anderes Gefühl als jenes, das man in der Heilkunde für gewöhnlich als Parästhesie (Einschlafen der Glieder) bezeichnet. Lassen Sie einmal Ihren Arm schlaff am Körper herunterhängen und drehen Sie ihn dann schnell um seine eigene Achse nach innen und nach außen, so daß die Handfläche mit den gespreizten Fingern abwechselnd nach vorn und nach hinten gerichtet ist. Das Gefühl, das Sie dabei verspüren, entspricht einigermaßen dem von mir angegebenen."

Interessant ist, in diesem Zusammenhang festzustellen, daß vor Jahrzehnten ein berufsmäßiger Antispiritist eine sehr ähnliche Anweisung zur Erzielung einer ‚Gefühlstäuschung' gegeben hat:

„Man setze sich an den Tisch und stütze die Ellenbogen auf die Platte, so daß der Unterarm genau senkrecht steht. Nunmehr lasse man die Hand schlaff im Gelenk nach hinten fallen, während man genau senkrecht den Unterarm in seiner Achse nach rechts und links schnell dreht, dabei die gänzlich schlaffe nach hinten gebeugte Hand zentrifugal schleudern läßt. Sofort tritt in den gesamten inneren Flächen der Finger und des Handtellers das Gefühl ein, als ob man ein Kuheuter angefaßt hielte." (32)

(29) Gaj, Dr. Gust. v.: ‚Zum Verständnis telep. Phänomene', in ‚Ztrbl. f. Okk.', Nr. 12 vom Juni. Leipzig 1913; 649.

(30) BEN: ‚Der Wunderstab des Dr. Courchon', in ‚Neues Europa', Nr. 5 v. 1. März. Stuttgart 1949; 5.

(31) Tenhaeff, W. H. C.: ‚Außergew. Heilkräfte' (zitiert nach ‚Het Toekomstig Leven'). Olten und Freiburg i. B. 1957; 286; Anmerkg. 43.

(32) Stadthagen, Albert: ‚Die Rätsel des Spiritismus'. Leipzig 1911.

Literatur

Feerhow, Dr. Frdr.: ‚Reichenbachs Od und seine Nachentdeckungen'. Leipzig 1912.

Harnack, Erich: ‚Studien üb. Hautelektrizität u. Hautmagnetismus'. Halle a. d. S. 1925.

Dürr, Joseph: ‚Od-Experimente', in ‚Ztrbl. f. Okkultismus', Jg. XVIII. Leipzig 558 f.

Odische Konservierung

> „Aus Mutterleibe wird der Mensch zur Magie geboren, der ein rechter Magier sein soll."
>
> ‚ARBATEL, von der Magie der Alten' (um 1550; III; 5)

Man könnte sie auch ‚b o l t z i a n i s c h e' nennen. In ‚A p o s t e l g e s c h i c h t e' (XIX, 12) steht, daß zu Ephesos Gott nicht geringe Taten durch P a u l o s († 56) bewirkte, „also daß sie (die Epheser) von seiner Haut die Schweißtüchlein und Binden über die Kranken hielten und die Seuchen von ihnen wichen und die bösen Geister von ihnen ausfuhren". Auf diese apostolische Weise heilte in unseren Tagen der schwedische Pastor Friedrich August B o l t z i u s (1836—1910); daher: ‚B o l t z i a n i s m u s'. Vgl. Kapitel ‚H e i l m a g n e t i s m u s'!

Pierre B o r i s berichtet 1955: eine französische Professorin der Mathematik pflegt mangels Kühlschrank ihre Lebensmittel in ein kleines, wollenes Kleidungsstück von sich einzuschlagen. Diese bekommen keinen Geruch, bleiben völlig frisch und genießbar.

Zuweilen konserviert sie auch nur durch Handauflegen: mit dem gleichen Erfolg. (1)

Eine Vorstufe der ‚odischen M u m i f i z i e r u n g'!

(1) ‚La Radiesthésie pour Tous', Februar-Heft. 1955.

Od-Lampe

„Die Physik von heute ist die Technik von morgen / die Metaphysik von heute ist die Physik von morgen / und die Technik von übermorgen." Willy Schrödter (1955)

Während die ‚Autoelektrische Nachtlampe' (1) von Thomas Alva Edison (1847—1931) lediglich die körperliche Odyllität des Menschen benutzen will zur Einschaltung des elektrischen Stromes für eine Nachttischlampe, so geht Julie Böss-Kniese (Weimar) — die Pendelforscherin von Originalität — darüber hinaus: sie will die Odkraft des Menschenkörpers benutzen zur Speisung einer Lampe. (2)

Aus geht sie vom sog. ‚Leuchtschirm': einem in einen Rahmen gespannten schwarzen Papier, das — mit Schwefelkalzium präpariert — in einer Dunkelkammer aufgestellt wird. (75)

Ihn hat bereits im Jahre 1908 der russische Forscher Naum Kotik benutzt, wie im Abschnitt ‚Emanation der psychophysischen Energie' nachzulesen.

Dieser Phosphoreszenzschirm leuchtet auf, wenn man sich 1½ Meter von ihm entfernt niederläßt. Sein Schein verstärkt sich, wenn man sich dabei geistig anstrengt, z. B. Rechenaufgaben löst. (75 f.) Er wird blasser bei weiterer Entfernung, stärker bei Annäherung. Einem kranken Knaben in nächtlicher Finsternis gegenüber gestellt, „erschien allmählich der Oberkörper des Jungen als Lichtfläche auf dem Schirm, aber in der Gegend beider Lungenflügel waren abgegrenzte, dunkle Stellen zu sehen". (82) Als der Kranke (durch Lebenskraftzufuhr) geheilt war, gab der Kilnerschirm das Bild des Körpers ohne Schatten wieder. (84)

Eines Abends versagte das elektrische Licht und dem Forscher Prof. Severin kam der Gedanke: jeder Mensch sein eigener Dynamo. Er gab einer Glühlampenfabrik den Auftrag: „Ich bitte Sie, mir zwei kleine Glühbirnen, eine etwas größer als die andere, innen mit Schwefelkalzium zu imprägnieren. Schmelzen Sie unten ein oder zwei feine Messing-, Kupfer- oder Silberdrähte so ein,

(1) Weder, Wilhelm: ‚Magnetotherapie (Der Lebensmagnetismus als Heilmittel)'. Nürnberg 1892; 45 f.

(2) Kniese, Julie: „... und es wird Licht'. München-Solln, o. J.

daß sie mit einer Spitze in das Innere der Birne führen und außen so liegen, daß sie zu fassen, zu berühren sind! Die Birnen brauchen nicht luftleer zu sein, es können alte Birnen verwendet werden." (80) Die Birnen trafen ein, leuchteten auch in der Hand, aber zu schwach, um als Lichtquelle Verwendung finden zu können.

„War es nicht zu verstärken? Er ließ sich vom Schmied einen leichten Messingreifen mit einem Loch in der Mitte herstellen, befestigte die kleine Birne über dem Loch so, daß der untere Teil derselben durch die Öffnung im Reifen die Stirn berührte, und zog den Reifen über den Kopf, so, daß die Glühbirne vorn an der Stirn zu stehen kam.

Das Licht war um einen Grad stärker, aber immer noch kein brauchbares Licht. Er grübelte. Mußte es denn Schwefelkalzium sein? Vielleicht genügte das hier nicht ... Und so bekam der Direktor der Glühbirnenfabrik abermals ein Schreiben mit der Bitte, 5 ebensolche Birnen wie die letzten, verschiedener Größe herzustellen, aber sie nicht mit Schwefelkalzium, sondern mit Bariumplatincyanür zu imprägnieren." (85) Die neuen Birnen kamen an, Severin ging in seine Dunkelkammer „und nahm eine der neuen Birnen in die Hand. Ah, — sie leuchtete viel heller als die erste. Nun befestigte er eine der Birnen an dem Messingreifen und zog ihn über den Kopf. Da — die Lampe vor der Stirn leuchtete auf —; Vater Severin nahm ein beschriebenes Blatt in die Hand und sieh, er konnte die Schrift gut lesen!" (86)

Die ‚Lebenslichtlampe' mit der ‚BPC-Birne' war geboren! „Und noch eins wird die Lampe uns kundtun: jede Erkrankung wird sie durch schwächeres Leuchten oder Erlöschen anzeigen." (87)

NB. Solche Signale gaben auch die ‚Lebenslampen' (‚Biolychnien') der Hermetiker, die aber auf ganz anderer Grundlage wirkten, nämlich: derjenigen des Blutes und seiner Fernwirkung (‚Sympathetik'). Man liest hierüber in meinen ‚Geheimkünsten der Rosenkreuzer', welche diesem Gegenstand einen besonderen Abschnitt widmen.

Od und Pflanzen

„Hinter allem Magnetismus."
James Joyce (1927)

Der berühmte Magnetopath Professor Dr. med. Joseph Ennemoser (1787—1854) hat diesbezüglich dargetan: „Die Wirkungen durch das Auflegen der Hände werden nicht bloß an Menschen und Tieren sichtbar, sondern oft noch viel auffallender und überzeugender an den Pflanzen. Die Blätter der Fühlkräuter (Mimosa pudica, Casta sensitiva, Oxalis sensitiva, Smithia sensitiva, Dionaea muscipula) und vieler anderer unter den Wendezirkeln und Gleicher (Äquator) wachsender Pflanzen ziehen sich beim Berühren zusammen. Ebenso verhalten sich die Staubfäden verschiedener Blumen, bei uns besonders die der Nessel, Parietaria (Glaskraut), der Berberis etc., besonders aber die Narben einiger Blumen, z. B. die der Martyma proboscidea.

Man wende nicht ein, dieses gelinge auch durch jeden anderen angebrachten Reiz; denn erstens gelingt es bei einigen durch andere Reize gar nicht, oder man zerstört sie völlig, so daß sie vergehen, besonders die Narben; oder man kann es nie so lange wiederholen, als mit der Hand; wo bei dem Reiz mit der Hand die Blume selbst nie Schaden leidet. Eine afrikanische Wasserpflanze — Desmanthus natans — senkt sich bei der leisen Berührung mit der Hand unter das Wasser, und ich habe beobachtet, daß sich die Pflanze selbst in geringer Entfernung durch öfteres darüber Hinfahren mit den Finger bewegt.

Vor ca. 6 Jahren legte ich ein Blatt vom Fühlkraut als Marke in ein Buch; als ich darauf nach einiger Zeit das Buch wieder zur Hand nahm, bemerkte ich, daß sich dieses Blatt schnell an meiner Hand und zwischen den Fingern bewegte. Nun mag zwar diese Beobachtung, weil sie nicht neu ist, vielen bekannt sein; allein das hat man vielleicht wohl nicht beobachtet, daß sie auf den Tisch gelegt, sich durchaus nicht rührt. Mit diesem Blatt nun habe ich verschiedene Versuche gemacht, und bemerkt, daß es sich bei Annäherung eines Fingers ohne Berührung in die Höhe hebt und zu bewegen anfängt, was durch kein anderes Reizmittel gelingt, ausgenommen durch elektrische Reibungen, die aber fortgesetzt nicht dieselben Erscheinungen geben.[1]) Wendet man ein, es verursache dies die Wärme des Fingers, so antworte ich: warum gerade die Finger am äußersten Glied diese Bewegung am stärksten bewirken, und heißes Eisen nicht auch dasselbe tue[2]), da dieser nur dasselbe anfangs schnell in die Höhe hebt, nachher aber wie erstarrt und unbeweglich liegen läßt? —

Der Magnetstab sowie andere verschiedene Reizmittel haben mir weder an diesem Blatt noch an anderen Pflanzen, die ich auf dem Felde und in den Treibhäusern zu diesem Behuf durchsuchte, dergleichen gezeigt." (1)

Über Ennemoser's Versuche der ‚Forzierung des Pflanzenwachstums' mit ‚magnetisiertem Wasser' wurde im Abschnitt ‚Forziertes Pflanzenwachstum' gesprochen.

Der verstorbene homöopathische Arzt Emil Schlegel (Tübingen) setzt uns folgende odisch-botanische Findung vor:

„Der Fruchtknoten des Mohn (Papaver somniferrum) schwillt rasch an und wird zur Kapselfrucht, die sehr viele feine Samen enthält. Schütte solche auf die Hand und sie verändern sofort ihre Farbe, ein Beweis für die rasche Beeindruckung durch die Aura des Menschen." (2)

Einen weiteren ‚Beweis für die rasche Beeindruckung durch die

[1]) Hierher gehört eine Beobachtung des prakt. Arztes Dr. med. Bernhard Meißhner (Berlin-Wilmersdorf): „Als ich einmal bei einem Kassenpatienten vor ca. 8—9 Jahren eine Nervenlähmung der rechten Hand — es handelte sich um die aktive Streckungsunmöglichkeit des 5., 4. und 3. Fingers dieser Hand — zu behandeln hatte, da gelang es mir wohl mit meinem elektrischen Induktionsapparat den 5. und 4. Finger künstlich zur Streckung zu bringen, mit dem 3. gelang dies nicht. Dann ließ ich den Patienten durch den bekannten, jetzt verstorbenen Professor Remak in seiner Berliner Polyklinik in der Turmstraße spezialärztlich weiterbehandeln und der Patient kam zu mir nur zur kassenärztlichen Kontrolle. Aber auch Prof. Remak vermochte nicht mit Hilfe seines starken konstanten elektrischen Apparates diesen 3. Finger zu strecken, den ich dann auf einen dahin unternommenen Versuch ohne jeden Apparat, nur durch Anwendung des eigenen ‚Magnetismus' mit beiden Händen, zum ersten Mal zur Streckung brachte. Man sieht, welch eine innere gewaltige Kräfteaufspeicherung in dieser so unscheinbar sich äußernden Naturkraftform stecken muß!" (8)

[2]) „Der Hauch eines geliebten Menschen affiziert uns anders als ein genau ebenso erwärmter feuchter Luftstrom aus einer Dampfheizung." (9)

(1) Ennemoser, Dr. med. Jos.: ‚Die Mitteilung, die Art der mesmerischen Einwirkung, in ‚Ztschr. f. Heilmagnetismus', Nr. 5 vom August. Halle/S. 1927; 38.

(2) Schlegel, Emil: ‚Die Religion der Arznei'. Radebeul, o. J.; 12.

Aura des Menschen', hier die odische Emanation seiner Hand, lieferte Rudolf von Koschützki (3):

„Eine gewicht- und zahlenmäßig übereinstimmende Menge Weizenkörner aus dem gleichen Sack Saatgut ist von verschiedenen Menschen zur selben Zeit in gleich tiefe Rillen auf ein vorbereitetes Stück Acker gesät worden. Statt einer Sämaschine mit ihren metallenen Armen hatten hier also lebendurchpulste Menschenhände die parallelen Körnerreihen zur Erde gestreut. Und die Auswirkung? Im folgenden Frühjahr haben die gleichen Menschen die grünen Weizenpflanzen staunend betrachtet. Denn nicht wie bei der Saat durch die Maschine waren dem Boden gleichmäßig große Pflanzen entsprossen, deren Anblick uns sonst ja gerade durch ihr Ebenmaß erfreut, sondern hier hatte jede Reihe Pflanzen ihre eigene Größe und ließ sich deutlich von jeder anderen unterscheiden; teilweise waren es sogar sehr erhebliche Unterschiede, wogegen die einzelnen Reihen in sich durchaus gleichmäßig gewachsen waren. Worauf ist dieses unerwartete Ergebnis zurückzuführen, denn alle Reihen waren doch unter den gleichen Bedingungen gewachsen? Die Verschiedenheit kann nur in dem Punkte ihre Ursache haben, der bei den einzelnen Reihen sich änderte, also im säenden Menschen. Die Hand des Säenden bzw. dessen Energieausstrahlung haben die Saatkörner in dem kurzen Augenblick der Berührung in ganz bestimmter, individuell verschiedener Weise beeinflußt!"

Empirik hatte das längst herausbekommen und in manchen Dörfern „gibt es heute noch sog. ‚Säemänner', denen man eine besondere Kraft beim Säen zutraut, und sie machen es wirklich besser als andere." (4)

Die kurze Expositionszeit „zwischen einigen Sekunden bis zu einer Minute" genügte bei den von Dr. med. Alexander Heermann in den dreißiger Jahren auf denkbar einfachste Weise erzeugten ‚Wachstumsstrahlen', um z. B. Futtermittel anzureichern, die sich dann auf die damit großgezogenen Tiere in jeder Weise denkbar günstig auswirkten: Steigerung der Legeleistung, der Geburten, Verbesserung der Farben, des Geschmackes von Eiern und Fleisch. (5)

Zivilingenieur Fritz Hildebrand (Berlin-Zehlendorf) setzte um die gleiche Zeit Pflanzensamen nur 15 Sekunden seinen elektrischen ‚Wachstumswellen' von 10 bis 30 cm Länge aus,

(3) Koschützki, Rudolf von: ‚Vom lichten Leben'. Stuttgart.
(4) Hänsel, Carl: ‚Über den Irrtum'. Berlin 1941; 198.
(5) Heermann, Dr. med. Alex.: ‚Neues von Strahlen, Strömen und Wellen'. Bad Aussee 1935; 7, 9.

erhielt dadurch 100%igen Ertrag gegenüber sonst nur 40%igem, außerdem wurden die Pflanzen viel höher. (6)

„Diese 15 Sekunden genügen also, um im Innern der Samenkörner irgendwelche Veränderungen herbeizuführen, die für das Leben der zukünftigen Pflanze von größter Bedeutung waren. Liegt hier der Analogieschluß nicht nahe, daß kosmische Strahlen ähnlich bei der Geburt auf das junge Menschenkind einwirken können, daß also etwas geschieht, was der Belichtung einer lichtempfindlichen Platte gleicht?", fragt mein Freund Studienrat Ernst Alt (1889—1945), und er fährt fort: „Diese Überlegung spräche zugunsten der Strahlentheorie." (7)

So sind wir von einfachsten Dingen wie dem Zusammenrollen der Blätter des Fühlkrautes zu einem der tiefsten Probleme der Menschheit vorgestoßen!

(6) Stölting, Walter: ‚Sie können wachsen — wie Sie wollen', in Scherl's Magazin', Heft 10 vom Oktober. Berlin 1930; 1025 f. Schrödter, Willy: ‚Präsenzwirkung'; 37 f.

(7) Alt, Ernst: ‚Gestirn und Körper', in ‚Ztschr. f. Spagyrik etc.', Nr. 9 vom September. Göppingen 1931; 414 f.

(8) Meißner, Dr. med. Bernh.: ‚Magnetische Heilungen', in ‚Ztschr. f. Heilmagnetismus', Nr. 10 vom Januar. Halle/S. 1928; 76.

(9) Carus, Carl Gustav: ‚Über Lebensmagnetismus etc.' Basel 1925; 105.

Palingenese

„Cinerem ne vilipendas!"
(„Schmäh' mir die Asche nit!")
Alchimistenspruch

Das Fremdwort — kommend vom griechischen ‚palin' (‚von neuem') und ‚genesis' (‚Geburt'), also ‚Neugeburt' — ist bekannter als das deutsche ‚Pflanzen-Phönix'; welches aussagen soll: die Hermetik (Meta-Chemie, höhere, geheime Chemie) versteht es, aus der Asche (oder der gefrorenen bzw. destillierten Maische) verbrannter Pflanzen deren Schattenbilder (griech.: ‚eidolon') erstehen zu lassen, so wie der sagenhafte Vogel Phönix (griech.: phoinix; ägypt.: vennu; pers.: simurgh; chin.: schêng) sich im Alter selbst verbrennen und verjüngt aus seiner Asche auferstehen soll.

In einem Roman zerhackt die schöne ‚Bärbel von Ottenheim' (1430—84) Melissenkraut und mischte es mit Regenwasser in einem Tonkrug. Nach einiger Zeit bildet sich Melissenöl auf der Oberfläche, das die typische Blattform der Melissa officinalis zeigt. (1)

In der Wirklichkeit erlebte dies der evangelische Prälat Friedrich Christoph Oetinger (1702—1782): der destillierte zerkleinerte Melissenpflanzen in Regenwasser und fand im Vorsatzkolben das grüne Öl mit dem Melissenblattgeäder. (Dr. Herb. Fritsche.) Eine ganze Reihe solcher Versuche findet der daran interessierte Leser im Kapitel ‚Pflanzenphönix' meiner ‚Pflanzen-Geheimnisse'.

(1) Maierheuser, Hermine: ‚Bärbel von Ottenheim'. Berlin 1939; 241.

Literatur:

Schrödter, Willy: ‚Pflanzen-Geheimnisse'; 92 f.
Kiesewetter, Carl: ‚Die Palingenesie in ihrer Geschichte und Praxis geschildert', in ‚Sphinx', Oktoberheft. Gera 1889; 207 f.
Prel, Dr. Frhr. Carl du: ‚Der Pflanzenphönix', in ‚Sphinx', Aprilheft. Gera 1889; 193 f.

Pendel (siderisches Pendel)

„Die Pendelwissenschaft führt den frommen Menschen nicht selten an die Stufen des Heiligtums."

Pfr. Johannes Bolte (1937)

Auch ‚rotierende Wünschelrute' (Julie Boeß-Kniese) oder ‚Findekugel' oder ‚Wünschelring'. Infolge der vielen Fehlerquellen (eigene und fremde gedankliche Beeinflussung) hier nur das Einfachste und Gesichertste:

Ein Ehering an einem Frauenhaar oder eine Taschenuhr an ihrer Kette[1]) wird zwischen Daumen und Zeigefinger der rechten Hand — Ellenbogen auf den Tisch gestützt — wenige Zentimeter über den zu untersuchenden Gegenstand gehalten. „Am besten experimentiert man auf einer Hartgummiplatte oder anderen neutralen Unterlage, um störende Strahlungen auszuschalten." (1)

Beim Bependeln männlicher Hände, Lichtbildern von Männern, männlichen Bruteiern, Gold, zieht das Pendel Kreise.

Bei weiblichen Händen, Lichtbildern weiblicher Personen, weiblichen Bruteiern, Silber: Ellipsen.

Bei unbebrüteten Eiern und — angeblich — Photos Verstorbener: Stillstand. Den Geflügelzüchtern ist das Auspendeln des Geschlechtes der Bruteier seit langem geläufig. Ein Schrägstrich bedeutet ein verdorbenes Ei. Soll die Auspendelung der Eier richtige Ergebnisse liefern, so dürfen sie nicht durch Markierung von Menschenhand ‚verwittert' sein; sie sind also stets, was nirgends angeführt wird, in sauberem, fließendem Wasser vor der Pendelung abzuspülen!

Auch Photos können ‚imprägniert' werden: jedes Lichtblid emaniert Individual-Od. Trägt man es jedoch stets mit sich herum, so überlagern die Ausstrahlungen des Trägers diejenige des Bildes und seine — nicht des Objektes — Pendelbahnen erscheinen. (1)

[1]) Ein langjähriger, erfolgreicher Pendler aus Stuttgart schrieb mir: „Ich habe schon Äpfel, Birnen, Zwiebeln, Kartoffeln, Weihnachtskerzen, Eisenschrauben, Senkblei usw. an eine ganz gewöhnliche Schnur gebunden und damit gependelt. Die Konzentration ist maßgebend, sonst gar nichts." — Dies denen ins Stammbuch, die da der irrigen Auffassung sind, nur ein kostspieliges Gerät gewährleiste gute Ergebnisse!

(1) Roesermueller, W. O.: ‚Pendelpraxis'. Aalen/Württ. 1946; 12.

Über gesunden Organen reagiert der Strahlen-Indikator mit großen Kreisen, über schadhaften mit kleinen, über zerstörten steht er still. Dadurch sind Frühdiagnosen möglich, die jedoch dem Arzt überlassen bleiben müssen. (1)

Das Gleiche gilt von der Arzneimittel-Auswahl vermöge dieses Detektors, die darum hier nicht behandelt wird. Berufliche Interessenten seien auf die Bücher von Dietrich (2), Voll und Wethered verwiesen.

Herr Wilhelm Otto Roesermueller, Nürnberg, Guntherstraße 43, ist gerne bereit, auf dem Gebiet der Pendelforschung Auskunft zu erteilen, bittet jedoch eine entsprechende Gebühr für Unkosten und Zeitaufwand beizulegen.

Stellt man eine Versuchsperson nackt mit waagrecht ausgestreckten Armen und geöffneten Händen zwischen zwei Pendel von je mindestens 2 Meter Fadenlänge, positive Rechthand zum negativen Silberpendelkörper, negative Linkshand zum positiven gleich schweren Kupferpendelkörper, so geraten nach einigen Minuten die beiden Indikatoren in Schwingung. In bekleidetem Zustand und mit Goldringen an den Fingern mißlingt der Versuch. (3)

Strahlenforscher Elektro-Ingenieur E. Konrad Müller (1853 bis 1948) hat in anderem Zusammenhang festgestellt: stark parfümierte Personen bringen das Pendel zu stärkerer Reaktion als unparfümierte. (4)

Kolonialingenieur Saint Yves de Cassac erpendelt in der Kathedrale von Lourdes während des Gebets 200 Schwingungen; nach dem Verlassen derselben durch die Gläubigen gibt das Pendel nur die bekannten Schwingungsserien der darin vorhandenen Metalle mit 20 Ausschlägen wieder. Experimentator läßt dann sein Gerät während der Gottesdienste in Synagogen, Moscheen, buddhistischen Tempeln arbeiten; überall stellt er während der Sammlung von deren Anhänger 200 Kreisungen fest, die nach Fortgang der Gläubigen auf ein Mittel von 10—20 zurückgehen. Cassac schließt daraus, daß das Gebet ‚einen mächtigen Magnetismus' entbindet, dessen Koeffizient der gleiche bei allen Religionen ist. Eine Frau Maryse Choisy hat diese Erfahrungen nachgeprüft und für stimmend befunden. (5)

(2) Dietrich, Fritz: ‚Gyromantie'. Villach 1949; 107.
(3) Lignières, Jean: ‚Les Messes noires. La sexualité dans la Magie'. Paris, o. J.; 89 f.
(4) Laue, Dr. med. vet. Wilh.: ‚Die Lösung biologischer Rätsel durch Radiästhesie', in ‚Das Neue Licht'. Purkersdorf b. Wien 1949; III; 49 f.
(5) Breton, Prof. S.: ‚Traité de Radiesthésie'. Paris, o. J.; 39—42 (Ed. F. Schmid).

Ein Dr. med. W. Nissen sandte dem Schriftsteller und Komponisten Dr. Fritz Stege (geb. 1896) seine Beobachtung zu, „daß das Klavierspiel die Pendelrichtung beeinflußt, so daß jedem Ton eine bestimmte Schwingungskurve zu entsprechen scheint. Je tiefer der Ton, desto größer die Ähnlichkeit mit einer schmalen, fast strichförmigen Ellipse. Merkwürdigerweise blieb das Pendel regelmäßig nach 1¼ Minute selbsttätig unbeweglich stehen. Komplizierte Schwingungsbilder entstanden bei mehrstimmigem Spiel, andere bei lebhaften oder langsamen Tonstücken u. dgl. Es ist selbstverständlich, daß jede Eigenbewegung der Hand durch geeignete Vorsichtsmaßnahmen ausgeschaltet war, ebenso wie eine rein akustische Beeinflussung ausschied. Dr. Nissen beruft sich auf das Zeugnis von Dr. med. Ferdinand Maack (Hamburg), einem speziell rosenkreuzerisch eingestellten Gelehrten, dem diese musikalischen Pendelversuche völlig unbekannt waren." (6)

Vorher verweist Stege auf den bekannten Berliner Gesangspädagogen Rudolf Schwartz, dem „es gelang, die Kurven des siderischen Pendels in bezug auf Stimmdiagnosen zu enträtseln und dergestalt festzulegen, daß die charakteristischen Pendelbewegungen über Phonographenaufnahmen die stimmlichen Eigenschaften und Fehler der Ausbildung klar erkennen lassen. An Hand von zahlreichen, in seinem Werk (7) zum Abdruck gelangten Schwingungskurven erläutert der Verfasser seine Theorien, die aller Wahrscheinlichkeit nach — besonders im Hinblick auf die mit Erfolg angestellten Ferndiagnosen — höchstes Interesse verdienen." (8)

Im Jahre 1924 berichtete ‚The World Magazine' von einem ‚neuesten Lügenentdecker der Wissenschaft': „Ein Gauner, umgeben von Polizei- und Gerichtsbeamten, muß über einem Alphabet pendeln." Darunter die Erklärung: „Wenn der verdächtige Verbrecher das Pendel anzuhalten versucht, bewegt es sich stärker ..." (9)

Klar: nach dem vom Genfer Psychologen Universitätsprofessor Charles Baudoin (geb. 1893) gefundenen Suggestions-Grundgesetz von der ‚das Gegenteil bewirkenden Anstrengung'!

Schon frühzeitig hat man versucht, die durch eigene und fremde

(6) Stege, Dr. Fritz: ‚Das Okkulte in der Musik'. Münster i. W. 1925; 235—236; Fußnote.

(7) Schwartz, Rudolf: ‚Die natürliche Gesangstechnik'. Münster i. W. 1922; 281 f.

(8) Stege; 233—235.

(9) Langner, Fritz: ‚Der neueste Lügenentdecker der Wissenschaft', in Zentralblatt für Okkultismus', Augustheft. Leipzig 1925; 91.

Gedanken bewirkbare Abirrungsmöglichkeit des Pendels auszuschalten und es zu einem objektiven Instrument auszubauen. Als Erster hat dies m. W. J. K. Bähr, Professor an der ‚Akademie der Künste' in Dresden, mit einem sog. ‚Stativ-Pendel' versucht, das er bei seinen Tausenden von peinlich genauen Versuchen in den Jahren 1856—1869 benutzte (10), das H. Geffken modifizierte und ‚Influoskop' benannte. (11)

Man läßt sich aus Holz ein Dreibein oder ein vierbeiniges Gestell machen und führt den Faden des Pendels durch das Kopfende des Stativs, wo ihn der Finger des Pendlers berührt. Der Finger soll somit nur als ‚Kraftspender' und nicht mehr als ‚Dirigent' wirken. (12)

Friedrich Kallenberg nimmt dazu ein umgestülptes Einmachglas, in dessen Boden ein Löchlein gebohrt ist, in welches ein Holzknopf paßt, um den der Seidenfaden des Pendels — ohne jegliche Bindemittel — gewickelt wird. (13)

Carl Büchner (Eberstadt bei Darmstadt) baute sich auf einer Holzunterlage ein Gerüst aus zwei aufrecht stehenden und einem Querbalken auf. Auf die Unterlage legte er das Objekt, rechts und links über diesem hingen an seinem ‚Galgen' zwei Metallplatten, die mit einem durch Elemente gespeisten Funkeninduktor in Verbindung standen. Dieses ‚Pendel mit Wechselstrombetrieb' schlug angeblich ‚ebenso exakt und differenzierend' bei Kallenberg aus wie das ‚Handstrahlenbetriebene'. (14)

Ein akademischer Freund von mir hat vor manchem Jahr schon diese Versuchsanordnung getroffen und — keinen Erfolg damit erzielt! Deshalb halte ich doch den von Kallenberg nicht für ausgeschlossen. Des Rätsels Lösung ist eben einfach die vom Altmeister der deutschen Pendelforschung selbst zugegebene Möglichkeit, „durch Gedankenkräfte dem Pendel nach Gefallen eine abweichende Richtung zu geben". (15)

(10) Geßmann (Manetho), G. W.: ‚Aus übersinnlicher Sphäre'. Wien und Leipzig 1921; 105 f.
Bähr, J. K.: ‚Der dynamische Kreis'. 1861—68.

(11) Geßmann; 146.
Geffcken, Dr. Hch.: ‚Neues über N-Strahlen'.

(12) Anonym: ‚Pendeln kann geprüft werden', in ‚Neue Post', Nr. 5 vom 12. April. Düsseldorf 1956; 6.

(13) Surya, G. W.: ‚Okk. Diagnostik und Prognostik'. Lorch i. W. 1950; 166.
Roesermueller, W. O.: ‚Der Pendel in deiner Hand'. Freiburg i. B. 1958; 14.

(14) Surya; 169.
Roesermueller; 16 f.

(15) Surya; 170.

Also: „Über das ‚Aber' kommen wir nicht hinaus!" (16)

Wenigstens nicht mit den bisherigen Vorgehensweisen. Jedoch wie wäre Folgendes:

Der Pendler pendelt mit zwei Pendeln gleichzeitig über verschiedenen Objekten und guckt dabei zur Zimmerdecke, sodaß er die Schwingungen überhaupt nicht sieht, sie also durch eine Hilfsperson, die am besten vom Pendeln überhaupt nichts weiß, registrieren lassen muß. Da ein Pendler nicht gut an zwei Dinge zu gleicher Zeit denken kann, wäre bei sinnvollen Ergebnissen der Beweis erbracht: es sind die Ausstrahlungen der Objekte, welche das Pendel beeinflussen, die verschiedenartigen Pendelbahnen auslösen, für welche der Mensch nur ‚Verstärker' ist.

Um auch beeinflussendes Denken des Assistenten auszuschalten, sollte man auch auf diesen verzichten und wenn es geht, die Pendelkreisungen kinematographisch festhalten.

Schlägt dieser Objektivierungsversuch fehl, dann ist m. E. der schlüssige Beweis erbracht: das Pendel ist kein per se auf Emantionen der Objekte hin ausschlaggebender Indikator, sondern ein Vehikel zur Sichtbarmachung von Reaktionen, die ausschließlich und allein vom Unterbewußtsein des Experimentators ausgehen.

Und damit wäre ein für alle Mal der Ursprung der Pendelbahnen restlos geklärt und — viel damit gewonnen!

(16) Surya; 170.
Roesermueller; 17.

Literatur:

Bähr, J. K.: ‚Der dynamische Kreis'. Dresden 1861—68.

Bolte, Johs.: ‚Forschungen und Entdeckungen m. d. siderischen Pendel'. Leipzig 1937.

Candi: ‚Briefe an Tschü. Anregungen zu radiästhetischen Studien'. Zürich 1948.

Dietrich, Fritz: ‚Gyromantie'. Villach 1949.

Geffken, Hch.: ‚Neues über N-Strahlen'. München 1919.

Glahn, A. Frank: ‚Radio der Natur'. Trier 1925.

Ders.: ‚Einführung i. d. Lehre v. Pendel'. Memmingen 1929.

Ders.: ‚Glahns Pendelbücherei' (6 Bände). Memmingen 1930 f.

Kallenberg, Frdr.: ‚Offenbarungen d. sid. Pendels'. Diessen 1913.

Ders.: ‚P-Strahlen, das Neuland d. sid. Pendels'. Leipzig 1920.

Ders.: ‚Der Siegeszug d. sid. Pendels 1911—1934'. München 1934.

Langbein, H.: ‚Die Pendelbahnen und ihre wiss. Aufklärung d. Radioaktivität'. München 1914.

Leuenburg, Dr. R. und Leo von Siegen: ‚Der sid. Pendel als Anzeiger menschl. Charaktereigenschaften'. Leipzig 1915.

Mermet, Abbé H.: ‚Der Pendel als wiss. Instrument'. Kolmar 1937.

Ders.: ‚Kurzer Einblick i. meine Pendelmethode'. Kolmar 1937.

Mlaker, Rudolf: ‚Geistiges Pendeln'. Villach 1951.

Oelenheinz, Leopold: ‚Der Wünschelring etc.'. Leipzig 1920.
Roesermueller, W. O.: ‚Der Pendel in deiner Hand'. Freiburg/B. 1958.
Straniak, L.: ‚Die achte Großkraft der Natur u. ihre physikal. Gesetze'. Diessen 1936.
Spahrmann Frieda, und Vöckler, Rud.: ‚Pendelmagie'. Zeulenroda.
Spiesberger, Karl: ‚Der erfogreiche Pendelpraktiker'. Freiburg/B.
Tressel, Pierre: ‚Die praktische Pendelforschung'. Kolmar.
Voll, Ad.: ‚Die Wünschelrute u. d. sid. Pendel'. Leipzig 1910.
Wendler, A.: ‚Physikal. Betrachtungen z. d. Fragen der Radiästhesie'. München-Solln 1925.
Zechlin, M. R.: ‚Wiss. Grundlagen d. sid. Pendelschwingungen'. Diessen 1935.
Ders.: ‚Technik der Pendologie u. ihre Anwendung'. Diessen 1937.
Chauméry, L., et Bélizal, A. de: ‚Essai de Radiesthésie vibratoire'. Paris 1956.
Wethered, Vernon D.: ‚An Introduction to Medical Radiesthesia and Radionics'. C. W. Daniel Co., Ashingdon, Rochford (Essex); Engl.

Fachgruppe Deutscher Pendler (F. D. P.), Leiter: Baumeister Karl Leonhard, Sensweiler bei Idar-Oberstein (Nahe).

Anschriften belgischer Pendler-Gruppen:

Cercle de Liège:
Sekretär: M. Lecoq d'Armandville, rue des chalets 7, Gr. Vergase.

Cercle de Verviers:
Sekretär: M. M. Dejardin, rue Pierre Flush.

Cercle de Charleroi:
Präsident: M. F. Vause, rue de Grenelle, Châtelet.

Cercle de Bruxelles:
Präsident: M. Victor Mertens, Av. Victor Jacob 50.

Cercle de Namur:
Sekretär: Mlle. Sayers, Place de la Gare, Hôtel de Rome.

Cercle de Gand:
Docteur de Burgruerte, La Pinte.

Der Mensch als Pendel

„Es gibt ein Reagens, das feiner ist als die feinsten chemischen Reagentien und das ist das Reagens des lebenden menschlichen Körpers."
Christoph Wilh. Hufeland (1762—1836)

Otto Hemar gab 1932 folgende Beobachtung bekannt: er liegt im Bett, streckt beide Arme in die Höhe und konzentriert sich darauf, durch die Fingerspitzen kosmische Kräfte aufzufangen. Bald spürt er die Arme vibrieren, als ob sie elektrisiert würden. So bei ‚ausgeklinktem' Willen geschieht es, daß erst der rechte Arm zu pendeln anfängt, zunächst langsam, dann schneller; später der linke, wenn auch schwächer. Er stellt an den ‚Pendel-Arm' Fragen und der beantwortet diese wie das Pendellot: mit Strichen, Ellipsen, Kreisen, links oder rechts herum.

Eine starke Ermattung für längere Zeit ist die Folge; der Verbrauch an Nervenkraft beim ‚Armpendeln' war ungleich größer wie der beim Arbeiten mit dem siderischen Pendel. (1)

Wie hier Hemar seine Arme sich selbst überläßt, so gilt es bei den ‚Schwingungsübungen' der Atem- und Gesangschule Schlaffhorst-Andersen in der Heide bei Celle, den ganzen Körper hinzugeben. Diese Übungen sollen die innere Gelöstheit beim Schüler hervorrufen, welche die Töne sich mühelos bilden läßt. Es gibt nur zwei solcher Übungen, die aber wesentlich sind:

> „In beiden Fällen steht der Schüler fest mit den Füßen auf dem Boden und versucht das eine Mal so weit ausladend wie möglich mit gestrecktem Körper nach vorn und rückwärts zu schwingen. Das andere Mal versucht er mit ebenfalls gestrecktem Körper möglichst große Kreise zu beschreiben. Einmal wird also eine gerade Linie gebildet, das andere Mal ein Kreis. Kreis und gerade Linie, Kreisen und Pendeln, sind die Elemente der Schwingungsübungen.
>
> Sie fallen dem Schüler zuerst sehr schwer. Er muß alle Muskeln anspannen, um nicht umzufallen. Aber gerade diese Anspannung soll nicht sein. Deshalb sagt man ihm, er solle sich darum bemühen, Bilder der Schwingung im Geiste anzuschauen. Er soll sich vorstellen, wie ein Gras-

halm sich im Winde wiegt, wie ein Ährenfeld wogt oder wie der Erdball um die Sonne wallt, großzügig und sicher. Je inniger der Schüler diese Bilder erschaut, um so mehr erfährt er, wie er seine Muskeln nicht mehr anzuspannen braucht, damit die Übung gelingt. Er vergißt den Gebrauch der Muskeln. Der Körper lockert sich und schwingt in den erschauten Bildern."

Und treffend fügt Berichter hinzu: „Es ist das gleiche wie mit Pendelversuchen" (2): wenn man das Pendel gar nicht beachtet, auch den Finger vergißt, ganz wo anders hinschaut, dafür aber lebhaft an einen Kreis denkt — dann schwingt es in Kreisbahnen. (Ideomotorik.)

(1) Hemar, Otto: ‚Der Mensch als Pendel', in ‚Astrale Warte'. Memmingen, Oktoberheft 1932.
(2) Kükelhaus, Hans: ‚Urzahl und Gebärde'. Berlin 1934; 240.

Pendel-Verstärkung

„Der Mensch an sich selbst, insofern er sich seiner gesunden Sinne bedient, ist der größte und genaueste physikalische Apparat, den es geben kann."
Joh. Wolfg. von Goethe (1749—1832)

1. Paul Laschkowsky, Dortmund-Berghofen, Busenbergstraße 116, meint: „Das Geheimnis der Gegenwart liegt in der Erde verborgen." Den Fuß setzt dieser Pendler auf eine metallische Kontaktsohle, legt eines der mitgebrachten Lichtbilder auf eine viereckige Metallplatte[1]), die durch ein Kabel mit der Erde verbunden ist. Darauf beantwortet der ‚Weise auf dem Busenberge' (der liegt in Berghofen) Fragen mit unbestreitbarer und verblüffender Richtigkeit, wie mitgeteilt wurde. (1)

2. Der Pendel- und Strahlenforscher Generaloberarzt a. D. Dr. med. Alexander Heermann (Kassel) hatte sich zur Verstärkung der Pendelschwingungen einen ‚Pendelverstärkungskasten' gebaut, den ich dank der Liebenswürdigkeit seines langjährigen Freundes, des bereits mehrfach zitierten Forschers Dr. Busse, selbst in Händen hielt. An der Vorderseite des Gerätes befindet sich eine Ausstrahllinse, die einen spürbaren kalten Hauch auspustet. In diesen Strahlenkreis hielt Heermann sein Goldpendel hinein, etwa einen halben Meter vom Kasten entfernt. Manchmal benutzte er auch zwei sich gegenüberstehende Pendelverstärkungskästen.

Der hölzerne Kasten besitzt eine Grundfläche von 10 x 12 cm bei 8 cm Höhe und ist außen und innen rot gebeizt. Auf der Vorderseite sitzt — wie gesagt — in der Mitte eine vergrößernde Linse (Meniskuslinse) von 3½ cm Durchmesser. Auf der Rückwand, etwa 1 cm überm Boden, ist ein 4 cm langer, 1 cm breiter, rot verglaster Schlitz. Im Innern des Kästchens liegen auf dem Boden quer 5 Stabmagnete von 8 cm Länge

[1]) Wenn L. einen Fuß auf eine metallische Kontaktsohle zwecks Erdung setzt, so sei in diesem Zusammenhang festgehalten, daß sich ein Mann stets, wo er sich zum Schlafen niederlegte, dadurch zu ‚erden' pflegte, daß er seine große Zehe mit einem dünnen Kupferdraht umband und diesen zur Erde ableitete.

(1) Anonym: ‚Beim Weisen auf dem Busenberg', in ‚Westf. Rundschau', Nr. 11 vom 27. Januar. Dortmund 1949; 5.

und 1 cm Breite. Darüber auf einem Konsölchen ist ein nach beiden Enden spitz auslaufender, wasserklarer Bergkristall von 6 cm Länge und einer Dicke von 3 cm in der Mitte, mit der Spitze nach der Ausstrahllinse zu gebettet. Unter dem Kristall befindet sich ein schmales rotes Bändchen eingeklemmt, das nach vorne zur Linse führt. Auf diese ‚Antenne' machte H. besonders aufmerksam. An der vorderen Außenwand der Kiste ist ein schwarzer, viereckiger, in der Mitte kreisrund ausgehöhlter ‚Knock' (Ausbuchtung) angebracht, in welchen die eben beschriebene Antenne aus dem Innern nach außen mündet.

3. Dr. med. Moritz Benedikt (1835—1920), Professor für Neurologie und Kriminal-Psychiatrie an der Universität Wien, hat festgestellt, daß die Wünschelrute „bedeutend empfindlicher wird, wenn sie in die Nähe einer Influenzmaschine gelegt, also ‚influenziert' wird". (2)

Was aber der Wünschelgerte recht ist, dürfte dem Zwillingsbruder Wünschelring billig sein ...

4. Jedenfalls steht fest: hält ein sonst nur ‚schwacher' Pendler den Pendel mit seiner einen Hand und verbindet die andere mit dem eingeschalteten Ladestab oder einer Elektrode seines Hochfrequenzapparates, „so sind sofort die Schwingungsdurchmesser um das 3—10fache größer, die Schwingungsbahnen außerdem bedeutend deutlicher und sicherer". (3)

5. Die natürlichste Verstärkungsweise dürfte die ‚Kettenbildung sein, die ‚Menschensäule in Serienschaltung', wie sie auch bei der Wünschelrute (siehe ‚Wünschelruten-Verstärkung'!) mit Erfolg eingesetzt wird. Das in vorgenanntem Abschnitt gegebene Bild enthebt mich wortreicher Erklärungen.

(2) Anonym: ‚Die Wünschelrute' (‚Miniatur-Bibliothek', Nr. 670). Leipzig, o. J.; 31.

(3) Vöckler, Rud.: ‚Erwiderung a. d. Prof. Eckhoff-Ob.-Ing. Meier-Flugschrift', in ‚Ztr.-Arch. f. d. Pendelforschung', Hefte 1—2. Zeulenroda 1933; 10 f.

Heilen mittels des siderischen Pendels

„Du mußt helfen wollen und der Geist der Wahrheit wird dich leiten und führen!"
Paracelsus (1493—1541)

Im Jahre 1915 machte Frau Julie Böß-Kniese (Weimar) die Beobachtung, daß die von ihr per Pendel untersuchten Patienten eine auffallende Erleichterung ihres Allgemeinbefindens verspürten. Daraufhin probierte sie das Pendel als Heilmittel (‚Richtstrahler') aus. Bei einem von den Ärzten wegen schwerer Tbc. aufgegebenem jungen Mann ließ nachdrückliche Bependelung angeblich eine faustgroße tuberkulöse Geschwulst in der Achselhöhle nach drei Tagen völlig verschwinden, der Kranke vermochte wieder zu schlafen und Kräfte zu sammeln.

Zur Erkenntnis der aktiven Heilwirkung des sonst nur passiveruierend-diagnostich gebrauchten Pendulums kam 1920 der Kaufmann Ernst Schradin (Nürnberg) anläßlich einer Fußverletzung seiner Ehefrau. Bependelung ließ, wie er schreibt, noch am gleichen Abend die Schmerzen verschwinden, die Geschwulst war bis zum nächsten Morgen völlig eingesessen und Frau Schradin vermochte ihren Tagesgeschäften nachzugehen. (1)

Über Schradin's Heilungen gibt Surya (2) Einzelheiten.

Friedrich Kallenberg (Bayreuth) gelang es nach seinen Darstellungen (auch nervöses) Kopfweh immer in wenigen Minuten oder doch nach wenigen Behandlungen zu beseitigen. Seine Patienten hatten dabei die Empfindung, der Kopfschmerz ziehe sich in schraubenartiger Bewegung unter dem Pendel zusammen und entweiche als kompakte Masse durch Ohren, Nase oder Schädeldecke.

Zahnschmerzen wurden ebenfalls in kurzer Zeit abgestoppt, auf die Nerven soll das Pendel beruhigenden Einfluß ausüben; in einem Falle erfolgte die Heilung offener Beine innerhalb von 8 Tagen. Mittelohrentzündung wurde mit einer einmaligen Bependelung geheilt. Als Patient, der spät abends behandelt worden war, am nächsten Morgen erwachte, war der Schmerz vorbei und

(1) Kallenberg, Friedrich: ‚Offenbarungen des sid. Pendels'. Diessen 1921; 29—31.
(2) Surya, G. W.: ‚Okk. Diagnostik und Prognostik'. Lorch/W. 1950; 151—154.

sein Ohr hatte sich ohne Perforation des Trommelfelles entleert, ehe das geronnene Blut sich zu Eiter umbilden konnte. (1)

Ich sehe in dem also gebrauchten Pendel den späteren Nachfolger der sog. ‚b a g u e t t e' (3), des konisch zulaufenden, ca. 12—15 cm langen Stahlstäbchens der alten Mesmeristen, die damit — es mit allen Fingern zugleich umfassend — die ‚geballte Od-Ladung' auf einen Punkt konzentrierten. Nur daß sie mit dem Stäbchen den betreffenden leidenden Teil berührten, während B ö ß - K n i e s e, S c h r a d i n und K a l l e n b e r g par distance (darüber gehalten) operierten.

Aus Gründen, die im Kapitel ‚P e n t a g r a m m u n d H e x a g r a m m' ersichtlich werden, sollte man sein Pendel über der leidenden Stelle ein Pentagramm schlagen lassen. Sollte man — sofern man (wie ich) eine ‚b a g u e t t e' besitzt — mit ihr den Fünfstern darauf ziehen.

(3) Riko, A. J.: ‚Handbuch zur Ausübung des Magnetismus etc.' Leipzig 1904; 22, 25, 30, 33.

L i t e r a t u r :

Tarpey, J. T. K.: ‚Healing by Radiesthesia'. London.

Tierversuche mit dem Siderischen Pendel

„O, wieviel gibts doch noch, davon ihr nichts wisset!" Klimakos jr. (1779)

Frau Julie Boeß-Kniese (Weimar) benutzte also die ‚rotierende Wünschelrut' — ihr eigener bildhafter Ausdruck für das ‚siderische Pendel' — nicht nur passiv-mantisch — Ströme empfangend, sondern auch aktiv-magisch — Ströme sendend, wobei Hochinteressantes herauskam:

Über einen Ameisenhaufen gehalten, rief das Pendel große Unruhe in demselben hervor; aufgeregt liefen die Tierchen durcheinander bis plötzlich alle auf den Apparat zustrebten und sich darunter sammelten. Man wird dabei denken an die ‚Elektro-Fischerei', bei der die Fische alle dem einen Pol zuschwimmen (und dann betäubt werden).

Acht Nachtschmetterlinge blieben nach Überpendelung regungslos liegen: einer ½ Stunde, drei 1 Stunde, zwei 2½ Stunden, einer 4 Stunden, einer für immer.

Auch Eintagsfliegen und Schlupfwespen wurden auf diese Art betäubt, jodech erst nach heftiger Gegenwehr und keine für über eine halbe Stunde. Spinnen stellten sich in Kampfstellung, ohne betäubt zu werden. Bärenraupen rollten sich sofort zusammen und sträubten ihre Borsten. Kopulierte Käfer lösten sich unverzüglich auseinander. Wurde Hunden die Nase bependelt, gerieten sie in Unruhe, niesten, wischten mit der Pfote über das Geruchsorgan oder winselten, während auf Bependeln anderer Körperstellen nicht reagiert wurde. (1) Klar: der Hund ist ein ausgesprochenes ‚Nasentier' und lebt in einem ‚Geruchs-Kontinuum'!

Der freiberufliche Tierarzt Dr. med. vet. Wilhelm Laue (geb. 1896), jetzt in Berchtesgaden (Königsee), öffnete in seinem früheren Labor zu Hermsdorf-Kynast (Schlesien) in Tief-Narkose einem Kleintier den Brustkorb und stellte in einer Entfernung von 13 cm ein an einem Stativ befestigtes 13 gr schweres Pendel über die

(1) Kniese, Julie: ‚Zur Pendelforschung; Beobachtungen am Objekt', in ‚Ztrbl. f. Okkultismus', Septemberheft. Leipzig 1919; 100—102.

Herzgegend; dasselbe setzte sich von selbst (!) in Schwingung! (2) Diese Versuche, die Laue in den Jahren 1936 bis 1940 vornahm, müssen unbedingt der sog. ‚Pendeldiagnose' zu denken geben, ist doch m. E. aus ihnen zu folgern, daß der Herzschlag das Pendel zu irritieren vermag, wenn der Pendel-Diagnostiker bei der Untersuchung anderer Organe in seine Nähe kommt. Selbstverständlich sind seine Experimente nicht zur Nachahmung empfohlen, sondern lediglich ‚à titre documentaire' von mir gebracht worden.

(2) Laue, Wilhelm: ‚Neueste Forschungsergebnisse der Radiästhesie (siderisches Pendel)', in ‚Das Neue Licht', Heft 1—2. Purkersdorf b. Wien 1949; 27 f.

Pendel-Telegraphie

„Auf ganz natürliche Art, ohne allen Aberglauben und ohne die Vermittlung irgend eines Geistes ist es möglich, daß ein Mensch dem anderen auf jede noch so weite, ja sogar unbekannte Entfernung in der kürzesten Zeit seine Gedanken mitteilen kann. Ich verstehe dies Kunststück und habe es öfters probiert."
Agrippa von Nettesheim (1510)

Im Abschnitt ‚Gedanken sind Dinge' habe ich bereits geschildert, wie Bürgerschuldirektor Dr. phil. Welisch (Graz) ‚nur durch einen Willensakt den sich passiv verhaltenden Pendler bzw. dessen Pendel veranlaßt, die von der Kontrollperson erwählte Figur schwingen zu lassen.'

Unser gemeinsamer Freund G. W. Surya erkennt, seinen Bericht abschließend, die volle Tragweite: „Dies ist ein für die ganze Ruten- und Pendelforschung höchstbedeutsames Experiment in positivem und negativem Sinne; es beweist die Möglichkeit, Rute und Pendel telepathisch zu beeinflussen." (1)

1913 hat so Welisch anläßlich eines öffentlichen Vortrages des Experimental-Psychologen Kurt Hansen die Schwingungen von dessen Pendel beeinflußt. (2)

1913 erschienen von Friedrich Kallenberg (Wien) ‚Offenbarungen des siderischen Pendels' (3), in denen darauf aufmerksam gemacht wird, ‚daß Experimente nicht gelingen, wenn Personen anwesend sind, die den Schwingungen eine andere Richtung geben wollen.' (4)

Diese zugegebene telepathische Beeinflussungsmöglichkeit des siderischen Pendels, welche auch der geniale Außenseiter Ingenieur Johannes Zacharias (Prietzen bei Bernstadt, Schles.) später (1920) bestätigt (5), gab Kallenberg und anderen den Gedanken ein, ob man nicht das siderische Pendel wie einen

(1) Surya, G. W.: ‚Okkulte Diagnostik und Prognostik'. Lorch 1950; 131.
(2) ‚Zentralblatt für Okkultismus'. Leipzig, VII. Jahrg., 1913—1914; 549.
(3) Kallenberg, Friedrich: ‚Offenbarungen des siderischen Pendels'. Diessen vor München 1913 (und später: 1921).
(4) Paracelsus: ‚Der Mensch als Telegraph'. Graz und Leipzig 1920; 21.
(5) Zacharias, Johannes: ‚Rätsel der Natur'. München 1920; 30.

Marconi-Apparat zur drahtlosen Übermittelung von Botschaften in die Ferne benutzen könnte.

1913 hat Kallenberg über seine eigenen diesbezüglichen, ziemlich negativ verlaufenen Versuche berichtet. (6)

1920 hat ein von Kallenberg ausgehender Grazer Pseudonymus — Othmar Th. Erber (geb. 1872) — aus Gnas (Oststeiermark) — über seine einschlägigen Versuche, auf die wir zum Schlusse zurückkommen, abgehandelt. (4) Die Versuche selbst hatte er bereits 1914 abgeschlossen gehabt, der Erste Weltkrieg verzögerte deren Drucklegung.

1926 gab die Pendlerin Julie Kniese (später: Frau Boeß, Weimar) bekannt: sie hat seit 1913 mit Kallenberg, dem Ehrenmitglied der ‚Reichenbach-Gesellschaft' für psychische Forschung (Wien), und später allein Versuche zum Auffangen und Senden von Gedankentelegrammen gemacht, die noch nicht abgeschlossen sind: richtiger: die damals (1926) noch nicht abgeschlossen waren und von deren neuestem Stand ich nichts weiß![1]) ‚Unsere Vermittler waren der siderische Pendel und eine Alphabetskala.' Regelmäßiger Nachrichtendienst per Pendel während des Kriegsjahres 1917 mit dem Verlobten zwischen Neunkirchen (Niederöst.) und Charleville! Als Empfänger der drahtlosen Botschaften wurde die Zirbeldrüse (Glandula pinealis) empfunden, da sich dort während des Empfanges der Sendungen ein Druck bemerkbar machte und von da auch aus strahlenförmig sich Müdigkeit über das Rückenmark verbreitete. Ohrenklingen — ‚gewissermaßen als Läutewerk' — Ankündigung einer für die beiden bestimmten oder auf sie abgestimmten Sendung wurde festgestellt. (7) Hierzu kurz folgendes: der Volksmund sagt: „Linkes Ohr — Klinkes (d. h., Klingendes') Ohr. Der aus Siebenbürgen stammende Zaubersänger der Wartburgkriegsage (1206—1207) hieß Nikolaus Klingsohr, welcher sprechende Name die Telepathen-Eigenschaft dieses rätselhaften Mannes dartut! Um die gleiche Zeit wohl wie Fräulein Kniese pendelmorste der verstorbene Kabbalist (8) Franz Buchmann-Naga, von Berlin-Charlottenburg

[1]) Wohl aber weiß ich, daß Frau Kniese in einem später (ohne Jahresangabe) im ‚Herold-Verlag' zu München-Solln herausgekommenen Büchlein ‚... und es wird Licht' ihren eingekerkerten Professor Severin mit seinen Freunden pendeltelegraphieren läßt.

(6) Kallenberg, Friedrich: ‚Im Bannkreis des siderischen Pendels', in ‚Zentralblatt für Okkultismus', Leipzig (Jahrg. VII; 1913—1914; 367 f.; ferner 269).

(7) Kniese, Julie: ‚Der Mensch als Radiostation', in ‚Zentralblatt für Okkultismus', Leipzig (Nr. 9, März 1926; 414 f.).

(8) Buchmann, Franz: ‚Schlüssel zu den 72 Gottesnamen der Kabbala'. Leipzig 1925; Sersheim 1955.

aus mit dem Lebenskraftbehandler Heinrich Hoffmann in Auerbach (Bergstraße), also über eine Entfernung, welche in der Luftlinie ca. 450 Kilometer beträgt. Über seine Versuche soll er in der ‚Metaphysischen Rundschau‘ (Paul Zillmann, Bln.-Lichterfelde) abgehandelt haben. Ich kenne die Berichte nicht, verdanke den Hinweis befreundeter Seite. (‚AME‘ v. 1. 4. 1951)

1935 „Die Pendler-Vereinigung von Marsan (Gascogne; heute Dép.: Landes) hat im Sommer 1935 eine direkte Verbindung zwischen zwei Posten hergestellt, die über hundert Kilometer voneinander entfernt waren. Jeder derselben war Sender und Empfänger und richtiggehende Gespräche wurden mittels der Pendelung geführt.“ (9)

1936 gab Dr. med. Jules Regnault (Toulon) bekannt: „Man hat es (das sid. Pendel) zu einer Art von drahtloser Telegraphie benutzt, welche durch Telepathie — streng genommen — erklärt werden könnte: zur vereinbarten Stunde veranlaßt in der einen Stadt der Pendler sein Instrument zu einer Reihenfolge von Schwingungen, während ein zweiter in einer anderen sein Gerät in der Hand hält, und dieses würde die Schwingungen des ersten wiederholen. Der Ritter Luigi Zanella hat die positiven Ergebnisse seiner Pendelübertragungsversuche zwischen Verona und Florenz veröffentlicht.

Aber noch mehr: andere Pendler legen auf ihren Schreibtisch eine Scheibe mit den Buchstaben des Alphabets und behaupten, durch ihr Pendel eine Botschaft zu empfangen, die ihnen ihr Partner mit einem zweiten über ähnlichem Alphabetarium schwingenden Ring buchstabenweise zukommen läßt.“ (10)

Und — was es besonders zu behalten gilt: „Dergestalt vermöchten sie selbst eine Übermittlung zu entziffern, die in ihrer Abwesenheit, einige Stunden vorher, gesendet wurde.“ (10)

Nun zurück zu unserem Grazer Anonymus, weil der seine Versuche am eingehendsten schildert. Er ging, wie gesagt, von Kallenberg's Beobachtung der telepathischen Beeinflussungsmöglichkeit des Pendels aus. „So habe ich denn zuerst den Versuch gemacht, einer mir nahestehenden Person, die sich in meiner Wohnung befand, von einer etwa 2 km entfernten Lokalität inmitten einer volkreichen Stadt zu einer vorher festgesetzten Stunde eine von drei vorher vereinbarten Pendelfiguren durch einen intensiven Willensakt zu suggerieren. Und das Unerwartete stellte

(9) Lacroix-à-la-l'Henry, René: ‚Théories et Procédés Radiestésiques‘. Paris 1942; 127.

(10) Regnault, Dr. med. Jules: ‚Biodynamique et Radiations‘. Toulon et Paris 1936, 267 f.

sich prompt und deutlich ein.“ (S. 21) ‚Die drei vorher vereinbarten Pendelfiguren‘ waren anscheinend: Linie (Strich), Ellipse, Kreis.

Bei einem zweiten ‚glänzend gelungenen Versuch‘ kommt noch eine höchst interessante Nuance hinzu, die die Erklärungsversuche dieser telepathischen Vorgänge noch erschwert, nämlich die bereits von mir herausgestellte Angabe des ehemaligen Marine-Chirurgen und Anatomieprofessors an der See-Medizinschule Regnault: „Mein Partner hatte den gegebenen Zeitpunkt versäumt und das Pendel erst 20 Minuten nachher in die Hand genommen. Dies bedeutete aber für das Gelingen nicht das geringste Hindernis, denn das Resultat war auch in diesem Falle vollkommen deutlich und genau.“ (22)

Das ermutigte zu einem Versuch über weite Distanz: Graz-Meran (330 km Luftlinie), wobei fast 4000 m hohe Berge geschnitten wurden, und der ebenfalls glückte. Bei einem vierten Versuch ging ‚Paracelsus‘ einen Schritt weiter: diesmal war er der Empfänger, der sich von einem männlichen Verwandten in Bozen (320 km Luftlinie) nach dessen Wahl Zeichen mit diesmal bestimmter Schwingungsrichtung (ebenfalls nach Wahl des Senders) zuschicken ließ. Auch dieses Experiment gelang.

Nun begann Operator Versuche auf geringe Entfernungen zwischen Örtlichkeiten der Stadt (Graz?) und in der Umgebung, also im Umkreis von 2 bis 10 Kilometern, ausschließlich mit weiblichen Versuchspersonen, und mit einem Alphabetarium (‚eine Art doppelter Windrose, deren Teilungen ich mit den wichtigsten Buchstaben des Alphabets bezeichnete‘).

„Über dem Zentrum hielt ich das Pendel, des Ausschlags gewärtig, den mein Partner durch intensives Denken der von ihm gewählten Buchstaben hervorrufen sollte. Das Pendel merkte die Absicht und ward verstimmt. Es schlug aus — gewiß tat es das —, schön und deutlich nach einer Seite, allein es suchte sich seine Buchstaben nach Belieben. Allerdings schien es in diesem Belieben doch einigermaßen beschränkt zu sein, denn die Abweichung glaube ich für eine ziemlich regelmäßige halten zu dürfen.“ (26—27) [2])

Anstatt den Ursachen der Abweichung auf den Grund zu gehen,

[2]) Seite 42 kommt Autor nochmals auf diese Regelmäßigkeit der Abweichung zurück: „Die von mir selbst gewählten Buchstaben kamen rasch, deutlich und genau.“ Gut, aber weiter: „Die mir von anderer Seite gedanklich befohlenen dagegen nicht, wohl aber mit einer Wendung in einem ziemlich regelmäßigen Winkel andere Buchstaben.“

Schließlich kann man ja das kurante Alphabet ganz fallen lassen und auf den dem Pendel gemäßen drei Grundfiguren ein ganzes Morse-Alphabet aufbauen!

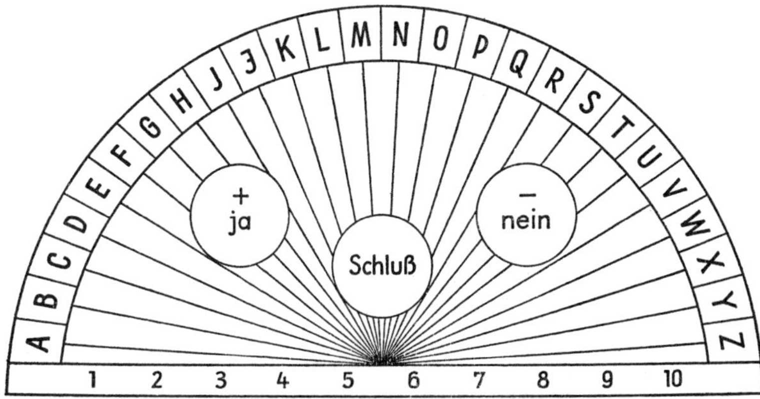

Schema eines „Alphabetariums", das zur Übertragung von „Pendel-Telegrammen" verwendet werden kann. Die vom „Sender" bzw. „Empfänger" benutzten Pendel müssen aus den gleichen Materialien angefertigt sein. - Entwurf: Willy Schrödter; Ausführung: ‚Okkulte Stimme', Braunschweig; Nr. 5 vom Mai 1948; 32.

Erfahrung lehrt, daß es besser ist, den Buchstaben-Halbkreis unregelmäßig zu teilen und die Buchstaben nicht in alphabetischer Reihenfolge anzuordnen. „Dadurch wird erschwert, daß sich die Orte der Buchstaben allzu leicht ins Gedächtnis einprägen und der ungeduldige Geist das erwartete Wort vorwegnimmt, das sich dann als falsch erweist, weil das Tagesbewußtsein die Führung übernommen hatte." (O. Th. Erber)

oder für den Fall, daß sie sich nicht vermeiden ließ, die Relation festzustellen, um dann durch Ab- und Zugeben das Ergebnis zu berichtigen, brach unser Paracelsus jr. — weniger hartnäckig als der ‚Senior' in solchen Fällen — ab. Unter seinen Ratschlägen dünkt mich besonders dieser beachtenswert: „Es ist für genaue und dauernde, besonders für telepathische Versuche wesentlich, daß stets das Pendel beider Personen aus dem gleichen Stoffe ist." (34; Fußnote)

Albertus Magnus (1207—80) beschreibt in dem ihm zugeschriebenen Kunstbuch ‚Der Große und Kleine Albert' einen gleichen Zwecken dienenden telepathisch-magnetischen Zeigertelegraphen, das sog. ‚Sympathische Zifferblatt', von dem man zwei braucht, eines als Sender, ein anderes als Empfänger. Beide Instrumente haben einen Weiser (Zeiger), der aus einem und demselben halbierten länglichen Magneteisenstein besteht. (11) Also bereits der ‚Zaubererbischof' erkennt die Notwen-

(11) Schrödter, Willy: ‚Die Geheimkünste der Rosenkreuzer'. Warpke-Billerbeck 1954; 35 f.

digkeit des gleichen Stoffes als Voraussetzung für einwandfreie Übermittelung!

Und was die ‚Sympathie' anbelangt: Clarence gibt in seinem gemeinsam mit Surya herausgegebenen Sympathiebuch (12) an: wenn ein Möbelstück im Feuer verbrennt, soll ein zweites, aus dem Holz des gleichen Baumes angefertigtes, selbst in weitester Ferne Sprünge bekommen!

Später konnte ich feststellen, daß Goethe in seinen ‚Unterhaltungen deutscher Ausgewanderter' dieses Phänomen bereits gebracht und dazu bemerkt hat: „Diese Dinge brauchen nicht erklärbar zu sein, es genügt, daß sie wahr sind."

Paul Loose (Gelsenkirchen), weiland Großmeister der ‚Indischen Loge zur Wahrheit' hielt seine Logen zu ‚teledynamischen' Experimenten in den 20er Jahren an. So erzeugte am 12. Juli 1919 eine ferne Sendeperson Kringel in einem halb gefüllten Wasserglase, begleitet von einem Summerton. „Nach brieflicher Verabredung mit Herrn W. brachte dieser von uns vorgeschriebene Morsezeichen, kurze und lange Töne, deren Dauer wir nach der Uhr und einer vorliegenden Abschrift genau kontrollierten, vorschriftsrichtig hervor. Sollte sich mit der Zeit nicht eine Art Telephonie erzielen lassen?" (13)

Auf diese Frage seines Schülers antwortete der Großmeister: „Anderwärts sind von mir angegebene Versuche mit einer wassergefüllten Schüssel gemacht worden, in der ein Hölzchen schwamm und an deren Rande die Buchstaben standen.

Auch kann man einen Ring an einem Faden (von Seide oder Leinen, nicht leitend oder leitend?) in ein Glas hängen, das Ende zwischen den Fingern haltend. Der Ring schlägt hellklingend an.

Es geht auch ohne Verabredung mit bestimmten Personen, — man kann versuchen, eine der zahllosen ‚Depeschen' aufzufangen, die in jedem Augenblick den Raum durchziehen." (13)

Ich schließe mich den Worten eines anderen Großmeisters, nämlich des Kaiserlichen Hauptmannes, Ritters und Rates, Dr. jur. utr. Heinrich Cornelius Agrippa von Nettesheim (1486 bis 1535), Imperator einer ‚Sodalität' (natwiss. Geheimbundes): „Auf ganz natürliche Art, ohne allen Aberglauben und ohne die Vermittlung irgend eines Geistes ist es möglich, daß ein Mensch dem anderen auf jede noch so weite, ja sogar unbekannte

(12) Surya, G. W. und Clarence, E. W.: ‚Sympathie, Mumia, Amulette, okk. Kräfte der Edelsteine und Metalle'. Berlin-Pankow 1927; I; 61; Fußnote.

(13) Loose, Paul: ‚Telepathie'. Leipzig 1920, 24—25.

Entfernung in der kürzesten Zeit seine Gedanken mitteilen kann. Ich verstehe diese Kunst und habe sie oft probiert: auch der Abt Trithemius[3]) versteht sie und hat sie einst ausgeübt.“ (14)

(14) Heinrich Cornelius Agrippa's von Nettesheim: ‚Magische Werke etc.‘ Berlin 1921, I; 65—66 (Kap. VI).

[3]) Johannes Trithemius (1462—1516), d. i. Johann Heidenberg aus Trittenheim a. d. Mosel, Abt des Klosters Sponheim bei Kreuznach, später von St. Jakob in der Würzburger Vorstadt. Wegen der seiner Zeit vorauseilenden Kenntnisse als ‚Zauberer‘ verdächtigt.

Pentagramm und Hexagramm

„Diese zwei sind hervorragend vor allen anderen Charakteren, Pentakeln und Siegeln."

Paracelsus (1493—1541)
„Philosophia occulta"; Bd. X

Das Pentagramm (Pentalpha, Drudenfuß, Druidenfuß, Alpfuß, Mahrfuß, Krottenfuß, Fünfstern) ist ein menschheitsaltes, global verbreitetes in seiner Sinngebung tiefgründiges Bann- und Schutzzeichen.

Daß es ein astral geschöpftes Sigill ist hat Zehrer (1) dargetan: es ergibt sich durch lineare Verbindung der fünf Konjunktionsorte des Abendsternes bei dessen sog. ‚heliakalischem' Aufgang!

Im Übrigen ist es das lineare Abbild des Menschen. (2) Darum stellen der ‚dämonische Ritter' Agrippa von Nettesheim und der Rosenkreuzer-Apologet Armiger Robert Fludd (de Fluctibus; 1574—1637) den Menschen innerhalb eines Pentagrammes dar. Das ist nicht von ungefähr!

Manfred Kyber (1880—1933) hat uns das ‚Pentagramm-Asanâ vermittelt:

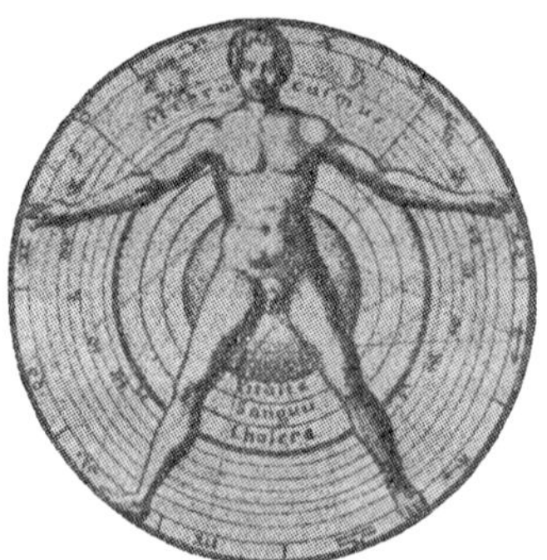

Der Mensch in Pentagramm-Stellung
Titelblatt der ‚Utriusque Cosmi Historia' des Robert Fludd.
(Oppenheim und Frankfurt/Main, 1617—1624; Bd. I)

(1) Zehrer, Erich: ‚Das Testament der Sterne'.
(2) Schrödter, Willy: ‚Vom Hundersten'; 167 f.

„Abgesehen von anderen Bedeutungen dieser Figur entspricht die Stellung des Menschen mit ausgestreckten Armen und Beinen in der Form des Pentagramms am meisten dem Kreislauf der rein pflanzlichen Kräfte seines Körpers.

Versuchen Sie einmal, sich nach einer völligen Erschöpfung in dieser Lage zu erholen, und sie werden sehen, daß die Erholung unendlich viel schneller von sich geht, als in anderer Lage.

Es steckt eben in diesen Dingen ein ganzes Stück unbekannter oder heute vergessener Naturwissenschaft." (3)

Unter ‚asanâ' versteht der indische Yoga eine bestimmte Körperhaltung, die physiologische Veränderungen zu therapeutischen oder magischen Zwecken hervorrufen soll.

Geschwulste werden mit einem darüber gezogenen Pentalpha an der Ausweitung gehindert. „Wichtig ist, daß man es vollständig schließt[1]), weil damit der erregte Strom nicht mehr hinauskann, sondern wie ein Wirbel zu kreisen beginnt und seine auflösende und heilende Wirkung ausübt. In der Richtung des magnetischen Meridians[2]) wirkt es am stärksten." (4)

Der Schmerz von Bienen- und Wespenstichen wird auf gleiche Weise fast augenblicklich gestillt. (5)

Surya verdankte den Hinweis auf die heilende Wirkung des Pentagramms seinem langjährigen Freunde Dr. med. Franz Hartmann (1838—1912). Er hat es erstmalig — und gleich mit Erfolg! — bei einem jungen Assistenzarzt in Graz während des Ersten Weltkrieges angewendet, und zwar gegen einen juckenden Hautausschlag auf der Backe, den kein Spezialist zu beheben vermocht hatte:

Er schlug das Zeichen der Weißen Magie mit seiner Rechten in wenigen Zentimetern Entfernung über der betreffenden Stelle.

„Dann stellte ich mir lebhaft vor, wie meine astrale Hand gleichsam den Ausschlag an der Wurzel erfaßte und heraus-

[1]) Man erinnere sich der Verse in Goethe ‚Faust' (I; 1400—1402); Mephistopheles konnte nur deshalb in Faust'ens Studierstube eindringen, weil dieses Bannzeichen nicht regelrecht gezeichnet war: „Es ist nicht gut gezogen; der eine Winkel, der nach außen zu, ist — wie Du siehst — ein wenig offen." — Das gilt es zu vermeiden!

[2]) Auch hier — wie bei der ‚Cheopspyramide' und der ‚Mumifizierungsbatterie' — ist die Ortung grundlegend wichtig.

(3) Kyber, Manfred: ‚Einführung i. d. Gesamtgebiet des Okkultismus'. Stuttgart 1922; 23.

(4) Strauß, Dr. Alfred, und Surya, G. W.: ‚Theurgische Heilmethoden'. Lorch/Württ. 1936; 270.

(5) Strauß-Surya; 269; Fußn.

ziehe, wobei ich dreimal eine herausziehende Bewegung mit meiner Hand machte, ohne aber den Kranken zu berühren."

Der hatte die Sensation einer angenehmen Kühle und „dann, als du mit deiner Hand gleichsam etwas vor mir entfernen wolltest, war es mir, wie wenn hunderte von sehr feinen Kautschukfäden aus der Wange gezogen würden." (6)

Dem sehr Kundigen begegnet in der von dem ‚modernen Rosenkreuzer' beschriebenen ‚herausziehenden' Handbewegung die längst in Vergessenheit geratene Manipulation des ‚Bohrens' oder ‚Drehens': die zusammengelegten (en faisceau) oder im Kreise gehaltenen Fingerspitzen vollführen in höchstens 10 Zentimeter Entfernung von der Ansatzstelle während der Dauer von 1—2 Minuten drehende oder bohrende Bewegungen. (7)

Paracelsus ritzte das Pentagramm (und das minder wirksame) Hexagramm in Lebkuchen ein und gab sie — wie wir heute sagen würden — gegen nervöse Übererregung zu essen. (8) Man vergleiche die ‚Eßzettel' in manchen katholischen Gegenden (Jungbauer) und die Vorgehensweise bosnischer Hodjas! Diese muhammedanischen Geistlichen schreiben entsprechende Koran-Verse auf Papier, verbrennen dies und lassen die Asche vom Patienten mit Wasser hinunterspülen. (Surya) —

Holz in Form des Alpflusses (‚Formstrahlung'!) geschichtet, soll erstaunlich gut brennen, wie mir der Hamburger Hermetiker Alfred Müller-Edler zu wissen tat.

Ing. Hans Müller (Gelsenkirchen) hat eine ‚neue Deutungsmethode zur Charakter- und Schicksalsforschung' entwickelt, die in Pentagrammform angeordnet wird. („Der Mensch im Kraftfeld kosm. Faktoren"; Pforzheim, 1959.)

„Die Pentagrammstellung des alten China hat sich deutlichst im Schriftzeichen shuang erhalten." (9)

Die östliche Turmseite der Marktkirche in Hannover weist ein Pentagramm auf, das auf seiner Spitze steht, aus dem 14. Jahrhundert stammt und dort als Schutzzeichen gilt.

Der österreichische Komponist Ernst Krenek (geb. 1900) hat

(6) Surya, G. W.: ‚Okk. Diagnostik und Prognostik'. Lorch/Württ. 1950; 152—153; Fußn.

(7) Breitung, Max: ‚Der Heilmagnetismus i. d. Familie'. Leipzig 1924; 76—77.

(8) Freudenberg, Franz: ‚Paracelsus und Fludd' (‚Geh. Wissenschaften', Bd. XVII). Berlin 1918; 222.

(9) Hentze, C.: ‚Tod, Auferstehung, Weltordnung'. 1955; 69. Zitiert nach Fischer, Herb., Univ.-Prof. Dr.: ‚Die offene Kreuzhaltung im Rechtsritual' (‚Grazer Rechts- und Staatswiss. Studien', Band 3). Graz-Köln 1958; 35; Fußn.

ein Kammermusikstück ‚Pentagramm' komponiert, welches 1958 erstmalig im Westdeutschen Rundfunk gebracht worden ist.

Verwandt, verwechselt, weniger wirksam (lt. Paracelsus) ist das Hexagramm (sog. ‚Judenstern', Salomonsschild, Siegel Salomonis, Magèn Davids, Sechsstern).

Schlägt man sechsmal im Kreis den Radius und verbindet die gewonnenen Punkte mit einander, so gewinnt man es, daß die Durchdringung der unteren Welt von der oberen (unter vielem anderen) anzeigt. (10)

Hexagramm
mit eingezeichneter Hagall-Rune

Verbindet man die Spitzecken des Sechssternes durch Linien miteinander, so entsteht die Hagall-Rune! Anders ausgedrückt: die Hagall-Rune ist das Skelett des Hexagrammes, oder letzteres die getarnte ‚Runenmutter'. Aus ihr lassen sich nämlich als ‚Kanon' oder ‚Schlüsselrune' alle anderen ableiten, ‚bauen'.

Von ihr wird Ähnliches wie vom Pentagramm hinsichtlich der therapeutischen Wirkung gesagt:

> „Der magische Sechsstrahl, wenn er dicht über einer Wunde oder einem kranken Glied mit der Hand geschlagen oder auch nur mit den Fingerspitzen leicht auf die Haut an der erkrankten Stelle gestrichen wird, begünstigt immer das durchgeführte medizinische Heilverfahren und beschleunigt die endgültige Heilung." (11)

Die Hagall-Rune, die hier flächig (zweidimensional) aufgezeichnet werden soll, ist eigentlich ein räumliches (dreidimensonales) Gebilde; daher: Raumkreuz! Als solches ziert sie beispielsweise die katholische Kirche zu Welschneudorf (Unterwesterwald-

(10) Schrödter, Willy: ‚Symbolik', in ‚Die Säule' (H. 1). Leipzig 1938; 9 f.
(11) Brenner-Kruckenberg, Walter: ‚Kreis, Dreieck und Sechsstrahl', in ‚Die andere Welt', Nr. 2 vom Februar. Freiburg/B. 1959; 34.

kreis); viel mehr bekannt ist jedoch ihr goldenes Grüßen von der zartgliedrigen gothischen Bildsäule der ‚Spinnerin am Kreuz', die vom Dombaumeister Hans Puchspaum in den Jahren 1451—1452 geschaffen, im 10. Gemeindebezirk Wiens steht, an der letztlich nach Triest führenden Bundesstraße Wien — Graz (bzw. Wien — Klagenfurt). Anastasius Grün (Anton Alex. Gf. v. Auersperg; 1806—1876) hat diesen Markstein in seinem Gedicht ‚Der letzte Ritter' (1837) besungen.

Literatur:

Blachetta, Walter: ‚Das Sinnzeichen-Buch'. Frankfurt/M., o. J.; 70—71.

Birven, Henri Cl.: ‚Lebenskunst in Yoga und Magie'. Zürich 1953; 127 f.; 132 f.

Spiesberger, Karl: ‚Runenexerzitien für Jedermann'. Freiburg/Brsg.

Zeising, H.: ‚Das Pentagramm'. 1854.

Pflanzen als Lebensanzeiger

> Lavater (1741—1801): „Worin urständen Ihre Wunder?"
> Graf Cagliostro: ‚In verbis, herbis et lapidibus' (lat.: ‚In Worten, Pflanzen und Gesteinen')

Johannes Staricius (Dr. a Strein) gibt in seinem ‚Kunstbuch' (1) an:

> „Nimm grüne, taube Nessel, thue dieselben 24 Stunden in des Kranken Wasser; bleiben sie grün, so wird er wieder gesund, werden sie aber dürr und faul, so wird er sterben."

Andere ‚Naturkündiger' (2) haben das Rezept wiederholt; noch Papus (Dr. med. Gérard Anaclet Vincent Encausse; 1865 bis 1916) bezeichnet es als ‚unbedingt zuverlässig', wenn das Kraut in den Morgen-Urin gelegt wird. (3)

Papus war in einem Zigeunerwohnwagen zur Welt gekommen, besaß zigeunerische Naturverbundenheit, welche ihn befähigte, einer der führenden Okkultisten seiner Zeit zu werden. Er war Frauenarzt in Paris, im Ersten Weltkrieg Oberstabsarzt, und seine Eigenschaft als ein Oberhaupt des Martinisten-Ordens verschaffte ihm Zutritt zum Zarenhofe.

Freunde solcher Pflanzen-Geheimnisse seien auf mein gleichlautendes Füllhorn solcher (4) verwiesen!

(1) Staricius, Johannes: ‚Geheimnißvoller Heldenschatz etc.' Köln und Weimar 1750; 191.
(2) Glorez, Andreas: ‚Eröffnetes Wunderbuch etc.' Regensburg und Stadtamhof 1700; 64.
Glück, F. M.: ‚Das Büchlein der Wunder'. Stuttgart 1832; 13 (Nr. 15).
(3) Papus: ‚Traité méthodique de Magie pratique'. Paris 1937; 462.
(4) Schrödter, Willy: ‚Pflanzen-Geheimnisse'. Warpke-Billerbeck 1957; 61 f.

Pi, die Weltzahl

„Die Cheopspyramide ist das steiner-Mal der Zahl Pi."

Dr. Eugen Georg (1930)

„Gott rechnet."

Pythagoras (580—493)

Die Zahl ‚Pi' (π) oder ‚Ludolf'sche Zahl', genannt nach dem Mathematiker Ludolf van Ceulen (1540—1610) bezeichnet in der Mathematik das Verhältnis des Umfanges zum Durchmesser eines Kreises: 3, 14159 (2653558979). Sie wurde bei den Babyloniern mit dem Wert 3 berechnet. Die Ägypter rechneten schon genauer mit 3,1605. In Europa wurde Pi immer exakter, schließlich auf 800 Dezimalstellen berechnet. Diese Rechenleistung wurde durch eine neue Rechenmaschine jedoch weit übertroffen; sie berechnete Pi auf 2040 Stellen genau. (A. W.)

„Diese Zahl wird zu einer recht mysteriösen Angelegenheit, wenn wir sie mit einem einfachen Experiment in Verbindung bringen. Wir zeichnen uns zu diesem Zweck ein Rechteck mit Querlinien auf und beachten, daß die Zwischenräume der Linien zwei Stecknadellängen von einander entfernt sind. Man läßt aus geringer Entfernung Stecknadeln einzeln auf das Rechteck fallen und registriert jeden Fall, d. h. ob die Nadel frei zwischen den Linien liegen bleibt, eine Linie schneidet oder sie nur berührt. Letzteres beides ist gleich zu bewerten. Am besten: man macht als Merkzeichen: Punkt-Strich. Es wird sich jetzt herausstellen, daß die Nadeln bedeutend häufiger im freien Raum liegen bleiben, als eine Linie berühren. Man wird annehmen: der Zufall spiele hier eine Rolle, — im Gegenteil: ein unabänderliches, mysteriöses Gesetz zwängt die Zwischen- und Überkreuzungsfälle in ein Abhängigkeitsverhältnis, das direkt unheimlich anmutet, wenn man nach ca. 4000 Würfen die Zahl der dabei erhaltenen Überkreuzungsfälle in der Gesamtzahl der Würfe dividiert. Das Ergebnis wird mit unfehlbarer Sicherheit stets die Ludolfsche Zahl 3,14159 sein. Kein Zufall kann das Resultat ändern und das ist es, was auch dem größten Zahlenfeind Respekt vor mathematischen Erkenntnissen abringt. 3000 Würfe muß man machen, um das Experiment nachprüfen zu können; es kann ja über Tage ausgedehnt werden. Die dabei herauskommende Zahl wird 3,1 sein. Erst bei ca. 5000 Würfen vergrößert sich diese auf 3,141 usw.“ (1)

Diese Findung geht zurück auf den ‚Plinius und Aristoteles von Frankreich‘, den berühmten Naturforscher Georges Louis Leclerc, Comte de Buffon (1707—78) und wird als ‚Buffonscher Nadelfall‘ bezeichnet!

In diesem Zusammenhang muß auch das ‚Wunder der Glockenkurve‘ mit dem sog. ‚Galtonschen Brett‘ Erwähnung finden (Wilsmann).

Die Cheopspyramide bei Gizeh ist das steinerne Denkmal der Weltzahl Pi. (2) „Von den 130 Pyramiden ... ist keine von gewaltigeren Abmessungen, von einer größeren Vollkommenheit, von ähnlich großzügiger Genauigkeit der Ausführung, die selbst die Technik unserer Tage nicht zu übertreffen vermag. Es ist Torheit anzunehmen, ein so kolossales Gebäude könne nur dem Zweck gedient haben, den Sarkophag eines einzelnen Menschen zu bergen.“ (3) Die ungefähr 2800 v. Ztw. von Chufu (gr. Cheops) erbaute Pyramide besaß ursprünglich einen Kubikinhalt von 2.521000 cm (heute: 2.352000) bei ehedem 146,67 m Höhe (heute: 137 m). Dividiert man den Gesamtumfang der Seitenkanten von 921.392 durch die frühere Höhe, so ergeben sich 2 Pi!

Im Zusammenhang mit ihr sei einer Pyramide gedacht, die im Leben des französischen Königs Ludwig XVI. (1774—1792) eine geheimnisvolle Rolle spielte. Kurz vor der französischen Revolution sagte eine Maske in der auffälligen Form einer Pyramide anläßlich eines Balles im Opernhaus ihm sein unheilvolles Ende (1793) voraus. Als der Monarch aus dem Banne erwachte, befahl er seinem Adjutanten, die Maske zu stellen. Der folgte ihr, erhielt nur Unverschämtheiten an den Kopf geworfen, bis sie auf einem Fleck stehen blieb. Der Offizier forderte Demaskierung und Legitimation, die Pyramide blieb stumm und unbeweglich. Als man sie schließlich in die Höhe hob, war sie leer. Man stellte fest, daß sie gerade über der Versenkung im Bühnenraum Halt gemacht hatte. Durch diese war sie mit Unterstützung von Helfershelfern verschwunden. Das Rätsel wurde nie gelöst. (4)

(1) Sperling, Walter: ‚Ein Rätsel der Mathematik‘, in ‚Der Spiegel‘. Freiburg/Br., um 1932.

(2) Strauß, Dr. jur. Alfred: ‚Die Weltzahl Pi‘. Leipzig 1930.
Nötling, Dr.-Ing. Fritz: ‚Die kosm. Zahlen d. Cheopspyramide‘. Stuttgart 1921.

(3) Eyth, Max: ‚Kampf um die Cheopspyramide‘. 1902.

(4) Schrödter, Willy: ‚Die unheilverkündende Pyramide‘, in ‚Mensch und Schicksal‘, Nr. 8 vom 1. Juli. Villach 1954; 16.

Literatur:

Endres, Franz Carl: ‚Mystik und Magie der Zahlen'.

Lomer, Dr. med. Gg.: ‚Die Zahlen als Wurzel der Welt'.

Wilsmann, Dr. Al. Christoph: ‚Wunderwelt unter der Tarnkappe'. Essen 1943; 248 f.

Pranische Ernährung

„Wer sich mit Luft ernährt, leuchtet wie ein Gott und lebt lange."
Konfuzius (551—479)

‚Prana' ist nach indischer Geheimlehre ein in der Luft enthaltener Feinstoff (‚Über-Luft'), den man in außergewöhnlicher Menge durch Atemzucht (‚Pranayama') sich einverleiben, zu magischen Zwecken, sog. ‚forciertem Pflanzenwachstum' (Mangobaumwunder), Krankenheilung, benutzen und mit Hilfe dessen man sich notfalls kürzere oder längere Zeit (wenn nicht — wie manche Heiligen — zeitlebens) ernähren kann. ‚Nutritio spiritualis') Die im Westen dem Prana entsprechende Bezeichnung wäre Od!

Daß es sich beim Prana um mehr als eine bloße Annahme handelt, dafür sprechen nachstehende Tatsachen:

Kaplan Kurt Kraus beobachtete in Laibach eine Stigmatisierte, die lange Zeit fast keine Nahrung zu sich nahm, wie sie in der Verzückung ihre Hände in die Luft ausstreckte, um von dort eine weißliche, sich reptilienartig anfühlende Substanz zum Munde zu führen. „Die Parallele zu dem von Albert Freiherrn Dr. von Schrenck-Motzing (München) u. a. festgestellten Teleplasma ist so aufällig, daß es naheliegt, dieses zur Erklärung der Nahrungsenthaltung heranzuziehen und darin — entsprechend der Esoterik — in festen Zustand überführtes Prana zu sehen, das auf diese Weise etwa dem Ätherkörper zugefügt wird." (1)

Der Physiologe Professor Otto Heinrich Warburg (geb. 1883), Nobelpreisträger von 1931, hat 1929 im ‚Kaiser-Wilhelm-Institut' für Biologie zu Berlin-Dahlem (seit 1948: ‚Max-Planck-Institut') referiert, die Luft enthalte ein dem Hämin ähnliches Ferment, das er durch Lichtwirkung gefunden habe. Diese Eröffnung wurde von der sie veröffentlichenden Fachzeitschrift folgendermaßen kommentiert: „Es ist schon immer bekannt gewesen, daß die Luft außer Sauerstoff, Stickstoff und einigen Edelgasen ... noch andere

(1) Hänig, Hans: ‚Zur Nahrungsaufnahme kath. Heiliger', in ‚Ztrbl. f. Okk.', Märzheft. Leipzig 1928; 428.

Stoffe enthält, die sehr wahrscheinlich für den Atem ebenso wichtig sind wie die Vitamine in der grobstofflichen Nahrung!" (2)

Im Jahre 1952 hat der schottische Biochemiker Professor Dr. Sir Alexander R. Todd von der Universität Cambridge in einer Veröffentlichung dargetan, daß wir mit der Atemluft Vitamine (Coenzyme) aufnehmen, von denen wir allein unser Leben fristen könnten, sofern wir hinreichend davon zu absorbieren vermöchten. Was eben Sache einer besonderen Atemtechnik wäre.

Hierher gehört auch die Alltagsbeobachtung, wonach wir während oder kurz nach der Nahrungsaufnahme bereits einen Kräftezuwachs verspüren, obwohl die Nahrung noch nicht verdaut ist! (Jezek) Dieser Kräftezuwachs kann also nicht von der grobstofflichen ‚Schale' der Nahrungsmittel herrühren!

Der seinerzeit berühmte Magnetist Charles Lafontaine magnetisierte im Sommer 1849 zu Livorno von sechs Eidechsen zwei und ließ alle ohne Nahrung. Die nicht-magnetisierten gingen nach: 9, 11, 13 und 18 Tagen ein; die magnetisierten lebten 42 bzw. 75 Tage und kamen überdies durch Unfall um. (3) Ein überzeugender Versuch, der aber nur ‚à titre documentaire' und nicht zum Nachmachen erwähnt wurde!

Nach gemacht werden können jedoch diese beiden Experimente: In den 20er Jahren arbeitete Ingenieur Fritz Grunewald — wie bereits a. a. O. geschrieben, mit dem dänischen Magnetiseur Peter Johannsen, welcher durch seine Hände die Magnetnadel abzulenken vermochte.

> „Grunewald ließ P. J. einen Kontrollversuch vornehmen, eine Art blinder Behandlung, bei der eine Viertelstunde lang ähnliche Striche durch die Luft zu machen waren. Das Ergebnis dieses blinden Versuches war überraschend, denn die Magnetintensität (und damit auch die Fähigkeit zur heilmagnetischen Beeinflussung) hatte nach der Behandlung nicht ab-, sondern sogar in auffälliger Weise zugenommen. P. J. hatte also anscheinend etwas wie Lebensenergie aufgenommen, und im Einklang mit dieser Auffassung sagte er auch, ohne von den Ergebnissen der Messung irgend etwas zu wissen, ohne also suggestiv beeinflußt zu sein — er hätte beim Streichen durch die Luft einen wachsenden Widerstand empfunden und das Gefühl gehabt, etwas in sich aufzunehmen. Dieses objektive Versuchsergebnis erinnert unwillkürlich an die Behauptung vieler Inder, sie verstünden seit Jahrtausen-

(2) Anonym: ‚Prana wiss. bestätigt' (Vitamine i. d. Luft), in ‚Ztrbl. f. Okk., Januarheft. Leipzig 1929; 332.

(3) Lafontaine, Ch.: ‚L'Art de magnétiser ou le Magnétisme animal'. Paris 1860; 328 f.

den die Kunst, durch gewisse Atem-, bzw. Bewegungstechnik aus der Atmosphäre Lebenskraft ‚Prana' in sich aufzunehmen." (4)

Zwei böhmische Spiritisten, der (1937) 21 Jahre alte Autogen-Schweißer Franz Sykora und der weiland 35jährige Kranmonteur Rudolf Vltavsky, beide in den Witkowitzer Werken zu Mährisch-Ostrau beschäftigt gewesen, brachten durch ihre vereinte Körper-Elektrizität Glimmlampen zum Aufleuchten und ein Rundfunkgerät zum Spielen, nachdem sie sich zwanzig Minuten lang bis zur Erschöpfung durch Tiefatmen und Muskelanspannung (5) aufgeladen hatten. (6)

Mit dieser Tiefatmung finden wir wieder den Anschluß zu einer anderen Beobachtung von Grunewald:

Johannsen gehörte zu den Personen, deren angenäherte Hände die Kompaßnadel ablenken.

Grunewald ordnete nun eine Magnetnadel über der Hand seines Mitarbeiters an und konstatierte:

„So vergrößert sich beim Einatmen der Ausschlag einer über der Hand angeordneten Magnetnadel, um dann beim Ausatmen wieder zurückzugehen.

Dieses Pulsieren läßt sich als das Atmen eines magnetischen Körpers auffassen." (4)

Vgl. hierzu Abschnitt ‚Ätherleib'!

(4) Gratzinger, Josef: ‚Das magnetische Heilverfahren'. Wien 1922; 55 f. Grunewald, Fritz: ‚Physikalisch-mediumistische Untersuchungen' (‚Die okk. Welt', Nr. 13—16). Pfullingen 1920.

(5) Schrödter, Willy: ‚Körper-Elektrizität und Magnetismus', in ‚Neue Wissenschaft', Heft 10 vom Oktober. Oberengstringen b. Zürich 1956; 304 f.

(6) F. St.: ‚Die Wundermenschen von Mährisch-Ostrau', in ‚Koralle', Nr. 24 vom 20. Juni. Berlin 1937, 842.

Literatur:

Anonym: ‚Ein Fall von Nahrungslosigkeit', in ‚Ztrbl. f. Okk.', Aprilheft. Leipzig 1926; 476.

Kiesewetter, Carl: ‚Inedia, das myst. Fasten, ein physiol. Rätsel', in ‚Sphinx', Maiheft. Gera 1888; 320 f.

Schrödter, Willy: ‚Pflanzen und pranische Ernährung', in ‚Pflanzen-Geheimnisse'.

Wachtelborn, Karl: ‚Die Wassertrinkerin Jungfr. Marie Furtner aus Frasdorf in Oberbayern, welche 50 Jahre hindurch ausschließlich vom Wasser lebte'. Dresden 1937.

Wiesel, Max: ‚Die Wassertrinkerin Maria Furtner', in ‚Okkulte Stimme', Heft 11 vom November. Braunschweig 1955; 4—6.

Rhythmische Suggestion mit Pendel

„Das Unterbewußte ist eine Macht in uns, welche eine ungeheure Wirkung auf unser Wesen ausübt. Diese Kraft kann seelische und organische Krankheiten hervorrufen oder heilen, je nachdem, ob sie richtig oder falsch geleitet wird."

Dr. jur. G. Brauchlin

Im Abschnitt ‚Gedanken sind Dinge' wies ich bereits darauf hin, daß das sog. ‚Chevreul'sche Pendel' therapeutisch ausgenutzt werden kann.

Dr. jur. G. Brauchlin (Zürich) verband mit ihm spezielle Suggestionen, die er auf einer patentierten Tabelle anbringen ließ. „Zur Herstellung besonderer Tabellen von Fall zu Fall mit individuell angepaßten Suggestionen, wie sie sich jeweils aus besonderen Analysen, Krankheit und Individualität ergeben haben, fand ich die Idee ausgezeichnet und erlaube mir, einige hier vorzuführen, mit der ausdrücklichen Bemerkung, daß diese bloß zur Anregung dienen sollen und jeder zu seiner eigenen Tabelle kommen sollte." (1)

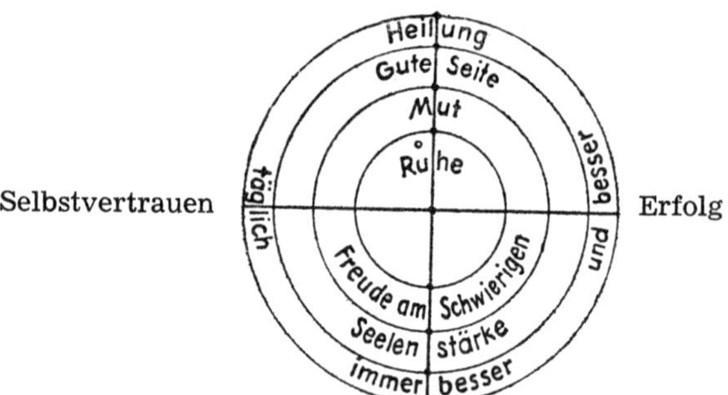

Die Tabelle (‚Trochos') wird auf Papier 80 × 100 cm gezeichnet, dasselbe auf den Fußboden gelegt und das Pendel gleich einer

(1) Graeter, Dr. med. Karl: ‚Menschenleiden als Lebensgeheimnis'. Kandern (Baden) 1926; 80, 170 f.
Dietrich, F.: ‚Gyromantie'. Villach 1949; 109 f.
Schrödter, Willy: ‚Rhythmische Suggestionen mit Pendel', in ‚Streifzug'. Freiburg 1949; 255—258.

Angel darüber gehalten. Das Pendel kann ein mit einem Gewichtchen beschwertes Tee-Ei sein, das mittels eines 1 Meter langen Zwirnfadens am Ende eines leichten Stabes (Fiedelbogen, Rohrstöckchen) hängt.

„Der Pendel wird so gehalten, daß der Knopf den Punkt in der Mitte dem Auge verdeckt. Dann schaut man auf den Knopf, bis dieser ruhig ist und man ringsum nicht mehr deutlich sieht, nur noch verschwommen und nebelhaft. Auch die eigene Hand sieht man dabei nur noch schattenhaft. Dann plötzlich geht der Blick hin und her, von ‚Selbstvertrauen' zu ‚Erfolg' hin und her, bis die Schwingungen immer ausgiebiger geworden. Alsdann ändert man die Blickrichtung vom Punkt bei ‚Mut' zum Punkt bei ‚Freude am Schwierigen', und erst, wenn der Pendel in seiner Schwingung ganz senkrecht geworden, liest man: ‚Mut', ‚Freude am Schwierigen'. Dann nach einer Weile, nachdem die Schwingungen immer größer geworden: ‚Gute Seite' — ‚Seelenstärke', schließlich ‚immer besser' und ‚Heilung'. Die Schwingungen werden immer größer. Endlich schaut man im Kreis, beginnend beim innersten, dann im zweiten, dritten usw., und schließlich im äußersten; immer wird auch der Knopf weitere Schwingungen machen.

Die Hauptsache aber ist, daß die Suggestion rhythmisch visuell und akustisch sich eine Zeitlang dem Geist eingeprägt hat. Sicher wird man mit der Zeit immer schönere, tiefer bildhaft symbolische Suggestionen finden."

Halbkreisförmige, im Dunkeln selbstleuchtende Suggestionstafeln mit je einer einzigen Suggestionsformel und Pendel benutzt Dr. A. Vallé mit seinem ‚Heilpendel-Verfahren'. (RPa. Nr. P 33 781; RGM Nr. G 75 742) — Hier soll auch noch einer anderen therapeutischen Anwendung des siderischen Pendels gedacht werden: Ousby benutzt es, um mit ihm das ‚autogene Training', das bereits a. a. O. erwähnt worden ist, einzuleiten. Diese ‚konzentrative Entspannung' hat bekanntlich als erste Übung das ‚Schwere-Exerzitium'. (2) Ousby geht nun mit seinem Pendel so vor: er fängt an mit dem bereits in ‚Gedanken sind Dinge' beschriebenen ‚Chevreul'schen Pendel-Versuch' (den übrigens auch Prof. Dr. med. Joh. Hch. Schultz erwähnt). Wenn das Pendel alsdann beginnt, sich rasch nach dem Willen des Operators zu richten (also: anfängt das zu tun, was man will), suggeriert man sich, daß es schwerer und schwerer werde. Sinken die Hand und der Arm auf den Tisch,

(2) Schultz, Prof. Dr. J. H.: ‚Übungsheft f. d. autogene Training'. Leipzig 1935.

so widerstehe man nicht, sondern fahre mit seinen Selbst-Beflüsterungen fort, daß die Müdigkeit und Schwere sich zu den Schultern fortpflanzen und von da über den ganzen Körper gehen werde.

Literatur:

Brauchlin, Dr. jur. G.: ‚Die natürliche Heilkraft in uns'. München, o. J.

Vallé, Dr. A.: ‚Das Heil-Pendel-Buch'. Ohne Verlagsort und Jahr gedruckt vom Zaunerdruck, Dachau.

Samenkörner wachsen auf Befehl

„Aus den Augen eines Wachenden strömt unausgesetzt eine Summe von Lebenskraftfluid, trotzdem es Niemand sieht.“ Carl Buttenstedt (1897)

Der französische Arzt Dr. med. Paul Vasse, 136, Boulevard de Châteaudun, in Amiens (Somme) und seine Ehefrau haben seit 1946 oftmals erfolgreich folgenden Versuch durchgeführt:

In zwei Töpfe mit der gleichen Erde, in gleicher Lichtstellung wurde in gleicher Tiefe je ein Haferkorn derselben Größe und Art eingelegt.

Abwechselnd setzte sich das Forscherehepaar täglich mehrere Stunden vor den einen Topf und konzentrierte seine Gedanken auf das Wachstum des Samenkornes, indem es dabei in kurzen Abständen die Formel sprach: ‚Du mußt schneller wachsen, schneller wachsen!‘

Die ‚besprochenen‘ Samenkörner wuchsen in der Tat ungleich schneller als die unbesprochenen. Diese Versuche blieben in Frankreich fast unbeachtet. Durch den damaligen Generaldirektor der Unesco, den bedeutenden englischen Biologen Julian Huxley (geb. 1887), kamen sie jedoch zu Ohren von Dr. phil. Joseph Banks Rhine (geb. 1895), Professor für Parapsychologie an der Duke-University von Durham (North-Carolina), der darüber in seinem ‚Journal of Parapsychology‘ berichtete und auf begeistertes Interesse in USA stieß. (1)

Dieses ‚forzierte‘ Samen-Wachstum kann m. E. sowohl auf die Konzentration zurückgeführt werden als auch auf die ‚Augenstrahlen‘, deren Intensität man seit 1932 messen kann. (2) Daß

(1) Christophe, Emile: ‚L'Esprit humain influence la Germination des Plantes‘, in ‚Revue Internationale de Radiesthésie‘, Sonderabteilung. ‚Bulletin Autonom de la Prospection à distance‘. Mettet (Belg.) 1952; 175.
Anonym: ‚Samenkörner wachsen auf Befehl‘, in ‚Diese Woche/Welt am Sonnabend‘ vom 18. Oktober. Düsseldorf 1952; 13.

(2) Memminger, Anton: ‚Hakenkreuz und Davidstern. Volkstümliche Einführung i. d. Geheim-Wissenschaften‘. Würzburg 1922; 221—222.
Anonym: ‚Augenstrahlen werden gemessen‘, in ‚Ztrbl. f. Okk.‘, Dezemberheft. Leipzig 1932; 232, 249.

das Auge Bio-Magnetismus ausstrahlt, war empirisch seit langem bekannt. (3)

In England hat man folgendes staunenerregende Experiment gemacht:

> Vier Töpfe füllte man mit unpräparierter Erde. Drei davon wurden als ‚unpräpariert' etikettiert, der vierte als ‚präpariert'. Alle Töpfe wurden täglich von ein und demselben Arbeiter mit Wasser getränkt, der schon aus früheren Versuchen her die erstaunliche Wirkung präparierter Erde kennengelernt hatte.
>
> Es stellte sich etwas Merkwürdiges heraus: die unpräparierte Pflanze in dem als ‚präpariert' gekennzeichneten Topf wuchs doppelt so schnell wie die Kontrollpflanzen!
>
> Als nach einer bestimmten Zeit die vier Gewächse gewogen wurden, war die ‚präparierte-unpräparierte' Pflanze nahezu zweieinhalb mal so schwer als ihre Geschwister!!
>
> Das Experiment wurde nicht weniger als dreimal mit dem gleichen Ergebnis wiederholt. Offenbar kann hier nur die Überzeugung des Arbeiters fördernd gewirkt haben, der sich sagte: Pflanzen in präparierter Erde wachsen nun einmal besser als in unpräparierter! (4)

In Los Angeles (Calif.) wurde 1952 die ‚Religious Research Foundation' ins Leben gerufen und als deren Direktor der derzeit 45jährige Franklin Loehr, Pfarrer und graduierter Chemiker in einer Person, bestellt. Aufgabe dieses Institutes ist die wissenschaftliche Erweisung der Macht des Gebetes. Diesbezüglich hat Loehr und sein Gelehrten-Team, ermutigt durch bereits erwähnten Professor Rhine, in den vergangenen Jahren hunderte von Experimenten an Pflanzen und Tieren angestellt. Durch Versuche und Gegenversuche ergab sich einwandfrei:

1. Korn, mit ‚betetem' Wasser getränkt, gedieh besser als mit gewöhnlichem Wasser versorgtes;
2. ‚Bebeter' Same gedieh besser als unbebeter;
3. ‚Negativ bebeter' Same — solcher, um dessen Nicht-Gedeihen gebetet worden war — gedieh schlechter als ‚unbebeteter'.

Das Gebet selbst anbelangend, wurde festgestellt:

1. Laut beten ist wirksamer denn gedankliches Beten;

(3) Buttenstedt, Carl: ‚Die Übertragung der Nervenkraft (Ansteckung durch Gesundheit)'. Rüdersdorf b. Berlin 1897; 37, 138 f. Schrödter, Willy: ‚Präsenzwirkung'; 77 f.

(4) ‚Predictions', ‚World News Digest', nach J. L. H. Chase in ‚Health' (USA), Dezemberheft; 44. London 1958.

2. Segnende Hände über den Pflanzen ausstrecken, steigert die Wirksamkeit des Gebetes;
3. sich das Wachstum beim Beten vorstellen, fördert es zusätzlich. (5)

Was zunächst die ‚Segnungen' angeht, so gibt Agrippa von Nettesheim (1486—1535) wieder: „Auch die Rüben sollen größer werden, wenn man während des Säens sie beschwört, daß sie zu unserem und der Familie ‚sowie der Nachbarn Nutzen wohl gedeihen möchten." (6) [1])

Der große französische Evangelien-Esoteriker Paul Sédir (Yvon Leloup; 1871—1926) hat den praktischen Nutzen der ‚Flur-Umgänge' in einem besonderen Kapitel seines Einweihungsbuches ausführlich darzutun versucht. (7)

Hans-Georg Weidner (Marschalkenzimmern/Schwarzw.) hat kranken Pflanzen mit Erfolg gut ‚zugeredet', und Gesundheit in sie hineingebetet. Auch Loehr will, daß man zu den Samenkörnern ‚sprechen' soll.[2])

Ich selbst habe vor vielen Jahren ungewollt durch gebündelte Gedanken auf etliche 30 Kilometer Entfernung eine Drazäne zu ungewöhnlichem Wachstum gebracht. (8)

Das ‚Verfluchen' — das ‚negative Bebeten' — eines Vegetals betreffend, so steht vor unser aller Augen des Herrn ‚Strafgericht' am fruchtlosen Feigenbaum (Matth. XXI; 19 f.; Mark. XI; 20—24). Der ‚dämonische Ritter' von Nettesheim bei Trier aber weiß auch hierzu etwas beizusteuern: „das Bannen eines Ackers, daß er keine Früchte trägt." (9)

Auch Bazillen sterben ‚auf Befehl' ab:

Auf dem 6. ‚Internationalen Kongreß für Mikrobiologie' zu Rom referierte am 9. November 1953 der Teilneh-

[1]) „Dagegen soll das Basilienkraut — unter je gröberen Flüchen und Schmähungen es gesät wird — desto fröhlicher gedeihen." (6)

[2]) So riet um die Jahrhundertwende die Neugeistlerin Elizabeth Towne an, man solle seinen ermüdeten oder kranken Organen gut zureden. (10)

(5) Coulter, Len: ‚Did prayer cause this miracle?', in ‚The People', Nr. 4022 vom 4. Januar; Seiten: 1, 2, 3. London 1959.
Ders.: ‚Killed by a curse', in ‚The People', Nr. 4023 vom 11. Januar; Seiten: 2, 3.
Ders.: ‚Woman with a wonderful power', in ‚The People', Nr. 4024 vom 18. Januar; Seite: 17.

(6) Nettesheim, Agrippa von: ‚Magische Werke etc.' Berlin 1916; III; 376.

(7) Sédir, Paul: ‚Initiations'. Bihorel-lez-Rouen 1924; 139 f.

(8) Schrödter, Willy: ‚Aus den Aufzeichnungen eines Okkultisten', in ‚Das Dritte Auge', Heft 7. Klagenfurt 1935; 126 f.

(9) Nettesheim; I; 184.

mer Dr. Richard de Silva vom Medizinischen Forschungsinstitut auf Ceylon über seine einschlägigen Versuche in der Fauna. Durch geistige Beeinflussung will er die Vermehrung von Typhus- bzw. Diphterie-Bakterien aufgehalten haben. Er setzte sich zu diesem Behufe vor seine Kulturen und konzentrierte seine Gedanken in der Richtung: ‚Ihr könnt euch nicht vermehren, ihr seid steril, ihr seid tot!‘ Nach jeweils vierundzwanzig Stunden wurden die Mikrobenkolonien sowohl in den beeinflußten als auch in den unbeeinflußten Kontrollbehältern gezählt und jedesmal soll sich ergeben haben, daß die ‚bedachten‘ sich wesentlich langsamer vermehrt hätten. (11)

Einem Laien stehen weder Typhus- noch Diphterie-Kulturen zur Verfügung. Deshalb versuche er es mit Wasserkleinstlebewesen, wie den empfindlichen Räder-, Glocken-, Trompetentierchen oder Wasserflöhen! (Neriwal). Oder — wie das Loehr-Team mit Eiern der Seidenraupe! Dann braucht man auch kein Mikroskop.

Hier tabellenmäßig kurz die Ergebnisse der von Loehr mit einer seiner Haupthelferinnen — Fräulein Lucas — angestellten Versuchsreihe:

Eier:	ergaben Würmer:	die wiederum an Eiern:	davon unfruchtbar:
100 m/Segen	73	137	1.71%
100 unbebetete	46	116	3.63%
100 m/Fluch bezw. ‚neg. Gebet‘	84	120	14,43% tote!

Wozu lediglich noch zu sagen wäre: die ‚gesegneten‘, mit Gebet um Wachstum bedachten Eier brachen einen Tag vor den anderen auf; von den nicht bebeten gingen drei Würmer ein. Die Auswirkung zeigt sich bei dieser Versuchsreihe in der ‚Endstation‘! (12)

(10) Towne, Elizabeth: ‚Wie man das Sonnengeflecht weckt‘ (‚Talisman-Bibliothek‘, Nr. 10). Berlin SW 11, o. J.; um 1904.

(11) Anonym: ‚Bakterien geistig beeinflußbar‘, in ‚Das Neue Licht‘. Purkersdorf b. Wien 1953; X/XI; 440 f.
Schwarz, Dr. Rudolf: ‚Hypnotisierte Bazillen?‘, in ‚Okk. Stimme‘. Braunschweig 1954; XI; 27.

(12) Coulter; Nr. 4024.

Der ‚Schattenmensch'

„Nennt mir das Wesen, dessen Gliedern gab die Natur das seltsamste Gesetz! Geboren grad', ist es von Riesengröße, doch in des Alters Mitte wird es klein, um — wenn es sich des Daseins Ende nähert — von neuem groß und riesenhaft zu werden."
Rätsel des Dramendichters Theodektes (—400): ‚Der Schatten'.

„Ein Werk des Lama Yangtig spricht davon unter dem Titel ‚Der Spiegel, der den Tod zeigt', und mündlich hat man mir — so erzählt die Tibetforscherin Alexandra David-Neel (geb. 1878) — fast Gleichlautendes erzählt: Sehr früh am Morgen oder abends, wenn der Himmel sehr klar ist, muß man sich draußen aufrecht hinstellen, nackt, mit gespreizten Beinen, ausgestreckten Armen und in der Hand einen Stock oder Rosenkranz haltend. In dieser Stellung blickt man mit ‚Augen und Geist' (sic!) in's Herz[1]) des eigenen Schattens. Sieht man ganz aufmerksam hin, so unterscheidet man einen blassen, weißlichen Schimmer. Kaum hat man ihn deutlich wahrgenommen, so erhebt man die Augen zum Himmel.

Sieht man dort so deutlich wie in einem Spiegel das vollständige eigene Abbild, mit den vier Gliedmaßen und mit dem in der Hand gehaltenen Stock oder Rosenkranz, so bedeutet dies, daß man vollkommen gesund ist.

Ein undeutliches Bild zeigt gefährdete Gesundheit an.

Wer aber trotz guter Vorbereitung auf diese Übung den eigenen Widerschein gar nicht am Himmel erblickt, der ist seinem Ende nahe." (1)

[1]) Rama Prasad in seiner ‚Wissenschaft des Atems' verlangt, „aufmerksam den Schatten an der Stelle des Halses zu betrachten', und zwar „solange, bis man langsam 103mal den Satz ausgesprochen hat ‚Om kram Parabrahmane Namah'."

Eine andere, ungenannte Quelle für das ‚Chava Pusha Sadhana' (‚die Kultivierung des Schattenmenschen') rät an: „Konzentriere deine Aufmerksamkeit auf deinen Schatten in Höhe deiner Schultern und der Basis des Nackens!"

Die Übung kann nach diesem Gewährsmann auch bei Mondschein erfolgen und an Stelle eines grauen Schattens kann derselbe „auch in verschiedenen Farben erscheinen."

(1) David-Neel, Alexandra: ‚Heilige und Hexer'. Leipzig 1934; 107.

Die Erscheinung des Schattens ist m. E. nicht mystisch, sondern physiologisch bedingt. Es entsteht durch die geschilderte Vorgehensweise das sog. ‚Nachbild', das auch erscheint, wenn man einen dunklen Gegenstand fixiert und nach einiger Zeit jäh und übergangslos den Blick zur weißen Zimmerdecke richtet.[2])

Erscheint dieses Nachbild vollkommen, so sagt unser Text, so befindet sich der Übende in gesundem Zustand. Fehlt dies oder jenes an dem Bild, so ist offenbar die Wahrnehmungsfähigkeit gestört, doch Sehen ist nicht nur Augensache, sondern auch Hirn-Angelegenheit! Vielleicht ist es dann gar nicht so unmöglich, aus diesen Indikationen gewisse Schlüsse über die Art der Erkrankung zu ziehen. Was immerhin des Versuches wert wäre und weshalb derselbe auch hier beschrieben worden ist.

Die Inder allerdings versprechen sich von der fortgesetzten Übung der ‚Herbeizauberung des Schattenmenschen' entschieden mehr; sie benutzen ihn als Orakel und deuten sich seine verschiedenartige Färbung auch verschiedenartig aus: gelb zeigt Krankheit an, rot Verlust usw.

Wir folgen ihnen nicht auf diesem divinatorischen Abweg, sondern wenden uns anderen Schatten-Phänomen[3]) zu, die einen Beweis oder doch wenigstens ein Annäherungsbeispiel für den (wie a. a. O. gesagt) tatsächlichen ‚Heiligenschein' bilden:

> „Man braucht nur im Frühjahr bei Sonnenaufgang über betaute Wiesen zu gehen, dann wird man ganz natürlicherweise — ohne alle Versuche und Apparate — gewahr, daß eine helle Zone als ‚Heiligenschein' den Schatten unsres Hauptes umgibt.
>
> Es sind die lebensmagnetischen Ausstrahlungen des Gehirns, die mit den Strahlen der Sonne verbunden, um das Haupt jedes Menschen einen zarteren Lichtschein weben, als je ein Maler es darstellen kann." (2)

[2]) So werden sich die älteren der Leser an die Werbung des Stuttgarter Lebenskraftheilers und Erfinders des ‚Konzentrators' Philipp Müh in den zwanziger Jahren erinnern, der sein bärtiges Negativ in Prospekten veröffentlichte mit der Anweisung, es zu fixieren, dann werde er positiv auf der Zimmerdecke erscheinen.

[3]) Der Kuriosität halber sei hier festgehalten: der längste Schatten, der auf der ganzen Welt bei Sonnenaufgang oder -untergang entsteht, wird bei der Insel Teneriffa hervorgerufen. Der auf ihr befindliche 3710 Meter hohe Vulkan Pico de Teyde wirft einen Schatten von 270 Kilometer Länge auf den Atlantischen Ozean.

(2) Wachtelborn, Karl: ‚Die Heilkunst auf energetischer Grundlage u. d. Gesetz der Seuchen'. Hellerau-Dresden 1940; I; 16.

Diese Beobachtung des bekannten sächsischen Naturarztes und Forschers hinsichtlich des lediglich den Kopf umgebenden Glanzkreises[4]) wird erweitert durch eine andere des von dem ganzen Körper ausgehenden Strahlenglanzes (Aureole):

> „Wenn wir früh morgens an einem schönen Sonnentag (im Sommer) auf eine grüne, im Nebeltau glänzende Wiese gingen, wo das Licht in jedem Tautropfen wie in einem Prisma gebrochen und zerlegt wurde, dann wurde es sichtbar, daß unser ganzer Körper strahlte. Er warf nicht nur seinen Schatten, sondern die dauernd aktiven Ausstrahlungen legten noch einen eigenen Schatten um den Körperschatten und über ihn hinaus einen weißen Saum." (3)

[4]) Als echten Heiligenschein würde man ihn Nimbus heißen, für die geschilderte Erscheinung existieren jedoch die Worte ‚Taukranz' und ‚Taukrone' — wie ich viele Jahre später erst erfuhr —, die dartun, daß sie doch ziemlich weit ins Volk gedrungen ist!

(3) Hertwig, Hugo: ‚Nimbus-Aureole-Heiligenschein', in ‚Das Neue Licht'; Dezemberheft. Purkersdorf b. Wien 1938; 308.

Schwangerschafts-Vorhersage

„Sie füttert zwei, wenn sie nun ißt und trinkt."   Goethe ‚Faust' (I; 3549)

Nur eine der vielen aus alten ‚Kunstbüchern': der römische Lyriker Gajus Valerius Catullus (87—54) rät in seinen ‚Epigrammen' (I; 95) — wie der Orient heute noch — an, der Jungvermählten vor und nach der Hochzeitsnacht den Halsumfang zu messen.

Desgleichen das französische Volkszauberbuch (‚Grimoire') der ‚Kleine Albert', dem Albertus Magnus (1207—1280) zugeschrieben, der in Paris lehrte und dem die ‚Place Maubert' (‚Maître Albert') ihren Namen verdankt.

Johann Wolfgang von Goethe (1749—1832) kennt in seinen ‚Epigrammen' (Venedig, 1790, Nr. 102) das Verfahren:

„Ach, mein Hälschen geschwollen, so sagte die Beste
Ängstlich, ‚Stille, mein Kind, still' und vernehme das Wort:
Dich hat die Hand der Venus berührt; sie deutet Dir leise,
Daß sie das Körperchen bald, ach! unaufhaltsam verstellt ...
Sei nur ruhig! Es deutet die fallende Blüte dem Gärtner,
Daß die liebliche Frucht schwellend im Herbste gedeiht."

Deshalb griff Frau Ute, die Gute, die menschheitsalte Beschirmerin der Jungfräulichkeit im schweizerischen Haslital mit ihren merkwürdig scharfen Augen den Mädchen prüfend ans Kinn, betrachtete sie guten, doch eindringlichen Blickes und endigte ihre Schau mit dem (uns jetzt nicht mehr seltsamen) Spruche:

„Du, du, du, ja du!
Diesmal wieder Ruh.
Hätt' ich keine gefunden mehr
Litt ich siebenmal so schwer."

und — vermählte jedesmal die reine Jungfer glücklich. (1)

Romain Roussel rechtfertigte 1933 das ‚unwissenschaftliche' Verfahren des ‚Kleinen Albert': eine der sonderbarsten morphologischen Veränderungen bei der werdenden Mutter ist die

(1) Menzi, Walter: ‚Sagen a. d. Berner Oberland' (‚Frau Ute, die Gute'). Liestal, o. J.; 10—12.

Erweiterung des Schilddrüsenumfanges und dadurch bedingt des Halses. (2)

Über ‚Pflanzen als Schwangerschafts-Indikatoren' vernimmt man in meinen ‚Pflanzen-Geheimnissen' (3) Interessantes.

(2) Roussel, Romain: ‚Médecins et Guérisseurs', in ‚Le Quotidien' vom 15. März. Paris 1933.
Regnault, Dr. med. Jules: ‚Biodynamique et Radiations'. Toulon-Paris 1936; 251 f.

(3) Schrödter, Willy: ‚Pflanzen-Geheimnisse'; 58 f.

Sein eigenes Gehirn zu sehen

„Du wunderst wunderlich dich über WUNDER,
Verschwendest Witzespfeile, blank geschliffen.
Was du begreifst, mein Freund, ist doch nur Plunder,
Und in Begriffen nicht mit einbegriffen;
Ist noch ein unermeßliches Revier,
Du selber drin das größte Wundertier."
Jos. Frhr. v. Eichendorff (1788—1857)

Der phantastische Roman ‚Etidorpha' (umgedreht: Aphrodite) oder ‚das Ende der Erde' (1) von Johannes Llewellyn Llongollyn Drury (Deckname: Lloyd) aus Cincinati, Enkel des Gelehrten und Philosophen Dr. Evan Llewellyn, bringt im Kapitel ‚Das lebendige Gehirn':

„Das Auge (des Menschen) ist derart konstruiert, daß das Licht einen Eindruck auf ein reizbares Häutchen im Hintergrunde des Organes hervorbringt. Dieses Häutchen wird Retina genannt, und der Eindruck von demselben durch ein Nervenbündel (den Sehnerv) nach rückwärts befördert und wird, sobald er das Gehirn erreicht, von diesem Organe registriert und so dem Verstande übermittelt. Ist es nicht vernunftgemäß anzunehmen, daß auch umgekehrte Anwendung dieser Reihenfolge möglich wäre?[1]) Mit anderen Worten: Könnten nicht dieselben Nervenstränge in umgekehrter Reihenfolge einen von hinten ausgehenden Eindruck der Retina zuleiten und auf ihr das Bild eines hinter ihr liegenden Gegenstandes hervorrufen, um von dort durch Reflexwirkung wieder nach dem Gehirne zurückgeworfen zu werden und somit die Gehirnsubstanz selbst dem Verstande sichtbar, unseren Sinnen wahrnehmbar zu machen? — — —"

„Er trat vor das glaslose Fenster der Hütte, dessen Öffnung sich wie ein schwarzer Raum gegen den Nachthimmel abhob, nahm

[1]) Freisinger Lyzealprofessor der Chemie Ludwig Staudenmaier (1865—1933) wollte den optischen Vorgang umdrehen: wenn die Augen Licht sehen, müssen sie auch solches erzeugen können. (2)

(1) Lloyd, John Uri: ‚Etidorpha oder das Ende der Welt' (Verlag: Wilhelm Friedrich). Leipzig, o. J.; um 1890; II; 16—25.
(2) Staudenmaier, Ludwig: ‚Die Magie als experimentelle Naturwissenschaft'. Leipzig 1922.

das Kerzen-Licht in seine rechte Hand und hielt es so, daß dessen Flamme auf ungefähr sechs Zoll Entfernung gerade unterhalb seiner Nasenspitze zu stehen kam. Dann richtete er, mit dem Gesichte gegen die Öffnung gekehrt, die Pupillen seiner Augen aufwärts, als wolle er seinen Blick auf den oberen Teil des Fensters richten, worauf er das Licht langsam kreuzweise rückwärts und vorwärts und nach beiden Seiten vor seinem Gesichte hin und her bewegte, wobei er jenes derart hielt, daß die flackernde Flamme eine parallele Linie zu seinen Augen bildete, und — wie eben erwähnt — etwa sechs Zoll von seinem Gesichte entfernt war und unmittelbar unter seiner Nasenspitze stand."

„Ich stellte mich selbst an den bezeichneten Platz und wiederholte das Manöver, als sich ganz allmählich in dem leeren Raume vor mir ein schattenhaftes Etwas zu entwickeln schien. Es sah aus wie ein grauer Schleier oder wie ein zusammengeknittertes Stück Gaze, welches — je genauer ich es betrachtete und seine äußere Form gewahr wurde, um so deutlicher und realer wurde. Gar bald nahmen die Windungen eine deutlichere Gestalt an, die graue, mit Venen durchzogene Maße wurde erst nur grau, dann aber rot sichtbar, und als ich mich in den Anblick gewöhnt hatte, traten plötzlich die Windungen eines Gehirnes mit seinem ganzen Netzwerke von mit rotem Blute gefüllten Venen klar hervor. Ich sah ein Gehirn, ein Gehirn, ein lebendiges Gehirn, mein eigenes Gehirn. Ein unbehagliches Gefühl beschlich mich; mit Schaudern stellte ich die Bewegung des Lichtes ein, worauf das schattenhafte Bild augenblicklich verschwand."

Dieses Experiment stammt von dem böhmischen Physiologen weiland, Professor an der Universität Prag, Johannes Purkynje (1787—1869). (3)

„Erklärend fügt ‚der Mann, der es getan hat', hinzu: ‚Sie haben nur einen kleinen Teil der Gehirnwindungen gesehen, und zwar nur jene, welche direkt hinter dem Sehnerv liegen. Durch systematische Untersuchung und unter günstigen Bedingungen kann jeder einzelne Teil des lebendigen Gehirnes ebenso deutlich sichtbar gemacht werden, wie der, welchen Sie gesehen haben." (26) Sogar die sog. ‚Engramme' der Ganglien im eigenen oder fremden Gehirn sollen später gesehen werden können!! (26—27), was ich als zu weitgehend bezweifele, obwohl mir bekannt ist, daß die sog. ‚Retina-Photographie' oder ‚Camera

[2]) Man vergleiche im Abschnitt ‚Gedanken-Photographie', was ein Chinaforscher (6) hierzu zu sagen hat!

(3) Purkynje, Johannes: ‚Beiträge zur Kenntnis des Sehens in subjektiver Hinsicht'. Prag 1823, 1825.

Occultic' Netzhautbilder photographieren zu können behauptet.[2]) Im übrigen warnt Autor verschiedentlich eindringlichst vor Wiederholung des Versuches, wohl weil derselbe auf Nervenschwache ruinierend wirken könnte.
Man braucht zu diesem Experiment auch kein ‚glasloses Fenster'. „Jeder Mensch kann dasselbe mit Hilfe eines Kerzenlichtes, in einem beliebigen, durch nichts anderes erleuchteten Raume vornehmen, wenn er an eine schwarze Tafel, an eine leere Wand, oder in den dunklen Raum hinausschaut." (4)

Übrigens kann man Unwissenden gegenüber den ‚Purkynjeschen Schatten' mit Erfolg als suggestives Unterstützungsmittel anwenden. (5)

(4) Lloyd; 27.
Schrödter, Willy: ‚Streifzug'; 85—88.

(5) Siemens, Otto: ‚Hellseherkniffe und echtes Hellsehen'. Leipzig 1914; 17.
Vairagyananda: ‚Hindu - Hypnotismus' (‚Talisman - Bibliothek', Nr. 4). Berlin SW 11, 1904; 29.

(6) Frichet, Henry: ‚La Médecine et l'Occultisme en Chine'. Paris, o. J.; 147 (Ed. ‚Astra').

Sensationen

„Können wir in uns selber nicht auf die tollsten Abenteuer ausgehen?“
J. B. P o r i t z k y (1928)

Wer auf solche ‚Abenteuer‘ erpicht ist, findet reiches Material in meinem Buche. (1) Ich greife daraus ein paar ganz einfache ‚Sensationen‘ heraus, die jeder erfühlen kann, ein Großteil sicher schon erfühlt hat, und ergänze sie durch zwischenzeitlich neu Gefundenes. Mystiker J. B. K e r n i n g (Krebs; 1774—1851), der für das Abendland die sog. ‚B u c h s t a b e n - Ü b u n g e n‘ (ind.: ‚mantram-yoga‘) neu entdeckt hat, fragt seinen Schüler:

„Wenn Sie sich die Spitze unseres Kirchturmes vorstellen, wo spüren Sie es?“

„Natürlich im Kopfe.“

„Wenn Sie sich aber das tiefgelegte Fundament des Turmes vorstellen, wo spüren Sie es dann?“

„Sonderbar! — in den Füßen.“ (2)

Hier soll eine Beobachtung von Christian M o r g e n s t e r n (1871—1914) eingeschaltet werden vom Jahre 1906:

> „Es ist ein seltsames Gefühl, senkrecht in die Erde zu unseren Füßen hineinzudenken. Man kommt nicht weit, die Phantasie erstickt buchstäblich.“ (3)

Logistiker K e r n i n g examiniert weiter:

„Wenn Sie den hinaushängenden Ast dieses Baumes in Ihre Vorstellung aufnehmen, wo spüren Sie es?“

„Auf den Achseln.“

„Und die Wurzeln des Baumes?“

„Wieder in den Füßen.“

„Ich bitte Sie, sich mit dem Gesichte nach Süden zu stellen. Wenn Sie sich so den Aufgang der Sonne vorstellen, wo fühlen Sie solche?“

„An meiner linken Seite.“

„Und den Untergang derselben?“

„An der rechten.“

(1) Schrödter, Willy: ‚Abenteuer mit Gedanken‘. Freiburg i. B. 1954; 14—15.
(2) Kerning, J. B.: ‚Christentum‘. Lorch i. Wttbg.; 186.
(3) Morgenstern, Christian, ‚Stufen‘. München 1918; 39.

„Wo fühlen Sie das Land unserer Gegenfüßler?"

„An den Füßen." (2)

Hier erweist sich wiederum die Einschaltung einer einschlägigen Beobachtung von August Strindberg (1849—1912) als zweckmäßig: er, der keine Ahnung von Kerning's System hatte und dessen Nerven im Oktober 1894 ‚bloß lagen', empfand bei einem Gang auf der Terrasse des Schlosses zu Versailles diese Verlagerung der Gefühle in die Fußsohlen:

> „Ich schreite auf der Terrasse dahin, glücklich wie ein Gott, und da merke ich, daß der Boden unter meinen Füßen schaukelt; doch sehr gelind, als wenn man über eine Hängebrücke geht. Ich weiß, daß die gewölbten Decken der Orangerien unter mir liegen, und ich beruhige mich damit, daß die Gewölbebogen, die einen Gegendruck nach oben ausüben, einen Überschuß von Stärke bieten müssen, gegen den meine Fußsohlen reagieren; und der Blutdruck überträgt sich in mein Nervensystem, dessen Empfindlichkeit durch körperliche oder seelische Leiden geschärft ist." (4)

Kerning fährt fort:

„Und wo fühlen Sie den Himmel über den Gegenfüßlern?"

„Auch an den Füßen, aber in einem großen Bogen."

„Damit wollte ich Sie überzeugen, daß geistige Eindrücke möglich sind. Weder das Fundament des Turmes noch die Wurzeln des Baumes haben Sie berührt, und dennoch haben Sie dieselben empfunden." (2)

Und der Meister schließt mit einer Nutzanwendung:

„Wenn wir uns den hohen Mittag unserer Antipoden zur Zeit unserer Mitternacht vorstellen, so fühlen wir uns ringsum in ein Lichtgewölbe eingeschlossen, das nicht anders als höchst wohltätig, stärkend, belebend und belehrend auf uns wirken kann." (2)

Da wir gerade bei einem Licht-Phänomen geistiger Art sind, sei eine Beobachtung des französischen Schriftstellers Gérard de Nerval (Labrunie; 1808—1855) in Erinnerung gebracht, wonach noch niemand im Traum die Sonne gesehen habe. Eine vor Jahren von mir in einer Fachzeitschrift gestartete Rundfrage ergab die Richtigkeit dieser Behauptung: direktes Sonnenlicht hatte im Traum kaum einer wahrgenommen, wohl indirekt in die Landschaft eingefallenes; die meisten jedoch nur diffuses Licht.

(4) Strindberg, August: ‚Natur-Trilogie' (Abt.: ‚Sylva Sylvarum'). München 1921; 181.
Schrödter, Willy: ‚Mit den Füßen erfühlen', in ‚Okkulte Stimme', Heft 26. Braunschweig 1953; 18—19.

Darum ist es wohl auch kaum möglich, sich im Wachen eine Landschaft vorzustellen, in der einem die Sonne entgegenstrahlt! Eben weil dies nahezu unmöglich ist, male man sich im Bedarfsfall eine seitlich oder von rückwärts angestrahlte Landschaft aus! —

Ein viel wissender schweizer Freund riet mir einmal an:

„Machen Sie einmal den interessanten Versuch, sich sitzend — bei geschlossenen Augen — vorzustellen, daß Sie Stufe um Stufe eine lange Treppe bis zuoberst hinaufsteigen! Nicht so, daß Sie sich von sich selbst ein Bild machen, als ob Sie einem Dritten beim Treppensteigen zusähen, sondern so: daß Sie sich selbst auf der Treppe f ü h l e n, derart, daß der Eindruck absolut klar und völlig naturgetreu ist.

Sie können auch einen steilen Pfad zum Gipfel erklimmen. Oder im Wasser bis zum Grund sinken.

Es geht s o nicht!

Die Vorstellung wird nur klar, wenn Sie fix am Ort bleiben, aber die Treppe Stufe um Stufe, den Steilpfad Schritt für Schritt, u n t e r s i c h s t o ß e n, oder beim Tauchen: den ganzen Ozean um sich s t e i g e n m a c h e n. — Richten Sie die innere Aufmerksamkeit auf eine Ihnen wohlbekannte Stadt, bis ihr Bild erscheint! Es rutscht nicht etwa auf einer inneren, ebenen Fläche daher, sondern taucht etwa so herauf wie die Sonne überm Horizont, und denken Sie nun an etwas, das hinter dieser Stadt liegt, dann verschwindet die erstere nicht in einer Ebene mitten durch Sie hindurch (während das Dahinterliegende nachrückt), sondern sie geht gleichsam u n t e r Ihnen hinweg, als wenn die Ebene dieser Bilder Walzenform hätte, und das andere erscheint wie ein ferner Segler über dem Horizont, bis es schließlich — es geht zwar blitzschnell — vor Ihnen steht."

Der berühmte, bereits genannte Arzt C a r u s wartet mit zwei Beispielen auf:

„Man errege jemand lebhaft die Vorstellung einer durchschnittenen Zitrone, oder man durchschneide sie wirklich vor seinen Augen, und sofort werden die Muskelfasern seiner Speichelgänge, angeregt durch Einwirkung grauer Nervenfasern, sich zusammenziehen, und er wird den Speichel im Munde zusammenlaufen fühlen." (5) Ein Spaßvogel, der in einem Blasorchesterkonzert in vorderster Reihe saß, tat als ob er herzhaft in eine Zitrone hinein-

(5) Carus, C. G.: ‚Über Lebensmagnetismus etc.' Basel 1925; 169 f. Tenhaeff, W. H. C.: ‚Außergewöhnliche Heilkräfte'. Olten (Schweiz), Freiburg i. B. 1957; 253.

bisse. Den Blechmusikern lief das Wasser im Munde zusammen und — sie konnten nicht weiterspielen. (‚Ideosekretorisches' Phänomen.)

„Man denke z. B., daß jemand ein Federmesser sich unversehens mitten ins Auge steche, und ohne solchem Schrecknis wirklich zu begegnen, wird im gleichen Moment solcher Vorstellung man sich einer eigentümlichen Empfindung im eigenen Auge nicht erwehren können. Von hier aus ist also der Weg gebahnt, auch die Einwirkung einer solchen Vorstellung bei einer Schwangeren auf ihre Frucht begreiflich zu finden." (6) Das ist das sog. ‚Versehen' Gravider.

Wenn uns eine geliebte, nahestehende (also nicht gleichgültige) Person von einem ihr widerfahrenen Schmerz lebhaft erzählt, so ‚läuft es einem (eis)kalt den Buckel herunter', es schaudert einem. —

„Hatten Sie niemals, während Sie in Ihre Gedanken verloren und gleichsam der Außenwelt entronnen waren, die Empfindung von sehr weit zurückzukehren, in dem Augenblick, wo ein jäher Anruf Sie in die Wirklichkeit zurückbrachte?" (7) Diese ‚Sensation' beruht auf der mehr oder weniger starken Loslösung (lat.: ‚Exterriorisation') des Astrals (Feinstoffleibes).

Dieses jähe in die Wirklichkeit zurückgerufen werden, ist übrigens für die meisten von uns geradezu körperlich schmerzhaft. Der irische ‚Chronometrist mit den Röntgen-Augen' James Joyce (1882—1941) geht m. E. gar nicht zu weit, wenn er meint: „Es ist vielleicht ebenso schmerzhaft, aus einer Vision geweckt als geboren zu werden." (8)

Und was die tiefe Versunkenheit angeht, so stehe hier die schöne Sentenz von Theodor Gottlieb von Hippel (1741—1796): „Durch tiefes Denken gewöhnen wir unsere Seele zu einer Art Existenz außerhalb des Körpers; sie bereitet sich durch einen Weg über Feld zu einem größeren, der uns allen bevorsteht."

Zum ‚tiefen Denken' gehören auch Versenkungsübungen wie die hier gebrachten mit ihren Sensationen.

Von letzteren sagt Kerning: „Solche Lehre ist verloren gegangen, weil wir mit dem Hahn auf dem Turm alles zu erringen hoffen."

Der ‚Hahn auf dem Turm' ist der Kopf auf unserem Körper: die rein hirnliche (rationale) Betrachtungsweise!

(6) Carus; 131.
(7) Jagot, Paul C.: ‚L'Hypnotisme à distance'. Paris 1925; 138.
(8) Joyce, James: ‚Ulysses'. Basel 1927; II; 437.

Sonnenätherstrahlapparate

„Unser Lebensbetrieb ist in Wirklichkeit an den Sonnenenergiestrom angeschlossen, wie die elektrische Glühlampe an den elektrischen Strom."
Dr. med. Max. Osk. Bircher-Benner (1867—1939)

Die Menschheit ist schon sehr frühzeitig auf den eigentlich erstaunlichen Gedanken gekommen, Kraft aus der Luft (‚Quinta essentia') zu ziehen und der Erde zur Steigerung des Ernte-Ertrages zuzuführen. Verwendete man sonst Lanzen zur Abwehr exkarnierter Geister und inkarnierter Hexen, so rammte man sie hier — Spitze nach oben — in den Boden. So die im chinesischen Buche ‚Pen-Tsao-Kang-Mu' erwähnten ‚Drachenpfeile' (long tchy), die ‚Knaufpfähle' (frz.: pieux) zu Zeiten Karls des Großen (768—814), die von Gerbert von Aurillac, dem nachmaligen Papst Sylvester II. (999—1003) ersonnene ähnliche Gerätschaft, das ‚Elektrovegetometer' des Arztes und Physikers Pierre Bertholon (1742—1800), die ‚Géomagnétifère' des Leutnants Basty. (1) Bertholon und Basty führten von ihren ‚Apparaten' — ein großes Wort für ein einfaches Ding! — Drähte längs den Pflanzenzeilen hin. Das war die einzige Neuerung.

Ein ‚äußerst merkwürdiges Experiment' mit der ‚Basty-Stange, habe ich in meinem ‚Streifzug' (p. 229) wiedergegeben.

Gustav Winter (†), der ‚Tausendmarkscheinwinter', auch einmal Kandidat für die Reichspräsidentenschaft, hatte in den dreißiger Jahren auf seinem Pachtgut Großjena bei Naumburg mit seinem schlechten Boden, ohne Düngung, Pflege und Gießen Rekordernten dank seiner ‚Erdmagnetokultur' zu verzeichnen gehabt. Winter hatte beobachtet, daß z. B. an einzelnen Stellen der Eisenbahnschienenstränge das Unkraut förmlich wuchert, während an anderen die Anlagen völlig kahl sind. Feststellungen ergaben: die Wucherung ist vorwiegend dort vorhanden, wo die Gleise in Nord-Süd-Richtung verlaufen. Diese Entdeckung veran-

(1) Regnault, Dr. med. Jules: ‚Biodynamique et Radiations'. Toulon 1936; 148, 182.

laßte ihn, einfache verzinkte Eisendrähte in einer Tiefe von 40 bis 50 cm und einer Entfernung von 3 Metern in der Richtung Nord-Süd in die Erde zu legen; Kupferdrähte lehnte er als erfolglos ab. „Die Vegetationsperiode wird um ein Drittel bis zwei Drittel herabgesetzt, je nach Pflanzenart. Wegen der verkürzten Vegetationsperiode werden zwei bis drei Normalernten, bei kurzlebigen Produkten wie Salat — gar acht- bis zehnmalige Ernten im Jahre möglich.“ (2) —

Der Gedanke vom Einfluß der Himmelsrichtungen, dem wir auch schon in den Abschnitten ‚Cheopspyramide‘ und ‚Mumifizierungsbatterie‘ begegnet sind, wurde u. a. von Père J. Christofleau aus La Quene-les-Yoelines aufgegriffen, der mit seinem ‚Elektro-Terra-Gerät‘ die Richtigkeit durch den Erfolg erweisen konnte. Sein und Winter's Vorgehensweise verfielen jedoch unverdienter Vergessenheit. (3)

Der bekannte Professor Johann Samuel Halle (Berlin) wollte 1787 mittels einer Pumpe Wasser, welches durch eine Elektrisiermaschine vorher regelrecht geladen worden war, auf seine Versuchspflanzen spritzen. Ob und mit welchem Ergebnis er dies getan hat, entzieht sich meiner Kenntnis. Immerhin hat mich seine Idee auf folgende Überlegung gestoßen:

König Schelomoh (972—932) von Israel hatte vor seinen Tempel die Säulen Jakin und Boas gestellt, nach den uns überkommenen genauen Beschreibungen Blitzableiter, wie sie im Abendland erst 1752 durch Benjamin Franklin (1706—1790) wiedererfunden wurden. Diese beiden — in der Freimaurerei sinnbildlich eine große Rolle spielenden — Säulen waren aus Erz, 35 Ellen (17,5 m) hoch, 2 Ellen (1 m) im Umfang, an der Spitze von kugel- oder zacken- (‚Lilien‘-) förmigen Knäufen von 5 Ellen (2½ m) Höhe gekrönt. Um diese Knäufe schlangen sich siebenfache Ketten, welche auch die Säulen unter sich verbanden und mit 200 ‚Granatäpfeln‘ (Isoliereier aus Porzellan?) bestückt waren. (1. Kge. VII; 15—22; II. Chr. III; 15—17.) Möglicherweise standen die Säulen mit dem ‚Ehernen Meer‘ (Wasserbecken) als Erdleitung in Verbindung; oder noch eher mit dem geheimnisvollen, fahrbaren ‚Gestühle‘ (1. Kge. VII; 27—39), welches — gleich den Säulen — auf beide Seiten des Tempels hälftig verteilt war. Dieses Wunderwerk damaliger Technik wurde bei der Eroberung der Stadt Jerusalem durch den babylonischen General Nebusaradan des Königs Nebukadnezar II. (Nabuchodono-

(2) Winter, Gustav: ‚Die Rettung Deutschlands‘. Großjena 1934.

(3) J. K.: ‚Doch niemand interessierte sich f. d. Erfindung des Père Christofleau‘, in ‚Cicognes‘, Nr. 38 vom 19. Sept. Strasbourg 1948.

sor; 605—562) im Jahre 586 abgebrochen und das Erz nach Babylon geschafft. (2. Kge. XXV; 13, 17.)

Es ist nicht ausgeschlossen, daß Salomo zur Konstruktion dieser Blitzableiter von seiner ägyptischen Gemahlin (1. Kge. III; 1) angeregt worden ist. Die Ägypter hatten nämlich Blitzableiter in ihren — ebenfalls paarweise vor den Tempeln stehenden — Obelisken (gr.: ‚kleiner Spieß'). Auf die Spitze (Pyramidion) dieser vierkantigen, nach oben sich verjüngenden Steinpfeiler setzten sie Kupferspitzen an, denn es war ihnen bekannt, daß der Blitz mit Vorliebe seinen Weg über Metallmassen bzw. -spitzen nimmt. Wenn somit Salomo auch nicht der Erfinder des Blitzableiters ist, so wäre er doch als sein Verbesserer gegenüber der einfachen ägyptischen Konstruktion (Steinsäule mit Kupferspitzenhelm) anzusprechen, indem er die Säulen aus Eisenerz goß und sie mit einem regelrechten Auffangnetz (Antennen) umgab, was der belgische Meteorologe Louis Henri Frédéric Melsens (1814—1886) erst 1865 durch metallene Schirmgitter erstrebte!

Ich frage mich, ob die Salomonische Apparatur lediglich einen Blitzableiter darstellte oder ob sie nicht vielleicht auch zum Auffangen der Luftelektrizität diente? Dabei denke ich mir die beiden Antennensäulen als riesenhafte ‚Elektrovegetometer' und sehe es weiterhin für möglich an, daß sie die Luft- (und Blitz-) Elektrizität dem mysteriösen Gestühle zugeführt hatten, in welchem sie angesammelt (‚akkumuliert') wurde oder dessen Wasser wenigstens mit der zugeleiteten Elektrizität geschwängert wurde. Das Gestühle war fahrbar; die geladenen Becken konnten also an Kulturen herangefahren und das elektrisierte Wasser à la Halle auf sie gespritzt, gestäubt werden ...

Vor Winter und Christofleau — nämlich 1890 — hatte der ehem. Professor der Chemie an der Universität Tokio, Oskar Korschelt (1841—1938?) ‚Strahlstangen' entwickelt, von denen er sich ‚in Obst- und Weingärten durch Abkürzung der Blütezeit große Vorteile' versprach. (4)

Wenn ich zuletzt auf Korschelt zu sprechen komme, so deshalb, weil derselbe nicht wie seine Vorgänger sich nur auf das Gebiet der sog. ‚Elektrokultur' beschränkte, sondern mit seinen ‚Sonnenätherstrahlapparaten' — Strahlampeln, Strahltaschen, Strahlscheiben, Stativapparaten — auch auf den Menschen (therapeutisch) einwirken wollte. Diese Gerätschaften ließ er sich patentieren (DRP 69340), von einer Dresdner Firma

(4) Korschelt, Oskar: ‚Die Nutzbarmachung der lebendigen Kraft des Äthers i. d. Heilkunst, Landwirtschaft und Technik'. Bad Schmiedeberg und Leipzig, o. J. (1891); 167 f.

(5) Loose, Paul: ‚Telepathie'. Leipzig 1920; 30.

F. Alwin Blochwitz herstellen, und sie wurden später von einer ganzen Reihe anderer Forscher — nach deren Angaben — verbessert. Die ‚Indische Loge zur Wahrheit' (Gelsenkirchen) wollte auf der Grundlage der Korschelt'schen Geräte eine Apparatur zur Verstärkung von Gedankenwellen ausgearbeitet haben. (5) Ich weiß wohl von einem anderen ‚Telepator', der mittels einer Richtantenne Hertz'sche Wellen aus der Atmosphäre aufnehmen und durch Leitungsdrähte dem Organismus zuführen sollte, denen man eine vielseitige Wirkung glaubte zuschreiben zu können. „Der Apparat besteht aus einer Antenne, die durch zwei nebeneinander laufende Metallspiralen, die Hertz'sche Strahlen aus der Luft aufnehmen. Vermittels zweier Leitungsdrähte mit Plattenenden werden die Bügel am Körper festgehalten. Die ausströmenden Hertz'schen Wellen werden im Gehirn, als physiologischer Antenne, durch seine zahllosen Fibrillen, wahrscheinlich auch mit der Zirbeldrüse als Kohärer aufgenommen, sobald der Kontakt hergestellt ist." (6)

Ich habe nie mehr von dem ‚Telepator' gehört, offenkundig hat er die auf ihn gesetzten Erwartungen nicht erfüllt. Wohl habe ich später vernommen, daß Korschelt in seinen letzten Jahren noch mächtige ‚Strahlscheiben' hergestellt hat, mit denen er gelehrten Zweiflern ordentlich einheizen konnte. Das scheint mir auch nötig gewesen zu sein, denn mit seinem stärksten Gerät, dem sog. ‚Stativapparat', habe ich an mir keine Wirkung verspüren können! Ob seine Apparate mit ‚Sonnenäther' auch nur entfernt zu tun haben, lasse ich hier dahingestellt. Ich will mich auch in vorliegendem Buche nicht mit seinen später — wie gesagt — in den Handel gekommenen Apparaturen befassen, sondern seine ‚Ausgangs-Apparatur', deren Wirkungen schneller und massiver gewesen sein müssen,[1]) einer m. E. unverdienten Vergessenheit entreißen. Dazu verlockt mich vor allem der Gedanke, daß durch diese mit elektrischem Batteriestrom betriebene eine neue, der Elektrizität übergeordnete Kraft erzeugt worden sein könnte, die dem ‚Ätheroid' des Lemberger Elektro-Ingenieurs Franz Rychnowsky (1850—?) nahekam, und das man vielleicht auf diesem (oder ähnlichem) Wege wieder zu entdecken vermöchte. Dieses ‚Ätheroid' floß als Dunst aus Röhren, leuchtete, machte

[1]) Diese ‚Ausgangs-Apparatur' war angeschlossen an elektrische Elemente. Im Hinblick auf seine späteren ‚Äther-Strahlapparate' ohne elektrischen Betrieb behauptet Korschelt, a. a. O.: „Das kräftigste Hilfsmittel zur Verstärkung der Wirkungen der Strahlapparate ist die Elektrizität". (181; Ziff. 12.) Diese Angabe bestärkt meine Ansicht.

(6) Müller, Alexander: ‚Kosmische und irdische Strahlen als Erreger der Krankheiten'. Hamburg 1, 1930; 35 f.

Körper elektrisch, magnetisch und polar, brachte sie auch zum Selbstleuchten. Sein Entdecker benutzte es zur Welterklärung und zu Heilzwecken. (7)

Rychnowski's Freund, namens Franz L a n g, korrespondierte 1898—1899 mit dem Hamburger Astrologen Albert K n i e p f, und der hat darüber berichtet in: ‚P s y c h i s c h e S t u d i e n' (1898), der Berliner Wochenschrift ‚D i e G e g e n w a r t' (1906), dem ‚U r a n u s - K a l e n d e r' (Bad Oldesloe, 1925). Von zuverlässiger befreundeter Seite erfuhr ich noch folgendes: die neue fluidische Energieform war nichts anderes als maschinell hergestelltes Od! Auf der Pariser Weltausstellung 1900 wollte R. seine Erfindung vorführen. Der Andrang des heilungsuchenden Publikums erregte den Geschäftsneid der Lemberger Ärzte und diese veranlaßten die Behörde, dem Entdecker die Heilpraxis zu verbieten. Voll Unmut vernichtete derselbe seine Apparaturen, Protokolle und Analysen und verließ für immer Lemberg mit unbekanntem Ziel. Er blieb verschollen und nahm seine große Entdeckung mit ins Grab.

Ende April 1890 baute sich K o r s c h e l t nachstehend abgebildetes Gerät:

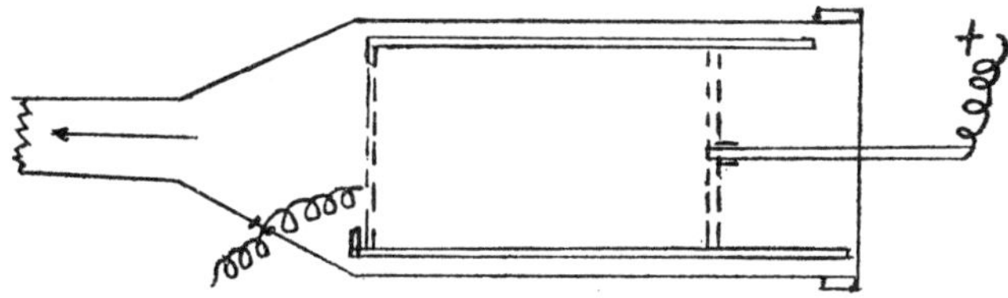

Er fing damit an, sich zwei kreisförmige Kupfer-Siebe herzustellen: 13 Zentimeter Durchmesser bei 1½ Millimeter Stärke; in die stanzte er in regelmäßigen Reihen — also schachbrettartig-quadratische Löcher von 1 Zentimeter Größe, indem er jedesmal 2½ Millimeter Zwischenraum ließ.

(Wäre zu prüfen, ob es nicht auch [oder besser] runde Löcher tun und ob nicht mehr kleinere Löcher einen besseren Nutzeffekt zeitigen als wenigere größere! Wäre weiter herauszufinden, ob sich durch gewisse Anordnung, z. B. in H e x a g r a m m - oder P e n t a g r a m m - Form die Wirkung steigern läßt!!)

Diese Kupfersiebe führte er ein in einen zylindrischen Hohlkörper, aus Buchenholz gedrechselt, der innen 13½ cm, außen 16 cm Ø hatte, 12 cm lang war und an einem Ende einen nach

(7) Gädicke, Wilhelm: ‚Das sid. Pendel, die Wünschelrute u. andere sid. Detektoren, Strahlen-Indikatore und Odoskope'. Bad Oldesloe 1924, 57.

innen gehenden Wulst aufwies. An die Innenseite dieses Vorsprunges nagelte er die eine Scheibe an und lötete an sie einen umsponnenen Draht. An die andere Scheibe lötete er in deren Mitte einen runden Kupferstab von ½ cm Ø senkrecht zu ihr fest, an den ebenfalls ein isolierter Leitungsdraht angeschlossen war. Diese zweite oder äußere Scheibe war — im Gegensatz zur ersteren — im Innern hin und her zu schieben.

Das Ganze — also Kupferscheibensiebe + Umhegungsholzzylinder — ummäntelte der Konstrukteur mit einem flaschenförmigen Gebilde aus Weißblech. An zwei Stellen war diese, in ihrer Form etwa an eine Laterna magica erinnernde, Ummäntelung durchlocht; in diesen Ausmündungen waren Korkstopfen — heute würde man einen Kunststoff wie Ebonit wählen — eingelassen, welche die ins Freie mündenden zwei Drahtenden gegenüber der Weißblechumhüllung isolieren sollten.

Der Drahtanschluß der inneren festgelöteten Scheibe war mit dem negativen Zinkpole, derjenige der anderen beweglichen äußeren mit dem positiven Kohlepol eines Chromsäure-Elementes verbunden.

Die äußere Scheibe hatte Korschelt beweglich gelassen, weil er annahm durch Verschieben des Abstandes von ihr zur Fixscheibe längere bzw. kürzere Wellen erzeugen zu können; ein Mittel zur Messung der Wellenlänge hatte er übrigens nicht.

War diese Apparatur angeschlossen, so empfand der Gelehrte beim Halten der Handinnenfläche vor das 1½ m (!) lange Austrittsrohr sofort einen sanften kühlen Lufthauch, der nach längerer Zeit in ein Prickeln überging und ein gelindes Ziehen in den Muskeln der Hand und des Unterarmes nach sich zog.

Bei Anschluß zweier kleiner Chromsäure-Elemente in Serienschaltung (also der Schaltweise, welche nicht die Lebensdauer, sondern die Stromstärke der ‚Batterie' erhöht; mit 2 solchen Elementen ließen sich damals knappe 2 V erzielen!) traten die geschilderten Wirkungen auch ‚bei magnetisch unentwickelten Personen ein, nicht nur bei mir' (!) — Korschelt — der offenkundig damit sagen will: er sei besonders sensitiv.

Als Korschelt die Rohrmündung gegen den Hinterkopf einer 18jährigen abgerackerten Weberin richtete, verspürte die in weniger denn einer Minute einen Druck auf der ‚angeblasenen' Stelle, der in ein Strömen vom Kopfe durch den ganzen Körper überging, welches sich bezeichnenderweise in dessen Ausströmstellen oder Antennen bemerkbar machte, nämlich den Finger- und Zehenspitzen! Dieses Strömen endete in einer sich vom Hinterkopf ebenfalls über den ganzen Körper ausdehnenden Wärme, die objektiv gewesen sein muß, denn VP brach in Schweiß aus, fühlte sich schläfrig und mit dem Kopf gegen das Rohr gezogen (!) und ihre Bewegungen wurden schwer. Nach fünf Minuten brach Korschelt ab, ‚um den Eintritt des magnetischen Schlafes zu verhüten'.

Im Sommer und Herbst 1890 setzte er nun 30 bis 40 gesunde und kranke Personen, die meisten davon öfters, einige bis zwanzig mal (!) unter sein langröhriges Gerät. Zusammenfassendes Ergebnis: in allen Fällen wirkte es ebenso wie eine gelinde heilmagnetische Be‚hand'lung: stets wurde der Schlaf gebessert und die Besserung dieser hauptregenerativen Funktion machten den Kranken kräftiger, den Gesunden noch gesünder. Kopfschmerzen und Migräne verschwanden meist noch unter dem Rohr, Atembeschwerden verringerten sich, erhöhter Puls wurde gesenkt. Rheumatische Schmerzen wurden gelindert und daß diese Linderung keine subjektive-autosuggestive war, dafür zeugte auch hier der auf die Krankheitsstellen scharf lokalisierte Schweißausbruch.

In 3—5 Minuten waren Kinder, in 5—10 Minuten Frauen und Mädchen, und in der Regel in 15, in Ausnahmefällen in 30 Minuten Männer ‚aufgefüllt', womit Korschelt die Somnolenz, die den magnetischen (und hypnotischen) Schlaf kennzeichnende Schläfrigkeit, meint.

Für gewöhnlich wahrte er einen Scheibenabstand von 6 Zentimetern, bei refraktären (weniger empfänglichen) Personen wurde die Distanz verkleinert, die Strahlung als stechender empfunden. K. meint: die Wellen wurden kürzer. Ich lasse das dahingestellt, ebenso daß die Wellen länger geworden seien, wenn bei Abstandsvergrößerung die Emanation als angenehmer empfunden wurde. Dagegen stimme ich voll und ganz seiner Auffassung zu: jede Person spricht am besten auf einen individuell verschieden ausgerichteten Abstand an; möglich, daß dann die Kunstwellen den Körperwellen am nächsten, wenn nicht gar gleich, kommen.

In etwa einer Viertelstunde füllt sich das Zimmer mit Ozon an, den man riecht und dessen Auswirkungen dieselben, wenn auch natürlich schwächere sind wie bei unmittelbarer Bestrahlung des Hinterhauptes, mit seiner ominösen und so wichtigen Zirbeldrüse. Möglicherweise — so sage ich mir — ist diese indirekte, quasi homöopathische, Wirkung die bessere. (S. 156)

Übrigens soll ‚man' die von der Apparatur ausstrahlenden Wellen als ‚schwingende Lichtstreifen' sehen, wenn ‚man' mit geschlossenen Augen unter dem Rohre liegt. Frägt sich nur: wer ist ‚man'? Alle Personen oder nur die hochsensitiven, die unter dem Rohr oder auch lediglich in dem bestrahlten Raume weilend in Trance verfallen und so lange darin bleiben, wie der Apparat ‚läuft'?

Man kann solche in Trance Geratenen erwecken durch längere Behauchung der Herzgrube; man kann sie aber getrost auch von selbst zu sich kommen lassen; stets werden sie gestärkt erwachen (8), meint Korschelt. Vorsicht ist immer — so auch hier — nur von Nutzen, sage ich.

Da Korschelt angibt, daß man ‚seine' Wellen — unter dem Rohre liegend — mit geschlossenen Augen als ‚schwingende Lichtstreifen' wahrnehme, so sei auf einen Versuch des englischen Physikers Professor Silvanus Thomson hingewiesen: „Wenn eine Person in einem verdunkelten Raum oder mit geschlossenen Augen mit ihrem Kopf in ein zuckendes, magnetisches Feld von genügender Intensität gebracht wird, so hat sie die Erscheinung eines schwachen, flackernden Lichtes, das entweder farblos ist oder eine blaßblaue bzw. violette Färbung zeigt. Die Periode des Flackerns ist nicht genau zu bestimmen, wahrscheinlich aber geschieht es 15 bis 20 mal in einer Sekunde. Aber auch bei offenen Augen und sogar bei hellem Tageslicht wird auf dem gleichen Wege das Gefühl des Flackerns vor den Augen hervorgerufen, das sich gewissermaßen über das gewöhnliche Gesichtsfeld zu lagern scheint. Ob eine Abhängigkeit dieser Erscheinung von der Lage des Schädels besteht, ist bisher noch nicht erwiesen worden. Nachwirkungen irgendwelcher Art sind nicht zu beobachten, ebenso wenig Beeinflussungen von Geruch oder Gehör, während einige Versuchspersonen eine eigentümliche Geschmacksempfindung nach einer Einwirkung des Magnetismus von zwei oder drei Minuten verspürt haben." (9)

Wenn es dann abschließend heißt: „Mit diesen Beobachtungen wäre also eine Beziehung unseres Körpers und namentlich seiner Sinnesorgane zu der magnetischen Kraft festgestellt worden", so wäre hinzuzufügen: und wären die bisher glattweg abgestrittenen einschlägigen Versuche des Freiherrn Dr. Karl von Reichenbach (1788—1869) glänzend gerechtfertigt worden. (10)

Der Physiker Silvanus Philipp Thompson (1851—1916) war seit 1885 Direktor des ‚Technical College' in Finsbury (London).

Einen neuartigen, auf ganz anderen Prinzipien beruhenden, Sonnenäther-Strahler hat Wilhelm Elsäßer, Stuttgart-Möhringen, entwickelt. (11) Daß dieses Gerät einer weiteren, daran

(8) Korschelt; 82.

(9) ‚Sichtbarer Magnetismus', in ‚Berliner Tageblatt', Nr. 16 v. 21. Juli. Berlin 1916.

(10) Reichenbach, Karl von: ‚Die odische Lohe usw.' Leipzig 1909. Ders.: ‚Wer ist sensitiv, wer nicht?' Leipzig 1920.

(11) Elsässer, Wilhelm: ‚Ein erprobter Od-Strahler', in ‚Okkulte Stimme', Heft 4. Braunschweig 1958; 4 f.

interessierten Öffentlichkeit überhaupt bekanntgegeben wurde, geht auf meine ‚Nachschubkraft' zurück.

Auch der im Abschnitt ‚Pendel-Verstärkung' beschriebene ‚Pendelverstärkungskasten' von Heermann, dessen Ausstrahllinse einen spürbaren kalten Hauch auspustet, ist m. E. als ein ‚Sonnenätherstrahlapparat' — wenn man schon diese Korschelt'sche Wortprägung beibehalten will — anzusprechen!

Literatur:

Feerhow, Friedr.: ‚Eine neue Naturkraft oder eine Kette v. Täuschungen', in ‚Ztrbl. f. Okk.' (Augustheft). Leipzig 1913.

Friedolin, G.: ‚Eine Lebensquelle und ihre Entdeckung. Die Anwendung der Geomagnetiféren (el. Kraftstrahler), bes. f. Gemüse und Obstbau'. Bad Schmiedeberg und Leipzig 1891.

Larvaron, M.: ‚La Radio-Tellurie'. Rennes 1935.

Müller, Phil.: ‚Elektro-Bodenkultur'. Berlin 1927.

Schrödter, Willy: ‚Kosmische Wellen und vitale Schwingungen, in Mensch und Schicksal', Nr. 5 vom 15. Mai. Villach 1953; 7 f.

Ders.: ‚Pflanzen als Strahlapparate', in ‚Pflanzen-Geheimnisse'. Warpke-Billerbeck 1957; 50 f.

Suggestibilität

„Auf daß ihr innewerdet, was es sei, wenn ich die Hand abziehe!“
4. Mos. XIV; 34

Um die Beeinflußbarkeit zu prüfen, bedient man sich des sog. ‚Moutin'schen Reflexes', benannt nach Dr. med. Lucien Moutin (1856—1919).

Man legt die beiden Handflächen mit ausgespreiteten Fingern leicht auf die Schultern der Versuchsperson, derart, daß die beiden Daumen auf deren Rückgrat aufliegen.

Oder man legt nur die rechte Hand auf den Nacken auf.

Werden dann die Hände bzw. wird dann die Hand nach höchstens 30 Sekunden langsam zurückgezogen, so neigt sich bei empfänglichen Personen der Oberkörper mehr oder weniger stark zurück. Eine sehr sensible Versuchsperson wird gezwungen sein, rückwärts schreitend den Händen des Operators zu folgen — auch wenn diese von ihren Schulternblättern 20—30 cm entfernt sind. Unter Umständen wird gleichzeitig Wärmegefühl verspürt. (1)

Eine ähnliche Pose kannte Alt-Ägypten als ‚magische Verteidigung': „Man stellte sich hinter jemand und legte ihm die Hand auf den Nacken oder auf die Wirbelsäule. Das war die Handlung den ‚setpta' auszusenden. Alexandre Moret (geb. 1868) nennt es: die Handlung, das Lebensfluid loszuschleudern.“ (2)

Die dänische ‚Wunderärztin' Dorothea Iversen (geb. 1899) zu Kopenhagen besitzt außergewöhnlich starke biomagnetische Kräfte, mit denen sie das ‚Moutin'sche Phänomen' aus der Ferne auslösen kann. ‚Constanze'-Reporter Hans Meyer berichtet 1949: „Frau Iversen griff sich eine Dame aus dem Wartezimmer-Publikum und stellte sie mit dem Gesicht zur Wand hin. Dann mußten sich zwei Herren mit verschränkten Armen hinter der Versuchsperson aufbauen, damit sie nicht zu Boden stürzen könne. Alsdann ging Frau Iversen an die gegenüberliegende Seite des Zimmers und streckte ihre Hände aus. Jedesmal, wenn sie diese etwas zurückzog, kippte VP nach hinten über.

(1) Moutin, Dr. med. Lucien: ‚Le diagnostic de la suggestibilité'. Paris 1896.
(2) Rijnberk, Prof. Gérard v.: ‚Les Métasciences biologiques'. Paris 1952; 103.
Moret: ‚Rois et Dieux d'Egypte'; 21.

Eine vorherige Hypnose hatte nicht stattgefunden. Der Versuch wurde mehrmals wiederholt.“ (3)

Die magnetische Kraft des a. a. O. erwähnten Bürgermeisters und Wünschelrutengängers Primus in Wartburg im Mürztal (Steiermark) ‚war von einem jeden Kranken sofort zu spüren, wenn er in ein Meter Entfernung seine Hand nach ihm ausstreckte‘. (Cihlar; 1949)

Eine ähnliche Vorgehensweise kennt der deutsch-amerikanische Magnetist Dr. phil. Philipp Braun, Courtenay (Florida), als ‚eine der schnellsten und besten Arten, den Grad der Empfänglichkeit einer Person (für die Magnetisation) festzustellen‘:

> „Man läßt sie sich vollständig gerade aufgerichtet hinstellen, das Kinn aufwärts gerichtet, die Augen festgeschlossen und die Hacken zusammengeschlossen.“ (4)
>
> Das ist die Positur, welche Ärzte Nervenkranke einnehmen lassen, um den Grad der Erschöpfung festzustellen; sie löst das sog. ‚Romberg’sche Phänomen‘ aus, so benannt nach dem Berliner Psychiater Mor. Hch. Romberg (1795 bis 1873).
>
> „Dann stellt man sich hinter sie und fährt mit der Hand leicht und rasch in geringer Entfernung[1]) an ihrem Rückgrat entlang. Wenn die Person sehr empfindlich ist, wird sie die Bewegungen der Hand sofort deutlich wahrnehmen. Wenn sie nicht sehr empfindlich ist, wird es nötig sein, den Körper leicht zu berühren, wenn man die Hand abwärts bewegt.
>
> Nachdem man diesen Versuch ausgeführt hat, läßt man die betreffende Person wieder die gleiche Stellung, wie vorher, einnehmen und stellt sich einen bis anderthalb Meter weit entfernt hinter sie. Dann strecke man den rechten Arm aus, so daß die Fingerspitzen auf ihren Hinterkopf zeigen und hege gleichzeitig den festen Willen, daß die Person sich nach hinten beugen soll. Häufig genügt es auch schon, wenn man die Augen fest auf den Hinterkopf der Person richtet.[2]) In vielen Fällen wird man hiermit Erfolg haben. Manch-

[1]) Ein kraftbegabter Magnetopath kann auch auf weitere Entfernung hin wirken. (5)

[2]) Warum gerade der Hinterkopf? Weil dort die Zirbeldrüse liegt! — Vgl. meinen Aufsatz ‚Das Wirbelzentrum‘ (6)!

(3) Meyer, Hans: ‚Sie pustet dich telefonisch gesund‘, in ‚Constanze‘, eine Nummer v. September. Hamburg 1949; 4—5.
Schrödter, Willy, ‚Präsenzwirkung‘; 36 f.

(4) Braun, Dr. Phil.: ‚Lebens-Magnetismus etc.‘ Bad Schmiedeberg und Leipzig, o. J. (1904); 15 f.

(5) Kramer, Phil. W.: ‚Der Heilmagnetismus‘. Lorch/W. 1931; 55.

mal wird der Erfolg ein derart ausgesprochener sein, daß die Person fast sogleich nach Beginn des Experimentes nach rückwärts zu fallen[3]) beginnt. Man muß daher mit Vorsicht verfahren und sich bereit halten, die betr. Person mit den Armen aufzufangen, wenn dieser Fall eintreten sollte. Dies ist ein starker Beweis für die Fähigkeit einer selbstbewußten Person, das Wohl oder Wehe anderer Personen beeinflussen zu können.“ (4)

[3]) Mittelalterliche Schriftsteller behaupten, man vermöge aus der Entfernung einen Menschen zu Fall zu bringen. (7) Das führte als Spezialität in neuerer Zeit noch vor der Magnetopath Antonio Reggazoni († 1870) aus Bergamo.

(6) Schrödter, Willy: ‚Das Wirbelzentrum‘, in ‚Das Neue Licht‘, Hefte 7 bis 8 vom Juli-August. Purkersdorf b. Wien 1956; 132—137.

(7) Nettesheim, Agrippa von: ‚Magische Werke etc.‘ Berlin 1916; I; 314.
Ghazali: ‚Fragen über die Fähigkeiten des tierischen Lebens‘. Paris 1519.
Ficinus, Marsilius: ‚Tractatus de viribus Imaginationis‘.

Sympathetisches Wundheilpulver

„Alles ist im Universum beseelt und lebend, alles Produkt einer allgemeinen Lebenskraft und das Produzierende ist nie von seinem Produkte getrennt."

Plotin (204—270)

Sir Kenelm Digby (1603—1655) hatte in Florenz um das Jahr 1623 angeblich von einem aus dem Morgenlande kommenden Karmeliter die Benutzung des Kupfervitriols als Fernwirkmittel (‚Medicina diastatica') zur Blutstillung und Wundheilung erfahren, damit Versuche angestellt und in den Jahren 1657 und 1658 vor der medizinischen Fakultät in Montpellier einen aufsehenerregenden Vortrag gehalten, der noch im gleichen Jahre gedruckt und später ins Deutsche übersetzt worden ist.

Die Herstellung des Wunderpulvers hat nach Digby folgendermaßen zu geschehen: „Im Juli oder August nimmt man eine gewisse Menge römischen Vitriols (Kupfervitriol), löst es in reinem Wasser auf, filtriert, dampft es ein und läßt es koagulieren, um es von allen Unreinigkeiten zu befreien, damit es eine schöne, blaue Farbe annimmt. Alsdann wird es grob gekörnt und während 360 Stunden den Strahlen der Sonne ausgesetzt, wenn diese sich im Zeichen des Löwen befindet.

Die Anwendungsart dieses Sympathiepulvers bestand gemäß Digby darin, dasselbe in Brunnen- oder Regenwasser aufzulösen, und zwar in solcher Menge, daß ein blankes Eisen, das man darin eintaucht, ganz mit Kupfer beschlagen wird. In diese Flüssigkeit taucht man einen mit dem Blute der zu heilenden Wunde befleckten Leinwandlappen, oder man streut auf den vom Blute befeuchteten Lappen etwas pulverisiertes Vitriol und läßt letzteres vom Blut aufsaugen. ‚Jedesmal, wenn man frische Vitriollösung oder -pulver in Berührung mit dem Blute **des Verbandstoffes** bringt, fühlt der Kranke eine neue Erleichterung, wie wenn die Wunde tatsächlich mit einem heilkräftigen Medikament verbunden worden wäre.'" (1)

(1) Hentges, Ernst: ‚Vom Blutzauber', in ‚Zentralblatt für Okkultismus', Novemberheft. Leipzig 1930; 202.
Amadou, Robert: ‚La Poudre de Sympathie'. Paris 1953; 48 f.; 95 f.
Rochas, Alb. de: ‚Die Ausscheidung des Empfindungsvermögens'. Leipzig 1909; 151 f.

Kupfervitriol darf nie mit der Wunde selbst in Verbindung kommen, es ist giftig.

Die blutigen Binden werden nach einigen Stunden vergraben, nicht etwa verbrannt!

Hermann Ullrich Ottinger sen., homöopathischer Arzt, Villa Zanoni, Riethäusle bei St. Gallen (Schweiz), Begründer einer verbesserten ‚Komplex-Homöopathie', teilte E. W. Clarence unterm 16. März 1925 mit:

„Bei Geschwüren nahm ich die mit Eiter durchtränkten Binden, bestreute sie mit Kupfervitriol, legte sie in einen kleinen Topf, gab etwas Wasser zu und stellte ihn an eine gelinde Wärme. Die Kranken selbst wußten nichts von diesen Versuchen, konnten mir jedoch immer den genauen Zeitpunkt bezeichnen, wo die Zustände im Befinden sich besserten und diese Zeiten waren immer die, wo ich die Mumia frisch zubereitete ...

Im Keller hatte ich lange einen größeren Topf mit Kupfervitriol und Wasser stehen. Bei Venenblutungen gab ich blutige Binden in diese Lösung und der Kranke fühlte sofort Kühlung und die Blutung ließ rasch nach." (4)

Die Erklärung der Wirksamkeit gibt die ‚elektro-magnetische Rückschwingungsbrücke':

„Alle abgetrennten Teile eines lebenden Organismus schwingen noch tagelang nach der Abtrennung in einem ätherischen Rhythmus, der für den Besitzer dieses Organismus ‚typisch' ist, und alles, was mit diesen Teilen geschieht, wirkt sich durch Rückschwingung auch auf ihn aus." (2)

Max Lucke (3), Homöopath U. E. Ottinger (4), Capitaine E. Fonvielle (5), Dr. med. dent. Ernst Busse (6), ferner René

Schrödter, Willy: ‚Digby's Sympathiepulver', in ‚Vom Hundertsten'; 220 f.
Wagner, Hedda: ‚Ein vielumstrittenes Phänomen (Die Erfahrungen des Sir Kenelm Digby)', in ‚Das Neue Licht', Nr. 7—8. Purkersdorf bei Wien 1940; 1 f.

(2) Busse, Dr. Ernst: ‚Feinstoffliche Bildekräfte und Chirurgie', in ‚Okkulte Stimme', Nr. 34 v. Nov. Braunschweig 1953; 19—20.

(3) Lucke, Max: ‚Wundheilungen mit Kupfervitriollösung', in ‚Zentralblatt für Okkultismus', Juniheft. Leipzig 1911.

(4) Clarence, E. W.: ‚Sympathie, Mumia, Amulette, okk. Kräfte der Edelsteine und Metalle'. (Sammlung: ‚Okkulte Medizin', Bd. XII.) Berlin-Pankow 1927; I; 304.

(5) Fonvieille, E.: ‚La Poudre de Sympathie du Chevalier Digby', in ‚Revue International de Radiesthésie'. Mettet (Belgien) 1949; XVII; 185 f.

(6) Busse, Dr. Ernst: ‚Feinstoffl. Bildekräfte etc.' (wie unter 2) und priv. Mittlg.

Warcollier, Dr. Vergnes, André Savoret, Dr. J. E. Emerit (7) bestätigen in unseren Tagen die Wirksamkeit durch ganze Versuchsreihen.

Dadurch, daß der französische Hauptmann aus Rollencourt (Pas de Calais) sein Pulver nicht nur mit Blut, sondern auch mit anderen Sekreten (lat.: mumiae) in Verbindung brachte, erweiterte er dessen Heilungsmöglichkeiten beträchtlich!

Nun ein pflanzliches Gegenstück zum mineralischen ‚Vehikel':

Der Spagyriker und Alchemist Alexander Freiherr von Bernus (geb. 1880) erlebte als Knabe, wie eine alte hausierende Zigeunerin auf dem väterlichen Gutshof Stift Neuburg (Donau) die schwere Armverletzung eines Knechtes behandelte. Sie legte beide Hände auf die Wunde und murmelte dabei fortgesetzt. Der Schmerz ließ nach und das Blut stand durch den Bannspruch. Dann riß sie aus dem feuchten Straßengraben ein Kräuterbüschel, zog es durch den Hofbrunnen, legte es dem Knecht auf seine Blessur mit der Weisung, es alle Stunde zu erneuern, das gebrauchte jedoch zu vergraben. Die Wunde heilte überraschend schnell. Fast dreißig Jahre später las der Forscher und Dichter im Paracelsus über Persicaria, Flöhkraut oder Wasserpfeffer:

> „Damit ihr den Brauch des Krautes verstanden, so sollent ihr wissen, daß er in der gestalt gebraucht wird, nämlich: man nimpt das Kraut und zeuchts durch ein frisches Bach, demnach so legt mans auf adsselbig, das man heilen will, darnach so vergrabts mans an ein feucht Ort, damit das faul werde, so wird der Schad gesund. Also mit der Ordnung fürgefahren, bis zu endt der Heylung.
> Was von diesem Kraut nit geheilt wird, widerstehet auch noch mehr allen anderen Transmarinen." (8)

Es handelt sich hier klärlich nicht nur um einen Kräuterverband, der heilt, sondern darüber hinaus um eine sog. ‚Sublimation', eine ‚Übergabe des Krankheitsstoffes an die Elemente', hier die Erde!

Tenzel, der ‚Gustav Jäger des XVII. Jahrhunderts' (Kiesewetter), will das ‚fleckicht Flöhekraut, Wallwurz, oder ein ander Wundkraut' allerdings an der Luft verdorren lassen, nachdem es mit der ‚Mumie' von dem durch Wunden oder Geschwüre schadhaften Glied durchtränkt worden ist. (9)

Herr Professor Dr. R. Tomaschek (Breitbrunn, Chiemsee),

(7) Amadou; 120 f.
(8) Bernus, Alexander: ‚Wachsen am Wunder'.
(9) Tenzel, Andreas: ‚Medicina diastatica od. i. d. Ferne würkende Arzney-Kunst'. Leipzig und Hof 1753; 227; XIV.

dessen Liebenswürdigkeit ich den Hinweis auf Bernus verdanke, schrieb mir unterm 27. Juli 1957 ergänzend:

„Es handelt sich offenbar um Polygonum Persicaria (Flohkraut). Ich finde in der Literatur, daß Wasserpfeffer (Polygonum Hydropiper) davon verschieden ist.“ —

Über die sympathetische Praxis des ‚Einpflöckens‘ belehren meine ‚Geheimkünste der Rosenkreuzer‘ (10) und meine ‚Pflanzen-Geheimnisse‘ (11).

(10) Schrödter, Willy: ‚Transplantation od. Verpflanzung‘, in ‚Geheimkünste‘; 61.

(11) Schrödter, Willy: ‚Pflanzen und Sympathetik‘, in ‚Pflanzen-Geheimnisse‘; 135.

Literatur:

Amann, Dr. med. G. A.: ‚Sympathie — das magische Heilverfahren‘. Hamburg 1950.

Ganser, Oskar: ‚Sympathie und Zaubermedizin‘. Leipzig 1921.

Most, Dr. med. G. F.: ‚Sympathetische Mittel‘. Rostock 1842.

Musallam, Dr.: ‚Sympathie, das Geheimnis der Krankheitsbehandlung durch natürliche Heilmittel‘. Berlin-Weißensee, o. J.

Dr. Musallam = Dr. phil. Franz Sättler († 1943); trotz reißerischer Aufmachung gut.

Peterson, R. T.: ‚Sir Kenelm Digby‘. London 1958 (Jonathan Cape).

Telegraphie mit Tieren

„Der Versuch, das langsamste Tier als schnellsten Boten zu gebrauchen ...“
Hugo Zeitzmann (1878)

Hugo Zeitzmann veröffentlichte 1878 einen Aufsehen erregenden Aufsatz, wie man in Frankreich um 1848 die ‚Gruppenseele‘ der Schnecken für menschliche Zwecke nutzbar machen wollte:

„Vor etwa 30 Jahren (also 1848) wurde das Thema von der ‚Schnecke als elektrischem Telegraphen‘ — zumal in Frankreich — eifrig diskutiert. Während man anderwärts höchstens von ‚sympathischen‘ Schnecken sprach, hatten unsere leicht erregbaren Nachbarn jenseits der Vogesen schon ihren ‚Télégraphe Escarcogique‘ — wenigstens in der Theorie— fix und fertig.
Letztere gründete sich auf die Wahrnehmung, daß, wenn gewisse niedere Tiere, wie die Schnecken, miteinander in Berührung gebracht werden, sie sich in ihren Bewegungen und Verrichtungen identifizieren. Diese Identität — so versicherte man — dauerte fort, auch nachdem die Tiere wieder von einander getrennt seien, so zwar, daß, wenn man den Kopf des einen berühre, der Kopf des anderen, ob auch in größter Entfernung, die Berührung ebenfalls empfinde und dies durch eine gewisse Bewegung seines Kopfes an den Tag lege; werde der Schwanz des einen Geschöpfes berührt, so zeige auch der Schwanz des andern eine größere oder geringere Erregung und so fort.
Diese Wahrnehmung suchte man praktisch zu verwerten, indem man jeder Bewegung des Tieres eine bestimmte Bedeutung unterlegte und daraus eine Art Alphabet, bzw. ein System von verschiedenen Signalen zusammensetzte.
Zwei französische Naturforscher, Allix und Benoit, waren die ersten, welche hinsichtlich der telegraphischen Fähigkeiten der Schnecke eine Reihe ernsthafter Versuche anstellten und das Ergebnis derselben in wissenschaftlichen Zeitschriften veröffentlichten. Sie hatten ‚zwei Alphabete Schnecken‘, in jedem so viele einzelne Schnecken, als das französische Alphabet Buchstaben umfaßt, mithin für jeden

Buchstaben eine eigene Schnecke. Jedes Paar (z. B. das A) war zunächst in Paris miteinander in Berührung gebracht worden, wodurch die beiden Tiere die instinktive oder unwillkürliche Fähigkeit erlangt hatten, zu zittern oder sich zu bewegen, so oft das eine derselben berührt wurde, wenn sie auch weit von einander entfernt waren. Ein anderes Paar, genau ebenso behandelt, stellte das B vor und so weiter bis zum Z. Jetzt schaffte man das eine Paar über den atlantischen Ozean hinüber: Allix operierte in Paris, Benoit in New York. Sollte nun ein Wort von Paris nach der Neuen Welt ‚geschneckt' werden, so brachte man die den ersten Buchstaben desselben repräsentierende Schnecke mittels eines galvanischen Apparates vorerst in einen Zustand der Erregung. Alsbald erhielt angeblich der entsprechende Teil des Buchstabens B in Amerika den gleichen galvanischen Schlag und zeigte die analoge Unruhe, während alle übrigen Schnecken des Alphabetes vollkommen ruhig blieben, so daß kein Zweifel obwalten konnte, welche Schnecke in Paris berührt, d. i. welcher Buchstabe von dort telegraphiert worden war. Nachher kamen dann die übrigen Buchstaben, die zu der Botschaft gehörten, nacheinander an die Reihe.

Die Versicherung des Berichterstatters Allix, daß der keineswegs als bloße Spielerei aufzufassende Versuch, das langsamste aller Tiere als schnellsten Boten zu gebrauchen, im allgemeinen wohl gelungen sei, klingt dem oberflächlichen Gebildeten freilich fast wie ein schlechter Spaß; allein die Möglichkeit einer derartigen telepathischen Übermittelung, die mit den sonstbekannten Sympathieerscheinungen bei Tieren und Menschen im Einklang steht, läßt sich kaum in Abrede stellen, und so äußerte sich auch einer der ersten damaligen Physiker-Professor William Gregory zu Edinburgh, wie folgt: ‚Es wäre in der Tat in hohem Grade merkwürdig, sähen wir am Ende allen Ernstes einen Schneckentelegraphen im Gange, der trotz der sprichwörtlichen Langsamkeit des genannten Geschöpfes an Geschwindigkeit mit dem elektrischen Strome wetteiferte und die Kommunikation auf diesem letzteren Wege an Sicherheit weitaus überträfe, da er ja keine von feindlichen Einflüssen so leicht zerstörbaren Drähte brauchte, überdies aber unendlich viel weniger kostspielig wäre, weil alle Erfordernisse dieses Apparates in einer gehörigen Anzahl gehörig vorbereiteter Schnecken beständen'." (1)

(1) Zeitzmann, Hugo: ‚Telepathischer Rapport bei niederen Tieren', in ‚Bibliothek der Unterhaltung und des Wissens' (Bd. VI); 1878; 242.

„Leider wurden diese interessanten Experimente — wohl infolge der nachherigen Herstellung und Legung unterseeischer Kabelleitungen — nicht weiter fortgesetzt und so ist der ‚Schneckentelegraph' vorderhand nicht über den ersten zweifelhaften Versuch hinausgekommen." (2)

Das ist jedoch ein Irrtum, wenn man C. P. van Rossem Glauben schenken darf. Der hat nämlich 1933 in ‚Das Grüne Blatt' (Berlin) von (sicher erst später) vereinfachten und jedesmal geglückten Experimenten der beiden Forscher berichtet:

> Man setzte Schneckenmänner (Art nicht angegeben; wohl gleichgültig) auf die weißen Felder eines Damespielbrettes in einem Zimmer und die Schnecken-Damen auf die entsprechenden Flächen eines zweiten Damespielbrettes in einem Nebenraum. Wie immer man auch die Weibchen verschob, sofort rückten die Männchen auf die analogen Plätze.
>
> Auch bei Proben von Paris nach Marseille über 800 Kilometer Luftlinie Entfernung.
>
> Die praktische Nutzanwendung: zwei gleiche Buchstabiertafeln (Alphabetarien) und eine mit dem Partner verabredete Stunde zum drahtlosen Telegraphieren mit Schnecken.

War das am Ende die geheime Verständigungsart, welche Geheimbundpräsident Agrippa von Nettesheim (3) und Rosenkreuzer-Apologet Dr. med. Robert Fludd (1574—1637) in ihren Werken (4) andeuteten?

Allix nannte die rätselhafte Fähigkeit der Schnecken ‚Telepathische Affinität'; Frederik William Henry Myers (1843—1901) taufte sie ‚Selesthésie'; der französische Physiologe Nobelpreisträger Charles Robert Richet (1850—1935) sprach von ‚Cryptesthésie'; Professor René Sudre (Paris) hieß sie ‚Métagnomie'. Er war Redakteur der ‚Revue métapsychique'.

„Und dieweil die Gelehrten mit Namen nichts erklären können, lacht sich die Schnecke in's Fäustchen ..." (5)

(2) ‚Psychische Studien', Jahrgang XXXVI, Juniheft. Leipzig 1909; 376 f.
(3) Nettesheim, Agrippa von: ‚Magische Werke etc.' Berlin 1921; u. ö. I; 65 f.
(4) Fluctibus, Robertus de: ‚Tractatus apologeticus integritatem societatis de Rosea Cruci defendens'. Leyden 1617; P. I; c. 4.
(5) Schrödter, Willy: ‚Geheimkünste'; 40.

Telekinese

„Wenn sich z. B. acht Millionen New Yorker zur gleichen Zeit intensiv darauf konzentrieren würden, das Empire - State - Building von der Stelle zu rücken, würde es sich ein wenig bewegen. Es wäre wenigstens im Bereich der Möglichkeiten."

Dr. G. Pratt vom Parapsych. Labor der Duke-University (North-Carolina) im Jahre 1958

Telekinese, aus den griechischen Worten ‚tele' = fern, ‚kinesis' = Bewegung gebildet — nennt man die Bewegung von Gegenständen ohne Berührung, lediglich durch Gedankenkraft.

Camille Flammarion (1842—1925) hat bereits 1891 in ‚The Arena' (Boston, Juliheft) behauptet: „Die psychische Kraft vermag sich in alle Kräfte umzusetzen und zu verwandeln, sei es in Elektrizität, in Wärme, in Licht oder in eine sichtbare Bewegung."

Offenbarungsspiritist Hans Arnold hat in seinem Buche ‚Was wird aus uns nach dem Tode?' festgehalten, daß er selbst sah, wie ein junger Mann aus seinem Bekanntenkreise vor sich auf den Tisch gelegte Streichhölzer zu sich wandern ließ, ‚wobei er — um sich selbst in diese Vorstellung des Wanderns der Streichhölzer recht intensiv einzuleben, fortwährend Winkbewegungen mit den Fingern seiner einen Hand machte.'[1])

Arnold vernahm außerdem von einem vornehmen Brasilianer, daß einer von dessen Bekannten durch Willensanspannung sogar den Zeiger einer Wanduhr beliebig vor- oder zurückstellen konnte. (1)

Hierzu schrieb mir der Buchhändler Theodor Siebert, Halle a. d. S., Friedrichplatz 6 I, unterm 19. März 1933: „Heute erzählte mir ein Bekannter, daß er 1914 in Danzig einen Unteroffizier gekannt hätte, der ganz den gleichen Zauber gemacht habe;

[1]) Wenn Gustav Meyrink (1868—1932) eine Astral-Exkursion vorhatte, nahm er sich als ‚Imaginations-Vehikel' (Gedanken-Ausrichter) einen Spazierstock mit ins Bett.

(1) Arnold, Hans: ‚Magische Kräfte in uns' (3. Aufl. von ‚Die Kraft der Überzeugung'). Leipzig, o. J.; 130 f.

z. B.: ein Stuhl bewegte sich hochgekippt auf einem Bein im Zimmer umher, ebenso ein Spazierstock, auf dessen Griff man eine Soldatenmütze gestellt hatte usw. Der Mann hat den Unteroffizier kurze Zeit darauf aus den Augen verloren."

Der verstorbene Bürgermeister Primus aus Wartburg im Mürztal (Steiermark) „war imstande, ein Lineal, das auf einer Schachtel labil lag, durch seine (magnetische) Kraft zu bewegen. Er fuhr sich mit den Fingern der einen Hand durch das Haar[2]), ein feines Knistern war zu hören und der Holzstab begann zu kreisen." Mein Brieffreund Emanuel Cihlar (Wien) hat dies selbst mitangesehen und mir unterm 25. Jänner 1949 berichtet. Unterm 11. März 1954 vernahm ich von Dr. Ernst Landsberg (Cape Town): „Ich kannte einen Mann in Johannesburg, der war in der Lage, im Zimmer aufgehängte Pendel mit seiner Willenskraft zu bewegen und aufzuhalten, und ich habe so ein paar Stunden mit ihm zusammen gesessen. Nachher probierte ich selbst und konnte kleine Erfolge feststellen, aber nichts im Vergleich mit dem, was er tat."[3])

Bürgerschuldirektor Dr. phil. Welisch (Graz) konnte ein fünf Kilogramm schweres Pendel auf eine Entfernung von einigen Metern ‚nur durch seinen konzentrierten Willen und Blick' in Bewegung versetzen. „In Wien trat im Mai 1933 ein junger Mann auf, der nicht nur mit der Hand einen geschlossenen (!) Kompaß abzulenken vermochte, sondern auch durch bloße Willenskonzentration auf einige Meter Entfernung hin." (2)

Nach offenbar eigenen Erlebnissen berichtete 1933 Fred Schultz über einen ca. 30jährigen Telekinetiker ganz großen Formates, Achmed auf Ost-Sumatra. In Kisaran ließ derselbe

[2]) Astrophysiker Professor Johann Karl Friedrich Zöllner (1834 bis 1882) beschreibt in seinem ‚Über die Natur der Kometen' — „die Einwirkung der Elektrizität auf den Wasserstrahl eines Springbrunnens, die so stark ist, daß sich der Wasserstrahl schon zusammenzieht, wenn ihm der Beobachter seinen Kopf auf 30—50 cm nähert und sich nur einmal mit der Hand durch die Haare fährt. Hier wird also die Fernwirkung durch die im menschlichen Körper vorhandene Elektrizität erzielt." (3)

Der derzeit höchste Springbrunnen ist übrigens das Wasserspiel am Genfer See; es schleudert seinen Strahl 120 Meter hoch! Je Sekunde werden 500 Liter Wasser in diese Riesenfontäne gepumpt!!

[3]) Von diesem Manne heißt es vorab: „Er experimentierte, den Verfall von Fleischstücken mit seinem Willen aufzuhalten."

Pater Bourdoux (Albi, Frankr.) erwähnt eine Dame, welche Früchte, kleine Fische und Vögel durch die Ausstrahlung ihrer Hände mumifizierte (4). Vgl. ‚Mumifizierung'!

(2) Surya, G. W.: ‚Okk. Diagnostik und Prognostik'. Lorch/W. 1950; 170.

auf hell erleuchteter Bühne eine Streichholzschachtel in hohem Bogen aus einem leeren Bierglas spingen, ebenso einen Trauring von einem Weinglas in's andere; zuguterletzt japanische Puppen zur Musik eines Grammophons tanzen.[4]) In einer Privatséance wurden die Darbietungen noch gesteigert, teilweise photographisch festgehalten. Wie bei Primus das Lineal auf der Schachtel, so drehte sich bei dem ‚Zauberer von Medan' ein Spazierstock auf der Öffnung eines Bierglases liegend, langsam im Kreise herum; Bilder wurden von der Wand abgehoben, wie es auch Arnold's Brasilianer berichtete usw.

Achmed hat Schultz eröffnet, wie man es macht:

> Eigentlich hält er sich für einen Schwindler. Denn: bei ausgestreckten Händen stößt etwas[5]) wie ein grüner Faden aus seinem Mittelfinger hervor. Dieses ‚Pseudoglied' oder ‚Tentakel' — wie die Parapsychologie es heißt — sieht nur er. Es wird immer länger und massiver und wenn er einen

[4]) In China werden tanzende (und wohl durch Bauchrednerei sprechende) Puppen von Zauberinnen (tao-che) vorgeführt, die sich ‚Tiano-ya-t'chang' nennen. (6)

[5]) „Das Bild eines Meisters der Renaissance zeigt Christus bei der Totenerweckung des Lazarus ohne Aureole um den Kopf, den Blick auf den Toten gerichtet und mit den von den Fingerspitzen der Hände auf den Toten wirkenden langen Fluidalstrahlen. Der Meister kennt das Geheimnis der strahlenden Hände in einer Zeit, in der Magnetismus, Radium, Od unbekannt war." (7)

Der letzte Satz enthält eine unrichtige Behauptung: Biomagnetismus war seit je — wenn auch unter anderen Bezeichnungen — bekannt und gerade für das von R. beschriebene Bild findet sich eine passende Sentenz beim Propheten Habakuk (600 v. Ztw.): „Strahlen gingen aus von seinen (des Herrn) Händen; darinnen war verborgen seine Macht." (III; 4.) Besser als unzutreffende Behauptungen aufzustellen, wäre es gewesen, hätte Gewährsmann Schöpfer, Standort und Bezeichnung des Bildes angegeben!

Und was die Aureole angeht, so ist der Heiligenschein eine Tatsache und eine nicht nur bei Heiligen, sondern auch bei durchschnittlichen Zeitgenossen nicht einmal gar zu seltene Begleiterscheinung! (8)

(3) Illig, Johs.: ‚Ewiges Schweigen'. Stuttgart 1924; 56.

(4) Bourdoux, P.: ‚Notions pratiques de radiesthésie pour les Missionaires'. Paris 1946.

(5) Schultz, Fred: ‚Der Zauberer von Medan', in ‚Die Grüne Post', Nr. 12 vom 19. März. Berlin 1933; 10.

(6) Frichet, Henri: ‚La Médecine et l'Occultisme en Chine'. Paris, o. J.; 171 f.

(7) Margalittu (J. P. Reimann): ‚Christus als Biomagnetist', in ‚Zentralblatt für Okkultismus'. Leipzig, Jahrg. XXV; 215.

(8) Yeats-Brown, Francis: ‚Ist Yoga für dich?' Berlin, o. J.; 168.
Schrödter, Willy: ‚Vom Heiligenschein', in ‚Mensch und Schicksal'. Villach 1952, Nr. 22 v. 1. Febr.; 17.

Ruck im Finger verspürt (‚choc de retour'; Reperkussion) ist der Kontakt mit dem Objekt da. Nun vermag er auf es zu wirken, wie immer er will. Um so weit zu kommen, beschränkte er seit Jahren Schlaf und Nahrung auf ein Mindestmaß, lediglich rauchen muß er vor seinen Versuchen.

Er kam darauf, als er einmal einen Mann sah, welcher ohne Berührung einen Stock auf einem Wasserglas drehen machte. Das ließ ihn fortan nicht mehr los. Immer wieder hat er darauf morgens nach dem Aufstehen, wenn er sich mit Kräften aufgeladen fühlte, stundenlang einen Stock fixiert und — eines Tages bewegte der sich.

Sein Endziel: aus eigener Kraft levitieren zu können. (5)

Der bekannte Astrologe A. M. Grimm (geb. 1892) schrieb mir 1955: der verstorbene Magnetopath F. A. Fick (Mainz) hatte die Fähigkeit, durch Magnetismus oder (wohl besser) Willenskonzentration Steine zu bewegen. Fick saß nach seiner Erinnerung auf seinem Stuhl, in ziemlicher Entfernung von ihm lag ein mittelgroßer Stein. Irgend eine materielle Verbindung war nicht gegeben. Fick fixierte den Stein eine Zeitlang, und siehe da! auf einmal fing derselbe an, sich ruckweise auf ihn zu zu bewegen. —

Dieser Fick war überhaupt ein merkenswürdiger Mensch: der Heliodapath Max Schacke (geb. 1872) aus Wiesbaden, erster Schüler von Carl Huter (1861—1912), über den vieles zu berichten wäre, ließ mich z. B. unterm 30. August 1945 wissen: als er (Schacke) noch — in sehr jungen Jahren — Drogist in Klötze (Altmark) war, litt die Frau eines Lok-Führers infolge ungeleiteter Medialität unter schweren Besessenheitserscheinungen, förmlicher Geistesverwirrung. Zu einer bestimmten Stunde trieb Fick von Mainz aus mit Hilfe guter Geister in einer Séance die bösen aus! Fick war ursprünglich Physiker und Chemiker und kam durch okkulte Erlebnisse zum Heilmagnetismus.

Schacke ist 1959 verstorben.

Tierhypnose

„Eine gantz wilde Hennen so zaam zv machen, daß sie von sich selbst vnbeweglich, still vnd in großen forchten sitze."
Daniel Schwenter (1636)

Anno 1636 gab Daniel Schwenter, der an der damaligen Universität Altdorf bei Nürnberg eine Professur über zwei so verschiedene Gebiete wie Mathematik und Orientalistik innehatte, ein fröhliches mathematisch-physikalisches Experimentierbuch, wie wir heute sagen würden, heraus. (1) In der dreizehnten Lektion desselben gibt er ein inzwischen klassisch gewordenes Experiment an:

Man drückt einen Hahn sanft zu Boden und zieht mit Kreide[1]) von seinem Schnabel anlaufend, schnell eine Linie; ob sie gerade ist oder im Zick-Zack verläuft, spielt keine Rolle. Das Versuchtier erstarrt in der ungewohnten und unbequemen Lage und wenn es losgelassen wird, so bleibt es regungslos liegen, bis es durch einen äußeren Reiz in Gestalt von Lärm oder sanften Schlägen ‚geweckt' wird.

Weiter kam Schwenter darauf, daß man diesen Bann auch dadurch auszulösen vermag, wenn man am Schnabel einen Hobelspan festklebt oder über dem Schnabel ein geknicktes Holzstäbchen (heute würde man ein Streichholz nehmen) im ‚Reitersitz' anbringt. Beides veranlaßt das Tier, das Objekt zu fixieren und der ungewohnte Anblick macht es erstarren.

Schwenter führt diese Erscheinung mit Recht auf das Erschrecken zurück. (2)

[1]) Der bedeutende Magnetist Jean de Sennevoy Baron du Potet (1796—1881) u. a. zogen mit Kreide einfachste lineare Figuren auf den Fußboden. Sensible Personen, die sich diesem Bannstrich näherten oder auf ihn traten, schliefen sofort ein oder zeigten die merkwürdigsten Sensationen. Solche ‚Magnetomagie' beruht darauf, daß sich der mächtige, seiner selbst durch viele vorausgegangene gradweise gesteigerten Versuche sichere, Wille des Experimentators in dem Kreidestrich fluidal niedergeschlagen hat. (9)

(1) Schwenter, Daniel: ‚Deliciae physico-mathematicae od. Mathemat. und Philosophische Erquickstunden etc.' Nürnberg 1636 (Jerem. Dümler).
(2) Völgyesi, Franz: ‚Menschen- und Tierhypnose'. Zürich 1938; 12 f.

Im Jahre 1646 — also genau ein Dezennium später — veröffentlichte der jesuitische Polyhistor Professor Athanasius Kircher (1601—1680) den gleichen Versuch. (3) Er nennt ihn stolz: ‚Experimentum mirabile de imaginatione gallinae Kirchereiʻ, der seit dieser Zeit als ‚Pater Kirchers wunderbarer Versuch zur Bezauberung eines Hahnesʻ in die Fachliteratur eingegangen ist. Kircher nannte ihn ‚wunderbarʻ, weil er für das Wesen des Phänomens keine Erklärung wußte. (2)

Wird hier das ‚Erstarrenʻ oder ‚Gefrierenʻ (wie man es früher nannte) des Tieres durch den Schreck herbeigeführt, der es erfaßt, wenn es plötzlich in eine ungewohnte Lage gebracht oder ihm ein ungewohnter Anblick aufgezwungen wird, so basiert die ‚Schreckhypnoseʻ in dem folgenden Falle auf einem ungewohnten Klang: Der bekannte Biologe und Metabiologe Dr. phil. Herbert Fritsche (geb. 1911) verweist auf das sog. ‚Goltz'sche Experimentʻ, „das darin besteht, bei einem mit dem Bauch nach oben auf die Hand gelegten Frosch unmittelbar über der Bauchhaut ein paar mal mit den Fingern zu schnipsen. Der Frosch erstarrt daraufhin, ja er trocknet sogar ein (!), wenn er nicht wieder aufgeweckt wird, was z. B. durch einen auf seine Hand gebrachten Säuretropfen geschehen kann.“ (4)

Und wenn dieser Autor fortfährt: „Beziehungen zu hypnotisch-kataleptischen Erscheinungen weisen auch viele Schutzstellungen im Tierreich auf, so z. B. die starren Schaukelbewegungen, die die Rohrdommel im Schilfdickicht ausübt. Sie wiegt sich dabei mit hoch empor gerecktem Hals im Rhythmus der Halme hin und her, so daß man von einer regelrechten ‚Windmimikryʻ gesprochen hat“, durch welche das Tier auf ganz verblüffende Weise den Augen seiner Verfolger entgeht (5), so sei auf ein Analogon in der Menschen-Hypnose hingewiesen. Von dem kalmückischen Rotzmützenlama Dambin Dschangsang, auch ‚Dschal-Lamaʻ (‚Rächer-Lamaʻ), welcher sich 1918 zum König eines unabhängigen Staates in der Gegend von Kobdo am Bujantu in der westlichen Mongolei machte und der 1925 ermordet wurde, wird überliefert:

„Mit untergeschlagenen Beinen lehnt er sich rückwärts gegen einen Baumstamm, starrt ununterbrochen ins Feuer. Langsam wiegt er den Oberkörper nach vorwärts und rückwärts. Sein Auge schaut unverwandt mit erweiterten Pupillen in unbekannte Fer-

(3) Kircher, Athan.: ‚Ars magna lucis et umbraeʻ. Romae 1646; Lib. II; Pars I; 154.
(4) Fritsche, Herbert: ‚Tierseele und Schöpfungsgeheimnisʻ. Leipzig 1940; 310.
(5) Fritsche; 314.

nen. Die rhythmischen Bewegungen werden langsamer, und mit auf den Knien gelegten Händen hat Dschal-Lama die Selbstversenkung erreicht.“ (6)

Was die ‚Braid'sche Fixation‘ des ‚Starrens ins Feuer‘ angeht, so siehe diesbezüglich unter ‚Kasinâ-Übung‘!

Diese Schauckel-Praxis (7) zur Erzeugung der Selbsthypnose (Trance) finden wir bei dem ‚Zikr‘ der Derwische der ‚Qadirryya-Tarigga‘, ferner bei denen der ‚Mirghaniyya‘, die sich auch ‚El-Schaqhiyye‘ nennen, und deren Hauptwohnsitz in Dongola bei Kassala (Sudan) ist. (8)

(6) Consten, Hermann: ‚Der rote Lama‘. Stuttgart 1928; 41 (47).
Schrödter, Willy: ‚Der Austritt des Doppelgängers‘, in ‚Okkulte Stimme‘. Braunschweig 1954; XI; 17 f.

(7) Baudoin, Charles: ‚Suggestion und Autosuggestion‘. Dresden 1922; 155 f.

(8) Reusch, Richard: ‚Der Islam in Ostafrika mit bes. Berücksichtigung der muh. Geheimorden‘. Leipzig 1930; 136 f.
Vett, Carl: ‚Seltsame Erlebnisse in einem Derwischkloster‘. Straßburg 1931; 95.

(9) Potet, du: ‚Die entschleierte Magie‘. Leipzig 1925; 130 f.
Ders.: ‚La Magie dévoilée ou Principes des Séances occultes‘. Paris 1852.
Anonym: ‚Die Mysterien der Magnetomagie‘. Weimar 1854; 70 f., 97 f.

Literatur:

Labéro, Joe: ‚Wundermänner, ich enthülle eure Geheimnisse!‘ Berlin-Steglitz 1932; 107 f.

Linde-Severin, Dr.: ‚Die ungeheure Macht des Hypnotismus etc.‘ Leipzig, o. J.; 49 f.

Schrödter, Willy: ‚Tier-Geheimnisse‘ (Kap. ‚Tiere und Hypnotismus‘). Warpke-Billerbeck 1960.

Vincent, R. Harry: ‚Die Elemente des Hypnotismus‘. Berlin SW, 1911; 289 f.

Ton

„Der Edle verwendet die Düfte, T ö n e und Farben, wenn sie seinem Leben nützen und vermeidet sie, wenn sie seinem Leben schaden."

L ü B u W e (geb. 232 v. Ztr.)

Es gilt, den Grundton (Dominante) seines Körpers herauszufinden, wenn man etwas von der Macht des Tones verspüren will.

„Das geschieht durch Summen einer tieferen Tonleiter, wobei man die Hand auf die Rückenwirbel in der Kreuzgegend legt. Bei dem dem Körper angehörigen Ton werden diese merklich vibrieren. Bei den meisten Menschen liegt der Grundton um C herum, E ist schon relativ selten.

Wird nun dieser so gefundene Grundton — von einem leisen Summen beginnend — immer stärker anschwellend gesungen, so stellt sich — besonders bei sensitiven Personen — ein immer stärkeres Mißbehagen ein, das b e i F o r t s e t z u n g d e r V e r s u c h e g e f ä h r l i c h e F o l g e n a n n e h m e n k a n n." (1)

‚L o s A n g e l e s E x a m i n e r' hat 1913 im Verfolge solcher Überlegungen ernstlich Bedenken angemeldet, ob nicht der Tenor Enrico C a r u s o (1873—1921) atomisiert werden könnte, wenn das Begleitorchester zufällig seinen Grundton[1]) anschlüge in dem Augenblick, in welchem er selbst diesen sänge! (2)

Summen, Brummen, Raunen, Singen von Buchstaben zu Heilzwecken (und anderen) ist menschheitsalt und global verbreitet. So lehrt z. B. seit Jahrtausenden Indiens Y o g a den ‚s u m m e n-

[1]) Umgekehrt vertritt der Hamburger Hermetiker Alfred M ü l l e r - E d l e r in einem Briefe an mich die Auffassung, man solle eine Ä o l s - h a r f e auf seinen Grundton abstimmen lassen, das vermittele Intuitionen.

Im Zusammenhang mit der ‚W i n d h a r f e' noch etwas Interessantes: bei ihren jährlichen Zusammenkünften verbinden die Hirten in der Provence Pinien mit dünnen Seilen, wodurch eine geheimnisvolle Musik bei Windbewegung weit durchs Land geistet!

(1) Strauß-Surya: ‚Theurgische Heilmethoden'. Lorch i. W. 1936; 164.

(2) Blum, Robert: ‚Carusos Knochen', in ‚Zentralblatt für Okkultismus', Dezemberheft. Leipzig 1913; 322.

den Atem', das ,Käferbrummen' (bhramarai pranayama, meist: ,yoni-mudra'):

„Bei yoni-mudra soll er (der Yogi) ganz allmählich ausatmen und dabei brummen wie ein Käfer. Der ,summende Atem' übt nur dann eine Wirkung aus, wenn man mindestens eine halbe Stunde darauf verwendet, und zwar vier Wochen täglich. Alle Gewebe und Zellen des Körpers schwingen dabei mit, bald spürt man eine gesteigerte Lebenslust." (3)

Für das Brummen ist charakteristisch, daß es bei geschlossenem Munde erfolgt; das steigert die Wirkung dieser ,vibro-aktiven Therapie'. Deshalb ließ auch um 1885 Maestro Wartel in Paris bei gewissen Krankheiten mit geschlossenem Munde singen und hatte große Erfolge damit zu verzeichnen. Beschrieben hat seine Methode 1890 die Marquise A. Sofia de Ciccolini (Paris), welche in drei Monaten täglicher ,Sing-Gymnastik' von allen möglichen schweren Plagen geheilt worden war, nachdem ärztliche Verordnungen nichts gefruchtet hatten. (4)

Heilkundiger Karl Wachtelborn gab einmal folgende Beobachtung und gleichzeitig Anregung:

„Um die verschiedenen lebensmagnetischen oder nervösen Störungen recht zu verstehen, halten wir uns vor Augen, daß der Lebensmagnetismus unseres Körpers aus langsam schwingenden elektrischen und schnell schwingenden magnetischen Kräften besteht. Gesunderweise ist ihm infolgedessen eine bestimmte Schwingungszahl eigen. Die Wissenschaft möge diese auf den Ton bestimmen, den man hören kann, wenn man einen Finger in den äußeren Gehörgang steckt.

Doch hat jeder Mensch seinen eigenen Ton." (5)

Dem genialen Autodidakten und den daran interessierten Ärzten und Heilkundigen sei hiermit gesagt: eine solche Diagnoziermethode gab es schon vor 100 Jahren:

Dr. med. Collognes (Paris) hat nämlich 1856 festgestellt: es ist der Körper als Ganzes, der infolge des ins Ohr gesteckten Fingers muschelähnlich rauscht und gründete darauf sein Diagnostizierverfahren ,Dynamoskopie'.

(3) Yeats-Brown, Francis: ,Ist Yoga für dich?' Berlin, o. J.; 111 f.

(4) Ciccolini, Marquise A. Sofia de: ,L'Inspiration profonde, active, inconnue en physiologie'. Paris 1890 (Masson).

(5) Wachtelborn, Karl: ,Die Heilkunde a. energetischer Grundlage und das Gesetz der Seuchen'. Hellerau-Dresden 1940; I; 104.

Aus Höhe, Umfang und Klangfarbe dieses ‚digitalen' Tones wird der Zustand der Gesundheit oder Krankheit (Lebenskraftniveau) vermittelst des übrigens sehr einfachen ‚D y - n a m o s k o p e s' gemessen.

Die Zahl der normalen Oszillationen ist 72 je Sekunde, die dem Ton ‚R e' entsprechen.

Jede Krankheit hat ihre Schwingungszahl. Die niedrigstmögliche ist: 36. (6)

Hier sei den Heilern eine weitere, auf provoziertem (d. h. von vorneherein bestimmtem) Ton beruhende Diagnosziermethode in Erinnerung gebracht:

Dr. med. Eduard W e i ß , prakt. Arzt in Pistyan, hat ein Vierteljahrhundert lang Tausende von Menschen die an sich sinnlose Silbe ‚K i t' sprechen lassen, sie dabei aufmerksam beobachtet und die Ergebnisse in seinem Buch ‚D i a g n o s t i k m i t f r e i e m A u g e' (Vorwort von Geheimrat K r a u ß !) zusammengestellt.

„Spricht man diese Silbe einige Male langsam hintereinander, so wölbt sich beim Sprechansatz die Lunge zwischen den Rippen ein wenig vor, die Brustwand hebt und senkt sich, und die Weichteile in den Zwischenrippenwänden flattern für ein gut beobachtendes Auge auf und nieder. Diese Erscheinung hört natürlich da auf, wo die Lunge aufhört.

So kann man mit bloßem Auge ‚sehen', wie weit die Lungen reichen und die Organe über und unter dem Zwerchfell abgrenzen.

Aber auch Veränderungen an der Lunge kann man dabei ‚sehen', weil Eiteransammlungen die Bewegung mitmachen, feste Schwarten aber nicht. Man vermag also mit Hilfe der Silbe ‚Kit' die Größe und Konsistenz eines Exsudats festzustellen, sein Wachstum und die Stelle, an der sich der Eiter befindet.

Aber auch am Bauch und Rücken gibt es beim Sprechen des ‚Kit' Rumpfmuskelbewegungen, durch die sich manche Erkrankungen der Bauchhöhle früh erkennen und lokalisieren lassen." (7)

Und unser Gewährsmann Kurt A r a m (Hanns Fischer; 1869 bis 1934) frägt so richtig: „Am Ende hatte aber manche Silbe in Zaubersprüchen alter Zeiten, an denen wir achtlos vorübergehen, für die Priestermedizin ebenfalls diagnostischen Wert?" (7)

(6) Krumm-Heller, Arthur: ‚Vom Weihrauch zur Osmotherapie'. Berlin-Steglitz 1934; 96.

(7) Aram, Kurt: ‚Magie und Zauberei i. d. alten Welt'. Berlin 1927; 131 f.

Abschließend: wenn Goethe im ‚Faust' (‚Prolog im Himmel') sagen läßt: ‚Die Sonne tönt in alter Weise' oder Geheimrat Professor Dr. med. Karl Ludwig Schleich (1859—1922) dichtet:

„Für Götterohren ist das Licht Gesang,
Ein Jauchzen rauscht dem Firmament entlang,
Und über Wolken tönt ein Schrei,
Daß Leben nichts als Liebe sei."

so sei vermerkt, daß nach den Bekundungen der Arktisforscher die Eskimo in der Tat das Nordlicht hören und sich wundern, daß es die Zivilisierten nicht vernehmen.

Literatur:

Schrödter, Willy: ‚Die Macht des Tones', in ‚Vom Hundertsten'; 86 f.; 113 f.

Ders.: ‚Vokalatmungsmethode'; ebendort; 126 f.

Ders.: ‚Die Macht des Tones', in ‚Streifzug'; 58 f.; 174 f.

Ders.: ‚Wortzauber'; ebendort; 20 f.

Ders.: ‚Die Antönung', in ‚Mensch und Schicksal', Heft 12. Villach 1951; 11 f.

Ders.: ‚Magie des Tones', in ‚Neue Wissenschaft'. Oberenstringen 1954; VIII und IX.

Ders.: ‚Geschichte und Lehren der Rosenkreuzer' (Kap.: ‚Antönung'). Villach 1956; 145, 173.

Fey, Dr. med. Christian: ‚Die Behandlung der Herzkrampfanfall-Erkrankung', in ‚Kneipp-Blätter'. Wörishofen 1935; IX.

Helmel, Hch.: ‚Steigere deine Lebenskraft mit Vokal-, Stimm- und Sprech-Atem-Übungen'. Gettenbach, o. J.

Hermann, Hanna: ‚Die Stimme als Heilfaktor', in ‚Das Geistige Reich'. Mattsee 1956; VII—VIII; 198 f.

Leser-Lasario, B.: ‚Lehrbuch der Original-Vokalgebärden-Atmung'. Gettenbach 1931.

Möhringer, J.: ‚Lehrbuch der Vokal-Typen-Atemlehre'. 1923.

Möhringer, J. und Elisa: ‚Lehrbuch der Vokal-Typen-Atmungsmethode'. Freiburg i. B. 1953.

Tiralla, Prof. Dr. G. Lothar: ‚Heilatmung bei Blutdruck-, Herz- und Kreislaufkrankheiten'. Frankfurt/M. 1950.

Traum-Exerzitien

> „Dort in der VIERDIMENSIONALITÄT erreichen die Vibrationen suchender Herzen als ‚Leuchtfeuerzeichen' oder ‚Blinksignale' die ROSENKREUZER; und wenn die Sehnenden durch langfristiges ‚Funken' ihren unverrückbaren Ernst unter Beweis stellen, wird ihnen zwangsläufig und stufenweise der ‚Anschluß' zuteil."
>
> Willy Schrödter (1)

Gustav Meyrink schuf 1915 aus 5000 Seiten Manuskript seinen 365 Seiten starken best-seller, den hinterbödigen Roman ‚Der Golem'. Der ‚Golem' (hebr.: der ‚Ungeschlacht') war eine 1580 vom Ober-Rabbiner Jehuda Löw ben Bezalel (1513 bis 1609) in der ‚goldenen Stadt' Prag grob gemodelte und später durch den ‚schem' (hebr.: ‚Gottesname') belebte lebensgroße Tonfigur eines Mannes. Den Auftrag zur Schaffung derselben hatte ‚der hohe Rabbi Löw' als Antwort auf eine ‚nach oben gerichtete Traumfrage', wie ein drohendes Progrom zu vermeiden, erhalten. (2)

Der Meister vom ‚Haus zur letzten Latern' in Starnberg am See hat selbst solche Traumfragen gestartet. Unserem gemeinsamen Freunde, dem Hamburger Hermetiker Alfred Müller-Edler, schrieb er diesbezüglich vor manchem Jahr:

> „Der Verkehr mit Adepten findet ‚drüben' statt. Man muß seiner Seele Abend für Abend vor dem Einschlafen ‚befehlen', nach den Adepten zu gehen, nach denen man sich sehnt, und die Erinnerung an das Erfahrene dem Körper mitzuteilen, wenn er erwacht."

Was das ‚sich nach den Adepten sehnen' anbelangt, so zeigt Dr. med. Franz Hartmann (1838—1912), Begründer der ‚Lignosulfitheilweise', Führer der deutschen Theosophen, Hochgradfreimaurer (32°), daß er ebenfalls um den ‚Traumpfad' wußte. In seinem ‚Ein Abenteuer unter Rosenkreuzern' findet sich folgende Stelle:

(1) Schrödter, Willy: ‚Die Rosenkreuzer'. Lorch/W. 1952; 5.
(2) Bloch, Chajim: ‚Der Prager Golem'. Berlin 1920; 47—48.

„Ja“, erwiderte der Fremde, als habe er meine Gedanken gelesen, „du bist unter die Adepten geraten, an die du so-viel gedacht hast, und deren Bekanntschaft zu machen du dich oft sehntest.“

Der ‚moderne Rosenkreuzer‘ Surya — ‚ein in allen Dingen untadeliger Mann (Sebottendorf) — hatte von einem indischen Arzt eine Anweisung erhalten, welche sich mit der Meyrink'schen deckt und die er unserem gemeinsamen Freunde, dem Esoteriker Studienrat Ernst Alt (1889—1945), Ende Juli 1940 in Salzburg weitergab. Bei ihr geht es darum, einen bestimmten Adepten zu erreichen, und zwar den Bhagavan Sri Ramana Maharshi (1879—1950), weiland zu Tirruvanamalai.

Danach „soll man einen Monat lang jeden Abend (vorm Einschlafen) an den ‚Maharshi‘ denken und dann einen weiteren Monat hindurch an den ‚Groß-Weisen‘ (im Geiste) eine Frage stellen, um alsdann die Antwort im Traum oder sonstwie zu erhalten.“

Hierzu vergleiche man, was der Yogi Ramananda unterm 18. Juli 1935 angegeben hat:

„Ich hatte einige Male Briefe von Menschen in fernen Ländern gelesen, die Sri Ramana Maharshi nie gesehen hatten, aber dabei tatsächlich von ihm Tag für Tag ihre geistige Leitung empfingen.“ (3)

Mein verehrter Brieffreund, Baron Dr. Hans-Hasso von Veltheim-Ostrau (1885—1956), sagt aus, daß sein Kontakt mit dem Maharshi — wie sollte es auch anders sein? — keine Unterbrechung durch dessen Abstreifen der irdischen Hülle gefunden habe ...

Mit den ‚Adepten‘ ist jenes Gremium gemeint, das der rosenkreuzerische Hofrat Karl von Eckartshausen ‚die höchste Schule der Lichtgemeinschaft‘ (4) ‚Bô Yin Râ (Joseph Anton Schneiderfranken; 1876—1943) die ‚Weiße Loge‘ nennt. (5)

Ich kann es mir nicht versagen, hier die schönen Worte anzuschließen, die Runenforscher Rudolf John Gorsleben (1883 bis 1930) für diese ‚Verständigung über den Lichtweg‘ gefunden hat:

(3) Mouni, Sadhu: ‚Auf dem Pfade Sri Ramana Maharshi's‘. Gettenbach 1956.
Veltheim-Ostrau, Hans-Hasso von: ‚Der Atem Indiens‘. Hamburg 1954; 306 f.
Zimmer, Hch.: ‚Der Weg zum Selbst‘. Zürich 1944.

(4) Eckartshausen, Karl von: ‚Die Wolke überm Heiligtum‘. München 1802. Neudruck. Lorch/W., o. J.

(5) Bô Yin Rà: ‚Das Buch vom lebendigen Gott‘. Leipzig 1919; 11 f.

„Anders handelt der Mensch, der sich nicht mit den tierischen Sinnen Genüge sein läßt; er tritt mit den ‚Intelligenzen', den wirklich-gewordenen Gedankenkräften der gesamten geistigen Welt, in innige Zusammenarbeit und wird ein Glied jener ‚Gemeinschaft der Heiligen' ohne Satzungen, die es zu allen Zeiten gegeben hat, die zu einem stummen Übereinkommen gemeinsam gewaltigen Schaffens und Schenkens sich zusammenfanden, ohne Kongresse und Konzilien, ohne körperliche Berührung selbst, denn sie sind in Wahrheit viel enger und ewiger untereinander verbunden durch die körperlose geistige Allgegenwart. Sie bilden die Gesellschaft der großen geheimen Stillen in allen Landen, und nur wer sich auf ihre kosmischen Wellenlängen seelisch einschrauben kann, wer zu lauschen vermag noch auf das Raunen der tönenden Weltrunen mit Herz und Gemüt, Vernunft und Geblüt, der nimmt Teil an ihrem Raten und Taten." (6)

Was die ‚tönenden Weltrunen' angeht, so läßt Gerhard Hauptmann (1862—1946), Nobelpreisträger von 1912, in seinem ‚Und Pippa tanzt' (Berlin, 1921; 65) seinen Glashüttendirektor im Riesengebirge den wundersamen Einzelgänger Wann fragen: „Auf was warten Sie eigentlich Jahr aus, Jahr ein hier oben, Wann?"

Und der antwortet — „wer Ohren hat zu hören, der höre!": „Auf den neuen Anfang und Eintritt in eine andere musikalisch-kosmische Brüderschaft."

Auch der deutsche Mystiker Valentin Weigel (1533—1588) wußte um dieses ‚Geheimnis aller Geheimnisse'. In seinem ‚Himmlischen Manna', und zwar im Abschnitt ‚Gute Zusammenkunft' findet sich folgende Anweisung:

„1. Wenn du nun deiner Philosophen oder Collegen Zusammenkunft begehrst, so schmiere die Schläfe deines Haupts mit dem weißen Stein desselben Abends und bitte ernstlich zu wissen, wer die Person sey.

2. Lege unter dein Hauptkissen drei frisch abgepflückte Lorbeerblätter und figire deine Imagination ihn zu kennen, damit schlafe ein.

Wenn du nun erwachst, so wirst du dich erinnern der Vision der Person, seines Namens und des Ortes seiner Enthaltung (Aufenthalts), und ist es, daß du zu ihm nicht gehst, wo wird er zu dir kommen, weil er vielleicht gedenken wird, daß dir diese Heimlichkeit noch unbekannt ist."

(6) Gorsleben, Rud. John: ‚Hochzeit der Menschheit'. Leipzig 1930.

Nun aber kommt ein Trugschluß: W e i g e l schreibt die Wirkung dem ‚weißen Stein' zu, nicht der Telepathie:

„3. Die Ursache dessen ist der Universalgeist der Luft, der da eingeschlossen ist im Stein, der solches verursacht."

Richtig aber fährt er fort:

„Und also kannst du dich gesellen zu allen Philosophen der Welt, die vor dir erscheinen werden mehr in Bettler- als in reicher Herren Gestalt, und die vielleicht mehr lehren, als ich hier gethan habe."

Durch solche t e l e p a t h i s c h e Rufung kann man nicht nur mit lebenden Menschen in Kontakt kommen, sondern auch mit entkörperten, ‚mit den guten Geistern conversiren'. (§ 4)

Stolz klingt durch, wenn gefragt wird: „Ist dieses nicht eine Englische Weisheit, dieses alles zu kennen?" (§ 5); zugleich aber Bedenken:

„8. Nun habe ich in dieser Stunde geschrieben, was ich niemals gesonnen war zu schreiben, und siehe, ob nicht diese Sachen Geheimnisse sind und ob sie dürfen gezeigt werden Jemand anders, als die auch derselben Besitzer sind!"

Auf der gleichen Ebene wie das allabendliche Entsendenwollen der Seele zu den Adepten, liegt es, wenn der Dichter Max D a u t h e n d e y (1867—1918) Jahre hindurch vorm Einschlafen brünstig die Vorsehung angeht, ihm seine ‚Zwillings-Seele' zuzuführen, bis sie ihm endlich ‚über den Weg geschickt' wird. Diese sich ergänzenden Seelen-Hälften heißt man auch ‚D u a l - S e e l e n', D u a l, englisch: ‚t w i n - s o u l s'; die Yeziden sprechen von der ‚S c h w e s t e r f ü r d i e E w i g k e i t'. — Das apokryphe ‚T o b i a s - B u c h' sagt (VI; 21), solche Seelen seien von Ewigkeit her für einander bestimmt.

Die alten Ägypter, Hellenen und Römer pflegten den ‚T e m p e l s c h l a f' (lat.: Inkubation), um im Traume an geweihtem Ort die heilenden Pflanzen geoffenbart zu bekommen. Die zahlreichen Erfolge wurden à la Lourdes protokolliert, wie S t r a b o n (—63 / + 20) und D i o d o r u s S i c u l u s (um Ztw.) überliefert haben. (7).

Die Tuaregs, die ukrainischen Kosaken und die Toba-Batak auf

(7) Kiesewetter, Karl: ‚Franz Anton Mesmer's Leben und Lehre.' Leipzig 1893; 79 f.
Meier, C. A.: ‚Antike Inkubation u. moderne Psychotherapie'. Zürich 1949.
Prel, Karl du: ‚Die Magie als Naturwissenschaft'. Leipzig 1920; II; 241 f., 244 f., 247, 269.
Ders.: ‚Philosophie der Mystik' (Kap. V: ‚Der Traum — ein Arzt'). Leipzig 1910.
Schrödter, Willy: ‚Heilwinke im Traum', in ‚Mensch und Schicksal', Nr. 12 vom 1. September. Villach 1953; 17 f.

Sumatra setzen sich mit den Geistern ihrer Vorfahren in Verbindung, wenn sie in einer Lage keinen Ausweg mehr sehen. (8)

Der Gedanke, daß diejenigen, welche uns in diesem Leben hinieden am nächsten gestanden haben, uns von ‚drüben' aus auch am ehesten zu helfen bereit sein werden (soweit sie können!), ist naheliegend und zwingend. Sagt schon Kung-fu-tse (lat.: Confucius; 551—479): „Die Verstorbenen sind unsere ergebenen und treuen Freunde, sie sind immer um uns." Darum singt auch der Alchemist und Poet vom Schloß Donaumünster, Alexander Freiherr von Bernus:

„Immer sich uns mitzuteilen / und dabei zu sein bestrebt,
schweben sie um uns und weilen / lang noch da, wo sie gelebt."

Der Wissende unserer Tage — ‚Bapak' Muhámmâd Subuh (geb. 1901) — bekräftigt: wir stehen in geistiger Einheit mit den Seelen unserer Vorfahren. (9)

Die Südslawen empfangen im Traume Offenbarungen und Warnungen durch die Ahnen. (10)

Es sollen nun einige Beispiele folgen über Belehrungen im Traum. Als der von Geheimnissen umwitterte Abt Johannes Trithemius (1462—1516), alias Johann Heidenberg aus Trittenheim a. d. Mosel, Lehrer und Freund des Agrippa von Nettesheim (mit dem er in telepathischer Verbindung stand), seine ‚Steganographia' (1505) verfaßte, die ihn in den Ruf eines Zauberers brachte, schrieb er darüber an Arnold Bost:

„Übrigens habe ich das nicht von einem Menschen gelernt, sondern durch irgend eine, ich weiß selbst nicht welche, Offenbarung. Denn als ich mich in diesem Jahre (1499) am meisten mit diesen Dingen beschäftigte und schon daran als Unmöglichkeiten verzweifelte, erschien mir nachts, als ich vom Nachdenken hierüber ermattet eingeschlafen war, jemand, der zu mir sprach: ‚Trithemius, was du im Kopf hast, sind nicht eitle Sachen, wenngleich sie dir unmöglich sind, und weder du, noch ein Anderer mit dir, sie erfinden kann'. Und ich sprach

Ders.: ‚Im Traume geoffenbarte Heilpflanzen', in ‚Pflanzen-Geheimnisse'; 202 f.
Surya, G. W.: ‚Pflanzenheilkunde'. Pfullingen, o. J.; 48 f.

(8) Caland, W.: ‚Altindischer Ahnencult etc.' 1893.
Schrödter, Willy: ‚Ahnengeister antworten uns', in ‚Okkulte Stimme', Heft 23 v. Dez. Braunschweig 1952; 25 f.
Walther, Gerda: ‚Die Verbundenheit der ukrainischen Kosaken mit ihren Toten', in ‚Das Neue Licht', Heft 4 vom April. Purkersdorf b. Wien 1937; 101—102.
Winkler, Johs.: ‚Die Toba-Batak auf Sumatra in gesunden und kranken Tagen'. Stuttgart 1925; 7, 199.

(9) Rofé, Husein: ‚The Path of Subud'. London 1959; 63.

(10) Belovic, Jasna: ‚Die Sitten der Südslawen'. Dresden 1927; 181.

zu ihm: ‚Wenn sie also möglich sind, so sage es mir, ich beschwöre dich, wie!'

Und er öffnete hierauf seinen Mund, und lehrte mich alles Einzelne der Ordnung nach und zeigte mir, wie leicht das geschehen könne, worüber ich viele Tage vergebens nachgedacht hatte. Bei Gott: ich sage die Wahrheit und lüge nicht." (11)

Ein zeitlich näher liegendes Beispiel für die ‚Traumhilfe' der Adepten:

Eliphas Lévi-Zohèd (Abbé Alphonse Louis Constant; 1810 bis 1875), der ‚Große Kabbalist' (12) hatte sich monoideisiert (13), d. h. lange Zeit hartnäckig in eine einzige Idee verbissen, den Tarot.

Eines Abends über den magischen ‚Archidoxen' das Paracelsus (1493—1541) eingeschlummert, zeigte ihm dieser Adept eine Kupfermünze, deren Rückseite die gewünschten Aufschlüsse gab und — den Fundort des Geldstückes! Tatsächlich konnte Lévi am nächsten Tage dort (Quai Conti, nähe der Brücke Pont-Neuf zu Paris) in der Büchse eines Medaillenhändlers das Stück erstehen.

„Dieses Sigill ist eine wahrhafte Synthese des geheiligten Wissens." (14)

Ein Schlüssel zum Tarot

Nun ein ganz rezenter Fall:

G. W. Surya erzählte Studienrat Ernst Alt auf der Veste Hohensalzburg über Salzburg am 21. Juli 1940:

(11) Prel: ‚Magie als Naturwiss.'; II; 245.

(12) Hummel-Laarss, Dr. Rich.: ‚Eliphas Lévi, der große Kabbalist'. Leipzig 1922.

(13) Prel: ‚Magie als Naturwiss.'; II; 256.

(14) Chacornac, Paul: ‚Eliphas Lévi etc.' Paris 1926; 230.

„Im Traume wurde mir das Geheimnis der Transmutation aufgetan, der Verwandlung von unedlen Metallen in Gold. Ich habe vor 1914 mit einem Chemiker, der damals Assistent am Chemischen Institut der Universität in ... war, wiederholt und auf dreierlei Wegen hg (Quecksilber) in sol (Gold) transmutiert."

Daß eine stattliche Reihe profaner Erfindungen und Entdeckungen im Traum vermittelt worden sind, habe ich a. a. O. (15) dargetan.

Eine besonders eindrucksvolle Art der Vermittlung ist das Lesen von Büchern im Traum, das darum auch gesondert jetzt behandelt werden soll. Es ist mir selbst und Freunden von mir ebenfalls geschenkt worden. Ich ziehe es jedoch vor, drei Exempla von illustren Personen vorzusetzen.

Abraham de Fabert (1599—1662), Marschall von Frankreich, konnte die Bücher des Camerarius (Camermeister) in seiner Heimat nicht bekommen, ließ sie sich darum von Frankfurt (Main) schicken. Bei Ankunft öffnete er sie jedoch nicht gleich, weil er ein anderes Werk zu lesen angefangen hatte. Nachts kam es ihm vor, als läse er eine bestimmte Stelle im Camerarius, die durch ein Buchzeichen gekennzeichnet war und von einem Schatz handelte. Bei Tagesanbruch eilte er in sein Studierzimmer, öffnete das versiegelte Paket, fand im Buch an der betreffenden Stelle den roten Seidenfaden „und die Worte, die er niemahls vorhero gesehen hatte". (16)

Ungefähr um die gleiche Zeit wohl spielte sich nachstehende Begebenheit ab, in welche gleichfalls berühmte Persönlichkeiten verwickelt waren:

„Ein Gelehrter in Dijon schlief nach vergeblichen Bemühungen ein, den Satz eines griechischen Dichters zu verstehen. Im Traum wurde er nach Stockholm in die Residenz der Königin Christine (1624—1654) versetzt und in der Bibliothek vor ein Fach gestellt, wo sein Auge auf einen kleinen Band fiel, den er öffnete und worin er etwa zehn bis zwölf Verse und damit die Lösung der Schwierigkeit fand.

Er erwachte freudig und notierte, was er gelesen, schrieb dann an seinen Freund Hector Pierre Chanut (1604—1667), den

(15) Schrödter, Willy: ‚Den Seinen gibts der Herr im Schlaf. Erfindungen und Entdeckungen im Traum', in ‚Okkulte Stimme', Nr. 6 vom Juni. Braunschweig 1958; 22 f.

(16) ‚Sammlung von Natur- und Medicin-, wie auch hierzu gehörigen Kunst- und Literatur-Geschichten etc.'. Ans Licht gestellet von einigen Breßlauischen Medicis. Breslau 1718.
Nielsen, Enno: ‚Das Unerkannte auf seinem Weg durch die Jahrtausende'. Ebenhausen b. München 1922; 190.

Gesandten in Stockholm (1645—1649), und bat ihn, den dortigen Philosophen René D e s c a r t e s (Renatus Cartesius; 1596—1650) über die Einrichtung der Bibliothek zu befragen.
Er legte die Abschrift der im Traume gelesenen Verse bei und bat, nachzusehen, ob in einem bestimmten Bande eines bestimmten Faches diese Verse zu finden seien.
D e s c a r t e s fand alles richtig und meinte, man könnte nicht genauere Nachweise geben, wenn man die Bibliothek seit zwanzig Jahren besuchte.“ (17)

Die jetzt folgende, zeitlich neueste Traum-Episode ist die merkenswürdigste, liest doch der Träumer in einem zur Zeit des Traumes noch ungedrucktem Buche!

Der prakt. Arzt Dr. med. Christoph R u h m b a u m (Breslau), der mit dem (späteren) Generalmajor und Magnetisten Hermann von G a n s a u g e (1795—1871) zusammenarbeitete, „hatte einen ihm sehr lieben Patienten, dem er in keiner Weise zu helfen wußte. Er verzweifelte an dessen Wiederherstellung und schlief bekümmert darüber ein.
Im Traum las er ein Buch und auf einer bestimmten Seite fand er da ausführlich beschrieben, wie solche Fälle zu behandeln seien.
Er wendete nun dieses Verfahren an und heilte seinen Patienten.
E i n i g e J a h r e s p ä t e r e r s t erschien ein Buch, worin diese Methode angegeben war, und zwar auf der im Traum gesehenen Druckseite. Dieser Traum erregte seiner Zeit das größte Aufsehen.“ (18)

Wie sich seiner Träume erinnern?

Durch Vorsatz vorm Einschlafen wie bei der (hypnotischen) ‚K o p f u h r‘ (siehe gleichlautenden Abschnitt!).

Es gibt aber ‚einen noch köstlicheren Weg‘. Der große französische Evangelien-Esoteriker Paul S é d i r (Yon Leloup; 1871 bis 1926) hat uns ihn aufgezeigt:

„Wenn man sich seiner Träume erinnern will, muß man es vorm Einschlafen vom Himmel erbitten. Alsdann wird man sobald der Traum beendet ist — für die wenigen Sekunden geweckt werden, um ihn mit zwei-drei Stichworten festzuhalten. Nach und nach gewöhnt sich das Gedächtnis daran.

(17) Prel, Carl du: ‚Die Entdeckung der Seele durch die Geheimwissenschaften‘. Leipzig 1895; II; 151.
(18) Prel: ‚Magie als Naturwiss.‘; II; 244 f.
Ders.: ‚Phil. d. Mystik‘; 233.
Nielsen; 190.
‚Sammlg. v. Natur- und Medicin ... Geschichten‘.

Aber wenn man nachlässig ist, wird einem der Engel nicht mehr aufwecken." (19)

Das war auch die Erfahrung des Künders Jesaja (740—690): „Der Herr weckt mich alle Morgen; er weckt mir das Ohr, daß ich höre wie ein Jünger." (L; 4).

Man braucht sich natürlich nicht auf den Maharishi oder die Ahnen zu beschränken; genau so gut kann man sich an eine heiligmäßige Persönlichkeit wenden, die einem ‚liegt'. Das riet ich auch einem Herrn aus Münster i. W .an. Der hatte prompten Erfolg, wie sein Schreiben an mich vom 21. März 1959 beweist:

„Bereits vor einigen Wochen erhielt ich Kenntnis über eine verstorbene Heilige, die hier in Münster vor einigen Jahren begraben wurde. Am gleichen Tage, an dem ich Ihren Brief erhielt, bekam ich Bild und Lebensbeschreibung derselben, sodaß nun eine Verbindung mit ihr besser hergestellt werden konnte.

Gleich in der folgenden Nacht erhielt ich wichtige Hinweise."

Wenn wir reif sind und es nottut, kann sich unsere Seele (Transphysis) vom Körper (Physis) während der Nacht zeit- und teilweise lösen und im ‚halbleifreien Zustand' (Wiesinger) den Feinleib (Meta-Organismus) mit Gedankenschnelle an nähere oder weitere Orte versetzen. Solche ‚Seelenreisen' (frz.: ‚sorties en astral'), überhaupt höhere magische Fähigkeiten sind eine Vorwegnahme auf diesem Plane, wenn sie uns nicht in die Wiege gelegt oder später ‚von selbst zugefallen' (Matth. VI; 33) sind. Besser wie eigene Anstrengungen (Übungen) — weil behüteter — ist die Bitte um Freimachung. So wie es sich Petrus (+ 56) nicht anmaßt, von sich aus dem Kahn zu dem überm Wasser wallenden Christ zu kommen, sondern ihn vielmehr bittet: „Heiße mich zu dir kommen auf dem Wasser" und erst des Herrn: ‚Komm' her!' abwartet, so auch Psalmkönig David (1012—972). Er unternimmt keine Entdoppelungsversuche, sondern fleht: „Führe meine Seele aus dem Kerker!" (Ps. CXLII; 8). Nämlich des Leibes; und führen soll sie der Herr in das so oft in den ‚Preisungen' erwähnte ‚Land der Lebendigen'.[1])

[1]) Der kabbalistische ‚Hebräerbrief' nennt es den (geistigen) ‚Berg Zion' (XII; 22—23); Francis Bacon von Verulam (1561 bis 1626) und Karl von Eckartshausen (1752—1803) heißen es ‚Eiland Bensalem'; John Bunyan (1628—1688) und Karl Hilty (1833—1909) kennen es als ‚Land Beulah'.

(19) Sédir, Paul: ‚Les Forces mystiques et la Conduite de la Vie'. Bihorel-lez-Rouen 1923; 197.

Ich will schließen mit den schönen Versen Eines, der solches offensichtlich an sich erfahren durfte: der oberösterreichische Schriftsteller Richard Billinger (geb. 1893) findet in seinem Poem ‚Traum' die tiefgründigen Strophen:

„Der Mond entblößt die Nacht.
Ich habe mich im Traume schon
vollendet und vollbracht.
Ich stieg aus meinem Leib heraus,
wie aus dem Kelch ein Rosenstrauß.
Mein Atem fand zum Frühling heim.
Ich wurde wieder Gottes Reim."

Literatur:

Bjerre, Dr. Paul: ‚Der Traum als Heilungsweg der Seele'. Zürich.

Jürgens, Heinrich: ‚Traum-Exerzitien (Psych. Schulung im Traum)'. Freiburg/Br. 1953.

Kemper, Werner: ‚Der Traum und seine Be-deutung'. Hamburg 1955.

Moufang, Dr. Wilh,, und Stevens, W. O.: ‚Mysterium des Traumes'. München 1953.

Prel, Dr. Frhr. Karl du: ‚Die Entdeckung der Seele durch die Geheimwissenschaften'. Leipzig 1910; I; 91—98; II; 126—182.

Ders.: ‚Die Magie als Naturwissenschaft'. Leipzig 1920; II; 235—256.

Ders.: ‚Philosophie der Mystik'.

Schrödter, Willy: ‚Von denTräumen', in ‚Okkulte Stimme', Hefte 32, 33. Braunschweig 1953.

Ders.: ‚Das Mysterium des Traumes', in ‚Okkulte Stimme', Hefte 8 bis 12, Braunschweig 1955; Hefte 1—2, Braunschweig 1956.

Siebenthal, W. v.: ‚Die Wissenschaft vom Traum'. Wien / Göttingen / Heidelberg 1953.

Sonnet, André: ‚Die rätselhafte Welt der Träume'.

Stekel, Dr. Wilh.: ‚Der telepathische Traum' (‚Die okkulte Welt', Nr. 2). Pfullingen/W., o. J.

Wallis, Pfr. P.: ‚Die Wirklichkeit der Träume' (‚Die okkulte Welt', Nr. 53).

Ein Wellensender

„Es gibt mehr Ding' im Himmel und auf Erden, als Eure Schulweisheit sich träumt, Horatio." Shakespeare, ‚Hamlet'

Der französische Ingenieur Jacquot (I. E. N.) schnitt sich zwei gleich große Scheiben von 4 oder mehr Zentimetern Durchmesser, die eine aus hellgrünem, die andere aus dunkelblauem Karton aus, zog auf beiden den Durchmesser mit Bleistift und legte die grüne Scheibe so auf die blaue, daß diese nur zu Dreivierteln bedeckt war, also ein blauer Viertelmond entstand.

Wurden dann die beiden Scheiben grund der Markierungslinien nach Norden ausgerichtet, so ging eine Welle von ihnen aus, die den Pendel kräftig kreisen machte und sich langsam nach Westen verschob. „Diese Welle scheint gesundheitsfördernd zu sein, und es wäre empfehlenswert, deren Wirkung auf Kranke zu studieren. Eine Batterie grün-blauer Scheibenpaare genügt, eine strahlenverseuchte Wohnung zu neutralisieren."

Die Zusammenschaltung von grau-blau dagegen ist nach den wiederholten Erfahrungen des Radiästheten Barnage aus Messein (Meurthe et Moselle) schädlich: „Kaum hatte er den Pendel darüber gehalten, als er von heftigem Zittern befallen wurde, das erst nach einigen Stunden wieder aufhörte." (1)

Wozu zu sagen wäre: auch hier wieder die Orientierung nach den Polen wie bei der Cheops-Pyramide, der Mumifizierungsbatterie etc. Dann: da es sich hier um noch wenig erforschte Strahlen handelt, ist äußerste Vorsicht angebracht. Man setze sich denselben gar nicht oder nur ganz kurzfristig aus, studiere zunächst einmal gründlich, ob die Wirkung auf Pflanzen und Infusorien (Aufgußtierchen) günstig oder ungünstig ist. Aber selbst bei vorteilhafter Auswirkung ist nie aus den Augen zu verlieren, daß auch ein Zuviel an günstigen Strahlungen sich ins Gegenteil verkehren kann.

Man lasse solche Symbole auch nie eingeschaltet (d. i. ausgerichtet) in dem Raum stehen, wo man sich lange aufhält (Arbeitszimmer, Schlafzimmer, Küche); sie könnten die Luft irgendwie ‚schwängern'.

(1) Lacroix-à-l'Henri, René: ‚Théories et Procédés Radiesthésiques'. Paris 1937; 71—72; auch 128 (Ed. Dangles).

Wünschelrute

Juda: „Was willst du von mir als Pfand?"
Thamar: „Deinen Ring, deine Schnur und deinen Stab in deinen Händen."
Genesis, XXXVIII; 18

Da der Schriften über die Wü-Ru Legion ist, sollen hier über sie nur Tatsachen zusammengetragen werden, die wenig bekannt sind.

Da ist zunächst einmal festzuhalten, daß es Tiere gibt, die regelrecht wünschelruten: „Die weitverbreitete Schlupfwespe (Rhysaa persuasoria) legt ihre Eier in Holzwespenlarven, die tief im Holz der Bäume ihre Gänge nagen. Dabei senkt sie ihre lange Legeröhre von außen, von der Baumrinde her, durch das Holz und trifft die darin liegende Larve. Sie wünschelrutete, bis sie die rechte Stelle für den Einstich des Legebohrers gefunden hat, unter der die Larve erlangbar ist. Bastian Schmid lehnt die Abhorchungstheorie ab." (1) [1])

Nach dem Analogiegesetz der ‚Organprojektion' eines Professor Ernst Kapp (1808—1896), nach welchem der Mensch schon in seinen Organen vorgebildet besitzt, was er (dessen unbewußt) als seine Erfindungen nach außen projiziert, hat z. B. das ‚Luftmagnetometer' Metalle suchender USA-Flugzeuge seine ‚Entsprechung' im Menschen in der Wünschelruten- bzw. Pendelfähigkeit, zusammengefaßt im potentiellen Vermögen der ‚Radiästhesie'.

Als ‚Apparatur' dafür sind ihm konstitutionsgemäß seine Arme und Hände gegeben; seine ausgestreckten oberen Extremitäten, weshalb manche Radiästheten keiner Wünschelgerte bedürfen.

Diese ist ein menschheitsaltes und global verbreitetes Gerät; das

[1]) Wenn der Autor fortfährt: Heuschrecken werden von den Grabwespen durch drei hellfühlend geführte Bauchstiche zwar gelähmt, jedoch nicht getötet und als ‚Konservenfleisch' für die Brut in die Höhlen geschleppt, so könnte ‚grundständigem Denken' die Frage auftauchen: vermöchte man nicht Grabwespengift zur Konservierung menschlicher Nahrung zu benutzen? (Dr. Ernst Busse).

(1) Fritsche, Herbert: ‚Tierseele und Schöpfungsgeheimnis'. Leipzig 1940; 367 f.

griechische Alphabet stellt sie im Buchstaben ‚Y‘ dar, dem zweigegabelten, daher: ‚Z w i e s e l‘ oder ‚G a b e l r u t e‘![2])

Mit Absicht wurde obiges Motto gebracht: „R i n g und S c h n u r[3]) waren die Mittel, um die Zukunft zu erforschen: der s i d e r i s c h e P e n d e l, der neben der W ü n s c h e l r u t e zum wahrsagen diente“ (2), und um überzuleiten zu heute in Vergessenheit geratenen Instrumenten, d i e e i n e K o m b i n a t i o n z w i s c h e n b e i d e n d a r s t e l l t e n; die nachzubauen, reizen könnte:

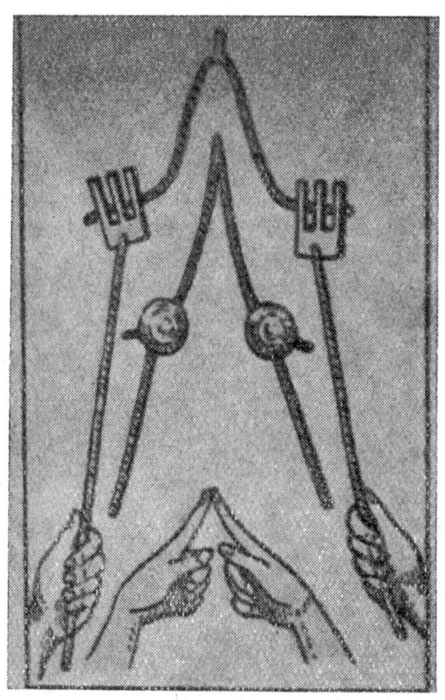

A l t e r t ü m l i c h e R u t e n f o r m e n
und Hände als Wünschelrute. Nach Ferdinand S c h e m i n s k y ‚Wünschelrutenkunde‘ (Leipzig, o. J.; 7) ‚Lehrmeister-Bücherei‘, (Nr. 589—590), der sie der Sammlung des Prof. B r o c k m a n n, Offenbach (M) entnahm.

[2]) Eigentlich stellt das a u f d e n K o p f g e s t e l l t e ‚Y‘ die Wünschelrute dar. Aufrecht symbolisiert es die Entstehung der Zweiheit (gr.: ‚dyas‘) aus der Einheit (gr.: ‚monas‘). P y t h a g o r a s (580—493) maß darum diesem Buchstaben besondere Bedeutung bei!

Zwei ineinander geschobene ‚Y‘ ergeben übrigens: die H a g a l l - r a u n e!

[3]) „Die magnetisierenden Brahmanen Indiens trugen als Abzeichen und Requisiten einen R i n g und einen S t o c k.“ (10)

„Daneben trägt ein anderer (Bergmann) ein Messinggewicht an einem dünnen Seidenfaden oder einem kurzen Messingstab, an dem eine Kette und ein Gewicht hängt, das plötzlich zu rotieren beginnt und — über den Kopf gehalten, sich wie ein sausendes Rad dreht." (3)

Hier will ich eine sehr gescheite Abfertigung des Pendelforschers San.-Rat Dr. med. E. Clasen einschalten, gerichtet an die Adresse jener, welche die Pendelschwingungen mit unwillkürlichen ‚ideomotorischen' Muskelzuckungen abtun wollen: „Wie er (dieser Einwurf) aber aufrechterhalten werden soll gegenüber den gewaltigen Schwingungen eines starken Pendlers, in dessen Hand sehr oft der schwingende Pendel zunächst eine horizontale, dann senkrecht sich stellende Scheibe bildet, die man nur noch als matte Scheibe[4]) wahrnimmt, in der der Pendel völlig verschwindet, das muß den Leugnern selbst überlassen bleiben." (4)

Zumal wenn — wie es Friedrich Heinrich August Glahn (1863 bis 1941) auf seinen Vortragsreisen tat — Uhrgewichte von 4 bis 6 Pfund als Pendel verwandt werden. (5) Oder wie Bürgerschuldirektor Dr. phil. Welisch (Graz), wie im Abschnitt ‚Telekinese' zu lesen.

Nunmehr eine zweite Wü-Ru-Kombination:

Blieb in Grafendorf (Schles.) beim Brunnenschürfen das erwartete Wasser aus, dann zog man den alten Siebeneichler zu Rate. Der schritt dann den Platz ab, indem er einen Triangel, der mit kleinen Messingringeln behangen war, gerade vor sich hin hielt. Begannen die Ringel zu bimmeln, so bestand er darauf, daß man hier Wasser fände. Und nie soll seine Ankündigung fehlgetroffen sein. Seinen kleinen ‚Schellenbaum' aber hat er mit ins Grab genommen. (6)

[4]) Auch der sausende Propeller täuscht eine geschlossene Scheibe vor; der Springbrunnen einen stehenden, gestalthaften Wasserkörper. Alles Vergleichsbilder für die ‚Maya' der Inder, das ‚Blendwerk der Götter' (‚Edda'), den Trug der Materie!

(2) Memminger, Anton: ‚Hakenkreuz und Davidsstern. Volkstümliche Einführung i. d. Geheim-Wissenschaften. Würzburg 1922; 159.

(3) Walther, Johannes: ‚Das Rätsel der Wünschelrute' (‚Reclams Univ.-Bibl.', Nr. 7209). Leipzig 1933; 12 f.

(4) Roesermueller, W. O.: ‚Der Pendel in deiner Hand'. Freiburg i. B. 1958; 16.

(5) Glahn, Frank: ‚Radio der Natur'. Trier 1925.

(6) Peuckert, Will-Erich: ‚Schlesische Sagen'. Jena 1924; 78.

(7) Anonym: ‚Die Wünschelrute' (‚Miniatur-Bibliothek', Nr. 670). Leipzig, o. J.; 31 f.

Ein gutes Merks:

Der erfahrene Rutler verleiht seine Rute nie. Durch längere Handhabung werden nämlich in derselben die Moleküle so angeordnet, daß sie dem Durchgang des individuellen ‚Körperrutenstromes' den geringsten Widerstand entgegensetzen. In fremder Hand wird diese Anordnung irritiert, das Ausschlagen leidet.[5])

Auch empfiehlt es sich, an den ‚Zinken' Merkzeichen anzubringen, welche ‚Branche' mit der rechten, welche mit der linken Hand umfaßt wird. Stetigkeit in dieser Beziehung macht die Rute empfindlicher, wahlloses Zugreifen bewirkt das Gegenteil. (7)

Die Frage: ‚wer ist rutenfähig', läßt sich experimentell leicht beantworten:

Der zu Prüfende stellt sich über einen Gartenschlauch, darf aber nicht sehen können, wo der an den Wasserhahn angeschlossen ist. Umgekehrt jedoch muß eine zweite Person so an den Hahnen postiert werden, daß sie die erste im Auge hat. Der Prüfling hält nun die Rute senkrecht zur Schlauchrichtung. Der Schlauch ist noch leer, denn der Hahnen wurde noch nicht geöffnet. Das darf aber die Versuchsperson nicht wissen. Der Kontrolleur am Kranen dreht nun denselben in unregelmäßigen Abständen auf und zu. Wenn nun das Wasser durch den Schlauch fließt, muß die Rute ausschlagen und beim Zudrehen wieder in die Waagrechte zurückgehen.

Sieben richtige Reaktionen bei zehn Versuchen erweisen die Rutenfähigkeit, erklärt der bekannte Rutenforscher Bernhard Graf Matuschka-Toppolczan (geb. 1887) in Grafing bei München, setzt jedoch hinzu, daß von da bis zur Fähigkeit der richtigen Ausdeutung der Rutenschläge noch ein weiter Weg ist. (8)

Diese besaß in eminentem Maße Gutsbesitzer Fritscher (geb. um 1840) in Wildon bei Graz (Steiermark), den Surya 1910 kontrollierte. Letzterer ging an den Auslaufhahn im Keller, Ersterer blieb oben. „Und nun machte ich verschiedene Versuche, indem ich den Wasserhahn abwechselnd schwach oder stark aufdrehte und mittels eines Gefäßes und einer Stoppuhr die Wassermenge, die in einer Minute auslief, maß. Fritscher, der — wie gesagt — oben blieb, sich aber dabei oberhalb der Rohrleitung stellte, bestimmte nur mit seiner Wünschelrute genau die Wassermengen, die pro Sekunde dem Hahn entflossen waren." (9)

[5]) Elisae Heilstab versagt in der Hand seines Pagen Gehasi (2. Kge. IV; 29, 31).

(8) Matuschka, Bernhard Graf: Wer ist ‚rutenfähig'?, in ‚Okkulte Stimme'. Braunschweig 1955; XII; 10 f.

Der im Abschnitt ‚Geisterphotographie' erwähnte Rutler Keller eruierte die Tatorte mittels seiner Wünschelrute! Er hatte 1933 in München-Großhesselohe die Rutengängerprüfung bestanden.

Manchen Rutlern ist es möglich, mit ihrem Gerät die Nord-Richtung festzustellen. Mein Bekannter, Herr Albert Engler in F. hat mir demonstriert, wie er es macht: er dreht sich langsam und sobald die Nord-Richtung von ihm eingenommen wird, schlägt seine Wünschelgerte (Springrute, Beberute, Schlagrute, Wickerode, vom Niederdt.: ‚wickern' = zaubern, wahrsagen) aus. Übrigens heißt man in der Schweiz diesen ‚Mosesstab' meist ‚Brunnenschmecker', seine primäre Verwendungsweise mit dieser Bezeichnung darlegend!

Der bekannte J. G. Zeidler wußte noch einen anderen Gebrauch von seiner Rute zu machen:

> „Ich dachte, kann man denn mit der Wünschelrute die Zeit erraten, so habe ich eine perfekte Uhr daran und kann des Aufziehens und Stellens überhoben sein und meine beiden Uhren zu Geld machen.
> Ich zeichnete die Stunden und Viertel in einem Zirkel auf den Tisch, es schlug dahin, so hoch es an der Zeit war." (11)

Der indische Arzt Dr. med. Shrinanda, Schüler des Hindu-Physikers Sir Jagadis Chunder Bose (1858—1937), hat im Jahre 1950 einen Lebenskraftmesser ‚Bioskop' angekündigt — so nannte man in seinen Anfangsjahren auch das Kino! Dieses Gerät soll einer Wünschelrute ähneln; es wird über den Körper des zu Untersuchenden hinweggeführt und zeigt dann die ‚unterbilanzierten' Stellen an. (12)

Der mantisch — inaktiv — eruierend und diagnoszierend gebrauchten Wünschelrute (lat.: virgula divina; engl.: divining road; frz.: baguette divinatoire; dt.: ‚das magische Reis') entspricht der magisch — aktiv — beeinflussend angewandte ‚Zauberstab'. Als ‚Konduktor' beeinflußt er in therapeutischem Sinne. Den Heilstab Elisae haben wir bereits erwähnt. Die Akkader kannten den Heilstab als ‚gis-zida', d. h. ‚der wohltuende Stab'; die Hellenen hatten ihren ‚Äskulapstab'; die Taoisten besitzen

(9) Surya, G. W.: ‚Okkulte Diagnostik und Prognostik'. Lorch i. W. 137 f.
(10) Schroeder, H. R. Paul: ‚Geschichte des Lebensmagnetismus etc.' Leipzig 1899; 50.
(11) Zeidler, J. G.: ‚Pantomysterium' (c. I.). Halle 1700.
Prel, Carl du: ‚Die Kopfuhr', in ‚Sphinx', Nr. 27 vom März. Gera 1888; 152.
(12) Anonym: ‚Ein Lebenskraftmesser', in ‚Neues Europa', Nr. 4 vom 15. Februar. Stuttgart 1950; 6.

ihren ‚H o n g - K o u e n' mit 7 oder 9 Knoten, entsprechend den Zentren des Meta-Organismus; der neugeistige O o m o t o Nippons bedient sich besonders gern des Heilstabes zur Dirigation der Kräfte des Operators.

Die Hellenen kannten außer dem Äskulapstab' noch den ‚T h y r- s o s (s t a b)', der in einen Pinienzapfen auslief. Der Pinienzapfen steht stellvertretend für die Zirbel(drüse), deren ‚okkulte' Bedeutung ich hier als bekannt voraussetzen darf. Dieser Stab wurde vom Einweiher (Initiator) magnetisiert und auf des Kandidaten Rücken gelegt, um die latente Kraft (‚Kundalini' der ind. ‚Tantriks') zu erwecken, meint Charles Webster L e a d b e a t e r (1847 bis 1934), englischer Hellseher, Theosoph und gnostischer Bischof.

Meine ‚P f l a n z e n - G e h e i m n i s s e' widmen unserem Gegenstand nicht weniger als drei Abschnitte: ‚P f l a n z e n a l s W ü n s c h e l r u t e n' / ‚P f l a n z e n a l s P r o s p e k t o r e n' / ‚P f l a n z e n a l s R e i z s t r e i f e n k ü n d e r'.

Meine ‚T i e r - G e h e i m n i s s e' weisen einschlägig den Abschnitt ‚T i e r e u n d E r d s t r a h l e n' auf.

D e u t s c h e W ü - R u t l e r - V e r b ä n d e :

‚Verband für Ruten- und Pendelkunde (Radiästhesie) e. V.' (gegründet am 2. Oktober 1948). München.

‚Vereinigung für Boden- und Raumstrahlung'. Augsburg.

‚Verband zur Klärung der Wünschelrutenfrage' (Freiherr R. von Maltzahn). Flensburg.

‚Fachschaft Deutscher Rutengänger' (F.D.R.), Leiter: Ing. Ludwig O b e r n e d e r , München 25, Spindlerplatz 26.

L i t e r a t u r :

Aigner, E.: ‚Wesen und Wirken d. Wünschelrute'. Stuttgart 1929.

Benedikt, Moritz, Prof. Dr. med.: ‚Leitfaden der Rutenlehre'. Wien 1915.

Ders.: ‚Ruten- und Pendellehre'. Wien 1917.

Blacher, C.: ‚Zur Klärung d. Problems d. Wünschelrute'. Cöthen 1914.

Fischer, Hanns: ‚Die Wünschelrute. Traktat üb. das magische Reis'. Diessen v. München 1933.

Herzog, Em.: ‚Wünschelrute. Belehrung und Handhabung der Wünschelrute und d. sid. Pendels'. Wien 1926.

Jürgens, Heinrich: ‚Die Wünschelrute und ihr Gebrauch'. Freiburg/Br.

Klinckowstroem, Karl Graf, und Maltzahn, Frhr. R. v.: ‚Handbuch der Wünschelrute'. München 1931.

Matuschka, Bernh. Graf: ‚Mungu ja madji (Der Gott des Wassers)'. Preetz (Holst.) 1953.

Oberneder, Ludwig: ‚Das ABC des Rutengängers'.

Parst, A.: ‚Wünschelrute und Welträtsel'. München, o. J.
Rolshausen, Frhr. Wilh. von: ‚Geheimnisse der Wünschelrute'. Warpke-Billerbeck.
Rositter, W. Raymund: ‚The Divining Road'. Boston 1883.
Scheminzky, Ferdinand: ‚Wünschelrutenkunde' (‚Lehrmeister-Bücherei', Nr. 589—590). Leipzig, o. J.
Voll, Adam: ‚Die Wünschelrute und d. sid. Pendel'. Leipzig 1920.
Walther, Johs.: ‚Das Rätsel der Wünschelrute'. München-Solln, und in ‚Recl. Univ.-Bibl.', Nr. 7209. Leipzig 1933.
Wetzel, Dr. Frz.: ‚Kleine Rutenfibel'. München-Solln.
Zwirchmayr, Dr. Karl: ‚Ruten- und Pendelkunst'.

Der Mensch als Wünschelrute

„Das Wünschelrutenproblem ist nur ein willkürlich herausgerissenes Stück aus dem großen Problem des Menschenrätsels.“

Chefingenieur Frdr. Braikowich (Wien) am 22. Oktober 1916

Seine Finger sind sowohl Richtstrahler als auch Empfangs-Antennen für Lebensmagnetismus. Professor Dr. phil. et jur. Hubert Rohracher (geb. 1903) hat 1955 im Psychologischen Institut der Universität Wien mit Hilfe von hochempfindlichen elektrischen Tonabnehmern Aurafrequenzen von 18—20 Schwingungen je Sekunde und als deren stärkste Strahlungsfelder die Fingerspitzen festgestellt. Hierdurch wird eine Erfahrung des berühmten Wiener Magnetiseurs Ingenieur Rudolf Thetter bestätigt, wonach in zu langen Fingernägeln sich die magnetischen Kräfte des Körpers stauen, Spannungen im Seelenleben erzeugen und so häufig die Ursache der Unaufmerksamkeit und Zerfahrenheit von Kindern sind. „Man kürze die Nägel auf das notwendige Maß und die Übel werden bald behoben sein.“ (1)

Umgekehrt lassen die Pedanda-Priester auf Bali, die besondere Fingerstellungen, Handhaltungen (‚mudras‘) praktizieren, ihre Fingernägel außergewöhnlich lang werden. (2)

Dadurch werden die Finger verlängert und ein verlängerter Finger ist eigentlich die Wünschelrute, denn Zeigefinger und Mittelfinger der Rechten, ausgestreckt und gespreizt, können als ‚Wunschgerte‘ dienen:

„Man legt verschiedene völlig gleich aussehende Papierstückchen auf den Tisch und bittet eine Person, für kurze Zeit das Zimmer zu verlassen. Danach wird eine andere ersucht, während der Abwesenheit der ersteren, sich ein Papierstückchen auszuwählen und dasselbe für vielleicht 1 bis 3 Minuten in der Hand zu halten. Spreizt die wieder hereingerufene Versuchsperson dann beide Finger über den Papierschnitzeln, so ruft das ‚odisch imprägnierte‘

(1) Thetter, Rudolf: ‚Magnetismus — das Urheilmittel‘. Wien 1951; 236.
(2) Kat Angelino, P. de: ‚Mudras auf Bali‘. Hagen i. W. 1923.

bei Naturbegabten einen Ausschlag der natürlichen Wü-Ru der Hand hervor.“ (3)

„Eine telepathische Abwandlung dieses Versuchs ist das englische Gesellschaftsspiel ,willing game‘ oder ,Willensspiel‘: die aus dem Zimmer geschickte Person findet den (nur) ,bedachten‘ (also nicht berührten!) Gegenstand. Leichter wird's natürlich mit dem angefaßten (,odifizierten‘) Objekt gehen.“ (4)

Die Finger sind jedoch nicht nur Empfangs-Antennen für die magnetischen, kosmischen, von oben kommenden Strahlen, sondern auch für die elektrischen, tellurischen, von unten heranpreschenden: „Es ist interessant, daß die Rute auch schon in alter Zeit manchmal entbehrt werden konnte. So sehen wir denn schon auf dem Bild neben abenteuerlichen Formen (von Wünschelruten aus der Sammlung von Prof. Brockmann, Offenbach) auch Zeigefinger der rechten und linken Hand im Winkel aneinander gelegt.“ (5) Genauer: Zeigefinger im Winkel aneinander gelegt, Daumen im Winkel gegeneinander gestellt, ohne sich zu berühren; restliche Finger eingeschlagen. Die Arme wurden bei der ,Mutung‘ wohl weit — aber nicht verkrampft — nach vorn ausgestreckt.

Dr. med. h. c. Dr. Sc. h. c. Dr. Phil. nat. Johannes Walther, Professor em. der Geologie und Paläontologie (Halle a. d. S.), schreibt über Mutungen allein mit der Hand: „Noch andere (Rutengänger) strecken die offene Hand aus und tasten sich durch die Luft, und manche beobachten, wann sich ihre Finger krümmen, oder merken an der Kälte der Handfläche den Einfluß des Untergrundes; wieder andere sieht man mit locker herabhängenden Armen dahinschreiten, und beim genauen Hinsehen beobachten wir, wie ein oder mehrere Finger sich an bestimmten Stellen abspreizen.“ (6) —

„Der Ingenieur-Major Philippi, ein guter Mittelsensitiver und erfahrener Seemann, bedarf zu Schiffe keines Kompasses, um jederzeit die Himmelsgegenden bestimmen zu können; er dreht sich nur stehend langsam um sich selbst und fühlt alsbald deutlich heraus, wo Westen und wo Norden liegt. Jeder sensitive Seemann

(3) Schrödter, Willy: ,Ausflug‘; 114.

(4) Schrödter, Willy: ,Ausflug‘; 46.
Riko, A. J.: ,Handbuch zur Ausübung des Magnetismus, des Hypnotismus etc. Leipzig 1904; 57 f.

(5) Scheminzky, Ferd.: ,Wünschelrutenkunde‘ (,Lehrmeister-Bücherei‘, Nr. 589—590). Leipzig, o. J.; 7, 11 f.

(6) Walther, Johs.: ,Das Rätsel der Wünschelrute‘ (,Reclams Universal-Bibliothek‘, Nr. 7209). Leipzig 1933; 11 f.

wird dies bald lernen und den Pol nach demselben Gesetze finden, nach welchem der sensitive Quellensucher rinnendes Wasser herausfühlt.“ (7) Mongolen und Chinesen haben einen angeborenen Ortungssinn, der sie die Nordrichtung ohne Sonne und Sterne finden läßt. (8)

(7) Reichenbach, Karl von: ‚Odisch-magnetische Briefe‘. Stuttgart und Tübingen 1952; 157.

(8) Waln, Nora: ‚Sommer in der Mongolei‘. Berlin 1936; 154.

Wünschelruten-Verstärkung

„Wünschelruten sind hier,
Sie zeigen am Stamm nicht die Schätze,
Nur in der fühlenden Hand
Regt sich das magische Reis."
Goethe, ‚Weissagungen des Bakis'

1. M. Stuiber hält 1931 die Metallrute für leistungsfähiger denn das Holz-Zwiesel. Auf diesem Gedanken besserer Leitungsfähigkeit baut er weiter auf:

> An einem seiner Schuhe brachte er einen Dorn aus Metall an, wie ihn ja auch die Bergsteiger- und Ski-Stiefel aufweisen. Diesen verband er durch einen Kupferdraht mit seiner Wünschelrute, die er sich selbst ebenfalls aus Cu gebogen hatte.
>
> Schon beim ersten Arbeiten mit dieser ‚Erdleitung' (vgl. Laschkowsky in ‚Pendel-Verstärkung'!) waren die Bewegungsantriebe an der Rute wesentlich stärker zu verspüren als ohne Erdung.
>
> Außerdem fühlte der nach seinen Angaben allerdings recht sensible Experimentator jedesmal einen leichten Kontaktstoß, wenn beim Gehen der Dorn wieder in die Erde gedrückt, also die Verbindung mit der tellurischen Kraft erneut hergestellt wurde. (1)

Unwillkürlich erinnert man sich hierbei an den Riesen Antaeus der altgriechischen Sage, der durch die Berührung mit seiner Mutter — der Erde — stets neue Kraft empfing und von Herakles (röm.: Hercules) nur durch Emporheben vom Boden überwunden werden konnte.

2. Professor Benedikt hat herausbekommen, daß eine WüRu bedeutend empfindlicher wird, wenn sie in die Nähe einer Influenzelektrisiermaschine gelegt, also ‚influenziert' wird. (2)

3. Was der ‚rotierenden Wünschelrute' (Julie Böß-Kniese) — dem siderischen Pendel — recht ist, dürfte dem Zwillingsbruder Wünschelrute billig sein:

(1) Stuiber, M.: ‚Die siderischen Ströme. — Die Wünschelrute', in ‚Zentralblatt für Okkultismus'. Leipzig 1931; 16 f.
(2) Anonym: ‚Die Wünschelrute', in ‚Miniatur-Bibliothek', Nr. 670. Leipzig, o. J.; 31.

Der Ersteren Ausschläge werden verstärkt durch Kontakt mit einem Hochfrequenzgerät, wie ich im Abschnitt ‚Pendel-Verstärkung' ausgeführt habe. Es wäre zu prüfen, ob nicht auch ein schwacher Rutler kräftigere Reaktionen ‚bekommt', wenn sein Körper — beide Arme muß er ja frei haben — mit solch einer Apparatur in Verbindung gebracht würde. Allerdings — und das ist der Nachteil — müßte er mit derselben durch eine lange Zuleitungsschnur Kontakt haben oder der Apparat müßte ihm nachgetragen werden. (Wie dies übrigens schon geschehen ist mit einem elektrischen Gerät, welches die Pulsschläge des Rutengängers maß.)

4. Die natürlichste Verstärkung auch der Wünschelruten-Ausschläge dürfte durch ‚Kettenbildung' — ‚Menschensäule in Serien-Schaltung' — zu bewerkstelligen sein, wie sie auch bei der ‚Pendel-Verstärkung' und bei der ‚kollektiven Magnetation' zur Anwendung kommt. (Siehe Abbildung!)

Kettenbildung steigert Ausschlagen der Wünschelrute
Hier der Hamburger Rutengänger Ernst Ferle, Erfinder eines Entstrahlapparates, wie er eine Erdstrahlen aussendende Wasserader ausfindig macht. („III. Woche/Bad. Illustrierte"; Freiburg i. Brsg.; Nr. 42 vom 20. Oktober 1951; 1060; Aufsatz „Krebs durch Erdstrahlen?")

Yin-Yang-Symbol

„Aus ‚JA' und ‚NEIN' bestehen alle Dinge."
Jakob Böhme (1575—1624)

Als Beispiel und als Versuch der Symbol-Magie bespreche ich hier unter Zugrundelegung einer noch nicht veröffentlichten Arbeit meiner Feder das o. a. Sinnbild:

Der Kreis mit Vertikalbalken versinnbildlicht ebenfalls die Entzweiung in die beiden Ur-Polaritäten. Die Entfaltung der Latenz (chines.: Wu-Gi) in die beiden schöpferischen Grund-Potenzen (Yin = negativ, weiblich, dunkel, passiv; Yang = positiv, männlich, hell, aktiv etc.) stellt die chinesische Weisheit durch zwei eigenartige sphärische Figuren innerhalb eines beide umhegenden und teilweise bildenden Kreises (Tai-Gi = Firstbalken) dar, durch das Yin-Yang-Symbol.

Bezeichnungen:

Tai-Gi, Yin-Yang-Symbol, die (große) chnesische Monade.

Beschreibung:

„Beim ersten Anblick scheint die Zeichnung der Monade sehr verwickelt zu sein, doch die Untersuchung berichtigt diesen Eindruck bald. Die Figur ist im Gegenteil ganz einfach: auf dem waagrechten Durchmesser eines Kreises werden von zwei entgegengesetzten Seiten zwei Halbkreise geschlagen, die ihrerseits einen waagrechten Durchmesser von der Hälfte des Ganzkreises haben. Ihre Höhepunkte vereinigen sich einerseits im Mittelpunkt des großen Kreises und andererseits verlieren sie sich in dem großen Kreisumfang." (1)

Das eine ,Komma' ist weiß, das andre schwarz zu färben; oder rot und grün (2), oder blau und rosa (Fuyé).

Die beiden Kommas durchdringen einander in einer Weise, die aufzeigen soll: Yin und Yang treten nie völlig getrennt auf. (3) So weist das weiße Yang einen schwarzen (Yin-)Punkt auf und umgekehrt das schwarze Yin einen weißen (Yang-)Punkt. Da Yin und Yang neben vielen anderen Bedeutungen auch die Gegensätze männlich - weiblich darstellen, kann beispielhaft im Hinblick auf die beiden konträren Punkte darauf hingewiesen werden, „daß man neuestens feststellte, daß tatsächlich im Blute der Männer auch das weibliche Geschlechtshormon vorhanden ist, und daß auch im Frauenkörper männliches Geschlechtshormon gebildet wird" (Walter Finkler). Das Auftreten männlicher Eigenschaften bei der Frau und umgekehrt, ist damit zu erklären.

Eindruck:

Zwei Gegensätze, die zusammen eine ,rollende' Bewegung bewirken, und die sich durchdringen. Im Gegensatz zum Béauséant-Feldzeichen der Tempelritter, dessen schwarzweiße Flächen scharf voneinander abgegrenzt sind und deren Dualismus erstarrt wirkt.

Ausdeutung:

„Mit dieser Linie (des Firstbalkens), die an sich eins ist, kommt eine Zweiheit in die Welt. Zugleich mit ihr ist oben und unten, rechts und links, vorn und hinten — kurz die Welt der Gegensätze gesetzt." (4)

Yang = licht, positiv, aktiv, männlich, solare Kraft; Yin = dunkel, negativ, passiv, weiblich, tellurische Kraft. Für August Strindberg (1868—1912) ist Yang = Primordialwärme, Yin = Radikalfeuchtigkeit. (5) „Diese beiden Prinzipien sind überall verkoppelt; ihr Gleichgewicht begründet die Harmonie im All und die Gesundheit im Organismus." (6)

(1) Lacroix-à-l'Henry, René: ,Théories et Procédés radiesthésiques'. Paris 1937 und 1942; 28.
(2) Regnault, Dr. med. Jules: ,Biodynamique et Radiations'. Paris und Toulon 1936; 19.
(3) Regnault; 21.
(4) Wilhelm, Richard: ,I-Ging. Das Buch der Wandlungen'. Düsseldorf und Köln, o. J.; Bd. I und II; VIII.
(5) Strindberg, August: ,Ein Drittes Blaubuch'. München 1921; 1085.
(6) Regnault; 20.
Schick, Dr. med. Erwin: ,Betrachtungen zur Managerkrankheit etc.', in ,Dt. Ztschr. f. Akupunktur', Hefte 7—8. Ulm/Donau 1956; 90—93.

Jakob Böhme (1575—1624) sprach es aus: „Aus ‚Ja' und ‚Nein' bestehen alle Dinge." Honoré de Balzac (1799—1850) fragt in seiner ‚Seraphita' (1833): „La vie n'est-elle pas le combat de deux forces?" („Ist das Leben nicht der Kampf zweier Kräfte?") Christian Morgenstern (1871—1934) erkennt in seinen hinterlassenen Tagebuch-Notizen aus dem Jahre 1913: „Man muß Gott schon in zwei teilen, wenn seine schönste Empfindung — die Liebe — nicht allerletzten Endes Selbstzweck sein soll." (7)

Geschichtliches von der chinesischen Monade:

Ein 1017 v. Ztr. geborener Chinese Chu-Lien-Ki entdeckte als Jüngling eine Höhle, die einen Hügel tunnelartig durchquerte. Die Höhleneingänge waren halbmondartig, die Höhle selbst war rund. Davon leitete der Naturfreund das berühmte Diagramm ab, welches das von dem sagenhaften Kaiser Fu-Hi (— 3, 322; nach Legge) begründete philosophische System darstellen sollte. (8)

Die Monade wurde später von 8 ‚Pan-kua' umhegt und bildete so ein ‚Mandala' (ind.: Kreis, Zauberkreis).

Diese ‚Pan-kua' sind Trigramme, gerade und durchbrochene Linien, welche die Elemente und die Naturgewalten bezeichnen. Die Grabstätte des Sinologen Professor Wilhelm in Bad Boll besteht aus einer großen runden Steinplatte, auf welcher die 8 ‚Dreistrichlinge' erhaben ausgemeißelt sind und in deren Mitte die Kugel des Kosmos ruht (Stiefvater). Aus den acht mal drei Strichen entstand das — von Wilhelm meistershaft — übersetzte ‚Y-king' (‚Buch der Wandlungen'), zunächst als ‚grimoire' (frz.: ‚Zauberfibel') benutzt. Kung-fu-tse (Confucius; 551—479) hat es dann als Orakelbuch zu Ehren gebracht. In den Wendezeiten der Tsin- und Han-Dynastie in den Jahrhunderten vor unserer Zeitrechnung gab es eine ganze Schule der Yin-Yang-Lehre. (9) Gottfried Wilhelm Freiherr von Leibnitz (1646—1716) fand in den chinesischen Trigrammen die Aufstellung der binären Rechenkunst, wie aus dem Anhang seines ‚Essai de Théodicée' (1710) hervorgeht. Ob und inwieweit seine ‚La Monadologie' (1714) chinesisch beeinflußt worden ist, weiß ich nicht. Kaiser Wilhelm II. (1859—1943) hat sich mit der Großen Chinesischen Monade befaßt. (10) Noch heute findet man in Chinas Straßen die ‚Sijen-scheng', die Wahrsager, die an kleinen Tischen sitzen, vor sich das ‚Buch der Wandlungen', bereit, jedem daraus Auskunft zu erteilen, wie er sich in besonderen

(7) Morgenstern, Christian: ‚Stufen'. München 1918 und 1928.
(8) Lacroix-à-l'Henri; 28—29.
(9) Wilhelm; I; VIII.
(10) Kaiser Wilhelm II.: ‚Die chinesische Monade'. Leipzig 1934.

Lagen zu verhalten habe. (11) Richard Wilhelm (1873—1930) hat Erwin Rouselle (1890—1949) viele Jahre zuvor aus dem ‚Y-Ging' prophezeit, daß er dereinst sein Nachfolger am ‚China-Institut' zu Frankfurt/Main werden würde, was sich auch erfüllt hat, wie manche Voraussagen, die enge und kritische Bekannte von mir mit seiner Hülfe ausgesprochen hatten. (12)

Yin-Yang-Batterie holt Planeten-Kräfte:

Ausgehend von den Versuchen der Pendelforscher Chauméry (†) und de Bélizal (Vannes; Morbihan) hat der römische Ingenieur Ugo Morichini, der uns bereits im Kapitel ‚Magnetismus' begegnet ist, eine regulierbare ‚Yin-Yang-Batterie' konstruiert und damit planetare und stellare Kräfte in Wasser geleitet. Dasselbe zeigte therapeutische Eigenschaften (z. B. Insulin-Wirkung), blieb aber chemisch Wasser. Tierversuch erwies, daß keine ‚Suggestionswirkung' vorliegen kann. Die Vorgehensweise wird nicht klar ersichtlich beschrieben. (13)

Morichini hat sich schon seit eh und je mit ‚abseitigen' Versuchen befaßt (14), ein wahrer Magier hauste er in seiner Faust-Bude bei der Priszilla-Katakombe in Rom. (15)

Yin-Yang-Symbol als Seismograph:

Die ‚Cespera' (Dachorganisation für Pendelstrahlen- und Erdbebenkunde) in Italien hat auf Veranlassung ihres technischen Leiters Dr. Enrico Vinci, Herausgeber der ‚Rivista Italiana di Radiestesia' (Brescia), im Jahre 1951 Yin-Yang-Symbole auf Scheiben gezeichnet und an Fäden als Pendel aufgehängt.

„Wenn mit diesem Sinnbild gependelt wird, schlägt es nach einiger Pendelzeit in der Nord-Süd-Richtung aus. Dieses Symbol-Pendel blieb aber vor Wochen still stehen oder geriet in ein Zittern, kurz bevor das Erdbeben in Italien ausbrach. Am 16. Mai letzten Jahres wurde eine plötzliche Bewegung dieses Pendels in der Ost-West-Richtung festgestellt, und zwar um 1 Uhr 40 Minuten. In der Morgenfrühe kam die Nachricht von dem Erdbeben in Norditalien heraus. Bis Mittag war die Jonosphäre durch

(11) Behm, Bill: ‚I-Ging. Das chinesische Orakelbuch'. Klagenfurt 1940.

(12) Schrödter, Willy: ‚Die Symbole der Alchemie und ihre Magie' (noch unveröffentlicht).

(13) Morichini, Ugo: ‚Ricerche sopra alcune energie cosmiche ancore ignote', in ‚Rivista Italiana di Radiestesia'. Brescia, Augustheft 1946; 10—14.

(14) Surya, G. W.: ‚Moderne Rosenkreuzer'. Pfullingen i. W. 1930; 82; Annota.

(15) Candi: ‚Briefe an Tschü'. Zürich 1948; 209.

elektro-magnetische Stürme erschüttert, die den Radioverkehr ausschalteten. Vom 2. Juni ab nahm das Pendel seine Richtung Nord-Süd wieder auf und behielt diese in seiner Schwingung bei bis zum 15. September. Am 18. September schwang es in der Richtung Ost-West. Welches war die Ursache für die aufgetretenen Störungen in der Schwingungsrichtung des Symbolpendels, die genau mit der Zeit der Erdbeben übereinstimmten?" (16)

Anders ausgedrückt: Abweichen des sonst konstant schwingenden Symbolpendels von seiner Richtung kündet Erdbeben! (12)

Während wir es hier mit einem optisch in Erscheinung tretenden Unheilkünder zu tun haben, beschreibt Ludwig Huna (1872—1945) intuitiv in einem seiner Romane einen akustischen, der sich im unterirdischen Rosenkreuzer-Tempel vor dem Tor de Nesle zu Paris befunden habe:

„Da hörte ich ein seltsames Klingen, das sich plötzlich aus einer Ecke erhob. Wir traten dorthin und erblickten nun in einer kleinen Nische, an einem Goldfaden hängend, einen grünlichen Kristall in Oktaederform, der mit roten Strichen übersät war. Aus ihm kam das seltsame Klingen, das dem Tönen einer Äolsharfe glich. Ouvreille (der Rosenkreuzermeister, Arzt) sagte: ‚Es ist ein chaldäischer Stein, die Rosenkreuzer nennen ihn Amma. Es liegt eine vorausahnende Kraft in ihm und er klingt wie die Memnonsäule, wenn sich große Ereignisse im Lande vorbereiten. Er bezieht diese Kraft — sagen die Rosenkreuzer — unmittelbar aus dem Empyreum.' (17)

Gewiß: es handelt sich hier nur um einen ‚Roman', aber gerade in diesem Werk hat mein verewigter Freund regelrecht im ‚Astrallicht' gelesen, wie ich a. a. O. nachgewiesen habe. Es könnte drum sehr wohl möglich sein, daß die Rosenkreuzer in der Tat ein akustisches Pendulum gehabt hätten, eine ‚Entsprechung' des optischen unserer Tage. (12)

In diesem Zusammenhang verdient erwähnt zu werden, daß auch Uhren mitunter, wenn auch sehr selten, vorauskünden. Ich denke nicht nur an ihr Stillstehen beim Ableben nahestehender Personen, sondern auch an das Andeuten schlechter Zeiten, drohender Sorgen. Ich las auch von einer Rokokouhr, die frei an zwei Ketten hing „und ähnlich einem Seismographen, Erdbeben und Stürme anzeigte. Erdbeben durch einseitigen Pendelschlag in der Richtung der sich fortpflanzenden Erdstöße, Stürme durch un-

(16) Archdale, F. P.: ‚Wissenschaftler melden, daß e. Pappkarton-Pyramide lebensgefährl. Bakterien abtötet', in ‚Psychic News', vom 27. September. London 1952; 4.

(17) Huna, Ludwig: ‚Bartholomäusnacht'. Leipzig 1932; 195—196.

gleichmäßigen Gang. Andere nähere Erschütterungen hatten (dagegen) keinen Einfluß." (18)

Y i n - Y a n g - S y m b o l a l s S c h m e r z s t i l l e r :

Als solcher gilt er in China seit je. (19)

Oberst a. D. Rudolf M l a k e r (geb. 1889), der bedeutende Wiener Pendelforscher (20) und andere Wiener Freunde beseitigten nach mir gemachten Mitteilungen Schmerzen durch Aufbinden des (mit Tusche gezeichneten) Sinnbildes. Einem Manne z. B., der nach einer Kopfoperation stundenlang solch wahnsinnige Kopfschmerzen hatte, daß er lebensüberdrüssig wurde, konnte so innerhalb von 10 Minuten geholfen werden! (Symbol mit Trigrammen)

Die 8 T r i g r a m m e allein wirken nur 10% schmerzlindernd; man soll also außer ihnen das T a i - G i aufzeichnen. Wobei zu überprüfen wäre, welches Farbenpaar (weiß-schwarz / rot-grün / blau-rosa) sich als das (jeweils?) wirksamste erweist. (2)

Y i n - Y a n g - S y m b o l a l s E n t s t r a h l e r :

Nicht selten verwendet das Wiener Team solche Symbol-Kartonplättchen zum Abschirmen ‚geopathischer' Reize. Ein Blättchen von ca. 7 cm Durchmesser schirmt nach ihm zuverlässig in ca. 2½ m Umkreis ab, indem es die ‚D r a c h e n d e r T i e f e' verdrängt, wie diese schädlichen Strahlungen von den Chinesen geheißen werden. Man kann angeblich auch größere Räume durch Auslegen mehrerer Blättchen entstören und Pendler wie Rutengänger hätten die ‚Bannmeile' bestätigt! (12)

Y i n - Y a n g - T h e r a p i e :

A. T. H o b a r t läßt seinen Dr. med. B u c h a n a n philosophieren: „Wenn ich die chinesische Medizin verstünde, könnte ich den chinesischen Charakter verstehen." (21) Nun: die chinesische Medizin ist ihrerseits untrennbar verbunden mit der chinesischen Philosophie (H. Balzli). Das erfahren wir auch von dem alten chinesischen Gelehrten, den H o b a r t gegenüber Dr. med. F r a s e r dozieren läßt:

> „In der Natur halten sich die Grundelemente des Lebens, y i n und y a n g , die Waagschale. Sie fluten gleichmäßig im Körper auf und ab, wie überall in der Natur." (22)

(18) Kunkler, Friedrich: ‚Eigenartige Phänomene an Uhren', in ‚Der Spiegel', Oktoberheft. Freiburg i. Br. 1938.

(19) Varè, Daniele: ‚Der Tempel der kostbaren Weisheit' (‚Roro-ro', Nr. 171). Hamburg 1956; 21—22.

(20) Mlaker, Rudolf: ‚Geistiges Pendeln'. Villach 1951. Freiburg i. B. 1959.

(21) Hobart, A. T.: ‚Das Haus der heilenden Hände'. München 1949; 90.

(22) Hobart; 161.

Das Wort ‚fluten' zeigt uns an, daß es sich um — wie wir heute sagen: elektrische Ströme handelt.

„Krankheit entsteht, wenn sie aus dem Gleichgewicht geraten. Dann suchen wir in den Kanal einzudringen und entfernen das Übermaß von yin onder yang mit diesen Nadeln aus Gold oder Silber." (22)

Dieses mechanische Ableitungsverfahren — das ein chemisches Gegenstück in der sog. ‚Impletol-Therapie' des genialen Dr. med. Ferdinand Huneke (Düsseldorf) hat (23) — wird Akupunktur (lat.: ‚acus' = Nadel; ‚punctura' = Stich) bei uns, in China ‚Chin kieou' geheißen. (24) Welches Element in Übermaß vorhanden ist und wo es in solchem vorhanden ist, erfährt der chinesische Heilmeister durch die Pulsdiagnose.

Akupunktur und Heilmagnetismus weisen viele Übereinstimmungen auf. (25)

Hobart läßt gegen Ende seines Romans den Peter Fraser zu dem lösenden Einfall kommen:

„Ein Gedanke durchzuckte ihn. Wie war das doch mit dieser eben erst aufgestellten Theorie der westlichen Medizin, daß ein Gleichgewicht von vitalen Kräften im menschlichen Körper für die Gesundheit notwendig sei?

‚Fundamentaler Metabolismus' nannte es die moderne Heilkunde.

Wär es möglich, daß die chinesische Philosophie diese Tatsache mit ganz unwissenschaftlichen Methoden seit Jahrhunderten vorausgeahnt hätte?" (26)

Es ist möglich, denn die chinesische Philosophie hat vor Jahrtausenden (nicht nur Jahrhunderten!) schon ganz andere Tatsachen vorausgeahnt, zu denen der Westen mit seinen wissenschaftlichen Methoden erst schrittweise vorstoßen wird. Und wenn wir bei unserer Darstellung uns an das ‚ganz unwissenschaftliche' Buch von Hobart angelehnt haben, so deshalb, weil es den Kern der Dinge in faßlichster Weise bringt.

Karl Buttenstedt läßt um die Jahrhundertwende die Körpermaschinerie durch Spannung und Entspannung in Betrieb gehalten werden — Polarität!

Dr. med. Karl Uhrig in Prechtal (Post: Elzach/Schwarzwald), der die Frischzellentherapie des Schweizer Chirurgen Dr. med.

(23) Huneke, Ferdinand: ‚Krankheit und Heilung anders gesehen'. Köln und Krefeld 1936, 1948.

(24) Schrödter, Willy: ‚Streifzug'; 76 f. (‚Chines. Heilkunde').

(25) Riemann, H.: ‚Akupunktur und Heilmagnetismus', in ‚Dt. Ztschr. f. Akupunktur', Hefte 7—8. München-Solln 1953.

(26) Hobart; 324.

Paul Niehans ausbaute, indem er den tierischen Wirkstoffen pflanzliche beigesellte, ist 1955 der Meinung: alle Erscheinungsformen spielen sich im Spannungsfeld zweier Gegensätze ab. (27) Auch hier: Polarität; auch hier: yin und yang, wie Hobart's Buch mit amerikanischem Originaltitel heißt!

Am nächsten kommt der chinesischen Auffassung von yin und yang m. E. der Privatgelehrte und Heilkundige Karl Wachtelborn im Jahre 1932. (28)

Der japanische Ernährungswissenschaftler Nyoiti Sakurazawa (Ohwasa) hat das chinesische Grundprinzip von der Polarität aller Erscheinungen auf den Ernährungssektor übertragen. Ein Ring ‚Freunde Professor Ohsawa's', Hamburg 13, Parkallee 67, gibt Auskunft über dessen ‚makrobiotische Diätetik'. Die Schriften sind zu Originalpreisen vom Verlag vorliegenden Buches zu beziehen.

(27) Anonym: ‚Ein deutscher Arzt verjüngt', in ‚Das Grüne Blatt', Nr. 5 vom 30. Januar. Dortmund 1955; 1, 12.

(28) Wachtelborn, Karl: ‚Elektrisch vollzieht sich der Betrieb unseres Körpers'. Mühlsdorf bei Prina 1932.

Yoga

„Wohlgestaltetheit, Elan, Kraft und diamantgleiche Straffheit machen die Vortrefflichkeit des Körpers aus."

‚Yogasutra' III; 46

Sofern ein Buchhalter den ganzen Tag über nach vorne gebeugt über seinem Schreibpult hängt, so ist es keine Kompensation dieser schlechten Haltung, wenn er abends steif aufgerichtet nach Hause geht, als habe er ein Lineal verschluckt. Dann muß er daheim schon nach der Gegenseite hin übertreiben: sich für einige Zeit nach hinten beugen. Die meisten Menschen sind den größten Teil des Tages in aufrechter Stellung tätig; zumal die Verkäufer(innen). Die aufrechte Stellung ist — wenn sie sozusagen zur alleinigen wird — widernatürlich und somit abträglich. Der Mensch soll sich in allen Lagen (nicht nur des Lebens, sondern auch seines Körpers) bewegen können.

„Ein amerikanischer Physiologe, Dr. Britton, hielt die verschiedensten vierbeinigen Tiere in dauernd vertikaler Lage. Sie wurden zuerst sehr unruhig, dann apathisch und bald starben sie. Kaninchen schon in 20 Minuten, Schimpansen ließen sich täglich höchstens 6 Stunden aufrecht erhalten. Dr. B. begründet dies mit dem Einfluß der Schwerkraft. Mit Hilfe eines ‚künstlichen Herzens' und daher stärkerer Durchblutung der Gehirnzellen konnten die Kaninchen dauernd in aufrechter Stellung verharren." (1)

Um die Gehirnzellen stärker zu durchbluten, dazu dient der ‚Sirhasana' des Hatha-Yoga, nichts weiter denn unser ‚Kopfstand'! Alte und Kranke (Herz-, Kreislaufstörungen) dürfen diese wichtigste Übung der ‚Gewalt-Jochung' nicht machen. Die anderen erlernen sie stufenweise: Kerze, Kopfstand (an der Wand), Hochstand (auf den Händen), dann senken zum Kopfstand (Kopf auf Boden; Kissen!)

Ein New Yorker Rechtsanwalt wäscht dergestalt bei Ermüdung oder vor Behandlung eines schwierigen Falles sein Gehirn aus, wie er es bezeichnend nennt. (2) Der Geigenvirtuose Yehudi Menuhin (geb. 1917) heilte sich damit vom Lampenfieber.

(1) Ruckhaber, Dr. Erich: ‚Biomechanik'. Berlin 1952, 17.
(2) Yeats-Brown, Francis: ‚Ist Yoga für dich?' Berlin 1940; 91 f.
Michael, Dr. Gert: ‚Wer Kopf steht, bleibt länger jung', in ‚Heim und Welt' Nr. 32 vom 5. August. Hannover 1951; 1, 6.

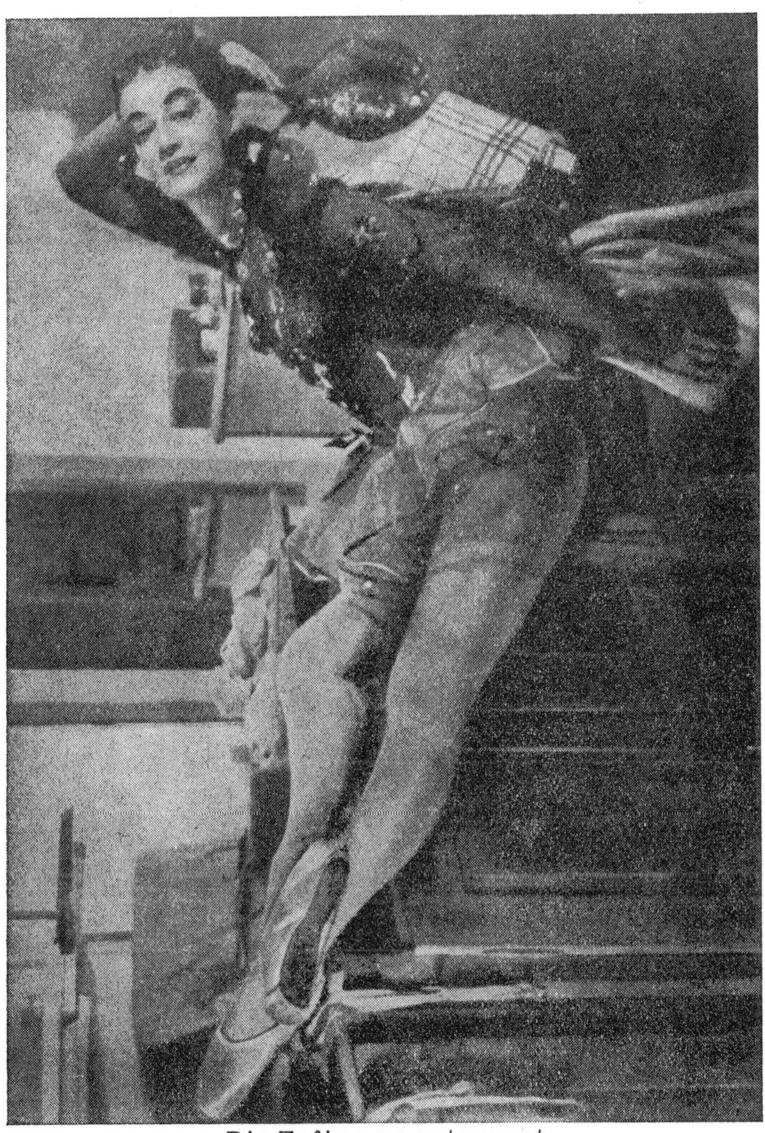

Die Trfimowa entspannt
Aus „Kristall“ (Hamburg, Nr. 13/1953; 446 f.)
Artikel „Die Trfimowa tanzt“; Foto: Rosemarie Clausen

Höchstdauer dieser Übung für Europäer: vielleicht 2 Minuten, bei vorsichtiger Steigerung bis auf diese Zeitdauer und unter Berücksichtigung der individuellen Konstitution!

Wenn Yeats-Brown schreibt: „Menschen mit abgehetzten Nerven fühlen sich schon nach einer Minute wie neugeboren" (95), so ist dem tatsächlich so, denn allein schon die waagrechte Lage sorgt für erhöhte Blutzufuhr nach dem (parasitären) Gehirn und wird von schweren Neurasthenikern als wohltuend empfunden. Diese sollen sie (gemeint ist die waagrechte Lage!) darum alle halbe Stunde einnehmen, wie unterm Stichwort ‚Neurasthenie' in ‚Realenzyklopädie der gesamten Heilkunde' (IV. Aufl., 1907—1914) von Prof. Dr. med. Albert Eulenburg (1840—1917) nachzulesen ist.

Technisch gelangt man zum Kopfstand, indem man die Füße in die Ringe eines Recks hängt oder sich im Rhönrad dreht. Tänzerinnen legen sich verquer auf eine Couch, lassen den Kopf zum Boden hängen, die Füße die Lehne bzw. Wand hochklettern. Was bequemer als ein richtiggehender Kopfstand ist, aber annähernd die gleichen günstigen Wirkungen hat und in diesem speziellen Falle die Beine entlastet.

Wie bei allem und jedem: nicht übertreiben, stufenweise vorgehen!

Wenn ihren Kindern etwas fehlt, so nehmen sie die Negermütter auf Jamaika bei den Füßen und schwenken sie, den Kopf nach unten, rasch einige Male hin und her, was ich natürlich nicht anrate, sondern nur im gegebenen Zusammenhang als Kuriosum festhalte.

Pandit Jawahardal Nehru (geb. 1889), seit 1947 Ministerpräsident und Außenminister der Indischen Union (Bharat), gab seiner Meinung dahingehend Ausdruck: „Die Staatsmänner sollten den Kopfstand üben. Wenn sie sich selbst auf den Kopf stellen, kommen sie nicht in Versuchung, die Welt auf den Kopf zu stellen."

Der damals 26jährige Hatha-Yogi Witaldas aus Bombay demonstrierte am 21. September 1937 zu Berlin vor einem von Professor Jansen geladenen Gremium in der ‚Stöckel'schen Universitätsklinik' der Berliner Universität u. a. nachstehende Übung, die „uns überkommen ist von einem Yogi, der sehr hoch im Himalaya wohnte, und die ein Versuch ist, Energien von der Sonne herabzuziehen". (3)

(3) Hollander, Walter von: ‚Artist od. Erleuchteter?', in ‚Berl. Ill. Ztg.' vom 11. November. Berlin 1937; 1660—1681.
Fritsche, Herbert: ‚Jatrosophie'. Leipzig 1937; 83.

UMBO-Fotografia

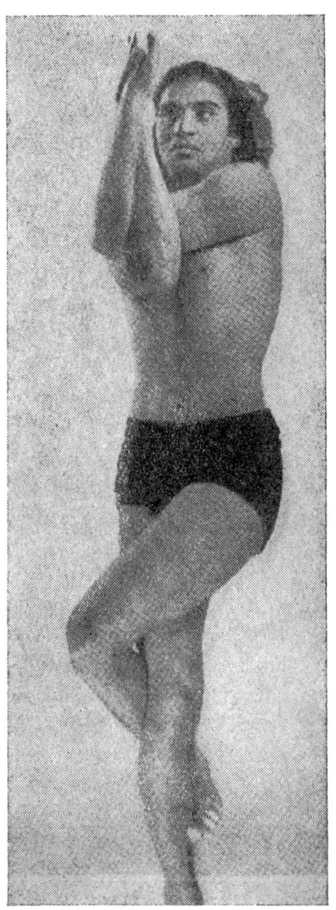

Die Versuche, ‚Energien von der Sonne herabzuziehen', sind menschheitsalt und global verbreitet. In Indien nennt man die einschlägigen Übungen ‚s u r y a m a n a s k a r' (‚Verbeugung vor der Sonne'). Das ‚S o n n e n p r a n a' wird von den Handmitten aufgenommen, welche dem Tagesgestirn entgegengestreckt werden. Zahlreiche Skulpturen und Gemälde der mittelalterlichen Steinmetzen und Kirchenmaler schreien dies Geheimnis geradezu für den, der ‚erleuchtete Augen des Verständnisses' hat, z. B. die Statue ‚R h e t o r i k' im Vorhallenzyklus des Münsters zu Freiburg (Breisgau); noch lauter der linke Engel auf dem Bilde ‚V e r -

kündigung' eines unbekannten Meisters vom Oberrhein ums Jahr 1430, das im Augustiner-Museum der gleichen Stadt aufbewahrt wird. — Auch Tiere nehmen wie die indischen Laya-Yogis, die speziell das genannte ,suryamanaskar' betreiben, eine Sonnen-anbetende Haltung ein: so die Hamadryaspaviane auf Madagaskar (4), so ,eine Spezies von schwanzlosen Nagern, kleiner als das Murmeltier' in der chinesischen Provinz Sching-hai. (5)

Es ist selbstverständlich, daß man bei dieser Übung nicht in die Sonne schaut, sondern seine Augen schließt.

Umgekehrt gibt es — wenn wir Gajus Plinius sec. maj. (23 bis 79) Glauben schenken können — Affenarten, die während des Neumonds Depression zur Schau tragen, die zunehmende Sichel des jungen Mondes jedoch mit Freudensprüngen begrüßen, ja sie sogar anzubeten scheinen. (,Hist. nat.'; VIII; 54. 80.)

Was der Mann des Ostens durch eine ,verzwirbelte' Körperstellung (asanâ) zu erreichen sucht, behauptete ein abendländischer Strahlenforscher — zwei Jahre vorher — durch eine Umwickelung seiner Versuchsperson mit Posamentierschnüren erlangt zu haben:

(4) Fritsche, Herbert: ,Tierseele u. Schöpfungsgeheimnis'. Leipzig 1940; 123.

(5) Navid-Neel, Alexandra: ,Land der Is. In Chinas wildem Westen'. Wien 1952; 55.

„Zieht man von der erhobenen rechten Hand oder von einem nichtmetallischen (z. B. hölzernen) Haltepunkt rechts oben eine halbgelbe oder grüne Litze spiralig um einen Menschen, bis sie links vom linken Fuß auf dem Boden endet, so führt sie als Antenne die Hauchströme des Weltalls mit solcher Stärke (zu), daß empfindliche Personen dieses nur kurze Zeit aushalten." (6)

Die Sonnenkraft wird bekanntlich im Blute aufgespeichert. Wie ungeheuer aseptisch sie wirkt, hierfür nur ein Beispiel: die faulen Massa-Neger am Tschadsee lassen ihre in Netzen gefangenen Forellen größtenteils in der Sonne braten. Schon nach wenigen Stunden sind die Fische von Larven überdeckt, bald wimmelt es in ihnen nur so und die schönsten Fischgifte entwickeln sich. Einen Europäer würden sie in wenigen Minuten hinstrecken, aber die Massa und auch andere Stämme werden durch die Toxine in keiner Weise berührt. „Man erklärt sich das damit, daß die Massa vollkommen nackt gehen, den ganzen Tag in der Sonne und in der frischen Luft sind und so ihre Kraft aus jenem großen Gesundheitsspender — der Sonne — ziehen, die auch hier stärker ist als alle Gifte, die durch Fäulnisbakterien entwickelt werden."

Mitte Mai 1959 ging eine Meldung durch die Presse: die weibliche Polizei Indonesiens muß jetzt Yoga lernen. Wie die Frau des indonesischen Polizeichefs Sukanto erklärte, ist das Erlernen von Yoga sehr wichtig, „um schlechte Laune zu vermeiden, Körper und Geist zu trainieren und bei guter Gesundheit zu bleiben". Erhebt sich die Frage: hat das die männliche Polizei Indonesiens nicht nötig oder — übt sie bereits Yoga?

(6) Heermann, Dr. med. Alex.: ‚Neues von Strahlen, Strömen und Wellen'. Bad Aussee 1935; 11—12.

Literatur:

Haich, E., und Yesudian, S. R.: ‚Der Tag mit Yoga'.
Jürgens, Hch.: ‚Inana-Yoga.
Ders.: ‚Yoga-Brevier'.
Ders.: ‚Yoga im Alltag'.
Riha, Bert J. „Gesund und lebensfroh durch Yoga". Büdingen-Gettenbach, 1959.
Vithaldas: ‚Das Yoga-System der Gesundheit'. 1956.
Waldemar, Charles: ‚Jung und gesund durch Yoga'.

Zigeunerwecker

„Man soll nicht immer alles glauben, was die Leute sagen; man soll aber auch nicht glauben, daß sie es ohne Grund sagen."
Immanuel Kant (1724—1804)

Es ist dies ein Experiment, welches die sog. ‚hypnotische Kopfuhr' (siehe gleichlautenden Teilabschnitt!) nach außen hin demonstriert:

„Ein goldener Ring wird an einem Faden oder Haar inmitten eines ziemlich engen Glases aufgehängt. Zur vorgenommenen Stunde (fester autosuggestiver Befehl!) soll der Ring dann gegen das Glas schlagen und eben dadurch als ‚Wecker' fungieren!" (1)

Dieser Versuch gelingt nicht wie der mit der ‚Kopfuhr' einem Jeden nach kurzem Training, sondern nur Naturbegabungen und auch denen erst nach längerem Üben. Dafür ist er aber auch evidenter für das außerkörperliche Wirken des Fluidals als ersterer!

„Schon Hieronymus Cardanus (1501—1576) kennt dieses Experiment und schreibt sein Zustandekommen einer gewissen geheimnisvollen Bewegung der Lebensgeister zu (‚De subtilitate', Basil; 1550 Lib. II. ‚De varietate', Basil; 1554; cap. 95); kurz darauf erwähnen es Dr. med. Georg Pictorius (‚De variis generibus Magiae ceremon'; S. I u. a.; um 1560) und Johann Wier (1515 bis 1588), welch' letzterer sogar behauptet, daß Numa Pompilius (715—672) bereits diese Kunst ausgeübt habe. (‚De praestig. Daemon.'; Basil; 1568; 176). Im folgenden Jahrhundert erwähnen es die Patres Athanasius Kircher (1601—1680) (‚Ars magnetica'; Romae, 1641; L. III, P. 5, cap. 3; ‚Ars magna lucis et umbrae', Romae, 1646, L. X, p. I, Probl. 24) und Caspar Schott (1608 bis 1666), von denen dem letzteren besonders der Umstand viel Kopfzerbrechen machte, daß der Ring nach der in den verschiedenen Ländern üblichen Zählungsweise die Zeit angibt und also z. B. italienische, deutsche, Nürnberger, babylonische, jüdische Stunden und H'lakim anzeigt (‚Magia universalis', Herbip. 1677, P. IV, L. IV, cap. 4)." (2) In einem Buche aus dem Jahre 1733 (Le Brun, ‚Histoire critique des pratiques superstitieuses', I, 170) heißt es, daß es Personen gibt; „die bei Tag oder Nacht die Zeit angeben können, indem sie an einem Faden, sei es einen Ring, einen Nagel, oder eine Bleikugel in ein Glas halten, worauf dann durch Anschlagen dieser Gegenstände gegen das Glas die Zeit angegeben wird". (2)

Vor nunmehr rund hundert Jahren hat ein Frankfurter Arzt einen ähnlichen Versuch beschrieben:

„Man stecke eine Stricknadel in zwei T a l g lichter; von dieser Stricknadel hänge ein goldener, an einem seidenen Faden befestigter Ring herab in ein bis zur Hälfte mit Wasser gefülltes und auf einem h ö l z e r n e n Schemel stehendes Glas, so daß der Ring 2 Zoll über dem Wasser schwebt. Nach einiger Zeit beginnt der Ring ohne alle äußere Ursache schwingende Bewegungen zu machen, so daß er schließlich an die Wände des Glases anklingt." (3)

Hierzu wäre zweierlei zu sagen; erstens: damit der Ring nicht von selbst, wohl aber beim geringsten ‚Anstoß' seitens des Astralkörpers in Schwingung gerät, müßte m. E. entweder weniger Wasser (Odquelle!) in das Glas gefüllt oder aber der Ring mehr als 2 Zoll vom Wasserspiegel entfernt aufgehängt werden. Von beiden Modifikationen der K l e m e n s ' schen Versuchsanordnung verspreche ich mir ‚bremsende' Wirkung.

Zweitens: in Talg wird die Stricknadel deshalb gesteckt, weil derselbe — gleich dem erwähnten Holzschemel — isoliert. So vermochte der oft zitierte Mühlhausener Chemiker und Odforscher Dr. Martin H. Z i e g l e r die ‚O n d u l a t i o n o d i q u e' eine Weile von der Fortleitung zu bewahren, wenn er den odgeladenen Gegenstand (z. B. kleine Metallringe) auf eine Unterlage aus dem verwandten Paraffin oder Wachs brachte. (4)

Der Zigeunerwecker wird auch als Orakel benutzt; zunächst von den ‚R o m' - Leuten, wie sie sich nennen, selbst:

In der Sylvesternacht, der Andreasnacht, der St. Georgsnacht, den Nächten vorm ersten Ostertag und ersten Pfingsttag „reißt sich die Zigeunermaid ein Haar von ihrem Haupte aus,

(1) Schrödter, Willy: ‚Ausflug'; 63.

(2) Kiesewetter, Karl: ‚Ein Beitrag zum Problem der Kopfuhr', in ‚Sphinx', Nr. 28 vom April. Gera 1888; 271 f.

(3) Ludwig, Aug. Friedr.: ‚Geschichte der okk. (metaphys.) Forschung v. d. Antike bis zur Gegenwart'. Frankfurt/M. 1922; 136 f.
Klemens, Dr.: ‚Das Ferngefühl in Raum und Zeit'. Frankfurt/M. 1857.

(4) Quade, Dr. Fritz: ‚Odlehre (Odik)' (Sammlung ‚Die okk. Welt', Nr. 113—114). Pfullingen, o. J.; 6.
Ziegler, Martin H.: ‚L'Homéopathie'. Stuttgart 1908.

(5) Wlislocki, Hch. v.: ‚Volksglaube u. rel. Brauch d. Zigeuner'. Münster i. W. 1891; 130.

bindet an dessen einem Ende einen Ring an und an dem anderen Ende, mit zwei Fingern haltend, läßt sie den Ring in einem leeren Gefäße sich hin- und herschwingen. So oft nun der Ring an die Wand des Gefäßes anschlägt, so viele Jahre muß sie noch Maid bleiben." (5)

Auch die Südslawen ziehen das ‚Ring-Orakel' gerne zu Rate: „Ein Ring an einen am Neumondfreitag gesponnenen Wollfaden gebunden, wird in ein hohes Glas hinuntergelassen. Im Glase befindet sich nur fingerhoch frisches Quellwasser (aus drei Quellen womöglich) ... Die um Rat fragende haucht hinein." (6)

Hier erscheinen nicht weniger als fünf ‚Merks' gegeben: zunächst erscheint es (je mehr man weiß, desto mehr hält man für möglich!) gar nicht ausgeschlossen, daß ein im Neumond gewebter Wollfaden ganz andere Eigenschaften aufweist als ein bei zu- oder abnehmendem Mond gesponnener. Der Freitag wird gewählt, weil es ein Venustag ist und es sich meist um Liebes-Orakel handelt. Quellwasser ist etwas vom Leitungswasser ganz verschiedenes, was auch die Wissenschaft anerkennt, weil sie es nachweisen kann. (7) Die Dreizahl der Quellen hat mit der Zahlensymbolik zu tun und die Mühe des Beschaffens dreier verschiedener Wässer wirkt sich autosuggestiv aus.[1]) Das Hineinhauchen schließlich ist ‚Einodung', Zurichtung des Vehikels auf das Individuum (Imprägnierung).

Zum Schluß soll noch die spiritistische Verwendung des Pendels gestreift werden:

„Tylor führt eine Art von Experimenten mit dem Pendel an, die den Wilden recht vertraut ist. Bei den Karens wird ein Ring an einem Faden über ein Waschfaß aufgehängt. Die Verwandten des Verstorbenen treten einer nach dem anderen heran und schlagen an das Waschfaß. Wenn derjenige heran-

[1]) Der ‚große Kabbalist' Eliphas Lévi-Zohèd (Abbé Alponse Louis Constant; 1810—1875) schrieb diesbezüglich: „Die ihrem Aussehen nach unscheinbarsten und für das Ziel — das man sich gesteckt hat — an sich fremdesten Übungen führen durch Erziehung und Übung des Willens nichtsdestoweniger zu diesem Ziel. Ein Bauer, der jeden Morgen um 2 oder 3 Uhr aufstünde und jeden Tag einen Halm desselben Grases vor Sonnenaufgang sammelte, könnte — wenn er von diesem Grase bei sich trüge — eine ganze Anzahl Wunder tun. Dieses Gras würde zum Zeichen seines Willens und durch eben diesen Willen das hervorbringen, was er im Interesse seines Wunsches wollte." (9)

(6) Belovic, Jasna: ‚Die Sitten der Südslawen'. Dresden 1927; 281 f.

(7) Rilling, Siegfr., Dr. med.: ‚Vagus und Sympathikus in Diagnostik und Therapie'. Ulm/Donau 1957; 232 f.

tritt, der dem Verstorbenen am liebsten ist, manifestiert sich der ‚Geist', indem er an dem Faden zerrt und ihn dreht, bis er reißt und der Ring in das Waschfaß fällt." (8)

Magische Kupfertafel

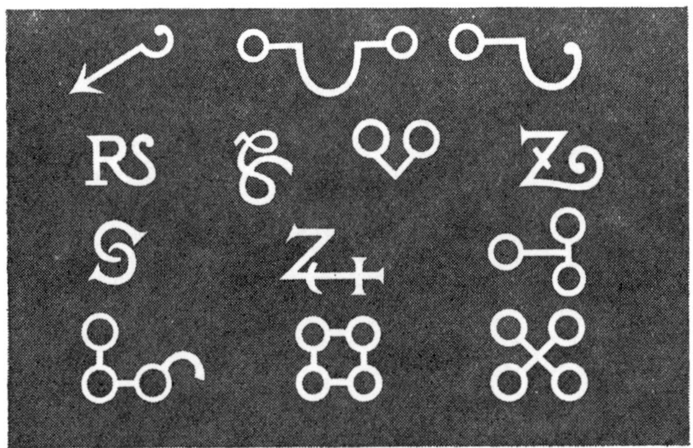

Sie befindet sich im Besitze des Wiener Esoterikers Ingenieur Lambert Binder. Auf das Sonnengeflecht gebunden, erzeugt sie deutliche, lange Flugträume; und zwar nicht solche mit Flügelflug aus eigener Kraft, sondern die Elevation und der Transport geschehen, ‚allomatisch' wie auf einem ‚Fliegenden Teppich' aus ‚1001 Nacht'.

(8) Lang, Andrew: ‚The Making of Religion'. London 1898 und 1909; 147—151.

(9) Lévi, Eliphas: ‚Dogma und Ritual der Hohen Magie'. München-Planegg.
Ders.: ‚Dogme et Rituel de la Haute Magie'. Paris 1952. (Neue, vollst. Ausg. in 1 Band.)

PERSONENREGISTER

SACHREGISTER

Willy Schrödter

OKKULTE HISTORIETTEN

Blitzlichtartig werden hier schicksalhafte Momente, merkwürdig Erlebnisse oder manchmal auch einfach nur die Flausen von mehr als 240 bedeutenden Persönlichkeiten aus zwei Jahrtausenden festgehalten. Kein anderer als Willy Schrödter ist hier mit seinem Korb unterwegs gewesen und hat für seine Leser eingeheimst, was immer ihm am Wegesrand an besonders seltenen Früchten begegnete.

Leute, die im allgemeinen „keine Zeit“ haben, sollten allerdings einen Bogen um dieses Werk machen, denn es besteht die Gefahr, sich gründlichst festzulesen.

359 Seiten, Abb., Hln. € 18,-
ISBN 3-87667-248-1

PFLANZEN-GEHEIMNISSE

Schrödter untersucht die besondere Beziehung der Pflanzen untereinander sowie ihre Beziehungen zu Menschen und Tieren. Dafür zieht er eine Fülle von Material aus heute nur noch schwer zugänglichen Quellen heran.

Inhalt: Pflanzen als Zeitmesser, als Wasserprüfer, als Blitzschutz, als Lebensanzeiger, als Wünschelruten; Pflanzen und Mond, Pflanzen und Sympathetik, Pflanzen und Signaturenlehre, etc.

Bildteil, umfangreiches Personen- und Sachregister.

336 S., Abb., Hln. € 18,-
ISBN 3-87667-202-3

Henny Jutzler-Kindermann

KÖNNEN TIERE DENKEN?

Vom Verstand und Wesen der Tiere

Die vorliegende Sammlung will einen Anstoß geben, unser Verhältnis Tieren gegenüber neu zu überdenken: Pferde, Hunde und Katzen, die gelernt haben, sich über ein mit Huf, Pfote oder Tatze geklopftes Alphabet (ähnlich dem Morsealphabet) verständlich zu machen, gewähren Einblicke in verborgene Gefühle und Gedanken. Die Protokolle lassen auch erkennen, welche Bedeutung der Umgang des Menschen mit Tieren für ihre Entwicklung hat.

Aus dem Inhalt: Geschichtliche Entwicklung der Verständigungsmethode der Tiere; Wilhelm von Osten und sein kluges Pferd *Hans*; Karl Krall und die rechnenden Pferde *Muhamed* und *Zarif*; Paula Moeckel und der Mannheimer Hund *Rolf*; Henny Jutzler und die Hündin *Lola*.– Ein Nachwort von Dr. Johannes Abresch beschließt die Sammlung.

272 S., 21 Abb., Hln €16,-

ISBN 3-87667-219-8

REICHL VERLAG · DER LEUCHTER
ST. GOAR

Theodor Stöckmann

DIE NATURZEIT

Der Schlaf vor Mitternacht als Kraft- und Heilquelle

Wer es nicht selbst ausprobiert hat, kann es sich nicht vorstellen: Es gibt tatsächlich eine für den Schlaf des Menschen optimale Zeit. Dies ist die sogenannte Naturzeit, die, je nach Breitengrad des Wohnortes, etwa kurz vor 19:00 Uhr beginnt.

Der Mensch, der so früh zu Bett geht, wacht in aller Regel ganz von selbst gegen 23:20 wieder auf, ist putzmunter und voll leistungsfähig.

Diese Schlafzeit ist gleichzeitig ein kostenloser Heilbalsam für den ganzen Körper, so daß allein durch Beachtung der Naturzeit vegetativ Gestörte und Geschwächte, die anderweits keine richtige Erholung mehr finden (*Burn-out-Syndrom!*), wieder vollständige Wiederherstellung und Genesung erlangen können.

Der Tiefbauarbeiter Hans Flossbeck schreibt 1937 im Wendepunkt: „Ich bin längere Zeit arbeitslos gewesen. Im März vergangenen Jahres wurde ich nun wieder in den Arbeitsprozeß eingereiht und ich freute mich sehr darüber. Aber bald kam neue Sorge: Früher hatte ich nämlich nur körperlich leichte Beschäftigung, aber nicht Schwerarbeit geleistet. Jetzt mußte ich neun Stunden hintereinander im Tiefbau hacken und schaufeln. Müde und zerschlagen schlich ich mich abends nach Hause.

Ich gewöhnte mich zwar einigermaßen an die neuen Arbeitsverhältnisse, aber ich war doch Tag für Tag so abgespannt, daß ich nach der Arbeit nicht mehr imstande war, nachzudenken oder ein Buch zu lesen.

In einer Stunde ruhiger Selbstbesinnung wurde mir klar, daß das so nicht mehr weitergehen durfte. Da fiel mir ein Artikel von Prof. Stöckmann über den Naturschlaf im Märzheft 1936 der Neuform-Rundschau ein. Nach dem alten Spruch 'Frisch gewagt ist halb gewonnen' stellte ich meine Tageseinteilung vollständig um.

Dem Schlaf gebe ich die Zeit von 7 Uhr abends bis 1/2 12 Uhr nachts. Eine halbe Stunde vor Mitternacht beginnt dann für mich der neue Tag. Zuerst eine kalte Abwaschung mit leichter Tiefatem-Bewegung, und mit wohliger Lockerung und Entspannung des Körpers. Nachher mache ich mich gleich an meine Studien und hatte dafür Zeit bis 5 Uhr morgens. Ich bin immer wieder erfreut, wie da die Zeit ausgibt, und was sich in den Stunden tun läßt. [...]“

144 Seiten, Abb., kart. € 11,- ISBN 3-87667-155-8
Kurzfassung (Heft): 32 S., € 3,- ISBN 3-87667-258-9

Paracelsus

LEBENDIGES ERBE

Eine Auslese aus seinen sämtlichen Schriften, mit 150 zeitgenössischen Illustrationen, herausgegeben von Jolande Jacobi

Gott, Welt, Mensch – dieser Dreiklang durchtönt die ganze, gewaltige paracelsische Schau. Der Mensch als Ebenbild Gottes ist ihr Mittelpunkt; um ihn schlingen sich in unversiegbaren Melodienreichtum die Wunderwerke der Schöpfung. Der Mensch in seiner Stellung zum Ewigen und Zeitlichen, seine Würde und sein Weg, seine Gaben und seine Pflichten, seine Not und seine Seligkeit sind ihre Hauptmotive.– In tiefem Ringen um die wahre Erkenntnis des Menschen und dessen Einbezogensein in die hierarchischen Ordnungen erscheint Paracelsus, dieser große Einsame, am Schnittpunkt zweier Welten. Mittelalterlich-gläubiger Christ, unerschrockener moderner Forschergeist und hilfreicher Arzt zugleich, überspannt er in einem kühnen Geistesbogen alle Gegensätze zu einer schöpferischen Ganzheit.– Diese Auswahl aus seinen Werken erlaubt uns, die Geheimnisse der Schöpfung mit anderen Augen zu sehen.
Der Streiter und Aufrührer blieben in ihr unberücksichtigt; ebenso auch der Wahrsager und Magier. Von allem Zeitbedingtem befreit, ist sie nur auf das Allgemeingültige dieses rätselerfüllten Werkes ausgerichtet, auf das, was für unsere abendländische Kultur von dauerndem Bestand ist.

427 Seiten, Hln € 21,-
ISBN 3-87667-243-0

REICHL VERLAG · DER LEUCHTER
ST. GOAR

LEUCHTERBÜCHER

STÖKMANN-TIENES · DIE NATURZEIT – SCHLAFE VOR MITTERNACHT!
Der Schlaf vor Mitternacht (19:00-23:30) als Kraft- und Heilquelle
144 S., Abb., kart. € 11,-

FELIX SCHMIDT (HRSG.) · DER EREMIT
Erlebnisse in der Schule der Weißen Bruderschaft im Himalaya
204 Seiten, Leinen € 13,-

EVA HERRMANN · VON DRÜBEN II
Weitere Mitteilungen und Gespräche
Zeugnisse von C. G. Jung, Sigmund Freud, Aldous Huxley, Teilhard de Chardin, Winston Churchill, u. a.
248 Seiten, Leinen € 16,-

HENNY JUTZLER · KÖNNEN TIERE DENKEN?
Vom Wesen und Verstand der Tiere
272 Seiten, Hln € 14,90

FRITZ STEGE · MUSIK – MAGIE – MYSTIK
Ein Streifzug durch die Geheimnisse der Musik
323 Seiten, geb. € 19,-

WILHELM HORKEL · BOTSCHAFT VON DRÜBEN?
Außergewöhnliche Erlebnisse im Licht des Christentums
229 S., geb. € 14,-

RUDOLF PASSIAN · ABSCHIED OHNE WIEDERKEHR?
Ein Kompendium, das Zeugnis ablegt von der gegenseitigen Durchdringung der Welten / 412 S., Hln € 19,-

CARL WICKLAND · 30 JAHRE UNTER DEN TOTEN
Protokolle der Gespräche mit Besessenheitsgeistern
476 Seiten, Hln (€ 21,-) oder kart. € 14,90

DIE DRITTE ZEIT
Wiederkunft des Herrn. Das Zeitalter des Heiligen Geistes
Die mexikanischen Offenbarungen 1940 - 1950.
320 S., Leinen € 17,-/ kart. € 14,90

REICHL VERLAG · DER LEUCHTER · D-56329 ST. GOAR
Gesamtverzeichnis des Verlages auf Anfrage